उपभोक्ता संसाधन
एवं
सूचना प्रौद्योगिकी

उपभोक्ता संसाधन एवं सूचना प्रौद्योगिकी

शशि कान्त दूबे

ADHYAYAN

अध्ययन पब्लिशर्स एण्ड डिस्ट्रीब्यूटर्स

नयी दिल्ली-110002

अध्ययन पब्लिशर्स एण्ड डिस्ट्रीब्यूटर्स
4378/4B, 105, जे. एम. डी. हाउस, मुरारी लाल स्ट्रीट,
अंसारी रोड, दरियागंज, नयी दिल्ली-110002
फोन : 011-23263018, 011-23277156, Fax : 011-23280028
ई-मेल : adhyayanpublishers@yahoo.com

उपभोक्ता संसाधन एवं सूचना प्रौद्योगिकी

संस्करण : 2011

ISBN : 978-81-8435-304-4

हरीश चन्द्र यादव द्वारा 'अध्ययन पब्लिशर्स एण्ड डिस्ट्रीब्यूटर्स' के लिए प्रकाशित।
नैट ग्राफिक्स, दिल्ली द्वारा शब्द-संयोजन तथा तरुण ऑफसेट प्रेस, दिल्ली से मुद्रित।

अपनी बात

आज समाजशास्त्रीय साहित्य में समाज से जुड़े विभिन्न विषयों पर अनेकों प्रकार के शोध कार्य हो रहे हैं लेकिन समाजशास्त्र जैसे विषय में सूचना प्रौद्योगिकी जैसे आधुनिक विषय को जोड़कर समाज पर इसके प्रभावों का मूल्यांकन करना नितांत एक नवीन विषय के रूप में दिखाई देता है।

"उपभोक्ता संसाधनों के प्रचलन में सूचना प्रौद्योगिकी का प्रभाव" इस नये विषय पर कार्य करने का सुझाव मेरे शोध निर्देशक प्रो. पी.एन. पाण्डेय जी द्वारा दिया गया। यह विषय समाजशास्त्रीय साहित्य के परम्परागत विषयों से थोड़ा अलग था इसलिए इस विषय पर शोध कार्य भी रुचिकर हुआ। चूंकि इस विषय पर पूर्व में कार्य नहीं हुआ था अतः विषय सामग्री संकलन में कई कठिनाइयों का सामना करना पड़ा लेकिन निरंतर प्रयासरत होने के कारण कोई बाधा उत्पन्न नहीं हुई। इस पुस्तक के अध्ययनोपरान्त ऐसा प्रतीत होगा कि सूचना प्रौद्योगिकी एवं इसके विभिन्न नवीनतम साधनों का बहुत हद तक व्यक्तियों के विचारों, मनोभावों को परिवर्तित करने में प्रभावकारी योगदान है।

शोध के दौरान मेरे शोध निर्देशक प्रो पी.एन. पाण्डेय जी का पूर्ण सहयोग मेरे साथ रहा तथा इस पुस्तक के प्रकाशन हेतु भी उन्होंने मुझे प्रोत्साहित किया। शोध अवधि में पूरे पूज्य माता-पिताजी एवं छोटे भाई ऋषि कान्त दूबे एवं बहन सुनीता दूबे ने पूर्ण सहयोग प्रदान किया। मूरे पूज्य गुरुजन प्रो. जयकान्त तिवारी एवं प्रो. अरविन्द जोशी जी का पूर्ण सहयोग अवधि में रहा। मित्रों एवं शुभचिन्तकों में धनंजय मिश्रा, डॉ. नीरज राय, गुलाब चन्द्र कुशवाहा ने पूर्ण सहयोग प्रदान किया।

यह शोध प्रबन्ध "अध्ययन पब्लिशर्स एण्ड डिस्ट्रीब्यूटर्स", नई दिल्ली से पुस्तक के रूप में प्रकाशित हो रही है, इस कार्य को करने हेतु प्रोत्साहित करने का श्रेय मेरी पत्नी श्रीमती प्रीति दूबे को है।

मैं अपनी यह पुस्तक अपने माता-पिता को समर्पित करता हूँ।

—**डॉ. शशिकान्त दूबे**

प्रस्तावना

आज का युग सूचना प्रौद्योगिकी का युग है। तृतीय विश्व के देश सूचना प्रौद्योगिकी जैसी क्रांति से भरपूर जुड़ने का प्रयास कर रहे हैं। भारत ऐसे देशों में अग्रणी है। सूचना प्रौद्योगिकी सामाजिक परिवर्तन की एक नवीन तकनीक के रूप में सामने आयी है। इसी संदर्भ को ध्यान में रखते हुए नवीन समाजशास्त्रीय शोध पर आधारित यह पुस्तक "उपभोक्ता संसाधन एवं सूचना प्रौद्योगिकी" को आपके समक्ष प्रस्तुत किया गया है। इस पुस्तक के माध्यम से उपभोक्ता वस्तुओं पर सूचना प्रौद्योगिकी के माध्यम से पड़ने वाले प्रभावों को दर्शाया गया है। आधुनिक समाज में सूचना प्रौद्योगिकी के माध्यम से बाजारों पर नियंत्रण, उपभोक्ताओं के मनोवृत्तियों का परिवर्तन, बाजारीकरण एवं सूचना क्रांति के माध्यम से नई उपभोक्ता संस्कृति पर जोर, सूचना क्रांति के प्रभाव से नये मध्य वर्ग का बड़े उपभोक्ता वर्ग के रूप में विस्तार आदि के परिप्रेक्ष्य में नई जानकारी इस पुस्तक में आंकड़ों के माध्यम से प्रस्तुत किया गया है।

प्रस्तुत पुस्तक में प्रमुख समाजशास्त्रियों यथा फ्रेडरिक जेम्सन, जीन ब्रोड्रिलार्ड, डेनियल बेल, एन्थोनी गिड्डेन्स, देवेन्द्र इरसर, केलनर, पारख, मैल्कॉम, सुधीश पचौरी, शिलर, योगेन्द्र सिंह आदि अनेकों विश्वस्तरीय समाजशास्त्रियों एवं विद्वानों के विचारों को विभिन्न अध्यायों में सन्दर्भित करते हुए कुछ प्रमुख विचारों को सामाजिक जगत से प्राप्त आंकड़ों के आधार पर तुलना करने का प्रयास किया गया है। इस पुस्तक में शोध के माध्यम से विभिन्न नये प्रकार की जानकारी जैसे विज्ञापन से विशेष आयु वर्ग के प्रभावित लोग, लिंग, जाति, आय, आयु तथा क्षेत्र विशेष के लोग जो विज्ञापन की दुनिया को सर्वाधिक प्रभावित कर रहे हैं, को भी रेखांकित किया गया है। विकसित एवं विकासशील देशों के विज्ञापन में किस आधार पर क्या अन्तर दिखाई देता है, विज्ञापन ने सूचना प्रौद्योगिकी के माध्यम से सामान्यजन एवं विशिष्टजन को कैसे प्रभावित किया है आदि बातों का समावेश इस पुस्तक के अन्तर्गत किया गया है।

इस पुस्तक में वर्तमान समय के नवीन उद्देश्यों को ध्यान में रखते हुए जैसे सूचना प्रौद्योगिकी का क्रियान्वयन करने वाले प्रमुख अभिकरणों की सामाजिक विवेचना, सूचना प्रौद्योगिकी द्वारा उपभोक्ता संसाधनों पर पड़ने वाले प्रभावों की प्रकृति एवं प्रभाविकता स्तर का विश्लेषण तथा सूचना प्रौद्योगिकी के द्वारा उपभोक्ताओं के दृष्टिकोणों एवं मानसिकता पर पड़ने वाले प्रभावों की विवेचना तथा उपभोक्ता संसाधनों पर पड़ने वाले प्रभावों एवं अर्थव्यवस्था पर पड़ने वाले प्रभावों की विवेचना आंकड़ों के माध्यम से की गई है।

प्रस्तुत पुस्तक 8 अध्यायों में विभाजित है। प्रथम अध्याय में सूचना प्रौद्योगिकी की ऐतिहासिकता, द्वितीय अध्याय में सूचना एवं सूचना समाज से सम्बन्धित विश्वस्तरीय अग्रणी समाजशास्त्रियों के विचारों को सम्मिलित किया गया है। तृतीय अध्याय विज्ञापन एवं उपभोक्ता व्यवहार से सम्बन्धित है। चतुर्थ अध्याय में अध्ययन का उद्देश्य तथा पंचम, षष्टम एवं सप्तम अध्याय में आंकड़ों का वर्गीकरण एवं विश्लेषण तथा अंतिम आठवें अध्याय में अध्ययन का निष्कर्ष प्रतिपादित किया गया है।

–डॉ. शशिकान्त दूबे

सारणी-सूची

अनुक्रम

1

सूचना प्रौद्योगिकी—ऐतिहासिकता

पूर्व-औद्योगिक समाजों में सूचना-संचार तंत्रिका

सभ्यता के आरम्भ से ही संदेशों का एक-दूसरे तक पहुँचाने और अपने विचारों और अनुभवों को भंडारित करने की जरूरत मानव जाति को महसूस हुई होगी ताकि वे अपने ज्ञान की साझेदारी न सिर्फ अपने बंधु-बांधवों के साथ कर सकें, बल्कि उनको आगे आने वाली पीढ़ियों तक सुरक्षित पहुँचा सकें। **स्टीफन सेक्सबी** (1990) के अनुसार, अगर हम पाषाण युग पर विचार करें तो हम पाते हैं कि उस युग के लोगों के पास अपनी भावनाएँ और विचार दूसरे तक पहुँचाने के लिए विकसित भाषा नहीं थी, कुछ ध्वनियाँ थीं, जो काफी हद तक जानवरों की ध्वनिगों से मिलती-जुलती रही होंगी। इसके साथ ही पत्थर के औजार थे और जिसे वे आने वाली पीढ़ियों के लिए छोड़ गये और जिसके आधार पर हम यह कहने की स्थिति में हैं कि पाषाण युग के लोगों का जीवन शिकार और रहने की जगह की तलाश में बीतता था। वे ध्वनियाँ जो आरम्भ में पशुओं की ध्वनियों से मिलती-जुलती थीं, उसी से आरंभिक शब्दों का निर्माण हुआ होगा जो एक समुदाय के लोगों के बीच संदेशों के संप्रेषण का माध्यम बना।

गुप्त (1997) ने अपने आशय को स्पष्ट करते हुए लिखा है कि पाषाण युग की समाप्ति तक इसमें बढ़ोत्तरी हुई होगी। लेकिन सूचनाओं को भंडारित करने का पहला प्रयास चित्रकला के द्वारा हुआ, जिन्हें हम गुफा चित्र के नाम से जानते है जिसके उदाहरण हमें पाषाणकालीन गुफाओं में अंकित चित्रों से मिलते हैं। इन गुफा चित्रों के सबसे पुराने उदाहरण हमें 20वीं सदी ई.पू. के भी मिलते हैं। इन चित्रों को देखने से अनुमान लगाया जा सकता है कि उस

समय के लोगों की जिंदगी किस तरह की थी। आमतौर पर इनमें शिकार करते हुए लोगों के चित्र बनाये गए हैं, जो यह बताते हैं कि गुफाओं में रहने वाले पाषाणकालीन लोगों का जीवन किस तरह का था। गुफाओं में चित्र बनाने की यह कोशिश अपने अनुभव को विस्तार के साथ भंडारित करने और संप्रेषित करने की थी। यह आने वाली पीढ़ियों तक अपने अनुभवों को पहुँचाने की कोशिश थी। **पारख** (2000) के अनुसार खास ध्वनियों का इस्तेमाल करते हुए अपने साथियों तक संदेश पहुँचाना, चित्र बनाना और औजारों का प्रयोग पाषाणकालीन प्रौद्योगिकी के उदाहरण है। गुफा चित्रों से किसी घटना का विस्तार से चित्रण करना यह एक बहुत बड़ी सफलता थी। यह एक तरह से **'स्मृति को पढ़ना'** (रीड ऑन मेमोरी) का पहला उदाहरण था, जहाँ पहले घटी घटना को स्मृति के रूप में सुरक्षित रखने के लिए चित्रों का इस्तेमाल किया गया था, लेकिन इस नई खोज के बावजूद सूचना के संप्रेषण के लिए चित्रकला पूर्ण प्रौद्योगिकी नहीं थी। बहुत बड़े स्थान में अनुभव को चित्र के द्वारा पेश किए जाने के बावजूद उसमें उक्त संदेश काफी सीमित होता था। इसलिए यह जरूरी था कि कोई ऐसी प्रौद्योगिकी की खोज हो जिसके द्वारा संदेशों को ज्यादा विस्तार से और अधिक सही रूप में प्रस्तुत किया जा सके। लिखना इसी दिशा में उठाया गया एक क्रांतिकारी कदम था।

विन्सटनर (2001-02) के मत में **लिखित भाषा** का विकास सूचना के संप्रेषण और भंडारण के क्षेत्र में बहुत बड़ी उपलब्धि कहा जा सकता है। गुफा की दीवारों पर बनाए गए चित्रों की परंपरा का विकास बाद में भी अभिव्यक्ति के लिए लकड़ी, पत्थर और दूसरी अपेक्षाकृत कम टिकाऊ चीजों पर भावांकन का विकास हुआ। इन्हीं से लिखित भाषा का विकास हुआ होगा, जिसे हम लिपि कहते हैं, उसे आधुनिक रूपों में पहुँचने में काफी समय लगा। चित्रों से चित्राक्षरों और उनसे कीलाक्षरों से आधुनिक वर्णों तक की यात्रा जिससे हम परिचित हैं, एक तरह से यही **सूचना टेक्नालॉजी के विकास की कहानी है**। **वाचानी** (2000) के अनुसार, भारत और दूसरे प्राचीन सभ्यता वाले देश में इस विकास के प्रमाण मिलते हैं। पुराने शिलालेखों, लकड़ी, भोजपत्रों और दूसरे पदार्थों पर सुरक्षित रखे गए प्राचीन ग्रंथों और संदेशों से यह प्रमाण मिलता है कि वर्णमाला का विकास कितना पुराना होगा। मोहनजोदड़ों की खुदाई में जो सिक्के मिले हैं उन पर पाई गई लिपि अभी तक पढ़ी नहीं जा सकी है। इसी प्रकार भारत में प्रयुक्त होने वाली ब्राह्मी लिपि एक विकसित वर्णमाला होने का प्रमाण देती है। इसी ब्राह्मी लिपि से भारत की लगभग सभी लिपियों का विकास हुआ है।

ब्लूम (1963) के अनुसार, वर्णमाला भाषा के दोहरे संकेत के रूप में

प्रयुक्त करने की तकनीक है। संचार के शक्तिशाली और लचीले उपकरण के रूप में भाषा और शब्दों की रचना का बाहुल्य होने का यही वजह है। अनुभव और विचारों को भाषा के माध्यम से व्यक्त करने की क्षमता को देखते हुए यह महसूस किया जाना स्वाभाविक था कि लिखने का कोई ऐसा आधार हो जिस पर लिखना आसान भी हो और जिसे लम्बे समय तक सुरक्षित भी रखा जा सके। यह काम कागज के द्वारा संभव हुआ। **विट्टल और महालिंगम** (2001) के अनुसार भारत में शुरू में भोजपत्र पर लिखा जाता था और उन्हें बाँध दिया जाता था। इस तरह बँधे होने के कारण ही उन्हें ग्रंथ कहा जाता था। यूरोप में लिखने का काम चर्म पत्र पर किया जाता था, लेकिन कागज का खोज करने का श्रेय चीन को जाता है जहाँ लिखने के लिए कागज का प्रयोग दूसरी-तीसरी सदी से होता आ रहा था। कागज पर लिखने के लिए स्याही की जरूरत थी। उसकी खोज भी एक महत्वपूर्ण उपलब्धि थी। अब अगर विचार करें तो हम समझ सकते हैं कि कलम की खोज कैसे हुई होगी। पत्थरों पर जिस छेनी के प्रयोग से अक्षर खोदे जाते थे, उसी ने कलम की खोज के लिए प्रेरणा का काम किया होगा। बहरहाल हम यह तो आसानी से समझ सकते हैं कि यहाँ **कागज, कलम और स्याही** की खोज सूचना टेक्नालॉजी का ही आरम्भिक रूप है। हम आज की भाषा का प्रयोग करें तो समझ सकते हैं कि यहाँ **कागज, कलम और स्याही अगर हार्डवेयर है तो भाषा सॉफ्टवेयर**।

कागज की तरह छापेखाने की शुरुआत का श्रेय चीन को ही जाता है जहाँ मुवेबल ब्लॉक (मुवेबल ब्लॉक से तात्पर्य ऐसे साँचों से है जिन पर वह बात खोद दी जाती थी जिसे छापना होता था और जिसे एक स्थान से दूसरे स्थान ले जाया जा सकता था, इन साँचों के संदेशों को बदला नहीं जा सकता था। नए संदेश के लिए नया साँचा बनाना पड़ता था। कपड़ों पर तरह-तरह की डिजाइन छापने के लिए इस विधि का इस्तेमाल आज भी भारत में होता है) के जरिए मुद्रण के काम की शुरुआत हो गई थी। इस पद्धति से एक ही ब्लॉक के जरिए एक ही संदेश की कई प्रतियाँ तैयार की जा सकती थीं। पूर्व से यह छपाई की तकनीक यूरोप को कब प्राप्त हुई यह तो स्पष्ट नहीं है, लेकिन 15वीं सदी से आधुनिक प्रिंटिंग प्रेस की शुरुआत हो गई। प्रिंटिंग प्रेस की जिन तकनीकों से आज हम परिचित हैं अगर उनकी तुलना उन आरंभिक तकनीकों से करें तो हमारे लिए यह तय करना कठिन होगा कि इनका आपस में कोई संबंध भी है। 15वीं सदी में भी आरंभ में छापेखाने का काम ब्लॉक के जरिये ही होता रहा। बस उसे किस तरह इस्तेमाल किया जाए और उसके लिए किस तरह की स्याही प्रयुक्त की जाए यह समस्या बनी

रही। इस काम का हल मुवेबल टाइप के जरिए किया गया। अलग-अलग अक्षरों के टाइप को आपस में जोड़कर उनसे वह संदेश तैयार किया जाता था, जिसे छापना होता था। टाइप को आपस में जोड़ने की विधि को कंपोज करना कहा गया। प्रिटिंग प्रेस के आविष्कार ने लिखित सामग्री की कम समय में अधिकाधिक प्रतियाँ बनाना और उसे लम्बे समय तक सुरक्षित रखना सम्भव हो सका।

छापने की मशीन के आविष्कार के साथ ही समाचार पत्रों और पुस्तकों का प्रकाशन संभव हो सका। इसका अर्थ यह नहीं है कि मुद्रण यंत्रों के आविष्कार में आने के साथ ही किताबों और समाचार पत्रों का प्रकाशन आरंभ हो गया था। कोई भी टेक्नोलॉजी तब तक आम लोगों द्वारा नहीं अपनायी जाती, जब तक कि वह ऐसा रूप न धारण कर ले जो पहले से मौजूद टेक्नोलॉजी से बेहतर होने को प्रमाणित न कर दे। यानि उसका प्रयोग सस्ता हो, आसान हो और उसके द्वारा कुछ नये कार्यों को भी अंजाम दिया जा सके।

सिंघल और रोजर्स (1989) के अनुसार प्राक्-औद्योगिक समाजों में सिर्फ प्रिटिंग की तकनीक ने ही सूचना प्रौद्योगिकी का विस्तार नहीं किया था बल्कि ऐसी कुछ और चीजें हैं जिनका इस पर प्रभाव पड़ा। इनमें डाक सेवाएँ भी शामिल हैं। संदेशों के संप्रेषण के लिए पहले भी संदेशवाहकों की जरूरत पड़ती थी। व्यापारी समुदाय व्यवसायिक कार्यों के लिए ऐसे संदेशवाहक एक स्थान से दूसरे स्थान पर भेजते रहते थे। युद्ध क्षेत्र से राजा तक सूचनाओं का अबाध प्रवाह और आदेशों को सेना तक पहुँचाने का काम ये संदेशवाहक ही करते थे। लेकिन इसे एक व्यापक जन व्यवस्था का रूप देने की शुरुआत लगभग 16वीं सदी में यूरोप में हुई। भारत में शेरशाह सूरी को यह श्रेय जाता है कि उन्होंने डाक सेवा की शुरुआत की। डाक लाने, ले जाने के लिए संदेशवाहक घोड़ों, गाड़ियों, नावों, जहाजों आदि का प्रयोग करते थे, लेकिन जब 19वीं सदी की शुरुआत में रेलगाड़ी का चलन हुआ तो डाक व्यवस्था का विस्तार भी हुआ और संदेशों का आवागमन भी तीव्र गति से होने लगा। रेलगाड़ी का संबंध भाप इंजन से है और भाप इंजन के अलावा भी कई नए आविष्कारों ने उत्पादन की प्रौद्योगिकी को काफी हद तक बदल दिया। 18वीं सदी के अंत तक इस नई प्रौद्योगिकी ने सामाजिक और राजनीतिक संरचना पर गहरा असर पैदा किया। यही वह समय है जब यूरोप में एक नई क्रांति का सूर्य उदित हुआ और जिसे औद्योगिक क्रांति या ज्ञानोदय का युग कहा गया। इन नवीन आविष्कारों का सूचना प्राद्योगिकी के साथ गहरा सम्बन्ध है।

औद्योगिक समाज में संचार एवं सूचना प्रौद्योगिकी

विलर (1994) के अनुसार प्राक्-औद्योगिक समाजों में सूचना प्रौद्योगिकी के विकास की शक्ति यह थी कि उसने संदेशों को दूसरे तक संप्रेषित करने के लिए माध्यम की तलाश की। ऐसे माध्यम जिससे संदेश को सही और पूरे रूप में जल्दी से जल्दी भेजा जा सके। **दूसरा** उन्होंने सूचना को भंडारित करने और उसकी प्रतियाँ बनाने की कोशिश की ताकि संदेश को ज्यादा लोगों तक पहुँचाया जा सके। **तीसरा** प्रयास था, समय की बचत करते हुए जल्दी से जल्दी संदेश को संप्रेषित करना, लेकिन औद्योगिक समाज में यही सारे काम और ज्यादा बड़े पैमाने पर और व्यापक जन समुदाय के लिए करने की आवश्यकता महसूस की गई। लेकिन जो सबसे महत्वपूर्ण काम इस दौर में किया गया था वह था सूचनाओं को एक स्थान से दूसरे स्थान भेजने के लिए ऐसे माध्यमों का प्रयोग करना जहाँ सूचनाओं को सफर करने के लिए मानवीय माध्यम की जरूरत न पड़े और दूरी भी इतनी तीव्र गति से तय की जा सके कि समय के गुजरने का अनुभव ही समाप्त हो जाए। इसके साथ ही इन माध्यमों का सार्वजनिक इस्तेमाल व्यापक पैमाने पर संभव हो सके और इसको व्यवसाय का रूप दिया जा सके। वस्तुतः प्राक्-औद्योगिक समाज में सूचनाओं को भौतिक रूप से ही ले जाना पड़ता है। चाहे वह लिखित रूप में हो या मौखिक रूप में। चाहे उसे घुड़सवार के हाथों भेजा जा रहा हो या बैलगाड़ी से। औद्योगिक समाज को व्यवसाय के रूप में इस्तेमाल करने की उसकी पहली जरूरत नहीं थी, लेकिन यह जल्दी ही पहचान लिया गया कि इन उपलब्धियों का उपयोग आर्थिक लाभ कमाने के लिए किया जा सकता है। सूचना प्रौद्योगिकी के क्षेत्र में इस दौर में हुई उपलब्धियों को इसी परिप्रेक्ष्य में समझना चाहिए। यह इसलिए भी जरूरी है कि इन्हीं उपलब्धियों का विकास हम सूचना युग में देख सकते हैं। सूचना के उत्पाद बनने की शुरूआत औद्योगिक समाज के दौरान ही हुई थी जबकि सूचना के शक्ति होने का एहसास भले की मूर्त रूप में न रहा हो, लेकिन प्राक्-औद्योगिक समाजों में भी यह एहसास था।

ब्राउडी (1990) के अनुसार, औद्योगिक युग में सूचना प्रौद्योगिकी का विकास स्वतंत्र रूप से नहीं हुआ। इनका संबंध दूसरे आविष्कारों से है, जिसने उत्पादन के साधनों में क्रांतिकारी परिवर्तन ला दिए। इन साधनों में ऊर्जा और यांत्रिक बल की उत्पत्ति की नई प्रौद्योगिकी शामिल है। विद्युत और भाप से उत्पन्न ऊर्जा का विशेष रूप से उल्लेख किया जा सकता है। भाप इंजन ने न सिर्फ रेल को संभव बनाया बल्कि सूचना के प्रसार में अहम भूमिका निभाई है। रेलों के द्वारा डाक का एक स्थान से दूसरे स्थान तक जाना आसान भी

हो गया और समय की बचत हुई। इसी तरह अखबारों और किताबों का भी प्रसार क्षेत्र अत्यन्त व्यापक हुआ। आज हम जिसे राष्ट्रीय समाचार पत्र कहते हैं वह संभव ही नहीं हुआ होता यदि रेल यातायात का चलन शुरू नहीं हुआ होता।

औद्योगिक समाज में सूचना प्रौद्योगिकी के क्षेत्र में जो सबसे बड़ा परिवर्तन हुआ वह यह था कि पहली बार संदेश और संदेश के माध्यम से अलगाव पैदा हुआ। अभी तक आमतौर पर जो संदेश होता था, उसे उसी रूप में भेजा जाता था। लिखकर, चित्र बनाकर या मौखिक रूप से। लेकिन अब ऐसी प्रौद्योगिकी खोजी गई जिसमें भेजा गया संदेश उसी रूप में प्रेषित नहीं होता था। यह संकेतों की भाषा में प्रेषित किया जाने लगा। वैसे तो भाषा भी एक तरह का संकेत माध्यम है, लेकिन अब जो तकनीक अपनाई गई इसमें संकेतों की यह भाषा भी ऐसी सांकेतिक प्रणाली में भेजे जानी लगी जिसका सम्बन्ध आधुनिक प्रौद्योगिकी से है। इस तरह के कुछ उदाहरण औद्योगिक युग के आरम्भ से पहले भी थे। वास्तव में युद्धों के दौरान खास तरह के ड्रम बजाकर संदेश भेजे जाते थे या इसी तरह प्रकाश का उपयोग भी संदेश भेजने के लिए किया जाता था। ऊँचे स्थान पर लालटेन बाँधकर या कोई ज्वलनशील चीज को जलाकर और बुझाकर संदेश भेजन का चलन था। इन विधियों से जो संदेश भेजा जाता था, उसका एक खास अर्थ होता था जिसे वही व्यक्ति समझ सकता था, जिसे इन संकेतों का अर्थ मालूम होता था। यानि इसमें संदेश को सामान्य तौर पर ऐसे माध्यम द्वारा भेजा जाता था जो उसे कोड में बदल देता था और वह कोड बाद में संदेश प्राप्त करने वाले के पास डिकोड होकर प्राप्त होता था। आधुनिक **टेलीग्राफ** का आविष्कार इसी पद्धति से किया गया।

विद्युत की चुंबकीय शक्ति का प्रयोग करके संदेश भेजने की पद्धति का प्रयोग सफलतापूर्वक करने के बाद सूचना प्रौद्योगिकी की एक और उपलब्धि थी : **टेलीफोन का आविष्कार**। तार के द्वारा संदेश भेजने में संदेश भेजने वाला और प्राप्त करने वाला सीधे बात नहीं करते थे बल्कि संदेश लिखित रूप में भेजा जाता था। यह लिखित भाषा संकेतों की भाषा होती थी। लेकिन एलेक्जेंडर ग्राहम बेल ने 1876 में टेलीफोन का आविष्कार किया जिसके माध्यम से आवाज को एक स्थान से दूसरे स्थान तक तारों के माध्यम से भेजा जाना संभव हो सका। बेल को टेलीफोन की प्रेरणा तार से ही मिली। बेल ने विचार किया कि यदि इलेक्ट्रोमैग्नेटिक माइक्रोफोन के साथ तार को जोड़ दिया जाय और उसमें विद्युत प्रवाहित की जाय तो आवाज को भेजा जा सकता है। बेल ने विद्युत तारों के जरिये यह प्रयोग आठ मील दूर बैठे अपने

पिता की आवाज सुनकर सफलतापूर्वक सम्पन्न किया। सूचना प्रौद्योगिकी के क्षेत्र में यह आविष्कार एक मिल का पत्थर साबित हुआ।

इस्सर (1995) के अनुसार, तारों के द्वारा संदेश भेजने के व्यावहारिक कठिनाइयों के कारण जर्मन वैज्ञानिक हेनरिल हेज ने अपनी प्रयोगशाला में विद्युत चुम्बकीय तरंगों के साथ कुछ प्रयोग किए और 1888 में उन्होंने जिसे आज हम **रेडियो तरंग** कहते हैं, उसका प्रदर्शन किया। इटली के **मार्कोनी** ने 1895 में पर्याप्त दूरी तक संदेश भेजने में सफलता प्राप्त की। रेडियो तरंगों ने संदेश भेजने के लिए प्रेषक और प्रेषिति स्थल के बीच तारों की जरूरत को समाप्त कर दिया। इन्हीं रेडियो तरंगों की खोज ने पहले बिना तार के टेलीग्राम बाद में टेलीफोन और तत्पश्चात् रेडियो की शुरुआत की। जहाँ टेलीफोन ने यह संभव बनाया कि बिना तारों के भी दुनिया के एक हिस्से से दूसरे हिस्से के बीच सीधे बातचीत करना मुमकिन हो सकता है, वहीं रेडियो स्टेशन ने सार्वजनिक प्रसारण के एक नए युग की शुरुआत की। अभी तक सिर्फ समाचार-पत्र, किताबें आदि ही जनता के बीच प्रसारण के सार्वजनिक माध्यम थे। समाचार-पत्र या किताब में प्रकाशित बात उन सभी के लिए होती है जो उन्हें पढ़ना जानते हैं।

शिक्षा के प्रसार बढ़ने के बावजूद अभी विकसित देशों की आबादी भी पूरी तरह साक्षर नहीं हो पाई थी। ऐसे में रेडियो प्रसारण की शुरुआत ने सार्वजनिक प्रसारण का बिल्कुल नया रूप ही प्रस्तुत कर दिया। अब रेडियो के द्वारा लोग सुनकर तरह-तरह की जानकारी हासिल कर सकते थे। उदाहरण के लिए किसी घटना के घटने के लगभग 12 से 20 घण्टे बाद समाचार के रूप में लोग अखबार में पढ़ते थे अब उसे रेडियो के जरिए तत्काल सुन सकते थे। **एवरेट्ट** (1986) के अनुसार, रेडियो ने गीत, संगीत और नाटक को जनसाधारण के लिए भी उपलब्ध करा दिया। यह सब इसलिए संभव हो सका क्योंकि सैकड़ों-हजारों मील दूर से प्रसारित होने वाली आवाजों को घर में रखा छोटा-सा रेडियो पकड़ने की क्षमता रखता है।

औद्योगिक युग की सबसे बड़ी उपलब्धि **दृश्य माध्यम** (Visual devices) के क्षेत्र में हुई। प्राक्-औद्योगिक समाजों में दृश्यों को दो रूपों में पुनर्रचित किया जाता था। एक तो चित्र के रूप में और दूसरे नाटक के रूप में, लेकिन ये दोनों रूप आमतौर पर काल्पनिक होते थे। चित्र और नाटक में यर्थाथ को यथावत प्रस्तुत भी किया जाता था तो वह स्मृति के आधार पर ही। लेकिन फोटोग्राफी ने यथार्थ के किसी एक क्षण को यथावत अंकित करना संभव बना दिया। स्थिर छायाचित्रों के संयोजन से गतिशील चित्रों का विकास 19वीं सदी के आखिरी दशकों में हुआ। गतिशील चित्रों के आविष्कार का श्रेय

थॉमस एडिसन को जाता है। लेकिन इस तरह का पहला प्रयास एडवर्ड मुइब्रिज ने किया था।

इसके बाद सूचना प्रौद्योगिकी की दुनिया में **टेलीविजन का आविष्कार** हुआ। यानी रेडियो की तरह अब टेलीविजन के माध्यम से लोगों को घर में ही टेलीविजन पर सिनेमा का आनन्द मिल सकता है। टेलीविजन एक श्रव्य-दृश्य माध्यम है जिसकी शुरुआत बहुत पुरानी नहीं है। ब्रिटेन के वैज्ञानिक जॉन लॉगी बेयर्ड ने 1926 में पहली बार टेलीविजन का प्रदर्शन किया। 1927 में फिलो फ्रॉन्सवर्थ ने इलेक्ट्रॉनिक टेलीविजन संकेत प्रवाहित कर टेलीविजन की स्क्रीन पर छवि को साकार किया। इस काम में सफलता वैज्ञानिक ब्लादीमीर ज्वोरकिन द्वारा पिक्चर ट्यूब बनाने की कामयाबी हासिल की। यह पहली तकनीक थी जिससे बिजली की धारा को छवि के रूप में परिवर्तित किया जा सकता था। इसके बाद इस दिशा में लगातार प्रयोग होते रहे। टेलीविजन प्रसारण के लिए ध्वनि और चित्र पहले विद्युत चुम्बकीय तरंगों में परिवर्तित की जाती है और बाद में टेलीविजन सेट इन तरंगों को वापस ध्वनि और दृश्य में बदल देता है। टेलीविजन कैमरे में एक आर्थिकॉन ट्यूब होती है जो लेंस बनी छवि इस ट्यूब की चित्रसंवेदन प्लेट पर पड़ते ही प्लेट से इलेक्ट्रॉन निकलते हैं जो स्केनिंग के बाद विद्युत तरंगों में बदल जाते हैं। इस प्रकार के विद्युत तरंगों को ही वीडियो संकेत कहते हैं।

वारेन (1982) के अनुसार, तकनीकी रूप में टेलीविजन की खोज तीसरे-चौथे दशक से शुरू होने के बावजूद जनमाध्यम के रूप में लोकप्रिय होने में टेलीविजन को लगभग दो दशक लगा। सिनेमा की तरह टेलीविजन का भी तकनीकी स्वरूप बदलता गया। आरम्भ में इसका प्रसारण क्षेत्र बहुत सीमित था, लेकिन कृत्रिम उपग्रह प्रणाली ने संचार की सभी प्रौद्योगिकी के प्रसारण का नया क्षेत्र खोल दिया। आज रेडियो और टेलीविजन सभी का प्रसारण उपग्रह के माध्यम से दुनिया के किसी भी हिस्से में किया जा सकता है। इसी प्रकार पहले टेलीविजन का प्रसारण सिर्फ श्वेत-श्याम ही उपलब्ध था, लेकिन अब टेलीविजन कार्यक्रम को भी रंगीन देखा जा सकता था। इसी तरह पहले एक दो चैनल ही उपलब्ध होते थे, लेकिन अब एक टेलीविजन सेट पर सौ से ज्यादा चैनल उपलब्ध हो सकते हैं।

वस्तुतः टेलीविजन, कम्प्यूटर और उपग्रह प्रणाली के अस्तित्व में आने पर हम सूचना प्रौद्योगिकी के नये युग में प्रवेश कर जाते हैं। इसके साथ और कई नई टेक्नोलॉजी जुड़ती गई हैं। सूचना प्रौद्योगिकी की नई खोज ने ही यह मुमकिन बनाया कि वे दूसरी तरह की टेक्नोलॉजी पर अपना वर्चस्व कायम करें। सबसे बड़ा परिवर्तन यह हुआ कि इस टेक्नोलॉजी

ने पूँजी लगाने और उससे लाभ कमाने की अपरिमित संभावनाओं को जन्म दिया। साथ ही इस नई टेक्नोलॉजी ने उत्पादन और सेवाओं के दूसरे क्षेत्र के विस्तार के लिए भी अधिक लाभप्रद अवसर उपलब्ध कराए। इन सब कारणों से ही 50 के दशक के बाद अमरीका और यूरोप के बुद्धिजीवियों को अनुभव होने लगा कि यह जो नए परिवर्तन हो रहे हैं वे औद्योगिक समाज से काफी अलग हैं। इसी वजह से उन्होंने इसे उत्तर-औद्योगिक समाज या सूचना समाज कहना शुरू कर दिया। यह नई टेक्नोलॉजी किस मायने में नई है और इसने किस तरह के समाज के आर्थिक, सामाजिक, राजनीतिक और सांस्कृतिक जीवन को प्रभावित किया।

उत्तर-औद्योगिक (Post industrial) समाज में संचार एवं सूचना प्रौद्योगिकी

यादव और माथुर (1998) के अनुसार, सूचना युग की अगर केन्द्रीय विशेषता को जानना हो तो हम संक्षेप में यह कह सकते हैं कि यह वह समय है जब प्रौद्योगिकी विकास ने सूचना और संचार को पूरी तरह से एक-दूसरे में समाहित कर दिया है। यह संभव हुआ है कि कम्प्यूटर और उपग्रह प्रणाली की वजह से। 20वीं शताब्दी के पूर्वार्द्ध में मीडिया के दो क्षेत्र ऐसे थे जिन्होंने भूमण्डलीय स्तर पर अपना विस्तार किया था। एक रेडियो प्रसारण और दूसरा सिनेमा। लेकिन आज संचार का कोई क्षेत्र ऐसा नहीं जिसका विस्तार भूमण्डलीय स्तर पर न हो रहा हो। इसको संभव बनाया है उपग्रह संचार प्रणाली ने। उपग्रह संचार प्रणाली ने ही केबल टीवी के लिए मार्ग प्रशस्त किया है। केबल टीवी का तात्पर्य यह है कि डिश एंटिना के माध्यम से उन टीवी चैनलों के प्रसारण को भी संभव बनाना जो पहले सिर्फ सीमित क्षेत्र में ही प्रसारित होते थे। वस्तुतः 1980 के बाद जब भारत सरकार ने भारत के हर कोने में टेलीविजन प्रसारण को फैलाने का निर्णय लिया तब उसे भारत के हर शहर में रिले केन्द्र स्थापित करने पड़े थे। ये रिले केन्द्र उन कार्यक्रमों को स्थानीय स्तर पर प्रसारित करते थे जो दूरदर्शन के राष्ट्रीय नेटवर्क के लिए दिल्ली से प्रसारित होते थे और जिसे आजकल डीडी-1 के नाम से जाना जाता है। लेकिन डिश एंटिना ने उन चैनलों का प्रसारण भी संभव बना दिया जिनके लिए स्थानीय स्तर पर रिले केन्द्र स्थापित नहीं किए गए थे। डिश एंटिना में अलग-अलग चैनल के लिए अलग-अलग ट्रांसपोडर लगे होते हैं जो उनके प्रसारण को एक सीमित क्षेत्र में संभव बनाते हैं। केवल टी.वी. को इस नई टेक्नोलॉजी के कारण देश-विदेश के उन चैनलों का ऐसे स्थानों पर प्रसारण होने लगा जहाँ तक दूरदर्शन भी नहीं पहुँचा था। अब केबल

टी.वी. से आगे की तकनीक का भी आविर्भाव हो चुका है। **डी.टी.एच.** यानी **डाइरेक्ट टू होम** तकनीक के आने के बाद केवल टी.वी. पर निर्भरता समाप्त होने लगी है। तब कोई भी व्यक्ति मनचाहे टी.वी. चैनलों को डी.टी.एच. के जरिए आसानी से हासिल कर सकेगा।

दूसरा काम बीसवीं शताब्दी के उतरार्द्ध में यह हुआ कि आडियो और वीडियो के क्षेत्र में पुनरुत्पादन की ऐसी प्रौद्योगिकी का विकास हुआ है जिसके कारण कोई भी किसी भी ऑडियो और वीडियो कार्यक्रम को आसानी से लाखों की संख्या में बार-बार पुनरुत्पादित किया जा सकता है। छोटे से कैसेट में लम्बे टेप पर आवाज को अंकित किया जाता है और जिसे कैसेट प्लेयर पर बजाया जा सकता है। कैसेट पर आवाज को रिकॉर्ड करने की यह तकनीक आसान है और कोई भी व्यक्ति इसे अंजाम दे सकता है जिसके पास कैसेट रिकॉर्डर हो। आडियो कैसेट की कीमत इतनी कम होती है कि निम्न मध्यवर्ग का व्यक्ति भी इसे आसानी से अपने पास रख सकता है। इसी तरह वीडियो कैसेट पर दृश्यों को रिकॉर्ड किया जा सकता है और प्ले भी किया जा सकता है, लेकिन वीडियो कैसेट रिकॉर्डर और प्लेयर मंहगे होते हैं और सम्पन्न मध्यवर्ग ही इन्हें रख सकते हैं। किसी भी आडियो या वीडियो कार्यक्रम की हजारों प्रतियाँ बनाई और उन्हें बेचा जा सकता है। अब इस क्षेत्र में भी एक नई तकनीक आ गई है। यह है कांपेक्ट डिस्क जिसे आम भाषा में सीडी कहते हैं। सीडी और सीडी-रोम (कांपेक्ट डिस्क-रीड ऑनली मेमोरी) का सम्बन्ध नई मल्टीमीडिया तकनीक से है जिसमें डिजिटल प्रणाली के द्वारा सूचनाओं को अंकित और भंडारित किया जाता है। सीडी में आवाज और ध्वनियों को रिकॉर्ड किया जाता है, जिसे सीडी प्लेयर बजाया जा सकता है जबकि सीडी-रोम में आवाज और बिंबों दोनों को अंकित किया जा सकता है। सीडी और सीडी-रॉम दोनों का प्रयोग ऐसे कम्प्यूटर के माध्यम से भी किया जा सकता है जिसमें मल्टी मीडिया की सुविधा है। मल्टी मीडिया पर्सनल कम्प्यूटर पर उपलब्ध वे तकनीकी सुविधाएँ हैं, जिसके कारण कोई भी व्यक्ति उसका उपयोग बहुत तरह के संचार और सूचना माध्यमों के लिए कर सकता है।

विटनर (1996) के अनुसार, सूचना प्रौद्योगिकी के क्षेत्र में सबसे महत्वपूर्ण विकास हुआ है। डिजिटल टी.वी प्रणाली जो सैकड़ों चैनलों को उपलब्ध करा सकता है। कृत्रिम उपग्रहों से यह डिजिटल प्रणाली संभव हुई है और दुनिया के लगभग सभी टीवी चैनल अंततः डिजिटल हो जाएँगे यह निश्चित है। डिजिटल टेलीविजन में तकनीकी गुणवत्ता में वृद्धि की है, उत्पादन लागत कम हुई है और चैनलों की संख्या में बेतहाशा बढ़ोत्तरी संभव

हो गई है। अगर घरेलू डिश एंटिना के जरिए प्रसारण की शुरुआत हिन्दुस्तान में भी हो जाती है तो टेलीविजन पर दुनिया के लगभग सभी चैनलों को देखना संभव हो जाएगा। यह और बात है कि किसी के लिए इतने चैनलों को देखना संभव नहीं है। अंततः लोग आठ-दस चैनलों के बीच ही अपनी पसन्द तय करते हैं। **राबर्ट मेकचेस्ने का यह कहना सही है कि आखिरकार वही चैनल बचे रहेंगे जो व्यावसायिक रूप से लाभप्रद होंगे न कि जो प्रौद्योगिकी की दृष्टि से संभव होंगे।**

इतना ही महत्वपूर्ण है **इंटरनेट** जो ऐसा मंच प्रदान करता है जिसका उपयोग कोई भी कर सकता है। इसका सम्बन्ध भी डिजिटल और सैटेलाइट टेक्नोलॉजी से है। इस प्रौद्योगिकी के माध्यम से सब तरह की सूचनाओं और आकड़ों को विशाल पैमाने पर सुरक्षित रखना और उन्हीं कहीं भी और किसी भी समय संप्रेषित करना संभव हो सका है। डिजिटल ने कम्प्यूटर की भाषा को बदल दिया है। उसने रेडियो, टेलीविजन और फिल्म के उत्पादन और वितरण को पूरी तरह से अपने अधिकार में ले लिया है। यहाँ तक कि सूचना और आँकड़ों के सभी रूपों को अब अंतरपरिवर्तनीय डिजिटल बिट में उत्पादित और भंडारित करना मुमकिन हो सकेगा। जब डिजिटल संचार उपग्रह संचार और फाइबर ऑप्टिक वायरड संचार नेटवर्क के साथ जुड़ जाता है तो वह सूचना सुपर हाइवे या भूमंडलीय सूचना इनफ्रास्ट्रक्चर में तब्दील हो जाता है जिसके जरिए कोई भी व्यक्ति तत्काल सभी तरह के डाटा को भूमंडलीय स्तर पर उपलब्ध करा सकता है और अपने निजी कम्प्यूटर के माध्यम से किसी के साथ संप्रेषण कायम कर सकता है। यह सूचना और संचार के क्षेत्र में क्रान्ति से कम नहीं है। खास बात यह है कि यह बहुत कम खर्चीला है। वास्तव में इस मामले को इस तरह देखें। डाक व्यवस्था में कोई समाचार भेजने के लिए भारत में पोस्टकार्ड सबसे सस्ता माध्यम है जिसके लिए 50 पैसे खर्च करने पड़ते हैं। 50 पैसे खर्च कर कोई भी व्यक्ति भारत के किसी भी हिस्से तक सूचना पहुँचा सकता है, लेकिन इण्टरनेट के माध्यम से ई-मेल के जरिए भेजे गए समाचार पर उतना ही खर्च आता है जितना कि एक लोकल काल पर। भारत में इसकी कीमत एक रुपये से कम है। पोस्टकार्ड की तुलना में ई-मेल बहुत जल्दी पहुँचता है। यानि की जिस समय ई-मेल भेजा जाता है, ठीक उसी समय उसे प्राप्त किया जा सकता है। उसको दुनिया के किसी भी हिस्से में भेजा जा सकता है और खर्च में अंतर नहीं आता और पोस्टकार्ड से ज्यादा मात्रा में संदेश भेजा जा सकता है। इसी प्रकार सौ से ज्यादा चैनलों को टीवी ने दुनिया भर के कार्यक्रमों को घर बैठे उपलब्ध करा दिया है। व्यक्ति छोटे से टीवी सेट के जरिए सारी दुनिया के

सूचना, शिक्षा और मनोरंजन कार्यक्रमों का रसास्वादन ले सकता है।

विन्सटन (2001-02) के अनुसार, सूचना समाज ने प्रौद्योगिकी के परम्परागत स्वरूप को भी बदल दिया है। अगर हम पुस्तक और पत्र पत्रिकाओं के प्रकाशन की प्रणाली को लें तो आज मुद्रण की प्रणाली वही नहीं रही है जो पहले थी। अब किसी किताब को छापने के लिए उसे बार-बार कंपोज करने की आवश्यकता नहीं है। पहली बार प्रत्येक पृष्ठ के जो निगेटिव तैयार होंगे, उन्हीं से जब भी आवश्यकता हो, पुस्तक तैयार की जा सकती है। इसी प्रकार रेडियो प्रसारण में एफ.एम. प्रणाली ने स्थानीय प्रसारण के लिए वरदान का काम किया है। कहने का तात्पर्य यही है कि सूचना प्रौद्योगिकी के विकास ने लगभग हर क्षेत्र को प्रभावित किया है।

समकालीन अध्ययनों का सर्वेक्षण
(Sarvey of Contemporary Empirical Studies)

शिलर (1969), टनस्टाल (1977) और **स्मिथ (1980)** का सूचना प्रौद्योगिकी के सम्बन्ध में मत है कि सूचना प्रौद्योगिकी का विकास मूलतः नव उत्पादों के लिए नये बाजार के सृजन या खोज की आवश्यकता के कारण उत्पन्न हुई है। दूसरी ओर **कोलिन्स (1990)** का कहना है कि संयुक्त राज्य अमेरिका और ब्रिटेन में दूरदर्शन के कार्यक्रमों की व्यावसायिकता का यदि तुलनात्मक अध्ययन किया जाय तो संचार साम्राज्यवाद का सिद्धान्त सत्यापित नहीं होता।

पीटर गोल्डिंग (1974) ने राष्ट्रीय विकास में संचार की भूमिका का विवेचन करते हुए लिखा है कि आधुनिकीकरण के पुराने सिद्धान्तों ने पश्चिमी यूरोप और उत्तरी अमेरिका के समाज की विशेषताओं को आधुनिकीकरण का मूल लक्ष्य मान लिया था। इन सिद्धान्तकारों ने विकासशील देशों के जटिल इतिहास पर ध्यान न देकर एक ऐसे मूल्य समुच्चय (Set of Values) को विकास के लिए आवश्यक मूल्यों के रूप में लादने का प्रयास किया है जो मूलतः स्वतंत्र उद्यमिता के वैचारिक प्रस्तुतीकरण मात्र थे।

टनस्टाल (1977) ने यह मत व्यक्त किया था कि दूरदर्शन साम्राज्यवाद का सिद्धान्त अत्यधिक मजबूत और कमजोर दोनों है। अत्यधिक मजबूत इसलिए है कि इसने अमेरिकन दूरदर्शन की प्रगति के प्रचार की उपलब्धियों से प्रभावित अपनी योजनाएँ बनायी हैं। इस सिद्धान्त के समर्थकों का यह भी कहना है कि निर्धन राष्ट्रों में केवल कुछ सम्पन्न लोग ही दूरदर्शन सेट रख सकते हैं फिर भी दूरदर्शन ने पूरे राष्ट्र को प्रभावित किया है। दूसरी ओर इस सिद्धान्त के विरोध में यह भी कहा जा सकता है कि दूरदर्शन की प्रवृत्ति ही

ऐसी है कि वह संचार साम्राज्यवाद को पनपने नहीं देगी।

गाग्लीयार्डी (1988) का कथन है कि पिछले कुछ वर्षों में समाज पर दूरदर्शन का प्रभाव कुछ विकृत रूप में प्रस्तुत किया गया है। दूरदर्शन सूचनाओं को व्यक्तियों, क्षेत्रीय समूहों और पूरे देश के लिए सुविधाजनक बनाता है। यह सूचना आदान-प्रदान और प्रौद्योगिकी के हस्तक्षेप के मध्य सेतु का काम करता है। इसका प्रभाव व्यक्ति और समूह की प्रतिक्रियाओं में वृद्धि के रूप में देखा जा सकता है।

हेपवर्थ और **वाटसन (1988)** ने संचार प्रौद्योगिकी और स्थानीय पूँजी गत्यात्मकता के अन्तर्सम्बन्धों का विवेचन करते हुए यह स्पष्ट किया है कि सूचना प्रौद्योगिकी की नयी तकनीक न केवल लोगों के आर्थिक जीवन को प्रभावित कर रही है अपितु उनमें सार्वजनिक प्रगति के क्षेत्रों में भी सहयोग के प्रति उन्मुखता उत्पन्न करती है।

हिर्षोमान (1988) ने दूरदर्शन द्वारा प्रकाशित होने वाले धारावाहिकों के प्रति दर्शकों की अभिरुचि और आकर्षण का विश्लेषण करते हुए यह स्पष्ट किया है कि धर्मनिरपेक्ष और पवित्र मूल्यों के प्रति उपभोक्ता व्यवहार अधिक सक्रिय पाया जाता है और इस प्रकार के मूल्यों से युक्त धारावाहिक उपभोक्ताओं को अधिक आकर्षित करते हैं तथा उनके जीवन को रूपान्तरित भी करते हैं।

पेनमैन (1988) ने सूचना सम्प्रेषण के पुनर्निर्माण के परम्परागत प्रारूप का विश्लेषण करते हुये यह स्पष्ट किया है कि आधुनिक सामाजिक परिप्रेक्ष्य में सामान्य सूचनाओं के साथ-साथ सामाजिक जगत् और उससे सम्बन्धित ज्ञान पर इसके प्रभाव में अत्यधिक परिवर्तन आया है। सामाजिक समझ के माध्यम से व्यक्ति की व्यावहारिक क्रियाओं की जानकारी प्राप्त की जा सकती है। सूचनायें मूलतः एक सम्प्रेषण शक्ति है या इन्हें अर्थ उत्पादक कहा जा सकता है। स्वनिर्माण और व्यक्ति द्वारा दिशा विशेष के प्रति उन्मुखता के सृजन में इन माध्यमों की भूमिका महत्वपूर्ण होती है।

रोथमैन और **लर्नर (1988)** ने राष्ट्रीय संस्कृति को प्रभावित करने में दूरदर्शन की भूमिका और राष्ट्र प्रमुखों के चयन में इसकी उपादेयता का अध्ययन किया है। इस अध्ययन के अन्तर्गत द्वितीय विश्व युद्ध के बाद संचार सम्प्रेषण के क्षेत्र में हुये विकास का विश्लेषण किया गया है। अध्ययन से प्राप्त निष्कर्षों के आधार पर कहा जा सकता है कि दूरदर्शन ने समाचार पत्रों के प्रभाव क्षेत्र में भी वृद्धि की है। अध्ययन के अन्तर्गत यह भी विचार प्रस्तुत किया गया है कि विकसित देशों में विज्ञापनकर्ताओं और प्रकाशकों का प्रभाव दूरदर्शन पर कम हुआ है।

एलेग्रिया आरटेगा (1988) ने व्यावसायिक समाचारों में महिलाओं की प्रस्तुति के सम्बन्ध में सन् 1988 ई. के प्राइम टी.वी. कार्यक्रमों के एक सप्ताह के विषय का विवेचन करते हुए यह स्पष्ट किया है कि इन कार्यक्रमों में महिलाओं की जो तस्वीर दिखलायी जाती है वह उपनिवेशवादी और पितृसत्तात्मक वैचारिकी को प्रकट करती है। उपनिवेशवाद की मौलिक विशेषताएँ निर्भरता, प्राधिकारवादिता, प्रजातिवाद और लिंगवाद है। पितृसत्तात्मक व्यवस्था की विशेषताओं में श्रम का लैंगिक विभाजन, पुरुष प्रधान सत्ता और महिलाओं की निम्न प्रस्थिति प्रमुख है। इनमें महिलाओं को पुरुष की सम्पत्ति के रूप में समझा जाता है। आर्थिक, भावनात्मक और शारीरिक रूप से महिलाओं को पुरुषों से छोटा दिखाकर पितृसत्तात्मक मानसिकता प्रदर्शित की जाती है। उन्हें गृहिणी, सचिव या नौकरानी के रूप में प्रस्तुत करके समाज में उनकी भूमिका के निम्नतम स्वरूप को प्रकट किया जाता है। व्यावसायिक प्रदर्शनों में भी यह स्थापित करने का प्रयास किया जाता है कि महिलाओं का स्थान घर में है।

अवरसा (1989) ने इटली के लोगों पर दूरदर्शन के कार्यक्रमों के जनसंख्यात्मक एवं सामाजिक विश्लेषणपरक प्रभाव का मूल्यांकन किया है। इस अध्ययन के अन्तर्गत यह स्पष्ट किया गया है कि किस प्रकार दूरदर्शन के प्रति परिवार के लोगों का आकर्षण बढ़ रहा है। इसका प्रभाव नवउपयोगितावादी संस्कृति के सृजन पर भी पड़ा है।

बायली (1989) ने नयी प्रौद्योगिकी और परम्परा एवं आधुनिकता के मध्य निहित अन्तर्सम्बन्धों में दूरदर्शन की भूमिका का मूल्यांकन करते हुए कहा है कि दूरदर्शन के माध्यम से सम्प्रेषित किये जाने वाले कार्यक्रम समाचारों एवं आधुनिक संस्कृति के मध्य समन्वय कर सकते हैं। इसमें नयी संस्कृति के सृजन की भी क्षमता निहित है।

कोटाल्डी (1989) निजी दूरदर्शन चैनलों के मध्य बढ़ती हुई प्रतिस्पर्धा का विश्लेषण करते हुए कहा है कि सांस्कृतिक, शैक्षणिक और सूचनापरक मुद्दों के प्रति दर्शकों की सोच में परिवर्तन के साथ-साथ प्रतिस्पर्धायें बढ़ी हैं।

फेवीनो (1989) का कथन है कि दूरदर्शन बाजार तकनीकी विज्ञापनों की बढ़ती हुई माँग के साथ ही अत्यधिक प्रभावित हुआ है। अध्ययन के अन्तर्गत इटली में दूरदर्शन के प्रमुख चैनल तथा अन्य चैनलों की तुलनात्मक स्थिति का विवेचन किया गया है। अध्ययन के आधार पर यह कहा गया है कि प्रमुख नये कार्यक्रमों के प्रसारण की सम्भावना प्रदर्शित करके तथा विज्ञापन बाजार पर अधिकार करके अन्य चैनलों की तुलना में अधिक ख्याति प्राप्त की है। वर्तमान उपभोक्ता उपग्रह तकनीकी के माध्यम से अधिक से

अधिक सूचना प्राप्त करना चाहता है जो उसे एक अन्तर्राष्ट्रीय विज्ञापन बाजार के माध्यम से ही सुलभ कराया जा सकता है।

हर्टमान (1989) ने भारतीय समाज पर संचार माध्यमों का अध्ययन करते हुए यह स्पष्ट किया है कि संचार माध्यम मूलतः सामाजिक संरचना और सामाजिक अन्तर्विरोध की मौलिक विशिष्टताओं की अनदेखी करते हैं और दर्शकों को एक भिन्न समूह के रूप में लेते हैं। साथ ही साथ यह स्वीकार कर लिया जाता है कि दर्शक मूलतः प्रत्येक कार्यक्रम को सरलता से स्वीकार कर लेंगे। ऐसी स्थिति में दूरदर्शन के कार्यक्रमों को प्रभावशीलता को अत्यावश्यक मानकर यदि अनुसंधान किये जायेंगे तो वे भ्रामक भी हो सकते हैं। वस्तुतः अन्तर्वैयक्तिक सूचनाओं का आदान-प्रदान अधिक प्रभावशाली होता है।

हर्टमान आदि (1989) का कथन है कि इस स्थिति में अलग-अलग भाषा-भाषियों को अपनी भाषा में अन्य राष्ट्रों द्वारा निर्मित कार्यक्रमों में रुचि देखी जाती है और वे अपनी सांस्कृतिक समुदाय की अन्य देशों में स्थिति के अनुरूप अपनी पहचान की तुलना का प्रयास करते हैं।

ओरोचो और सिलिवया (1989) ने बहुराष्ट्रीय कम्पनियों और लैटिन अमेरिका के संचार माध्यमों द्वारा प्रसारित किये जाने वाले संगीत कार्यक्रम के प्रभाव का मूल्यांकन करते हुए स्पष्ट किया है कि जो भी कार्यक्रम समाज की संस्कृति और वैचारिकी के विपरीत हो, उसे प्रसारण की अनुमति नहीं दी जानी चाहिए अन्यथा मूल संस्कृति नष्ट हो जायेगी और दूरदर्शन के 'समय बाजार' (Time-market) पर भी बहुर्राष्ट्रीय कम्पनियों का अधिकार हो जायेगा।

रिचर्ड (1989) ने सॉरोकिन द्वारा प्रस्तुत 'मूल्यों के उतार-चढ़ाव का विश्लेषण' को सामाजिक परिवर्तन को समझने में प्रमुख योगदान के रूप में स्वीकार किया है। आधुनिक जीवन में दूरदर्शन ने सम्भ्रान्त वर्ग और सामान्य लोगों के मध्य निहित सांस्कृतिक दूरी को कम किया है। दूरदर्शन की प्रमुख भूमिका लोगों में समाज के प्रति सकारात्मक सोच सृजित करने में रही है।

लर्नर और रोथमैन (1990) ने सामाजिक संस्थानों के प्रति दूरदर्शन द्वारा प्रसारित किये जाने वाले कार्यक्रमों का विवेचन करते हुए कहा है कि इनमें परंपरागत सामाजिक मूल्यों और प्रस्थापित समूहों के प्रति आलोचनात्मक भाव प्रदर्शित किये जाते हैं जो संभवतः परिवर्तित औद्योगिक समाज की वैचारिकी का परिणाम है।

हागलैण्ड (1990) ने दूरदर्शन द्वारा प्रसारित होने वाले कार्यक्रमों के प्रति लोगों की प्रतिक्रिया का मूल्यांकन करते हुये कहा है कि जब तक दूरदर्शन नैतिक मूल्यों से युक्त कार्यक्रम प्रसारित करता रहता है जो दर्शकों

के व्यवहार और विश्वास के निर्माण में सहायक होते हैं तब तक दर्शक भी उसके समर्थन में रहते हैं।

हल्स (1990) कुबे और पिलुसो (1990) लेमियक्स और पिकार्ड (1989) तथा लोहिसी के अध्ययनों से स्पष्ट होता है कि संचार सम्प्रेषण की सुविधाओं का उपभोग समाज में अलग-अलग स्तरों द्वारा भिन्न-भिन्न रूपों में दिया जाता है। निर्धन और निचले स्तर के लोग इनका उपयोग कम कर पाते हैं जबकि मध्यम स्तर के लोगों द्वारा और शिक्षित युवाओं द्वारा इसका अधिकतम उपयोग किया जाता है। सम्प्रेषण सुविधाओं को अधिक प्रभावी बनाने के लिए यह आवश्यक है कि भावी समाज के सभी वर्गों के लिए उनकी पहचान, उनके क्षेत्र की विशेषताओं और सार्वभौमिक विशिष्टताओं को अलग-अलग कार्यक्रमों के माध्यम से प्रसारित किया जाय और समय-समय पर इन कार्यक्रमों का मूल्यांकन किया जाये।

मैनेव (1990) ने समाज के लोकतांत्रिकरण के साथ-साथ जनसंचार सुविधाओं की प्रभावात्मकता में परिवर्तन की आवश्यकता पर बल देते हुए कहा है कि यदि दूरदर्शन के द्वारा सम्प्रेषित की जाने वाली सूचनायें और प्रसारित कार्यक्रम बदलते हुए परिवेश के अनुरूप नहीं होंगे तो उनके प्रति लोगों की अभिरूचि समाप्त हो जायेगी।

बेरी (1990) ने दूरदर्शन के विभिन्न चैनलों के स्वरूप और दर्शकों के झुकाव के अन्तर्सम्बन्धों का मूल्यांकन करते हुए स्पष्ट किया है कि कुछ विशेष चैनलों के प्रति दर्शकों का झुकाव होता है। इस झुकाव के कारण वे अन्य कार्यक्रमों का नकारात्मक मूल्यांकन करते हैं।

बर्ड और डार्डेनी (1990) ने अमेरिकी संस्कृति में समाचारों तथा कहानियों के प्रसारण की स्थिति और उसके प्रति उपभोक्ताओं की मानसिकता का मूल्यांकन करते हुए कहा है कि समाचारों का प्रसारण या कहानियों का प्रसारण लोगों के संवेगों और भावनाओं से जुड़ा होना चाहिए और यदि ऐसा नहीं किया गया तो प्रसारित किये जाने वाले कार्यक्रम अर्थहीन होंगे।

क्लीवलैंड (1990) ने वर्तमान सूचना सम्प्रेषण को **'ज्ञान के प्रसार युग'** के रूप में विवेचित किया है। उनका कथन है कि विश्वव्यापी ज्ञान के प्रसार और आधुनिक सूचना तकनीकी ने लोगों में चयन के अधिकारों के लोकतांत्रिक सिद्धान्त का निवेश किया है। इस सम्बन्ध में चीन में हुये छात्र क्रांति का उल्लेख किया है जिसे दूरदर्शन, रेडियो, टेलीविजन और अन्य सुविधाओं द्वारा प्रसारित किया गया, जिससे यह स्पष्ट हुआ कि उत्तर और दक्षिण के मध्य एवं अमीरों और गरीबों के बीच निहित असमानता आधुनिक विश्व राजनीति का एक प्रमुख मुद्दा है।

डावनिंग (1990) ने संयुक्त राज्य अमेरिका के राजनीतिक अर्थशास्त्र में दूरदर्शन की उपादेयता का विवेचन किया है। अध्ययन में प्रतिस्पर्धात्मक दूरदर्शन कार्यक्रमों के आपूर्तिकर्ता, उच्च स्तरीय सम्प्रेषण तकनीकी की उपलब्धता, विज्ञापन उद्योग में परिवर्तन, संचार उद्योग में श्रमिकों के हितों पर कुठाराघात आदि मुद्दों का विवेचन किया गया है। उपभोक्तावादी समाज के सृजन और उसमें विभिन्न कार्यक्रमों को व्यवस्थित करने की समस्याएँ अध्ययन के नये संदर्भ के रूप में प्रस्तुत की गयी है।

इकवीजा (1991) ने दूरदर्शन माध्यम में जनसंचार एवं उपभोक्ता की स्थिति का मूल्यांकन किया है। उनका कथन है कि दूरदर्शन की भाषा उपयोगितावादी और प्रभावी होनी चाहिए। दृश्य माध्यम से सम्प्रेषित की जाने वाली सूचनायें यदि प्रभावपूर्ण भाषाशैली से युक्त नहीं होगी तो उनकी विश्वसनीयता और लोगों में उनके प्रति चाह सीमित हो जायेगी।

केपलिंगर (1991) का कथन है कि दूरदर्शन, रेडिया और समाचार पत्रों के घरेलू एवं विदेशी माध्यमों के मध्य निहित अन्तर्द्वन्द्व और उनके द्वारा प्रसारित होने वाले कार्यक्रमों का उपभोक्ताओं पर जो प्रभाव पड़ता है वह उन उपभोक्ताओं की मूल्य व्यवस्था से प्रभावित होता है।

सेपोलस्की और टेवरलेट (1991) ने प्राइम टाइम नेटवर्क टी.वी. द्वारा प्रसारित एक सप्ताह के कार्यक्रमों का विश्लेषण करते हुए कहा है कि लैंगिक सम्बन्धों के कारण एड्स जैसी बीमारियों के बारे में दूरदर्शन से निरन्तर प्रसारित होने वाले कार्यक्रमों ने दस वर्षों के अन्तराल में अविवाहित युवकों में लैंगिक सम्बन्धों की वृद्धि को प्रभावित किया है।

मैसे (1991) ने भी इंगित किया है कि नयी संचार सम्प्रेषण सुविधायें समान रूप से सभी राष्ट्रों के लिए लाभपरक नहीं रही हैं।

टनस्टाल और **पाल्मर (1991)** का कथन है कि अमेरिकी नेतृत्व में संचार उद्योग को ऐसा कोई प्रमाण नहीं मिलता, क्योंकि यूरोप और सुदूर पूर्व के राष्ट्रों के प्रसिद्ध चैनलों के संचालन हेतु 'जहाँ अतिरिक्त विज्ञापन राजस्व' की आवश्यकता है। वहीं दर्शकों की माँग और प्रसारण की नियमितता के लिए घरेलू कार्यक्रमों को दिखाने के लिए उन चैनलों को अधिक से अधिक पूँजी व्यय करनी पड़ रही है।

फर्गुसन (1992) का कथन है कि इस व्यवस्था में संचार साम्राज्यवाद, आर्थिक निर्धारणवाद और बहुराष्ट्रीय कम्पनियों का पुनर्विवेचन किया जाना चाहिये।

मीलावस्की (1992) ने दूरदर्शन के दर्शकों के विचार मापने की प्रविधि के माध्यम से घरेलू लोगों द्वारा दूरदर्शन देखने की आदत का विवेचन किया

है। विभिन्न मापों का प्रयोग करते हुए यह विचार व्यक्त किया गया है कि **ए.सी.नेल्सन पिपुल मीटर सिस्टल** (A.C. Nelson People Meter System) की अपेक्षा अन्य अधिक सुव्यवस्थित **'विचार या आदत अनुमाप स्केल'** विकसित किया जा सकता है।

बैकसर (1992) और **विली (1991)** ने दूरदर्शन कार्यक्रमों के अन्तर्गत शराब पीने और शराब की बिक्री बढ़ाने के सम्बन्ध में प्रदर्शित किये जाने वाले कार्यक्रमों के प्रभाव का विवेचन किया है। इन अध्ययनों से स्पष्ट होता है कि दूरदर्शन कुछ नये लोगों को एक विशेष वर्ग के रूप में प्रस्तुत करने में अभिप्रेरक का कार्य कर रहा है।

चायको (1993) ने दूरदर्शन देखने और दर्शकों की आय वर्गीय, प्रस्थिति, शैक्षणिक स्थिति, अवकाश के समय की उपलब्धता आदि अन्तर्सम्बन्धों का विवेचन किया है। अध्ययन से प्राप्त परिणाम यह इंगित करते हैं कि प्रत्येक व्यक्ति जीवन के अलग-अलग चरणों में स्वयं को देखता है। वह युवा की भाँति व्यवहार करने का प्रयास करता है तथा अपने से अधिक आयु के लोगों की भाँति व्यवहार न करने की प्रवृत्ति भी उसमें विकसित होती है।

काटल (1993) ने बहुसंस्कृतिवाद और दूरदर्शन कार्यक्रमों की प्रकृति की विवेचना करते हुए यह स्पष्ट किया है कि बहुसंस्कृतिवाद के प्रसार के कारण अलग-अलग संस्कृतियों और विशेष रूप से अल्पसंख्यकों की संस्कृति के प्रति लोगों में जागरूकता बढ़ी है। दूरदर्शन के कार्यक्रमों के अन्तर्गत प्रसारित होने वाले सांस्कृतिक कार्यक्रम अलग-अलग संस्कृति के लोगों को एक दूसरे से परिचित कराने में सकारात्मक भूमिका रखते हैं।

एमोर (1993) ने मैक्सिको के हिस्पैनिक समुदाय के सम्बन्ध में तैयार किये गये दूरदर्शन के कार्यक्रमों के प्रभाव का विश्लेषण करते हुए यह स्पष्ट किया गया है कि दूरदर्शन आधुनिकीकरण के एक अभिकरण के रूप में कार्य करता है। यह क्षेत्रीय योजनाओं और राज्य की नीतियों की वैधानिकता सुनिश्चित करता है। दूरदर्शन धीरे-धीरे जनमानस में अपना स्थान बना रहा है। नये सामाजिक विचार-विमर्श के सृजन और सामाजिक उन्मुखता में इसका प्रमुख योगदान है।

पीटर गोल्डिंग (1994) ने विश्व संस्कृति का एक बहुत ही उपयोगी सारांश प्रस्तुत किया है। उन्होंने चार पक्षें की एक सूची बनायी है। 'प्रथम' यह कि राष्ट्र एक सांस्कृतिक शक्ति के रूप में निरन्तर पतन की ओर है। लोग राष्ट्र के बाहर की संस्कृतियों से जुड़कर अपनी पहचान स्थापित करने की ओर अग्रसर हैं न कि अपनी राष्ट्रीय संस्कृति को अपनाने पर। 'द्वितीय' संगठनों के नये स्तरों का विकास क्षेत्रीय स्तर पर हुआ है, जिसने उन प्रकार्यों को

हस्तगत कर लिया है, जो राष्ट्रीय सरकारों द्वारा सम्पादित किये जाते थे। 'तृतीय' सांस्कृतिक और व्यावसायिक प्रतीकों का जन्म हुआ है, जो मूलतः अन्तर्राष्ट्रीय व्यापारिक वस्तुओं के प्रतीक हैं और 'चतुर्थ' अन्तर्राष्ट्रीय संस्कृति के वाहक के रूप में अंग्रेजी भाषा प्रस्थापित हुई है। गोल्डिंग का मुख्य उद्देश्य इस विश्वव्यापी सामाजिक, आर्थिक और राजनीतिक व्यवस्था को प्रक्रिया में निहित असमानता की ओर लोगों का ध्यान आकृष्ट करना था और यह इंगित करना था कि विश्व में तथा विभिन्न समाजों के मध्य असमानता निहित है। यह असमानता राष्ट्रीय और अन्तर्राष्ट्रीय स्तर पर देखी जा सकती है। राष्ट्रीय व्यावसायिक मूल्यों के अन्तर्राष्ट्रीयकरण और बहुराष्ट्रीय कम्पनियों के सृजन के कारण असमानता में वृद्धि अवश्यम्भावी है। परिणामतः एक नये साम्राज्यवाद के सृजन को संचार माध्यमों में निहित असमानता का प्रतिफल कहा जा सकता है।

रसब्रिजर (1994) का कथन है कि भारत में दूरसंचार उपग्रहों के साथ-साथ केबिल और अन्य सम्प्रेषण सुविधाओं की संयुक्त स्थिति ने संचार सम्प्रेषण प्रमुखों को बाजार में अधिक से अधिक उपभोक्ता-शोषण का अवसर प्रदान किया है।

इमैनुवल (1995) ने दूरदर्शन और संस्कृति के अंतर्संबंधों का विवेचन करते हुए कहा है कि दूरदर्शन लोगों को अन्तर्राष्ट्रीय राजनीति और सांस्कृतिक पहचान से संयुक्त करता है। जब भी किसी राष्ट्र के सांस्कृतिक मूल्यों पर दूरदर्शन के बाहरी चैनल से नकारात्मक प्रभाव की संभावनायें दिखलायी पड़ती हैं तब उन्हें सरलतापूर्वक प्रतिबंधित किया जा सकता है और स्थानीय चैनलों के माध्यम से सकारात्मक प्रभाव उत्पन्न करने वाले कार्यक्रम प्रदर्शित किये जा सकते हैं।

मूर्स (1995) का कथन है कि आधुनिक सूचना संप्रेषण के विभिन्न माध्यमों ने दैनिक जीवन में दिन-प्रतिदिन के नये अनुभव में परिवर्तन को संभव बनाया है। आधुनिकता के वर्तमान परिवेश में स्थान, समय और दूरी सब कुछ सिमट गयी है। बदलती हुयी राष्ट्रीय संस्कृति और राष्ट्र राज्य की परिकल्पनायें अन्तर्राष्ट्रीय स्वरूप ग्रहण कर रही हैं।

स्वेनसन (1995) ने दूरदर्शन के माध्यम से सामाजिक-आर्थिक उत्पादन संरचना में हो रहे परिवर्तन का विवेचन किया है। इन अध्ययनों से स्पष्ट होता है कि दूरदर्शन के उपभोक्ताओं की अंतर्क्रियात्मक प्रकृति और उनके आपसी सम्बन्धों में परिवर्तन आया है।

नास और बायरन (1996) का कथन है कि किसी भी संचार संप्रेषण तकनीकी के लिये सामाजिक प्रतिक्रियाएँ आधारभूत महत्त्व रखती हैं। यदि

लोगों में सम्प्रेषित कार्यक्रमों के प्रति लगाव उत्पन्न नहीं होगा तो जल्दी ही ऐसे कार्यक्रम किसी भी सम्प्रेषण माध्यम से अपने प्रसारण का महत्व खो देते हैं। इसलिए यह आवश्यक है कि सूचना माध्यमों से केवल उन्हीं कार्यक्रमों को प्रसारित किया जाये जो लोगों में अपनी अभिरुचि बनाये रखने में सक्षम हैं।

मैडोन (1997) सूचना तकनीकी वैश्वीकरण की प्रक्रिया का एक अंतरंग हिस्सा है, परन्तु स्थानीय स्तर पर जो लोग वैश्विक सूचना अर्थव्यवस्था में भागीदारी कर सकते हैं और जो नहीं कर सकते हैं उनके बीच व्यापक असंतुलन सामाजिक तनाव को जन्म देता है। ऐसा ही असंतुलन इस अध्ययन में बैंगलोर के एक क्षेत्र में पाया गया है। लेखक की दलील है कि इस तरह के असंतुलन पूँजीवादी विकास प्रक्रिया को प्रभावित करेंगे।

अरनॉल्ड (1997) इलेक्ट्रॉनिक बाजार वैज्ञानिक और आर्थिक ध्यान आकर्षित कर रहे हैं, परन्तु इसकी पूरी संभावनाओं का इस्तेमाल करने के लिए इनके संगठन पर और अधिक सूक्ष्म दृष्टि डालना आवश्यक है।

डोना, थॉमस और नाबाक (1997) विश्वव्यापी संजाल (www) पारंपरिक व्यापारिक संचार से मौलिक रूप से भिन्न है। इस नयी वैश्विक सूचना व्यवस्था के चलते विपणन की अवधारणा को बदलना होगा ताकि इस नये माध्यम के द्वारा विपणन सफलतापूर्वक किया जा सके। विशेष तौर पर इलेक्ट्रॉनिक व्यापार को बढ़ावा देने के लिए विपणन की प्रक्रिया का पुनर्सरंक्षण करना होगा।

बेन (1998) दूरसंचार की पुनर्सरंचना विकासशील देशों में अलग-अलग ढंग से हुई है। एशियाई देशों में इस क्षेत्र में परिवर्तन करने के लिए सावधानीपूर्वक कदम उठाये गये हैं जबकि लातिन अमेरिकन देशों ने क्रांतिकारी परिवर्तन किये हैं।

हाइन (1998) उपभोक्ताओं की कोई एक प्रकार की जानकारी प्रत्येक स्थिति में निजी नहीं मानी जाती। अध्ययनकर्ताओं ने पाया कि उपभोक्ताओं के मन में निजता सम्बन्धी चिन्ताएँ स्वतः नहीं आती और ये तभी उभरती हैं जब उनसे खरीददारी करने के संदर्भ में निजता सम्बन्धी मुद्दे विशेष रूप से उठाये जाते हैं।

हसन (1999) पूँजीवादी एकत्रीकरण की विक्रयशील प्रक्रियाओं ने समाज और संस्कृति के मूलभूत **अस्मिता-दायरों** में गहरी घुसपैठ कर ली है। इस लेखक की दलील है कि **साइबर गुरुओं** द्वारा प्रशंसित इंटरनेट जनित वास्तविक समुदाय (Virtual community) अहर्षकारी और पराये सूचना दायरे हैं और सूचना तकनीकी के द्वारा लोकतंत्र और व्यक्तिगत

अस्मिता के उद्‌भव की कल्पना बचकानी है, क्योंकि सूचना क्रांति, वैश्वीकरण के एक विशेष तरीके से आयी है और इस सूचना तकनीकी ने मुनाफा, उत्पादकता, निगरानी, श्रम बचत और पलायन से सम्बन्धित तकनीकियों को जन्म दिया है।

हाकाफ्ट (1999) की यह अवधारणा कि तकनीकी विकास निश्चित रूप से सामाजिक परिवर्तन लायेगा। मीडिया, शैक्षिक संस्थाओं और सामाजिक संस्थाओं में समान रूप से प्रचलित है। कई लोग सूचना को क्रांतिकारी संभावनाओं से युक्त मानते हैं, परन्तु लेखक की दलील है कि जितना गुणगान और भाषणबाजी इस अवधारणा के सम्बन्ध में होती है उसका तकनीकी के वर्तमान स्वरूप में योग से बहुत कम सम्बन्ध है। ये अध्ययन दर्शाता है कि तकनीकी के समाज में सकारात्मक और नकारात्मक दोनों ही परिणामों को पुष्ट करने की प्रवृत्ति निहित होती है।

स्टीवेन्सन (2000) वैश्विक मीडिया, महानिगमों द्वारा शासित विश्व में एक वैश्विक मानवाधिकार आंदोलन और डिजिटल संस्कृतियों के संदर्भ में तकनीकी परिवर्तन और कैस्टेल द्वारा परिभाषित 'वास्तविक लगभग वास्तविकता' (Real virtuality) की संस्कृति के आगमन से सम्बन्धित बहस को वैश्विक मीडिया संस्कृति और लोकतंत्र के वैश्विक प्रकारों से सम्बन्धित मुद्दों से जोड़ा है।

रेडीवॉन (2001) सूचना तकनीकी के विशाल प्रयोग द्वारा जनित वैश्विक एकरूपता और सांस्कृतिक 'अऐतिहासिकता' (Ahistoricity) के संभावित परिणामों पर नजर डाली जाय तो नैतिक, धार्मिक और सौन्दर्य बोध के दृष्टिकोण से वर्तमान की नयी वैश्विक संस्कृति के सकारात्मक एवं नकारात्मक पहलुओं को इंगित किया जा सकता है।

डकनॉट (2002) इलेक्ट्रॉनिक संचार के औजारों के इस्तेमाल से किसी भी संगठन में आमूल चूल परिवर्तन नहीं आता बल्कि ये प्रतीत होता है कि चुनिन्दा परिस्थितियों में ऐसे संचार माध्यम संगठन की पहले से उपस्थित संरचना को ही पुष्ट करते है।

फिजपैट्रिक (2002) साइबर आलोचनावाद (Cyber Criticism) की अवधारणा यह प्रस्तुत और दर्शाने का प्रयास करती है कि ये अवधारणा न सिर्फ सामाजिक सत्ता का खुलासा करती है बल्कि यह भी सुझाती है कि किस तरह और क्यों वर्तमान सामाजिक रीतियों और संस्थाओं के विकल्प निर्मित किये जा सकते हैं।

गेन (2003) पूँजीवादी सिद्धान्तों के विस्तार के तीन प्रमुख दलीलें हैं—पहली की समाज के कम्प्यूटरीकरण के साथ-साथ ज्ञान के विक्रयशील

वस्तुकरण (Commodification) के एक नये चरण का उद्‌भव होता है और दूसरा ज्ञान के सूचना के रूप में संक्षिप्तीकरण के माध्यम से पूँजीवादी संस्कृति की गतिवृद्धि और विस्तार देखा जा सकता है और तीसरा नयी मीडिया तकनीकियाँ संस्कृति को पूँजीवाद के ऐसे एक रूप स्वरूपों में प्रवाहित कर रही है जिनका लेनदेन और ग्रहण और उपभोग समय से पहले संभव है।

लैक्स (2003) ये अपेक्षा की जा रही है कि एक दिन डिजिटल रेडियो वर्तमान रेडियो का स्थान ले लेगा, परन्तु इसके वर्तमान स्वरूप में नया कुछ भी नहीं है और जिन आर्थिक और राजनीतिक संदर्भों में इसका विकास किया जा रहा है उससे स्वामित्व का और अधिक केन्द्रीयकरण और श्रोताओं को मिलने वाली विविधता में कमी संभव है।

सिम्पसन (2004) इंटरनेट के हालिया व्यावसायीकरण के पीछे सरकारों विशेषकर संयुक्त राज्य अमेरिका और यूरोप की सरकारों की वह अभिलाषा है जिसके अन्तर्गत एक ऐसी उदारीकृत और स्वशासित व्यवस्था को मूर्तरूप देने का प्रयास किया गया है जो व्यावसायिक और ट्रेडमार्क सम्बन्धी हितों को प्राथमिकता दें।

डफ (2004) यह अध्ययन इंगित करता है कि टॉनी के आदर्श सामाजिक लोकतंत्र में आज के सूचना शासित समाज को नैतिक बनाने के सूत्र मौजूद है।

वेबस्टर (2005) सूचना क्षेत्र में हुए तत्कालीन परिवर्तनों की प्रतिक्रिया करने में सांस्कृतिक अध्ययनों की विधा प्रक्रियात्मक दृष्टि से त्रुटिपूर्ण है और सिद्धान्त और प्रत्यक्ष प्रमाण को मिलाकर परिवर्तन के प्रमुख उभारों की पहचान और व्याख्या करने में असमर्थ लगती है।

ग्रीनबर्ग (2005) इंटरनेट का इस्तेमाल और पारंपरिक मीडिया स्रोतों के इस्तेमाल दोनों माध्यमों से ये आकलन किया गया कि आज की युवा पीढ़ी कितनी प्रचुरता से टेलीविजन देखने, रेडियो सुनने, ई-मेल भेजने और प्राप्त करने, संगीत सुनने, वीडियो गेम खेलने और नेटसर्फिंग करने जैसी क्रियाएँ करती है। दोनों विधाओं में काफी सहसम्बन्ध पाया गया और इलेक्ट्रॉनिक ट्रेकिंग नाम की यह तीसरी विधा का विवरण दिया गया।

गोल्डनर (2006) का अध्ययन यह दर्शाता है कि कैसे किसी व्यक्ति के स्वास्थ्य की स्थिति इस बात को प्रभावित करती है कि वह किस तरह की स्वास्थ्य जानकारी इंटरनेट में ढूँढ़ता है। आँकड़ों से लगता है कि स्वास्थ्य की स्थिति किस तरह की स्वास्थ्य अथवा चिकित्सा जानकारी व्यक्ति इंटरनेट पर तलाश करता है, को प्रभावित करती है।

वेन्जरफेल्ट (2006) सूचना शासित समाज पारंपरिक मापकों की पकड़ में आने वाले सत्य से अधिक है।

कालेन्डा (2007) व्यक्ति की राजनीतिक मानसिकता का उसके द्वारा इंटरनेट के इस्तेमाल की प्रवृत्ति पर बहुत हद तक वर्तमान आद्यौगिक और उत्तर औद्योगिक समाजों में निर्भर करती है।

ब्रोमेन (2007) हालाँकि इंटरनेट ने अभी तक पारंपरिक सूचना स्रोतों का स्थान नहीं लिया है, लेकिन पहले से ही राजनीतिक रूप से सक्रिय युवाओं द्वारा राजनीतिक भागीदारी को बढ़ावा अवश्य दिया है।

अध्ययन समस्या की प्रस्तुति (Statement of Problem)

उपर्युक्त अध्ययनों को दृष्टिगत रखते हुए वर्तमान अध्ययन में प्रायः नवीन **उद्देश्यों** का समावेश किया गया है, यथा-सूचना प्रौद्योगिकी का क्रियान्वयन करने वाले प्रमुख अभिकरणों की सामाजिक विवेचना। सूचना प्रौद्योगिकी द्वारा उपभोक्ता संसाधनों पर पड़ने वाले प्रभावों की प्रकृति एवं प्राभाविकता स्तर का विश्लेषण। सूचना प्रौद्योगिकी के द्वारा उपभोक्ताओं के दृष्टिकोणों तथा मानसिकता पर पड़ने वाले प्रभाव की विवेचना करना। उपभोक्ता संसाधनों पर पड़ने वाले प्रभावों तथा अर्थव्यवस्था पर पड़ने वाले प्रभावों का अध्ययन करना।

सारांश

सूचना प्रौद्योगिकी के विकास का इतिहास प्राक्-औद्योगिक समाज से लेकर उत्तर औद्योगिक समाज तक परिवर्तन की शृंखला पर आधारित है। जहाँ प्राक्-औद्योगिक समाजों में सूचनाएँ संदेश के माध्यम से भेजी जाती थीं, लोगों के पास अपनी भावनाएँ और विचार दूसरे तक पहुँचाने के लिए विकसित भाषा नहीं थी वहीं औद्योगिक समाज में पहली बार संदेश और संदेश के माध्यम से अलगाव पैदा हुआ। अभी तक आमतौर पर जो संदेश होता था, उसे उसी रूप में भेजा जाता था। लिखकर, चित्र बनाकर या मौखिक रूप से, लेकिन अब ऐसी प्रौद्योगिकी खोजी गई जिसमें भेजा गया संदेश उसी रूप में प्रेषित नहीं होता था। यह संकेतों की भाषा में प्रेषित किया जाने लगा। अब जो तकनीक अपनाई गई इसमें संकेतों की यह भाषा भी ऐसी सांकेतिक प्रणाली में भेजी जाने लगी जिसका सम्बन्ध आधुनिक प्रौद्योगिकी से है।

उत्तर औद्योगिक समाजों ने सूचना युग की केन्द्रीय विशेषताओं को पैदा किया है जहाँ प्रौद्योगिकीय विकास ने सूचना और संचार को पूरी तरह से एक

दूसरे में समाहित कर दिया है और यह संभव हुआ है कम्प्यूटर और उपग्रह प्रणाली की कारण से। सूचना प्रौद्योगिकी ने इन अत्याधुनिक साधनों अर्थात् कम्प्यूटर, इण्टरनेट, ई-मेल, ई-कॉमर्स, डिजिटल प्रणाली, कम्प्यूटर चिप्स ने अपना विस्तार भूमण्डलीय स्तर पर करके सूचना के परम्परागत स्वरूप को पूर्णतया परिवर्तित कर दिया है।

सन्दर्भ ग्रन्थ

Amor, Leila, B. (1993) : Television Modernization and Modernity, Maxico, Hispanic Community in the U.S. Version, Estudies de Communication Poltica, 3, Apr. pp. 35-54.

Arnold, P.C.B.H. (1997): The Information Society, Vol. 13, Issue 1, March, pp. 107-123.

Arocho, V. and Sylvia, E. (1989) : Multinational Companies and the Latin American Communication Media; Brazil, Puerto Rico and Venezuela, Homines, Vol. 13, No. 1, Feb-July, pp. 22-31.

Aversa Maria, L. (1989) : The Audience and Television, Grande Bouffe. An Analysis of Auditel Data : Socialogia Ricerce Sociale, Vol. 10, No.-30, Dec. pp. 129-133 (ITA) (Trans.).

Ben, A.P.G.K. (1998): The Information Society, Vol. 14, Issue 1, Feb., pp. 3-18.

Berry, C. (1990) : Channel Images and Mental Models : Perceived on British Television, Media Culture and Society, Vol.12, No. 2, April, pp. 231-245.

Bird, S. and Dardenne Robert, W. (1990) : News and Story Telling in American Culture : Revaluating the Sensational Dimension, Journal of American Culture, Vol. 13, No. 2, Summer, pp. 33-37.

Blum, Eleanor (1963), A Reference Book in Mass Media, Wrbana University, Illinois.

Bolly, L. (1989) : Semantic Strategies and New Technologies, Communication Information, Vol. 11, No. 2, Autumn, pp. 185-203 (FRE).

Braudy, E.W. (1990): Communication Tommorow, Prayzar Publication, New York.

Calenda, D. (2007): Information, Communication and Society, Vol. 10, Issue 1, February, pp. 29-47.

Campbell, S.C. (2006): Communication Eudcation, Vol. 55, Issue 3, July, pp. 280-294.

Chayko, M. (1993) : How You "Act Your Age", When You Watch T.V., Sociological Forum, Vol.8, No.4, Dec. pp. 573-593.

Cleveland, H. (1990) : The Age of Spreading Knowledge, The Futurist, Vol.24, No. 2, March-April, pp. 35-39.

Cottle, S. (1993) : 'Race' and Regional Television News : Multiculturalism and The Production of Popular T.V., New Community, Vol. 19, No. 4, July, pp. 581-592.

Donna, L. Thomas, H. and Novak, P. (1997): The Information Society, Vol. 13, Issue 1, March, pp. 43-54.

Downing, J. (1990) : The Political Economy of U.S. Television, Monthly Review, Vol.42, No. 1, May, pp. 30-41.

Ducheneaut, N.B. (2002): Information, Communication and Society, Vol. 5, Issue 2, June, pp. 153-188.

Duff, A.S. (2004): Information, Communication and Society, Vol. 7, Issue 3, Sep., pp. 430-412.

Emanuel, S. (1995): 'A Community of Culture, The European Television Channel, History of European Ideas, Vol. 21, No. 2, Mar, pp. 169-176.

Equiza, E. (1991) : Mass Consumption or Mass Communication in the Television Medium. Cuadernos de Relidades Sociales, 37-38, Jan. pp. 67-80.

Everett, Rozers, M. (1986): Communiction Technology, The Free Press, New York.

इस्सर देवेन्द्र (1995), जनमाध्यम : संप्रेषण और विकास, इंद्रप्रस्थ प्रकाशन, दिल्ली.

Favino, G. (1989) : TV Market Tendencies, Sociologio Ricerca Sociale, Vol. 110, No. 30, pp. 39-46, (Trans.).

Ferguson, M. (1992) : The Mythology about Globalization, European Journal of Communication. 7 (1) pp. 69-83.

Fitzpatrick, T. (2002): Information, Communication and Society, Vol. 5, Issue 3, September, pp. 357-378.

Gagllard, C. (1988) : Whats the Meaning of This ? Viewer's Plural sense Making of T.V. News, Media Culture and Society, Vol. 10, No.-3, pp. 285-301.

Gane, N. (2003): Information, Communication and Society, Vol. 6, Issue 3, September, pp. 430-450.

Golding, P., (1974) : Media Role in National Development : A Critique of a Theoritical Orthodoxy; Journal of Communication, 24 (Summer) pp. 39-53.

Golding, P., (1994) : Telling Stories : Sociology, Journalism and the Informed Citizen, European Journal of Communication 9 (4) pp. 461-484.

Goldner, M. (2006): Information, Communication and Society, Vol. 9, Issue 6, December, pp. 693-713.

Greenberg, B.S. (2005): Communication Reports, Vol. 18, Issue 1&2, April, pp. 1-8.

गुप्त, बृजमोहन (1997), जनसंचार माध्यम : विविध आयाम, राधाकृष्ण प्रकाशन, दिल्ली.

Hartmann, P. Patil, B.R. and Dighe, A. (1989): The Mass Media and Village Life: An Indian Study, Sage Publication, New Delhi.

Hassan, R. (1999): Information, Communication and Society, Vol. 2, Issue 3, September, pp. 300-317.

Hepwarth, Mark, E. and Waterson, M. (1988) : Information Technology and the Spatial Dynamics of Capital, Information Economics and Policy, Vol.3, pp. 43-63.

Hine, C. (1998): The Information Society, Vol. 14, Issue 4, No., pp. 253-262.

Hirsohaman, Elizabeth, C. (1988) : The Ideology of Consumption : A Structural Syntactical Analysis of 'Dallas' and 'Dynasty'. The Journal of Consumer research, Vol.15, No.-3, Dec. pp. 344-359.

Hougland James G. James.R. (1990) : The Instability of the Support For television evangelists : Public Reactions During a Period of Embarrassment, Review of Religion Research, Vol. 32, No. 1, sep., pp. 56-64.

Howcroft, D. (1999): Information Communication and Society, Vol. 2, Issue 3, September, pp. 277-299.

Huls (1990) : Erica, Communication Patterns in Turkish Families: A Case Study, Sociologische Guides, Vol. 37, No. 56, Sep.-Oct., pp. 351-371.

Kepplinger, Hans. M. (1991) : Opinion Formation in Mediated Conflicts and Crises : A Theory of Cognitive-Affective Media effects, International Journal of Public Opinion Research, Vol. 3, No.2, Summer. pp. 132-156.

Kubey, Robert, W. and Peluso, (1990) : The emotional response as a cause of interpersonal News diffusion : The case of the space shuttle, Tragedy, Journal of Broadcasting and Electronic Media, Vol. 34, No. 1, Winter, pp. 69-76.

Lax, S. (2003): Information, Communication and Society, Vol. 6, Issue 3, September, pp. 326-349.

Learner, R. and Rothmas, S. (1990) : Rhetorical Conflict and the Adversarial Media, Part-I, International Journal of Group Tensions, Vol.20, No.3, Fall, pp., 203-229.

Lemieux, V. and Picard (1989) : An Evaluation of the Efficiency and Equality of Communication – Quebec, Communication Information, Vol.10, No.2-3, pp. 49-66.

Lohisse, J. (1990) : The Pyramid and the Stars, Social Structure and Communication in the societies of Tommorow, Researches Sociologiques, Vol. 21, No. 3, pp. 373-387.

Madon, S. (1997): The Information Society, Vol. 13, Issue 3, September, pp. 227-224.

Manaer (1990) : Alteration of Mass Media Effectiveness Criteria in Accordance with the Democratization of Society, Socialogicheskle Issledovania, Vol. 17, No. 6, pp. 26-37.

Massey, D. (1991) : A Global Sense of Place, Marxism Today, June, pp. 24-29.

Milavsky, J. (1992) : How good is the A.C. Nielsen People meter System ? A Review of the Report by the Committee on Nationwide Television Audience Measurement (CONTAM), The Public Opinion quarterly, Vol. 56, No. 1, Spring, pp. 102-115.

Moores, S. (1995): Media, Modernity and Lived Experience, Journal of Communication Inquiry, Vol. 19, No. 1, Spring, pp. 5-19.

Nass, C. and Byron, R. (1996) : Technology and Roles : A Jail of Two TV's. Journal of Communication, Vol. 46, No.2, pp. 121-128.

Ortega, A. (1988) : En Tiempo Do Bolero : Colonialismo Ypatriarcado Enlos Melodramas y Anuncias Televisados, Revista de Ciencias Sociales, Vol. 27, No.-1-2, March-June, pp. 91-99, (Trans.).

Penman, R. (1988) : Communication Reconstructed, Journal for the Theory of Social Behaviour, Vol. 18, No.-4, Dec. pp. 391-410.

पारख, जवरीमल्ल (2000), जनसंचार माध्यमों का वैचारिक परिप्रेक्ष्य, नाइस प्रिंटिंग प्रेस, दिल्ली.

Redovan, M. (2001): Information, Communication and Society, Vol. 4, Issue 2, June, pp. 230-246.

Richard Michel, P. (1989) : Cynicism Egoism and Altruism : A Media Tests of Sorokins Paradigm, International Social Science Review, Vol. 64, No. 4, Autumn, pp. 165-171.

Rothman, S. and Learner, R. (1988) : Television and The Communication Revolution, Society, Vol. 26, No. 117, Nov.-Dec., pp. 64-70.

Rusbridger, A. (1994) : The New Moghul Invasion, The Guardian, Ist April (Weekend Supplement) pp. 7-10 and 43.

Sapalsky, Barry, B. and Tabarlet, Joseph, O. (1991) : Sex in Prime Time Television : 1979 Versus 1989, Journal of Broadcasting and Electronic Media, Vol. 35, No. 4,5, Fall, pp. 505-516.

Schiller, H. (1969) : Mass Communication and American Empire, Kelley, New York.

Sexby, S. (1990): The Age of Information, Macmillan, London, p. 41.

Simpson, S. (2004): Information, Communication and Society, Vol. 7, Issue 1, March, pp. 50-68.

Singhal, A. and Rozers, A.M. (1989): India's Information Revolution, Sage Publication, New Delhi.

Smith, A., (1980) : The Geopolitics of Information, Oxford University Press, New York.

Stevenson, N. (2000): Information, Communication and Society, Vol. 3, Issue 2, June, pp. 192-214.

Swenson, J.D. (1995): Cultural Construction of Reacism, Journal of Communication Inquiry, Vol. 19, No. 1, Spring, pp. 75-88.

Tunstall, J. & Palmer, M. (1991) : Media Moguls, Routledge (London).

Tunstall, J., (1977) : The Media are American Constable, London.

Vachani, Jagdish (2000): Modern Communication and Information Systems, Kanishka Publishers, New Delhi.

Vengerfeldt, P.P. (2006): The Information Society, Vol. 22, Issue 5, December, pp. 303-310.

Vittal, N. and Mahalingam, S. (2001), Information Technology – India's Topmmorow, Manas Publication, New Delhi.

Vromen, A. (2007): Information, Communication and Socicty, Vol. 10, Issue 1, Feb, pp. 48-68.

Waren, K. Eggi, Filip, H. and Advin, E. (1982): Perspective and Mass Communication, Harper and Row Publishers, New York.

Waxer, P.H., (1992) : Alcohol Consumption in Television Programming in Three English Speaking Cultures, Alcohol and Alcoholism, Vol. 27, No.2, March, pp. 195-200.

Webster, F. (2005): Information, Communication and Society, Vol. 8, Issue 4, Dec., pp. 439-458.

Willar, S. (1994), Mass Media and National Development, Stanford University Press, California.

Winston, B. (2001-02): Media, Technology and Society – A History – From the Telegraph to Internet, University of Westminister Press, U.K.

Wittnar, John, R. (1996): Mass Communication, Ellin and Baken, Boston.

Wyllie (1991) : The Response of Young Men to Increased Television Advertising of Alcohol in New Zealand, Health Promotion International, Vol. 6, No.3, pp. 191-197.

Yadav, J.S. and Mathur, P. (1998): Issues in Mass Communication – The Basic concepts, Indian Institute of Mass Communication, New Delhi.

2

सूचना एवं सूचना समाज

(डेनियल बेल और बोड्रिलार्ड का एक संक्षिप्त विश्लेषण)

(Vision of Daniel Bell and Jean Baudrillard)

सूचना समाज

उत्तर-औद्योगिक समाज की अर्थव्यवस्था वस्तुतः एक उच्चतर अर्थव्यवस्था है। इस विकसित अर्थव्यवस्था के पीछे सबसे बड़ी ताकत सूचना की है। यह एक बहस है कि जो 1980 के दशक में यूरोप और अमेरिका में पूरी तरह से छायी रही। इसके प्रणेता भी डेनियल बेल रहे हैं। 1980 में उनका एक लेख "The Social Framework of Information Society" प्रकाशित हुआ। इस लेख ने बहस प्रारम्भ कर दी। **बेल** (1973) का कहना था कि सूचना तंत्र के कुछ सामाजिक आधार होते हैं। उन्होंने सूचना की व्याख्या मूल्य के ज्ञान के सिद्धान्त के आधार पर की है। इसमें उनका निष्कर्ष है कि औद्योगिक समाज में वस्तुओं का मूल्य यानी कीमत श्रम के आधार पर निर्धारित की जाती थी। उत्पादन में जितना श्रम लगता था उसी के आधार पर वस्तु का मूल्य तय किया जाता था। अब उत्तर-आधुनिकता में यह पैमाना नहीं रहा। श्रम का स्थान अब सूचना ने ले लिया। अब श्रम स्रोत नहीं रहा, अब सूचना स्रोत बन गयी। इसका परिणाम यह हुआ कि कारखानों में जो उत्पादन होता था या जो भी गतिविधि होती थी उसका स्रोत सूचना थी। यही नहीं उत्तर-आधुनिकता में स्वयं सूचना ही एक उत्पादन वस्तु बन गयी। अब इस युग में किसी भी वस्तु की तरह सूचना भी बेची जाने लगी। इसकी बड़ी सटीक व्याख्या बेल इन शब्दों में करते हैं :

"सूचना को अब माल यानी पण्य वस्तु समझा जाता है जिसे बाजार में खरीदा जा सकता है बेचा जा सकता है। उदाहरण के लिए सूचना

पण्यीकरण ने आधुनिक अर्थव्यवस्था ने नया वृत्त ही खोल दिया है जिसमें कबाड़ की वस्तुओं से लेकर दूरसंचार साधन तक उपलब्ध हैं।"

बेल ने सूचना तकनीक के जिए महत्व की चर्चा उत्तर-औद्योगिक युग में की है इसी पर जोर देकर बाद में ल्योटार्ड ने उत्तर-आधुनिक समाज की व्याख्या की है। ल्योटार्ड की तर्ज पर ही केसेल्स (Castells, 1989) ने अपनी पुस्तक "The Information City" में कहा है कि अमेरिका ने शहरों की गतिविधि का केन्द्र सूचना तंत्र ही होता है। **केसेल्स** (1989) के साथ **तोरेन** (1992) भी है और इन दोनों विचारकों का कहना है कि सूचना समाज वास्तव में उत्तर-औद्योगिक समाज न होकर एक उत्तर-कृषि समाज (Post-Agrarian Society) है। मुख्य बात तो यह है कि **बेल** (1973), **केसेल्स** (1989) और **तोरेन** (1971) तीनों ही इस बात पर बल देते हैं कि आज के इस उत्तर-औद्योगिक या उत्तर-कृषि समाज में ज्ञान की भूमिका और सूचना का उपयोग सबसे महत्वपूर्ण है। यह ज्ञान और तकनीकी ही है जो उत्पादन को संगठित करते हैं और ये दोनों ही नये ज्ञान और नई तकनीकी को बराबर जन्म देते हैं और इस तरह उत्तर-औद्योगिक समाज सुदृढ़ होता जाता है।

इस युग में तकनीक के क्षेत्र में जो भी नवाचार (Innovation) हुआ है उसका ज्ञान और सूचना के साथ गहरा सम्बन्ध है। नवाचार से उत्पन्न तकनीकी का प्रयास संचार माध्यम से ही होता है। इस उत्तर-औद्योगिक उपलब्धि को सटीक रूप से **हार्वे** (1989) ने इन शब्दों में रखा है-

"वे सभी लेखक जिन्होंने उत्तर-औद्योगिक समाज के विषय में लिखा है, विवाद किया है, इस बात से निश्चित रूप से सहमत हैं कि इस युग की नई तकनीक के बारे में जो भी ज्ञान और सूचना है, वह सबके केन्द्रीय तत्व है। इस युग का सबसे बड़ा स्रोत तकनीकी के बारे में ज्ञान और उसकी सूचना है।"

एलेन (1971) की उत्तर-औद्योगिक समाज के बारे में जो भी समझ है वह यह है कि "इस युग की जीवन धारा सूचना तकनीकी (Information Technology) है। आज दुनिया उत्तर-उद्योगवाद में जो गतिशीलता और प्रवृत्ति दिखाई देती है उसके कई लक्षण हैं। इन लक्षणों का ब्यौरा उन्होंने चित्र के रूप में इस प्रकार दिया है।

उत्तर फोर्डवाद (Post-Fordism)

सूचना व्यवसाय
सूचना तकनीक

ज्ञान और सूचना
सूचना समाज

ज्ञान की भूमिका
और सूचना के उपभोग

ज्ञान के अभिजन
तैश्तीकरण

विभाजित समाज
समूह उत्पादन

बहुनिपुणता

उत्तर-औद्योगीकरण के आने की प्रक्रिया कुछ इस तरह रही–ज्ञानोदय, **औद्योगिक क्रांति, आधुनिकता और उत्तर-औद्योगीकरण**। इससे आगे जो नया समाज आया या आने वाला है वह उत्तर-औद्योगिक समाज है। उत्तर-औद्योगिकता की कोख से ही उत्तर-आधुनिक समाज आया है कुछ इस तरह जैसे औद्योगीकरण से उत्तर-औद्योगीकरण। सन् 1960 से 1980 के दो दशक के वैज्ञानिक और तकनीकी नवाचार ने जो इस अवधि में हुए सम्पूर्ण औद्योगिक और आर्थिक व्यवस्था को बदल दिया। यह जो उत्तर-औद्योगिकवाद का जो नया तकनीकी पेराडिम आया उसकी दो मुख्य विशेषताएँ रही हैं–1. सूचना तकनीकी (Information technoloogy) और (2) प्रक्रियाओं का रूपान्तरण (Transformation of Processes)।

तकनीकी पेराडिम की पहली विशेषता सूचना की है। एक बात बहुत साफ और निश्चित है। वह यह कि जब कोई नई तकनीक आती है तो उसमें सूचना और ज्ञान बहुत निर्णायक और आवश्यक तत्त्व होते हैं। यह इसलिए कि जब कोई भी तकनीक आती है तब इसका यह उद्देश्य होता है कि वह काम में लाई जा सके और यदि कोई तकनीक पहले से उपलब्ध है तब सुधार के बाद यह अधिक उपयोगी ढंग से काम में आ सके। ऐसी अवस्था में सूचना और ज्ञान किसी भी तकनीक के अनिवार्य तत्त्व होते हैं। हमारी संचार व्यवस्था क्या करती है? यही न कि तकनीक के बारे में सूचना देती है। यह सूचना दूरियों को भेद देती है और आम आदमी के पास बहुत थोड़े खर्च में पहुँच जाती है।

तकनीकी पेराडिम की दूसरी विशेषता प्रक्रियाओं का रूपान्तरण है। सही है कि आये दिन तकनीक का आविष्कार होता रहता है, या यह भी सामान्य बात है कि व्यवहार में आने वाली तकनीक में सुधार होता रहता है, लेकिन इससे कुछ खास होता हो ऐसा नहीं है। खास तो तब होता है जब

यह तकनीक रूपान्तरण की प्रक्रिया द्वारा दूसरों तक पहुँचती है। यह प्रक्रिया वस्तुत सूचना प्रक्रिया है। इस औद्योगीकरण का उत्तर-औद्योगीकरण तक पहुँचना इस तकनीकी पेराडिम यानी ज्ञान, सूचना और रूपान्तरण प्रक्रिया के माध्यम से होता है।

केलनर (1994) के अनुसार, उत्तर-औद्योगिकता के कुछ महत्वपूर्ण बिन्दुओं को सार के रूप में इस प्रकार रखेंगे—

1. उत्तर-औद्योगीकरण में ज्ञान तथा नई तकनीकी का स्थान केन्द्रीय होता है। उत्पादन प्रक्रिया में इसी ज्ञान और नवाचार की भूमिका महत्वपूर्ण हो जाती है। अब माइक्रोसर्किट (Microcircuit) आधारित मशीनें आ जाती हैं। इस कारण एक नये आर्थिक युग का सूत्रपात होता है।
2. वैश्वीकरण ने उत्तर-औद्योगीकरण को गति प्रदान की है। दूर-दूर के लोग इस प्रक्रिया के द्वारा आपस में जुड़े हुए हैं। अब राष्ट्रीय अर्थव्यवस्था और अन्तर्राष्ट्रीय अर्थव्यवस्था को समान रूप से समझा जाने लगा है।
3. उत्तर-औद्योगिक समाज में आधुनिक अर्थव्यवस्था में भारी परिवर्तन आया है। इस परिवर्तन के होते हुए भी अभी निश्चित रूप से यह नहीं कहा जा सकता कि इसकी दिशा क्या है।
4. **उत्तर-औद्योगिक समाज में उपभोक्ताओं की माँगें विविध हैं और बाजार की आवश्यकताएँ भी खण्डित एवं विखण्डित हैं।**
5. अब विकास या तरक्की की अवधारणा में बड़ा परिवर्तन आया है। पहले विशाल उत्पादन को विकास कहा जाता था, अब विकास वह है जिसमें प्राकृतिक दुनिया को अधिक से अधिक वास्तविक वस्तुओं में बदला जा सके।

उपभोग और बाह्य दिखावा का समाज

मैक्ज्यूगान (1999) के अनुसार, उत्तर-आधुनिक समाज का बहुलवाद कई क्षेत्रों में देखने को मिलता है। हमने देखा–**इसकी संस्कृति अपने आप में एक पण्य वस्तु है। इसे बाजार में बेचा जा सकता है।** संस्कृति का सरोकार राजनीति से है। अब वर्ग संघर्ष नहीं रहा। वर्ग नहीं रहे। नये किस्म का सामाजिक स्तरीकरण जिसमें उपभोक्ता और विभिन्न जीवन शैली के लोग हैं, उभर कर आया है। यह इस काल का बहुलवाद है। इसे बोड्रिलार्ड ने बड़े खुलासे से लिखा है।

बोड्रिलार्ड उत्तर-आधुनिकता के एक मूर्धन्य सिद्धान्तवेत्ता हैं। वे कहते हैं कि उत्तर-आधुनिकता काल दो बिन्दुओं पर ज्ञानोदय तथा आधुनिक काल से भिन्न है। ये दो बिन्दु हैं–

1. मास मीडिया और विशेषकर टेलीविजन के माध्यम से संचार की प्रचुरता, तथा
2. उपभोग समाज का आविर्भाव।

मीडिया और उपभोग की वृद्धि का एक बहुत बड़ा परिणाम हमें उत्तर आधुनिक समाज में देखने को मिलता है। इसे बोड्रिलार्ड सेम्यूलेशन या प्रतिकृति द्वारा समझते हैं। वे कहते हैं कि अब संस्कृति पर प्रतिकृति का प्रभुत्व है। ऐसी वस्तुएँ या विचार जिनकी कोई जानी-पहचानी उत्पत्ति नहीं है जिनकी कोई पुख्ता बुनियाद नहीं है, वे प्रतिकृति द्वारा समाज तक पहुँचाई जाती है। इस संचार में **संकेत (Sign)** ही सब कुछ है। संकेत का अर्थ संकेत के पारस्परिक संबंध से जाना जाता है। इसके अर्थ को समझने के लिए कोई स्वतंत्र यथार्थता या स्टेण्डर्ड नहीं होता। यह प्रतिकृति है। किसकी प्रतिकृति? स्पष्ट रूप से किसी यथार्थ की प्रतिकृति। पर इस यथार्थ को कोई नहीं जानता। सच्चाई तो यह है कि प्रतिकृति का कोई यथार्थ होता ही नहीं। यह तो **प्रतिकृति है जिसे उपभोक्ता को परोसा जाता है।**

जेम्सन (1991) के अनुसार प्रतिकृति के इस समाज को समझने के लिए **भारत के टेलीविजन के विभिन्न चैनल पर प्रसारित होने वाले विज्ञापनों का दृष्टान्त देना चाहिये। पहली बात तो यह है कि कोई भी एक विज्ञापन उदाहरण के लिये सिर के बालों की रूसी** (Dandrof) **हटाना एक संकेत** (Sign) **है। हेड एंड शोल्डर संकेत करता है कि इसे लगाकर रूसी को धो डालो।** हिमालय डेन्ड्रफ शेम्पू संकेत करता है कि छः दिन में रूसी साफ। क्लीनिक ऑल क्लीयर का कहना है कि उठो, इसे लगाओ और चल पड़ो। रूसी हटाने वाले ये शैम्पू पारस्परिक रूप से जुड़े हुए हैं–इस तरह सभी रूसी हटाने का दावा करते हैं–कोई तुरन्त, कोई कम समय में, कोई अधिक दाम में कोई कम में, लेकिन कोई भी शैम्पू अपने आपको किसी स्टैण्डर्ड से नहीं जोड़ता यह नहीं बताता कि रूसी रहित सिर के बाल का मान्यता प्राप्त स्टैण्डर्ड क्या है? क्या कहीं सिर के बाल पूरी तरह से रूसी रहित होते हैं? समाज की इस बारे में क्या मान्यता है? उपभोक्ता तो इन सभी संकेतों का उनकी पारस्परिक उपयोगिता के आधार पर अर्थ निकालता है। अपने आप में संकेत का कोई अर्थ नहीं।

बोड्रिलार्ड कहते हैं कि वस्तुओं का मूल्य उनके बनाव-दिखाव (Appearance) पर निर्भर करता है। बाहरी दिखावा (Surface appearance) ही प्रभावपूर्ण होता है और यही उत्तर-आधुनिकता की विशेषता है। इसमें उपभोक्ता को दिखाव-बनाव द्वारा बहकाया जा सकता है। **संकेत ही बाजार में विनिमय का आधार होता है।** इन संकेतों ने एक नये उपभोग समाज

का निर्माण किया है। बोड्रिलार्ड के अनुसार, समाज वस्तुतः संचार की प्रचुरता और उपभोक्ताओं का समाज है। इसमें बहकाव और प्रलोभन अधिक हैं। सैद्धान्तिक स्तर पर इस समाज के लक्षण मार्क्स द्वारा दिये गये समाज से भिन्न हैं। मार्क्स ने उत्पादन सम्बन्धों पर आधारित समाज की व्याख्या की थी। आज यह समाज नहीं रहा। समाज वस्तुतः उपभोक्ता समाज है। **इस अर्थ में इस समाज के स्तरीकरण का आधार उत्पादन न होकर उपभोग होना चाहिए।**

बोड्रिलार्ड और उनकी विचारधारा के कतिपय अन्य उत्तर-आधुनिकतावादी इस समाज को उपभोक्ता संस्कृति का समाज कहते हैं। यह समाज उपभोक्ताओं को संकेतों द्वारा प्रलोभित करता है और इसका कोई यथार्थ आधार नहीं है। मतलब हुआ, समाज का एक ताकतवर बहुलवाद उसके संकेत यानी सिम्यूलेशन या प्रतिकृति होते हैं। इस प्रतिकृति की कोई मूल वृत्ति नहीं होती। इसी कारण इस समाज को यथार्थता को प्रतिकृति द्वारा बढ़ा-चढ़ाकर रखा जाता है। यह इस कारण अति-यथार्थता (Hyperreality) है। कभी भी कोई टूथपेस्ट चौबीसों घंटे कीटाणुओं से नहीं लड़ सकता। फिर यह लड़ना संकेतों द्वारा बताया जाता है। यह स्थिति अति यथार्थता की है। टेलीविजन के विज्ञापन झूठे इसलिये बताये जाते हैं कि ये यथार्थता को अतिरंजित रूप में प्रस्तुत करते हैं।

बढ़ता हुआ उपभोग क्यों?

जब बोड्रिलार्ड कहते हैं कि समाज उपभोग समाज है तब स्वाभाविक रूप से प्रश्न उठता है कि इस समाज का उपभोग इतना अधिक क्यों बढ़ गया है? क्या कारण है कि लोग आये दिन बाजार से अधिक से अधिक वस्तुओं को खरीदते हैं? क्या उनकी आवश्यकतायें बढ़ गयी हैं? इन प्रश्नों का उत्तर बोड्रिलार्ड तीन बिन्दुओं में देते हैं-

1. **उत्पादन में बेतहाशा वृद्धि**—अमेरिका और इसी तरह यूरोप में औद्योगीकरण के कारण उत्पादन में अत्यधिक वृद्धि हुई है। वहाँ उत्तर-फोर्डवाद (Post-Fordism) का आविर्भाव हुआ है। आये दिन नई तकनीक का प्रयोग होने लगा है। उत्पादन प्रबन्धन एक विधा के रूप में आ गया है। इसने दूर-दूर के बाजारों को अपनी गिरफ्त में ले लिया है। जब उत्पादन बढ़ जाता है तब चाहे कृत्रिम तरीके से ही सही, माँग को भी प्रोत्साहित किया जाता है। माँग को नये तरीके से परिभाषित किया जाता है। अब लोगों में उपभोग की प्रवृत्ति आ जाती है।

2. **भिन्न दीखने की लालसा**—समाज में लोग अपनी जीवन पद्धति

द्वारा अपनी प्रतिष्ठा को बढ़ाना चाहते हैं। वे बताना चाहते हैं कि उनकी जीवन पद्धति और लोगों की अपेक्षा भिन्न है। यह भिन्नता है जो उन्हें अधिक से अधिक उपभोग करने के लिये प्रेरित करती है। मोटरकार तो कइयों के पास है। यह सामान्य बात है। पर मेरी मोटर कार 'सेन्ट्रो' है जो इसकी मोटर से ज्यादा महँगी और बढ़िया है। मैं सप्ताह में एक बार मैक्डानेल्ड में परिवार सहित भोजन करने जाता हूँ और वह हमेशा घर की रोटियों से ही गुजारा करता है। मेरा सूट उससे कई दर्जा ऊँचा है। इस अन्तर के बारे में बोड्रिलार्ड कहते हैं उत्तर-आधुनिक समाज के उपभोग की प्रवृत्ति को बढ़ाता है। अब भोजन की वस्तुएँ यानी उपभोग की वस्तुओं की किस्म ही आदमी को दूसरों से भिन्न करती है (From mode of production to code of prodution)।

3. वस्तुएँ संकेत हैं—बोड्रिलार्ड के सामाजिक सिद्धान्त का बहुत बड़ा थीसिस प्रतीकात्मक विनिमय (Symbolic exchange) है। वैसे समाजशास्त्र में विनिमय में प्रतीक का प्रयोग सबसे पहली बार दुरखाईम ने किया था। उन्होंने उपहारों की व्याख्या विनिमय के रूप में की थी। आज भी हम शादी ब्याह के अवसर पर उपहार द्वारा विनिमय करते हैं। प्रतीकात्मक विनिमय का प्रयोग बोड्रिलार्ड ने उपभोग की पूर्ति में किया है। वे विनिमय को संकेत (Sign) द्वारा समझाते हैं।

बोड्रिलार्ड मूल के उत्तर-आधुनिकता को संचार और मीडिया के माध्यम से देखते हैं। उनका तर्क है कि उपभोग की वस्तुएँ एक प्रकार की संकेत व्यवस्था को बनाती हैं। अब वस्तुएँ बाजार में आवश्यकताओं को पूरा करने वाली साधन बनकर नहीं आती। वे तो केवल संकेतक के रूप में आती हैं। ये संकेत उपभोग के लिए व्यक्ति को प्रेरित करते हैं। रसोई घर अमूक इलेक्ट्रॉनिक आइटम के आने से गृहिणी अवकाश के अवसर पा जायेगी। उसका स्वास्थ्य बढ़िया रहेगा। उसे आस-पड़ोस के साथ गप्प लगाने का सुन्दर अवसर मिल जायेगा। **ये सब बातें टेलीविजन द्वारा बताई जाती हैं।** सुन्दरता, लावण्य को बढ़िया संकेतों द्वारा प्रदर्शित किया जाता है। रेमण्ड के सूट में एक बढ़िया से सम्पूर्ण आदमी के व्यक्तित्व को संकेत के रूप में खड़ा किया जाता है और रेड एण्ड ह्वाइट सिगरेट के धूम्रपान करने वाले को इमारतें लाँघते हुए बताया जाता है। ये सब मीडिया द्वारा दिये गये संकेत हैं। बोड्रिलार्ड का तर्क है कि ये संकेत ही हमें अधिक से अधिक उपभोग करने को प्रेरित करते हैं।

वस्तुतः हम वस्तुओं का उपभोग नहीं करते। हम संकेतों का उपभोग करते हैं। यह संकेतों के उपभोग के माध्यम से ही हैं कि हम इस उत्तर-आधुनिक

समाज में अपना स्थान या प्रस्थिति पाते हैं। अगर वस्तुओं को बाजार में बिकना है तब उन्हें सशक्त संकेत बनाना ही पड़ेगा। यदि वस्तुओं ने ऐसा नहीं किया तब वे बाजार से उठ जायेंगी। उपभोग को संकेत से जुड़ते हुए बोड्रिलार्ड कहते हैं—"जिस वस्तु का लोग उपभोग करते हैं वह वस्तु ही लोगों की पहचान है। दूसरे लोगों से वे वस्तु के उपभोग से ही भिन्न हो जाते हैं। इसलिये हम वस्तुओं का उपभोग नहीं करते, संकेतों का उपभोग करते हैं। उपभोग संकेतों को चालाकी से रखने की एक व्यवस्था है जिसमें लोग संकेतों को ही वस्तु समझ लेते हैं।"

बोड्रिलार्ड ने उपभोक्ता समाज की सम्पूर्ण परिभाषा बदल दी है। वे कहते हैं, वस्तुओं का उनकी उपयोगिता के आधार पर कोई मूल्य नहीं होता। दूसरे शब्दों में उनका इस्तेमाल मूल्य (Use value) नहीं रहता और संकेत मूल्य (Sign value) सब कुछ हो जाता है। किसी भी वस्तु की उसकी अभिव्यक्ति और शैली पर प्रतिष्ठा हो जाती है और फिर बह बाजार में चल निकलती है। अमुक कम्पनी की कपड़े धोने की मशीन उसके संकेत के आधार पर प्रतिष्ठित हो जाती है और लोग उसको खरीद लेते हैं, वह कितनी उपयोगी है, उसकी आवश्यकता है या नहीं, इस पर उपभोक्ता कभी गंभीरता से नहीं सोचता। ऐसी स्थिति में वस्तुतः हम कपड़े धोने की मशीन न खरीदकर उसका संकेत खरीदते हैं। यह संकेत ही हमें समाज के दूसरे व्यक्तियों से अलग कर देता है। संकेत ही समाज के लोग को एक सूत्र में बाँधता है।

एक दृष्टान्त से आज के उत्तर-आधुनिक संकेत और यथार्थ का मिला-जुला स्वरूप स्पष्ट हो जाएगा। टी.वी. पर संकेतों में बताया जाता है कि आदमी के दाँत मोती जैसे साफ हैं। इन सफेद दाँतों को बताने के लिए कई विधियाँ काम में ली जाती हैं। कोई एक प्रकार के पेस्ट को काम में लाने की सलाह देता है, कोई दूसरे प्रकार के। कहिये कई दाँत के पेस्ट विभिन्न नाम से यानी संकेतों से यही स्थापित करता है कि इसके प्रयोग से दाँत मजबूत और मोती जैसे हो जाते हैं। कोई मजबूत दाँतों से गन्ने को मोम की तरह तोड़ देता है, कोई इन दाँतों से गाड़ी खींच लेत. है और संकेतों की बन पड़े तो बता दे कि इन्हीं दाँतों से आसमान के तारे तोड़ लेवे। इन संकेतों का प्रभाव समाज पर इस तरह पड़ता है कि दाँतों की यथार्थ स्थिति खो जाती है। यहाँ यथार्थ और संकेत दोनों मिल जाते हैं। पहले साहित्य को समाज का दर्पण मानते थे पर अब यह नहीं रहा है। आज जो टी.वी. है वही समाज है। टी.वी. और समाज घुल-मिल गये हैं। देखा जाय तो संकेत और यथार्थ को पृथक् करना कठिन हो गया है। आज इलेक्ट्रॉनिक संचार और मुद्रित संचार दोनों ने मिलकर समाज पर कब्जा कर लिया है और ऐसी स्थिति में

उत्पादन विधियाँ और उत्पादन पृष्ठभूमि में चले गये हैं। बोड्रिलार्ड वस्तुतः उत्तर-आधुनिक समाज को एक संकेतों का समाज मानते हैं।

बोड्रिलार्ड ने उत्तर-आधुनिक समाज को प्रतिकृति का समाज कहा है जिसे वे संकेत कहते हैं। वास्तव में प्रतिकृति है। आज पूँजीवाद अपने संगठित रूप में है और इसी ने बाजार को एक विकसित स्वरूप दिया है। बाजार बोड्रिलार्ड की परिभाषा में एक उपभोग बाजार है। सही बात तो यह है कि बोड्रिलार्ड ने समाजशास्त्र के सम्पूर्ण स्तरीकरण के सिद्धान्त को उलट-पलट दिया है। मार्क्स के विश्लेषण के अनुसार समाज का वर्गीकरण उत्पादन सम्बन्धों के आधार पर होता है, वर्ग उत्पादन सम्बन्धों द्वारा निर्धारित होते हैं। अब उत्तर-आधुनिक समाज का वर्गीकरण कुछ दूसरे प्रकार का है। इसका निर्णायक आधार उपभोग है जो जितना अधिक उपभोग करता है समाज में उतना ही अधिक ऊँचा स्थान उसका है। अब समाज के विशिष्टीकरण (Differentiation) या विभेदीकरण का आधार उपभोग हो गया है। उदाहरण के लिए पश्चिमी देशों में मध्यम वर्ग एक ऐसा वर्ग है जो वस्तुओं के अधिकतम उपभोग के लिए लोकप्रिय है। उसका पहनावा, खान-पान और स्वाद दूसरे वर्गों से पृथक् कर देता है। ऐसी स्थिति में उत्तर-आधुनिक समाज के वर्गीकरण का आधार उपभोग की मात्रा है और यह उपभोग बोड्रीलार्ड के अनुसार, **'मीडिया और संकेत'** द्वारा निश्चित किया जाता है।

उत्तर-आधुनिक समाज एक चकाचौंध वाला समाज है। यह एक प्रकार की मायानगरी है, जिसमें वास्तविक कुछ भी नहीं है। इसे अंग्रेजी में डिजनीलैण्ड (Disney Land) कहते हैं। कैलिफोर्निया में यह एक पार्क है जहाँ बच्चों की कार्टून फिल्में हैं। इन कार्टून फिल्मों में फन्तासी के अतिरिक्त कुछ भी वास्तविक नहीं है। बोड्रिलार्ड कहते हैं कि प्रतिकृति और संकेत उत्तर-आधुनिक समाज को डिजनीलैण्ड मात्र बना देते हैं और इस फन्तासी समाज में संकेत ही यथार्थ बन जाते हैं।

उपभोक्ता समाज

यदि बोड्रिलार्ड की अकादमिक उपलब्धियों का ईमानदारी से मूल्यांकन किया जाय तो कहना पड़ेगा कि उनके दो काम सबसे महत्वपूर्ण हैं। पहला तो यह कि उन्होंने उत्तर-आधुनिकता की व्याख्या मास मीडिया के माध्यम से संचार के क्षेत्र में की है। इसी में सिम्यूलेशन संकेत और अति यथार्थता की चर्चा करते हैं। उनकी दूसरी बड़ी उपलब्धि उपभोक्तावाद के क्षेत्र में है। जहाँ वे कहते हैं कि उत्तर-आधुनिक समाज मीडिया समाज है। वहीं वे यह भी कहते हैं कि समाज उपभोक्ता समाज है। मीडिया ही इस समाज को

उपभोक्ता बनाता है। **यह मीडिया ही है जो माँगों का सृजन या निर्माण करता है और अन्तोगत्वा इस समाज को उपभोक्ता समाज बना देता है।**

बोड्रिलार्ड ज्ञानोदय काल के बुद्धिसंगत विचारों से असहमत थे। अपने कृतित्व के प्रारम्भिक काल (1970) में उन्होंने उत्तर-आधुनिक समाज को एक उपभोक्ता समाज का नाम दिया। वे इस काल में कार्ल मार्क्स से अत्यधिक प्रभावित थे। मार्क्स ने जीवन पर्यन्त उत्पादन विधि (Mode of production) पर जोर दिया। बोड्रिलार्ड ने मार्क्स के उत्पादन विधि पर आधारित पूँजीवाद की व्याख्या की। वे मार्क्स से आगे बढ़े और उन्होंने उत्पादन के दूसरे पहलू उपभोग पर अपने आप को केन्द्रित किया। उन्होंने देखा कि उत्तर-आधुनिक समाज की मुख्य बुनियाद उपभोग है और इसलिये इस समाज के स्तरीकरण का आधार उत्पादन विधि न होकर उपभोग होना चाहिये। बोड्रिलार्ड आगे कहते हैं कि उपभोग की वस्तुएँ संकेत व्यवस्था की अंग हैं। इन वस्तुओं का मूल्य संकेत निर्धारित करते हैं और इसलिये इन वस्तुओं का संकेत मूल्य (Sign Value) है। मार्क्स ने वस्तुओं को उनकी उपयोगिता के आधार पर देखा ओर इसलिये वे वस्तुओं के उपभोग मूल्य पर जोर देते हैं। मार्क्स तो कहते हैं कि जिस वस्तु की उपयोगिता अधिक है, जो वस्तु अधिक टिकाऊ है उसका मूल्य अधिक है। बोड्रिलार्ड का संदर्भ दूसरा है। वे कहते हैं कि जिस वस्तु का संकेत और सिम्यूलेशन जितना अधिक ऊँचा बताया जाता है, उसका मूल्य उतना अधिक है। यहाँ उत्तर-आधुनिक समाज में संकेत ही मूल्य निर्धारित करते हैं। कुछ इस तरह की बात 20वीं शताब्दी के प्रारम्भ में अमेरिका के विचारक वेबलिन ने कही थी। उन्होंने कहा कि अमेरिका के समाज में उत्कृष्ट उपभोग (Conspicuous consumption) की परम्परा बढ़ रही है। मलमल का कपड़ा अधिक टिकाऊ नहीं होता, लेकिन मलमल पहनने वाले व्यक्ति को समाज में प्रतिष्ठा की दृष्टि से देखते हैं। वेबलिन का थीसिस बहुत स्पष्ट है—वस्तुएँ जितनी अधिक महँगी होंगी, उतनी ही अधिक प्रतिष्ठा उनके साथ जुड़ी होगी। यहाँ प्रतिष्ठा का मूल्यांकन समाज या समूह करता है जबकि बोड्रिलार्ड की व्याख्या में वस्तुओं का भाव-ताव संकेत करते हैं। संकेतों के पीछे संकेतकी (Code) होती है और यह प्रतिष्ठा का मूल्यांकन करती है।

बोड्रिलार्ड ने उपभोग समाज की व्याख्या वस्तुतः मार्क्स द्वारा अछूते पहलू को लेकर प्रारम्भ की है। स्पष्ट है, बोड्रिलार्ड का झुकाव पूँजी के सांस्कृतिक पक्ष के विश्लेषण में है।

उपभोग का स्तरीकरण (Stratification of Consumption)

गिड्डेन्स (1990) सम्पूर्ण बाजार संकेतों पर चलता है और लोग जिन वस्तुओं का उपभोग करते हैं, वे वस्तुएँ ही उन्हें दूसरों से पृथक् करती हैं। मोटर कार का उपभोग करने वाले कई लोग हैं, लेकिन सभी मोटरकार एक जैसी नहीं हैं। किसी की महँगी है, किसी की सस्ती है और किसी की सैकेण्ड हैण्ड। इन मोटरकार मालिकों को एक समान तो नहीं समझा जा सकता। महँगी मोटर वाले स्पष्ट है हल्की मोटरकार से ऊँचे हैं और सैकेण्ड हैण्ड मोटरकार वाले एकदम नीचे हैं। हमने देखा कि मोटरकार एक उपभोग की वस्तु है और इसने उपभोक्ताओं का स्तरीकरण कर दिया। यही बात खान-पान और पहनावे में है। कपड़ा तो सब पहनते हैं, पर एक कपड़ा दूसरे से ऊँचा समझा जाता है, और यह ऊँचा और नीचा संकेतों और नियमावली पर निर्भर करता है। बोड्रिलार्ड वस्तुओं के उपभोग के आधार पर उपभोक्ताओं का स्तरीकरण करते हैं। मतलब यह हुआ कि लोगों की पहचान इस बात पर है कि वे किन वस्तुओं का उपभोग करते हैं–जैसी वस्तुएँ वैसे लोग, वस्तुएँ निम्न तो लोग भी निम्न, ऊँचे लोग तो ऊँची वस्तुएँ। इस अर्थ में जिन वस्तुओं का हम उपभोग करते हैं, वे वस्तुएँ नहीं, वस्तुतः संकेत हैं। उपभोग तो संकेत का किया जाता है। बोड्रिलार्ड कहते हैं—उपभोग और कुछ न होकर संकेत को बड़ी चालाकी के साथ एक व्यवस्था में रखना है। दूसरे शब्दों में, उपभोग की वस्तु बनने के लिए वस्तु को संकेत बनना पड़ेगा।

वस्तु का वस्तु से सम्बन्ध होता है, उपभोक्ता से नहीं (Object is Related to Object and not Consumer)

उपभोग का वास्तविकता से कोई सरोकार नहीं होता। उसका ताल्लुक तो संकेतों से होता है। वस्तु उत्तर-आधुनिक समाज में संकेत से जुड़ी होती है। वस्तु का अर्थ उसकी उपयोगिता से नहीं है, उसका अर्थ तो उसके संकेतों से है। उपभोक्ता यह नहीं देखता कि रेमण्ड का कपड़ा कितना बढ़िया या टिकाऊ है वह तो संकेत मात्र से उसके अर्थ को समझ जाता है, यथार्थता से उसका मतलब नहीं। वह रेमण्ड के संकेत की तुलना में ग्रेवियरा या पीटर इंग्लैण्ड से करता है। अगर दवाइयाँ खरीदता है तो वह संकेत रेनबेक्सी, केडेला, ग्लेक्सो को देखता है। उसकी तुलना संकेतों में होती है। इसका अर्थ हुआ कि वस्तु का व्यक्ति के साथ कोई सम्बन्ध नहीं है। वस्तु तो संकेत से बँधी है और इसी संकेत से वह बाजार में बिकती है। अतः वास्तव में हम वस्तु का उपभोग नहीं करते, संकेत का उपभोग करते हैं। हम घी को काम में नहीं लाते, घी के संकेत को काम में लाते हैं। इस

तरह वस्तुएँ संकेत हैं और उनका मूल्य भी संकेत मूल्य है। जब बाजार में वस्तुएँ संकेत मूल्य पर बिकती हैं तो स्पष्ट है कि लोगों में अन्तर आ जाता है। यह अन्तर ही हमें समाज में प्रतिष्ठा देता है। उपभोग के इस सामाजिक-सांस्कृतिक महत्व पर टिप्पणी करते हुए बोड्रिलार्ड कहते हैं—"उपभोग एक व्यवस्था है जो यह मानकर चलती है कि संकेतों में नियमितता है और यह समूह में एकीकरण लाती है। साथ-साथ यह नैतिकता और संचार की व्यवस्था भी है। इसे विनिमय की संरचना भी कहते हैं। यह संरचना व्यक्तियों से ऊपर उठकर सम्पूर्ण समूह पर लागू होती है।

उपभोग पूँजीवाद में क्रान्तिकारी परिवर्तन लाता है
(Consumption as Prime-mover of Captalism)

बोड्रिलार्ड ने उत्तर-आधुनिक समाज की जो व्यवस्था की है वह अन्य उत्तर-आधुनिकतावादी लेखकों, जैसे—फुको, दरिदा और ल्योटार्ड आदि से हटकर है। पूँजीवाद उपभोक्तावाद में चोली-दामन का साथ है। बोड्रिलार्ड इस व्याख्या में मार्क्स से प्रभावित हैं-

1. 19वीं शताब्दी में यानी मार्क्स के समय में जो पूँजीवाद था इसमें श्रमिकों की भूमिका महत्वपूर्ण थी। फोर्डवाद के विशाल उत्पादन के आधार मजदूर थे। इस कारण मार्क्स ने अपने विश्लेषण का आधार मजदूरों को बनाया। ऐसी स्थिति में मार्क्स ने कभी भी उपभोक्ताओं को संगठित करने की बात नहीं की। उनकी व्याख्या में उपभोक्ता पूर्ण रूप से उपेक्षित थे। यह पहली बार था कि बोड्रिलार्ड ने उपभोक्ताओं की ओर अपना ध्यान केन्द्रित किया। उनका यह उपागम नया था।
2. 20वीं शताब्दी में पूँजीवाद ने करवट ली। अब संकेतों के माध्यम से पूँजीवाद ने निर्धारित किया कि उपभोक्ता किन वस्तुओं को काम में लेगा और किनको छोड़ देगा। इस व्याख्या में बोड्रिलार्ड यहाँ तक बढ़ते हैं कि वे उपभोग को एक सामाजिक श्रम की तरह समझते हैं। वे कहते हैं कि जिस तरह पुराने पूँजीवाद में श्रमिकों का शोषण (Exploitation) होता था, वैसे ही इस नये पूँजीवाद में उपभोक्ताओं का शोषण होता है। दूसरे शब्दों में पहले श्रमिकों का शोषण था और आज उपभोक्ताओं का शोषण है। मार्क्स श्रमिकों के शोषण की बात करते थे और बोड्रिलार्ड उपभोक्ताओं के शोषण की बात करते हैं। यह सामाजिक श्रम का शोषण है।
3. इस नये शोषण में एक और रुचिकर बात पैदा हो गई है। यह

ऐतिहासिक है। मार्क्स का श्रमिक संगठन झंडे उठाने वाला था, जिन्दाबाद का नारा बुलन्द करने वाला था। उससे मार्क्स को क्रांति की आशा थी। उसकी कल्पना थी कि किसी दिन समाजवाद आएगा। लेकिन उपभोग की यह जनता (Consumer mass) कभी भी संगठित नहीं होगी ऐसी स्थिति में जन-उपभोगवाद कभी भी संगठित होकर क्रांति नहीं कर सकेगा। बोड्रिलार्ड इस बात से निश्चिन्त हैं कि श्रमिकों को तो संगठित किया जा सकता है, उन्हें एक झण्डे के नीचे लाया जा सकता है लेकिन उपभोक्ताओं के साथ इस तरह के किसी संगठन की चर्चा नहीं की जा सकती। ये उपभोक्ता सामान्यतया मध्यम वर्ग के हैं और दुनिया की कोई ताकत उन्हें क्रांति के लिए तैयार नहीं कर सकती। इस विश्लेषण का अर्थ यह है कि उत्तर-आधुनिक समाज का उपभोक्ता कभी भी क्रान्ति के लिये तैयार नहीं होगा। जार्ज रिट्ज़र (1996) का कहना है कि जब बोड्रिलार्ड उत्तर-आधुनिक समाज के उपभोक्ताओं की आलोचना करते हैं तब वे सही हैं। बोड्रिलार्ड को उपभोक्ताओं से कोई आशा नहीं है। यह एक ऐसा समूह है जिस पर कभी भी और कहीं भी विश्वास नहीं किया जा सकता ओर इसी उत्तर-आधुनिक समाज का भविष्य किसी अंधेरी गली की तरह है।

यह सवाल उठाया जाता है कि श्रमिकों की तरह उपभोक्ताओं को संगठित क्यों नहीं किया जा सकता? इसका उत्तर बोड्रिलार्ड इस प्रकार देते हैं, "उपभोक्ताओं का सम्बन्ध वस्तुओं से नहीं होता, उनका सम्बन्ध संकेतों से होता है और एक ही संकेत को उपभोक्ताओं को किसी सूत्र में बाँधना संभव नहीं है।" मार्क्स के सन्दर्भ में बोड्रिलार्ड ने एक और प्रश्न उठाया है—उपभोग के साधन (Means of consumption) कौन से हैं? वास्तव में इस प्रश्न का विश्लेषण मार्क्स ने उत्पादन के साधन (Means of production) के सन्दर्भ में दिया है। कारखाने, स्वचालित, मशीन, भाप, इंजन आदि उत्पादन के साधन हैं। बोड्रिलार्ड ने उपभोग के साधनों की व्याख्या की है। उनके लिये माल यानी बाजार ही उपभोग का साधन है और उत्तर-आधुनिकता का बाजार वस्तुतः वैश्वीय बाजार (Global market) है। इस बाजार का उपभोक्ता पर बहुत बड़ा प्रभाव पड़ता है। यह बाजार ही है जो उपभोक्ता की माँगों को विभिन्न प्रलोभनों द्वारा परिभाषित करता है।

बोड्रिलार्ड ने उपभोक्ता समाज का उपसंहार इन शब्दों में व्यक्त किया है—"उपभोक्ता समाज वह स्थान है जहाँ प्रत्येक वस्तु बिक्री के लिये है। यहाँ न केवल सभी वस्तुएँ संकेत वस्तुएँ हैं। इस बाजार में सभी वस्तुओं का

विनिमय होता है और इन वस्तुओं में सब कुछ सम्मिलित है—संकेत, सेवाएँ, मनुष्य का शरीर, यौन, संस्कृति, ज्ञान और जो कुछ भी आप ले ले सकें।"

बोड्रिलार्ड का सामाजिक सिद्धान्त (Social Theory of Baudrillard)

बोड्रिलार्ड की धारणा में उत्तर-आधुनिक समाज वस्तुतः एक आहतग्रस्त समाज (Wounded society) है। यह समाज आधुनिक समाज की श्रृंखला की कड़ी मात्र है। आधुनिकता के साथ इसकी निरन्तरता है। निरन्तरता होकर भी यह समाज आधुनिक समाज की आलोचना करता है। बोड्रिलार्ड का उत्तर-आधुनिक समाज का सामाजिक सिद्धान्त एक अतिरंजित स्थिति को ग्रहण करता है। इस सिद्धान्त के निम्न महत्वपूर्ण बिन्दु हैं-

1. उत्तर-आधुनिक समाज अब किसी भी अर्थ में उत्पादन समाज नहीं है। यह एक मीडिया समाज है। इस समाज में साइबरनेटिक मॉडल, कम्प्यूटर सूचना, मनोरंजन, ज्ञान के उद्योग आदि का प्रभुत्व है, उत्पादन का कत्तई नहीं। सूचना का यह समाज ऐसा है जिसमें सिम्यूलेशन (Simulation), संकेत और आचार संहिता प्रभावशाली है। इसका अर्थ यह हुआ कि इस समाज के लक्षण शोषण करना और मुनाफाखोरी नहीं है। यह समाज तो संकेतों द्वारा उत्पादन को बढ़ाता है। अतः इसमें प्रभुत्व संकेतों का है। जहाँ आधुनिक समाज में स्तरीकरण का आधार उत्पादन व्यवस्था थी वहाँ उत्तर-आधुनिक समाज में अ-स्तरीकरण (Dedifferentiation) की प्रक्रिया काम कर रही है।
2. बोड्रिलार्ड का प्रबन्ध है कि इस समाज में सिम्यूलेशन यानी कार्बन कॉपी ही सब कुछ है। इस कार्बन कॉपी की कोई ओरिजिनल कॉपी ही नहीं है। यहाँ संकेत और यथार्थता दोनों ही एक-दूसरे में समा जाते हैं। किसी की कोई पृथक् पहचान नहीं रहती। अब टेलीविजन जीवन में खो जाता है और जीवन टेलीविजन में। टी.वी. से पृथक् जीवन नहीं है। बात यह है कि इस समाज में जो भी यथार्थ है उस पर सिम्यूलेशन और संकेत का कब्जा हो जाता है। यथार्थ समाप्त हो गया है।
3. बोड्रिलार्ड के सामाजिक सिद्धान्त की एक और महत्वपूर्ण कड़ी ऊपरी यथार्थता (Hyper-reality) है। पहले समझा जाता था कि मीडिया समाज का दर्पण है। जैसा समाज होगा वैसा ही उसे मीडिया में दिखाया जायेगा। हमारे यहाँ हिन्दी साहित्य नृत्य या

कला में आज भी यह समझा जाता है कि जैसा समाज होगा वैसा ही साहित्य होगा। रीतिकाल में अपेक्षित रूप से लड़ाई कम हुई, लोगों ने शांति की साँस ली। परिणाम हुआ इस काल में हिन्दी साहित्य में शृंगार रस की कविताएँ अधिक हुईं। मध्यकाल में जब मुगलों ओर राजपूतों में जंग छिड़ी तब वीर रस की कविताएँ अधिक हुईं। बात बहुत साफ है—जैसा समाज वैसा साहित्य। यूरोप और अमेरिका में उत्तर-आधुनिक समाज में अब कला और समाज का परम्परागत सम्पर्क नहीं। मीडिया ने यथार्थता को डकार लिया है। अब मीडिया जो कुछ भी प्रदर्शित करता है वह यथार्थता नहीं है। इसे बोड्रिलार्ड अति यथार्थता (Hyper-reality) कहते हैं।

बोड्रिलार्ड (Baudrillard) के इस सिद्धान्त के होते हुए भी रिट्ज़र के इस कथन को नकारा नहीं जा सकता कि सिद्धान्त एक मास्टर आइडिया है, महान् विचार है, जो समय की कसौटी पर खरा उतरता है। समय की कसौटी के बारे में अभी कुछ कहा नहीं जा सकता, लेकिन यह निश्चित है कि उत्तर-आधुनिक सिद्धान्त के बारे में जो कुछ बोड्रिलार्ड ने कहा है वह स्पष्ट रूप से बताता है कि इस समाज में मीडिया के प्रवेश ने सम्पूर्ण समाज को झकझोर कर रख दिया है। इसमें यथार्थ जैसी कोई बात नहीं है जो कुछ है वह अति यथार्थता है। इसी अति यथार्थता का चित्रण मीडिया यानी संकेत, सिम्यूलेशन कर देते हैं।

सारांश

बेल की आख्या सूचना समाज, विशेषकर औद्योगिक एवं उत्तर-औद्योगिक समाज के सन्दर्भ में यह है कि औद्योगिक समाज में वस्तुओं का मूल्य यानि कीमत श्रम के आधार पर निर्धारित की जाती थी। उत्पादन में जितना श्रम लगता था उसी के आधार पर वस्तु का मूल्य तय किया जाता था। अब उत्तर-आधुनिकता में यह पैमाना नहीं रहा। श्रम का स्थान अब सूचना ने ले लिया। अब श्रम स्रोत नहीं रहा, अब सूचना स्रोत बन गया। यही नहीं उत्तर-आधुनिकता में स्वयं सूचना ही एक उत्पादन वस्तु बन गयी।

बोड्रिलार्ड उत्तर-आधुनिकता के मूर्धन्य सिद्धान्तवेत्ता हैं। इनका मानना है कि मीडिया और उपभोग की वृद्धि का एक बहुत बड़ा परिणाम हमें उत्तर-आधुनिक समाज में देखने को मिलता है। इसे बोड्रिलार्ड सेम्यूलेशन या प्रतिकृति द्वारा समझते हैं। वे कहते हैं कि अब संस्कृति पर प्रतिकृति का प्रभुत्व है। ऐसी वस्तुएँ या विचार जिनकी कोई जानी-पहचानी उत्पत्ति नहीं है जिनकी कोई पुख्ता बुनियाद नहीं है वे प्रतिकृति द्वारा समाज तक पहुँचायी

जाती हैं। इस संचार में संकेत (Sign) ही सबकुछ है। संकेत का अर्थ संकेत के पारस्परिक सम्बन्ध से जाना जाता है। इसके अर्थ को समझने के लिए स्वतंत्र यथार्थता या स्टेण्डर्ड नहीं होता। सच्चाई तो यह है कि प्रतिकृति का कोई यथार्थ होता ही नहीं, यह तो प्रतिकृति है जिसे उपभोक्ता को परोसा जाता है।

सन्दर्भ ग्रन्थ

Bell, D. (1973): The Coming of Post Industrial Society, Basic Books, New York.

Bourdrillard, J. (1983): Simulation, Semiotext(e), New York.

Castells, M. (1989): The Information City, Basil Blackwell, Oxford.

Giddens, A. (1990): The Consequences of Modernity Polity Press, Cambridge.

Harrey, D. (1989): The Condition of Post Modernity: An Enquiry into the Origins of Cultural Change, Oxford University Press.

Jameson, F. (1991): Post Modernism or the Cultural Logic of Late Capitalism, London, Versa.

Kellner, D. (1994): Boudrillard: A Critical Reader, Oxford and Combridge, Basil Backwell.

McGuigan, J. (1999): Modernity and Post Modern Culture, Open University Press, Philadelphia.

Ritzer, G. (1996): the McDonaldization of Society: An Investigation into the Changing Character of Contemporary Social Life, CA: Pine Forge Press, Thousand Oaks.

Tourine, A. (1971): The Post Industrial Society, Random House, New York.

3

विज्ञापन तथा उपभोक्ता व्यवहार

विज्ञापन का आशय एवं उद्देश्य

विज्ञापन का तात्पर्य उस कार्यविधि से है जिसके द्वारा सक्षम उपभोक्ताओं के ध्यान को किसी उत्पादन के प्रति आकर्षित करने, उनमें उस उत्पादन के प्रति रुचि एवं आवश्यकता उत्पन्न करने तथा उन्हें उसके क्रय के लिये प्रेरित किया जाता है। इस अर्थ में विज्ञापन वस्तुतः विक्रय की पहली अवस्था है। **इरिक्सन** (1964) ने भी इसी अर्थ में विज्ञापन की परिभाषा देते हुए कहा है–"विज्ञापन प्राक्क्रय का वह प्रकार है जिसमें खरीददारों को किसी उत्पादन या सेवा के अस्तित्व एवं उनकी विशिष्टताओं के संबंध में सूचित किया जाता है।"

औद्योगिक मनोविज्ञान का मुख्य उद्देश्य है न्यूनतम लागत, उचित उत्पादन तथा कर्मचारियों और उद्योगपतियों को अधिकतम संतुष्टि प्रदान करना। इस लक्ष्य को प्राप्त करने में औद्योगिक विज्ञापन की भूमिका अत्यन्त महत्वपूर्ण है। सच पूछा जाए तो औद्योगिक विज्ञापन का उद्देश्य भी औद्योगिक मनोविज्ञान के उद्देश्य की प्राप्ति ही है। फिर भी सुविधा को ध्यान में रखते हुए औद्योगिक विज्ञापन के इस वृहत् उद्देश्य को हम निम्नलिखित भागों में विभाजित करना चाहेंगे—

(क) प्राथमिकता मूल्य को बढ़ाना

क्रेग और चार्टर (1972) ने औद्योगिक विज्ञापन का एक उद्देश्य किसी उत्पादन के प्रति उपभोक्ताओं के प्राथमिकता मूल्य को बढ़ाना है। बाजार में एक ही उत्पादन की कई किस्में होती हैं अतः विज्ञापनदाता किसी उत्पादन विशेष के प्रति उपभोक्ताओं के प्राथमिकता मूल्य को बढ़ाने का प्रयास करता

है। जैसे बाजार में चाय की भिन्न-भिन्न किस्में आती हैं और उनके मूल्य लगभग समान होते हैं, ऐसी स्थिति में उपभोक्ताओं को निर्णय लेने में कठिनाई अनुभव होती है कि वह कौन-सी चाय खरीदे। यहाँ विज्ञापनदाता उपभोक्ताओं को भिन्न-भिन्न उपायों से किसी चाय विशेष को प्राथमिकता देने के लिए प्रेरित करता है। ऐसी स्थिति में विज्ञापनदाता चाय के मूल्य पर बल नहीं देता बल्कि उसके गुणों का वर्णन करते हुए उपभोक्ताओं के प्राथमिकता मूल्य को बढ़ाने पर बल देता है। इसके लिए विज्ञापनदाता सुरक्षा तथा टिकाऊपन के संदर्भ में किसी उत्पादन विशेष की श्रेष्ठता को उपभोक्ताओं को वर्णित करता है। कभी-कभी वह उपभोक्ताओं के भावपक्ष को उभार कर उत्पादन-विशेष के प्रति उसके प्राथमिकता मूल्य को बढ़ाने का प्रयास करता है।

(ख) किसी उत्पादन-विशेष के प्रति आवश्यकता उत्पन्न करना

ओझा (1997) ने औद्योगिक विज्ञापन का एक प्रमुख उद्देश्य विशेषकर ऐसे उत्पादनों के प्रति उपभोक्ताओं में आवश्यकता उत्पन्न करना है जो बहुत प्रचलित नहीं है। विज्ञापन के माध्यम से उपभोक्ताओं को ऐसे उत्पादनों के सम्बन्ध में ऐसी-ऐसी सूचनाएँ दी जाती हैं कि वे उनके प्रति जिज्ञासु एवं आकर्षित होकर उसका उपयोग करने के लिए तत्पर हो जाते हैं। इस प्रकार उनमें उन उत्पादनों के प्रति सहज रूप से आवश्यकता उत्पन्न हो जाती है और विज्ञापन का उद्देश्य पूरा हो जाता है।

(ग) नये उत्पाद की सूचना देना

औद्योगिक विज्ञापन का एक उद्देश्य उपभोक्ताओं को नये उत्पादन के विषय में सूचना देना है। जब उद्योग में कोई नया उत्पादन होता है तब उसे बाजार और उपभोक्ताओं तक पहुँचाने के लिए विज्ञापन एजेन्सियों की सहायता लेनी पड़ती है। ये एजेन्सियाँ नये-से-नये तथा प्रभावशाली तकनीकों को अपना कर उस उत्पादन-विशेष को प्रचारित करती हैं जिसका मुख्य उद्देश्य होता है उपभोक्ताओं में उस उत्पादन के प्रति आवश्यकता उत्पन्न करना। उदाहरणस्वरूप यहाँ यह बताया जा सकता है कि इस सदी की शुरुआत में जब भारतीय चाय बागानों में उत्पादन अधिक बढ़ गया, निर्यात कम था और देश में उसकी खपत एक अत्यन्त छोटे वर्ग-विशेष तक ही सीमित थी, चाय को आम जनता तक पहुँचाने का भार चाय-बागान मालिकों ने विज्ञापन एजेन्सियों को दिया जो अपने-अपने तरीकों से काम करने लगीं। एक एजेन्सी ने उत्तरी बिहार के गाँवों में प्रतिदिन सुबह और शाम में बाजार के एक निश्चित स्थान पर चाय बनाकर लोगों को मुफ्त पिलाना तो शुरू किया ही चाय की एक पुड़िया भी मुफ्त दी जाने लगी कि वे जब चाहें घर पर चाय बनाकर परिवार वालों के साथ पिएँ और जब लोगों को चाय की

आदत लग जाती थी तब वह चाय विक्रेता किसी और गाँव में प्रचार के लिए चला जाता था। पहले वाले गाँव के वे लोग चाय की जिनकी आवश्यकता बन चुकी होती थी, खरीद कर चाय पीने लग गए। इस प्रकार चाय बगान के मालिकों के उद्देश्य की पूर्ति विज्ञापनदाताओं की सूझ-बूझ से बड़ी आसानी से सहज रूप में हो गयी।

(घ) उत्पादन की बिक्री को बढ़ाना

ड्रेवर (1981) के अनुसार विज्ञापनदाताओं का एक निश्चित उद्देश्य होता है किसी उत्पाद-विशेष की, जिसका भार उन्हें दिया गया है, बिक्री को अधिक-से-अधिक बढ़ाना। इसके लिए विज्ञापन एजेन्सियाँ नित्य नए-नए तरीकों के शोध में लगी रहती हैं, और बड़े-बड़े उद्योगों द्वारा उन्हें मनमानी शर्तों पर विज्ञापन का कार्य सौंपा जाता है।

(ङ) उपभोक्ता व्यवहार को निदेशित करना

विज्ञापनदाता का एक प्रमुख तथा निश्चित उद्देश्य है बाजार में प्रचलित अनेक उत्पादनों में से किसी एक उत्पादन के प्रति उपभोक्ताओं के व्यवहारों को निश्चित रूप से निदेशित करना, जिसके लिए वे उपभोक्ताओं में उस उत्पादन-विशेष की आवश्यकता उत्पन्न करके तथा अन्य उत्पादनों के ऊपर उस उत्पादन-विशेष की श्रेष्ठता को प्रमाणित करके अपना लक्ष्य प्राप्त करते हैं।

(च) मानव आवश्यकताओं का संचरण एवं परिचालन करना

मिलग्राम (1963) ने विज्ञापन के एक उद्देश्य की ओर लोगों का ध्यान खींचते हुए बताया कि इसका एक आधारभूत उद्देश्य है उपभोक्ताओं में किसी उत्पादन विशेष की आवश्यकताओं को संचरित कर उनका परिचालन करना। इसकी व्याख्या करते हुए यह कहा जा सकता है कि हममें बहुत-सी आवश्यकताएँ ऐसी हो सकती हैं जिनकी चेतना हमें नहीं हो या जिनकी ओर हमने कभी ध्यान ही न दिया हो। एक चतुर विज्ञापनदाता बड़ी सूझ-बूझ के साथ इन आवश्यकताओं को संचरित कर हमारी चेतना में लाकर उनका यथैच्छिक परिचालन आसानी से कर लेता है।

(छ) कम्पनी की साख को बढ़ाना

ब्लूम एण्ड नेलर (1984) के अनुसार, विज्ञापन के अनेक उद्देश्यों में एक प्रमुख उद्देश्य है उपभोक्ताओं के बीच किसी कम्पनी-विशेष की साख को बढ़ाना तथा उसे बनाए रखना। उसका उद्देश्य यहीं समाप्त नहीं हो जाता कि उत्पादन-विशेष की आवश्यकता उपभोक्ताओं में जगा दे, बल्कि उसे यह भी देखना होता है कि यह आवश्यकता सतत् बनी रहे और संतुष्टि के आधार पर उपभोक्ताओं में उस कम्पनी के प्रति साख तथा सद्भावना बनी रहे।

प्रभावशाली विज्ञापन की विशेषताएँ

औद्योगिक विज्ञान उसी हद तक प्रभावशाली माना जाएगा जिस हद तक वह अपने उपर्युक्त उद्देश्यों को प्राप्त करने में सफल हो सका है। इस दृष्टिकोण से प्रभावशाली औद्योगिक विज्ञापन की निम्नलिखित विशेषताएँ हैं-

1. प्रभावशाली विज्ञापन की एक विशेषता है सहज रूप से बिना अतिरिक्त दबाव अथवा अन्य उत्पादनों के प्रति उपभोक्ताओं के नकारात्मक दृष्टिकोण को बढ़ावा दिए, उत्पादन विशेष के प्रति उनके प्राथमिकता मूल्य को बढ़ाने में सफल होना।
2. उपभोक्ताओं में विज्ञापित उत्पादन के प्रति आवश्यकता उत्पन्न करने में सफल होना भी प्रभावशाली विज्ञापन की एक विशेषता है।
3. बाजार में आने वाले, या पहले से प्रचलित उत्पादन की समुचित सूचना उपभोक्ताओं को दे देना भी प्रभावशाली विज्ञापन की एक विशेषता है।
4. प्रभावशाली विज्ञापन की एक विशेषता यह भी है कि वह विज्ञापित उत्पादन की बिक्री को अधिक-से-अधिक बढ़ाने में सफल हो।
5. उपभोक्ता व्यवहार को निदेशित करने में सफल होना भी प्रभावशाली विज्ञापन का सूचक है। विज्ञापित विषय की आवश्यकताओं को उपभोक्ता में उत्पन्न कर उन्हें प्रेरित कर सके कि वे उस उत्पादन को ही खरीदे, यही विज्ञापन की सफलता है।
6. मानव आवश्यकताओं के संचरण एवं परिचालन में सफलता प्रभावशाली विज्ञापन की एक अनन्य विशेषता है। उपभोक्ताओं के भीतर छुपी हुई उन आवश्यकताओं के प्रति उनकी जागरूकता बढ़ाना और तत्सम्बन्धी उनके क्रय-व्यवहार को बढ़ाना प्रभावशाली विज्ञापन की एक बड़ी विशेषता है।
7. प्रभावशाली विज्ञापन की एक प्रमुख विशेषता है कि जिस उपभोक्ता आवश्यकता को उसने उत्पन्न किया है, उपभोक्ता व्यवहार को निदेशित कर उसके क्रय-व्यवहार पर नियंत्रण रखा है उसे बनाए रखने के लिए सम्बन्धित उत्पादन कम्पनी के प्रति उपभोक्ताओं की स्वीकृति तथा सद्भावना को बनाए रखने में सफल होना।

औद्योगिक उत्पादनों के विज्ञापन का मनोविमूचन

मनोविज्ञान एक व्यवहारपरक विज्ञान है। यह मानव व्यवहारों का अध्ययन विभिन्न परिस्थितियों में करता है। औद्योगिक विज्ञापन का सम्बन्ध उद्योग से सामान्य रूप से तथा उपभोक्ता से विशिष्ट रूप से है। अतः यहाँ

मनोविज्ञान का उद्देश्य उपभोक्ता व्यवहार का अध्ययन करना, उससे सम्बद्ध आवश्यकताओं, मनोवृत्तियों, आदतों आदि की जानकारी प्राप्त करना तथा उसे एक निश्चित दिशा में संचरित एवं परिचालित करना है ताकि औद्योगिक विज्ञापन अपने उद्देश्यों को प्राप्त करने में सफल हो सके। इस दृष्टिकोण से देखा जाए तो औद्योगिक विज्ञापन को सफल या प्रभावशाली बनाने में मनोविज्ञान की भूमिका अत्यन्त महत्वपूर्ण है। इस दिशा में मनोविज्ञान की भूमिका को विभिन्न प्रेरणात्मक कारकों, ध्यान कारकों तथा भावात्मक कारकों के रूप में देखा जा सकता है। औद्योगिक विज्ञापन की प्रभावशीलता को प्रभावित करने वाले कुछ महत्वपूर्ण मनोवैज्ञानिक कारक इस प्रकार हैं–

1. उपभोक्ता की वर्तमान आवश्यकता

मनोवैज्ञानिक अनुसंधानों से ज्ञातव्य है कि व्यक्ति के व्यवहार का मुख्य निर्धारक उसकी आवश्यकता है। इस शोध परिणाम के आलोक में औद्योगिक विज्ञापन को सफल बनाने के लिए यह आवश्यक है कि उपभोक्ताओं के व्यवहारों को नियंत्रित करने के लिए उनकी वर्तमान आवश्यकताओं को ध्यान में रखते हुए विज्ञापन दिया जाए। एक सफल विज्ञापनदाता वह है जो पहले उपभोक्ताओं की वर्तमान आवश्यकताओं को समझने का प्रयास करता है और तदनुकूल किसी उत्पादन से सम्बन्धित विज्ञापन देना आरम्भ करता है। इसीलिए **शुट्ज** (1969) ने कहा है कि विज्ञापन का सम्बन्ध विशिष्ट रूप से उन उपभोक्ताओं से होना चाहिए जिनमें उत्पादित सामग्री की आवश्यकता वर्तमान होने की सम्भावना हो। अतः विज्ञापन को सफल बनाने की एक प्रविधि यह है कि उपभोक्ताओं की वर्तमान आवश्यकताओं की जानकारी प्राप्त करने के बाद ही उत्पादित सामग्री का विज्ञापन दिया जाए ताकि उपभोक्ताओं में उसके प्रति आकर्षण या रुचि उत्पन्न हो और उसे खरीदने की तत्परता विकसित हो सके।

2. उपभोक्ता की वर्तमान मनोवृत्ति

मानव व्यवहार का एक प्रमुख निर्धारक है मनोवृत्ति। भिन्न-भिन्न व्यक्तियों के व्यवहार अलग-अलग हो सकते हैं। यह बात उपभोक्ता व्यवहार के संदर्भ में युक्तिसंगत है। इसलिए विज्ञापन को सफल बनाने के लिए यह आवश्यक है कि उपभोक्ताओं की वर्तमान मनोवृत्ति की जानकारी प्राप्त करने के बाद ही किसी उत्पादक का विज्ञापन दिया जाए। एक सफल विज्ञापनदाता वह है जो समुचित उपायों के सहारे उपभोक्ताओं की वर्तमान मनोवृत्ति की जानकारी प्राप्त करता है तथा वांछित दिशा में उसे परिवर्तित करता है और

उत्पाद-विशेष के प्रति उसे आकर्षित करता है। अतः औद्योगिक विज्ञापन को प्रभावशाली बनाने का एक उपाय यह है कि उपभोक्ताओं की वर्तमान मनोवृत्ति की जानकारी प्राप्त की जाए, उसमें वांछित परिवर्तन लाया जाए तथा उत्पादन विशेष के प्रति उसे अनुकूल बनाया जाए।

3. ध्यान कारक

औद्योगिक विज्ञापन को प्रभावशाली बनाने में ध्यान कारकों का एक महत्वपूर्ण स्थान है। ध्यान कारक से हमारा तात्पर्य उन कारकों से है जो उपभोक्ता के ध्यान को विज्ञापित उत्पाद के प्रति आकर्षित करते हैं। इन कारकों के निम्नलिखित प्रकार हैं-

(क) रंग—अध्ययनों से पता चलता है कि रंगहीन वस्तुओं की अपेक्षा रंगीन वस्तुएँ हमारा ध्यान अधिक तथा शीघ्र आकर्षित करती हैं। किन्तु भिन्न-भिन्न रंगों के आकर्षण मूल्य के सम्बन्ध में कोई सहमति नहीं है। फिर भी, सामान्यतः जब पृष्ठभूमि भूरे रंग की होती है तब रंगीन वस्तुएँ ध्यान को आकर्षित करने में अधिक प्रभावशाली होती हैं। **गोसलिंग** (1969) के अध्ययन से पता चलता है कि दिन में हल्की पृष्ठभूमि में गहरे रंग अधिक आकर्षक होते हैं। **ग्रीन** (1972) के अध्ययन से पता चलता है कि नयी वस्तुओं के विज्ञापन में रंगों का महत्व अधिक है किन्तु नये उत्पादों के विज्ञापन सफेद तथा काले की अपेक्षा रंग अधिक श्रेष्ठ नहीं हैं। इसी तरह **हैम्पशायर** (1965) के अध्ययन से ज्ञातव्य है कि ऐसे विज्ञापनदाता को जिनके विज्ञापन में रंगों का व्यवहार किया जाता है, उन विज्ञापनदाताओं से अनिवार्यतः अधिक सम्मानित नहीं समझा जाता जिनके विज्ञापन सफेद तथा काले होते होते हैं। अतः इस सन्दर्भ में दो बातें उल्लेखनीय हैं—एक तो यह कि विभिन्न रंगों के विज्ञापन-मूल्य के सम्बन्ध में मनोवैज्ञानिकों में मतैक्य नहीं है और दूसरी बात यह है कि रंगहीन वस्तुओं की अपेक्षा रंगीन वस्तुओं का विज्ञापन-मूल्य अधिक होता है।

(ख) गति—ध्यान से सम्बन्धित शोधकार्यों से पता चलता है कि स्थिर वस्तुओं की अपेक्षा गतिशील वस्तुएँ हमारे ध्यान को अधिक आकर्षित करती हैं। यह बात औद्योगिक विज्ञापन की प्रभावशीलता पर भी लागू होती है। उदाहरणस्वरूप, हम देखते हैं कि टेलीविजन पर आने वाले गतिशील विज्ञापन अपनी गतिशीलता के आधार पर यथार्थ लगते हैं और सड़कों पर लगी होर्डिंग्स पर वे ही विज्ञापन जब स्थिर रहते हैं तो उनसे यथार्थ का आभास नहीं होता। परिणामस्वरूप गतिशील विज्ञापन स्थिर विज्ञापन की अपेक्षा हमारा ध्यान अपनी ओर अधिक आकर्षित करते हैं, अधिक दिनों तक याद रहते हैं तथा सामान्यतः हमारे क्रय-व्यवहार को भी प्रभावित करते हैं।

(ग) आवृत्ति—ध्यान के निर्धारकों में आवृत्ति का स्थान महत्वपूर्ण है। अध्ययनों से पता चलता है कि जिस चीज को बार-बार दुहराया जाता है उसकी ओर हमारा ध्यान शीघ्र तथा अधिक आकर्षित होता है। इस मनोवैज्ञानिक सिद्धान्त में दो बातें उल्लेखनीय हैं—एक तो यह कि उत्तेजना की बारंबारता बढ़ने से ध्यान के आकर्षित होने की संभावना बढ़ती है तथा दूसरी यह कि अतिशिक्षण की मात्रा भी बढ़ती है। ये दोनों बातें विज्ञापन के संदर्भ में भी संगत हैं। इसीलिए सफल विज्ञापनदाता किसी उत्पाद के सम्बन्ध में उपभोक्ताओं के समक्ष विज्ञापन को बार-बार दुहराता है। इन दिनों टेलीविजन ने यह सुविधा बढ़ा दी है कि एक ही विज्ञापन थोड़े ही समय में कई बार दर्शकों के सामने आ जाता है। फलतः, हम चाहें या न चाहें उस विज्ञापन की ओर हमारा ध्यान जाता ही है। **एन्थोनी** (1963) का कहना है कि विज्ञापन को प्रभावशाली बनाने की यह विधि उस परिस्थिति में सबसे अधिक उपयोगी सिद्ध होती है जब विज्ञापित वस्तु में उपभोक्ता की रुचि का स्तर नीचा हो।

(घ) नवीनता—ध्यान के निर्धारकों में नवीनता भी एक है। इस संदर्भ में किए गये अध्ययनों से पता चलता है कि अन्य बातें समान रहने पर भी पुरानी तथा परिचित वस्तुओं की अपेक्षा नयी तथा भिन्न वस्तुओं की ओर हमारा ध्यान अधिक आकर्षित होता है। यह मनोवैज्ञानिक तथ्य औद्योगिक विज्ञापन की प्रभावशीलता के संदर्भ में भी संगत है। एक सफल विज्ञापनदाता सतत् इस प्रयास में लगा रहता है कि अपने विज्ञापन को वह नए-से-नए रूप में प्रस्तुत कर सके। विज्ञापित वस्तुओं के आकार, आकृति, रंग के साथ-साथ स्लोगन को भी थोड़े-थोड़े समय के अन्तराल पर बदलते हुए वह अपने विज्ञापन में नवीनता लाने का प्रयास करता रहता है ताकि उपभोक्ताओं की रुचि उस विज्ञापित वस्तु में कम न होने लग जाए। **चार्ल्स** (1964) ने अपने अध्ययन में देखा कि नए शब्दों एवं मुहावरों के प्रयोग से पत्रिका विज्ञापन की प्रभावशीलता काफी बढ़ गयी। **शुट्ज** (1969) ने इस संदर्भ में कहा है कि एक सफल विज्ञापनदाता न केवल इस बात पर बल देता है कि उसका विज्ञापन नवीन अथवा भिन्न हो बल्कि विज्ञापन के नए तरीकों का भी प्रयोग करता है।

(ङ) स्थिति—वस्तु की स्थिति का ध्यान-मूल्य भी अलग-अलग होता है। अध्ययनों से पता चलता है कि दाहिनी ओर रखी गयी वस्तु की अपेक्षा बायीं ओर रखी गयी वस्तु हमारा ध्यान अधिक आकर्षित करती है। अखबार पढ़ने वालों की एक बड़ी संख्या का सर्वेक्षण करने पर यह पाया गया कि वे पहले अखबार के प्रथम पृष्ठ के ऊपर वाला बायाँ भाग देखते हैं फिर दाहिना, फिर नीचे का दाहिना भाग और अन्य में नीचे का बायाँ। इसी प्रकार पत्रिकाओं में दिए गए अलग-अलग पन्नों तथा स्थितियों के विज्ञापन के

ध्यानाकर्षण मूल्य अलग-अलग हैं। अतः उत्पादित सामग्रियों का विज्ञापन देते समय विज्ञापनदाता को इन सारी बातों को ध्यान में रखना होता है कि उनके द्वारा दिया गया विज्ञापन प्रभावशाली हो सके।

4. प्रतिष्ठा संसूचन

किसी भी समाज में व्यक्ति या समूह अपने साथ एक प्रतिष्ठा जुड़ा हुआ देखना चाहता है जिसके आधार पर वह समाज के आदर्शों पर स्वयं को पाकर संतुष्ट हो सके। यह मनोवैज्ञानिक तथ्य औद्योगिक विज्ञापनों के संदर्भ में भी देखा जाता है। विज्ञापन यदि उत्पाद की सूचना देने के साथ-साथ उपभोक्ता को भी अपनी ही नजर में ऊँचा उठा सकने में सफल हो जाए तो वह एक प्रभावशाली विज्ञापन माना जाएगा। यहाँ हम यह भी कहना चाहेंगे कि प्रतिष्ठा-संसूचन दो प्रकार से विज्ञापन में आता है—प्रत्यक्ष तथा अप्रत्यक्ष। प्रत्यक्ष संसूचन वह है जिसमें हम उत्पाद का प्रचार करने वाले व्यक्ति के व्यक्तित्व से भी प्रभावित हो जाएँ और उस विज्ञापित वस्तु का प्रयोग मात्र इसलिए करने लग जाएँ कि वह व्यक्ति भी इसका प्रयोग कर रहा है। जैसे—प्रसिद्ध सिने अभिनेत्री ऐश्वर्या राय द्वारा टेलीविजन पर पेय विशेष को विज्ञापित करना। अप्रत्यक्ष संसूचन के उदाहरण में हम पत्र-पत्रिकाओं में आए उन विज्ञापनों की चर्चा कर सकते हैं जिनमें किसी प्रसिद्ध सिने तारिका की फोटो के साथ किसी साबुन विशेष का चित्र देते हुए यह कहा गया है कि उस तारिका के सौन्दर्य का राज उस साबुन में है। संसूचित व्यक्ति यह मानकर कि वस्तुतः वह तारिका उस साबुन का प्रयोग करती है, उस साबुन को अपना लेता है।

लगभग पाँच दशक पहले बीड़ी बनाने वाली एक कम्पनी ने भारत वर्ष की तत्कालीन बहुचर्चित एवं प्रसिद्ध अभिनेत्री के नाम पर अपने उत्पाद का नाम 'सुरैया बीड़ी' रख दिया था जिसमें बीड़ी के बंडल पर सुरैया का रंगीन चित्र भी छपा होता था। इससे उसके उत्पाद की बिक्री तो बढ़ी, किन्तु उस कम्पनी के लिए अदालती परेशानियों के दरवाजे भी खुल गए, क्योंकि बीड़ी पीना सुरैया जैसी हस्ती की प्रतिष्ठा के अनुकूल नहीं था, और न ही उस कम्पनी ने सुरैया का नाम अपने विज्ञापन में जोड़ने की अनुमति ली थी। अंततः उस कम्पनी को उस ब्राण्ड का नाम बदलना पड़ा, किन्तु जो प्रसिद्धि उसे मिलनी चाहिए थी वह तो मिल चुकी थी।

ऐसे ही एक अदालती मामलों का सामना इस सदी के पाँचवें दशक के मध्य में प्रसिद्ध जूता कम्पनी 'बाटा' को करना पड़ा था जब उस कम्पनी ने अपने कैलेंडर में प्रसिद्ध अभिनेत्री नरगिस की तस्वीर छाप दी थी जिसकी अनुमति पहले से नहीं ली गयी थी और जूता कम्पनी के कैलेण्डर पर अपनी

तस्वीर का दिया जाना उन्हें आपत्तिजनक लगा था।

स्पष्ट है कि उक्त दोनों घटनाओं की अदालती कार्यवाही के दौरान भी उन कम्पनियों को अखबारों में चर्चित होने का लाभ मिला और अनायास उन्हें विज्ञापन का एक लाभ मिल गया।

5. विश्वजनीनता का प्रभाव

मानव कमजोरियों में एक कमजोरी यह है कि व्यक्ति उस वस्तु को अधिक महत्त्व देता है जिसके विषय में उसे यह अनुभव हो कि विश्व के अधिकांश लोग उसे स्वीकार कर चुके हैं। विज्ञापनदाता यदि मानव की इस कमजोरी का लाभ उठाते हुए अपने विज्ञापित वस्तुओं को विश्व द्वारा स्वीकृत वस्तु बता पाने में सफल हो जाते हैं तो उस विज्ञापन की प्रभावशीलता अत्यधिक बढ़ जाती है।

6. परिस्थिति की अस्पष्टता

यह एक स्थापित मनोवैज्ञानिक तथ्य है कि अस्पष्ट परिस्थिति में अधिकांशतः मनुष्यों की विवेकशीलता घट जाती है और संसूचनशीलता बढ़ जाती है। इस स्थिति में व्यक्ति दूसरों की सलाह को बिना सोचे-समझे मान लेता है। इस तथ्य के आधार पर एक चतुर विज्ञापनदाता अपने विज्ञापन के साथ-साथ कुछ ऐसी परिस्थिति उपभोक्ताओं के समक्ष प्रस्तुत कर देता है, जो अस्पष्ट हो और वे अपनी ओर से कोई समाधान करने में अक्षम हो। ऐसे में विज्ञापन की प्रभावशीलता बढ़ जाती है।

7. प्रदर्शन (Demonstration)

विज्ञापन की प्रगति के साथ-साथ जहाँ जीवन के अनेक आयामों में अभूतपूर्व परिवर्तन हुए हैं, वहीं विज्ञापन की दुनियाँ में ऐसे परिवर्तन आए हैं। आज से कुछ दशक पहले तक उत्पादों का विज्ञापन सिनेमा, अखबार, पत्र-पत्रिकाओं, लाउडस्पीकर तथा होर्डिंग्स पर आधारित था। विज्ञापित वस्तु के प्रत्यक्ष रूप को देख पाना उपभोक्ता के लिए संभव नहीं था। कुछ वर्ष पहले कपड़े धोने के साबुन के प्रभाव का प्रदर्शन करने वाली कम्पनी की ओर से विक्रेता लड़कियाँ घर-घर जाकर उस साबुन के प्रयोग द्वारा उसके प्रभाव को बताने लगीं। यदि गृहिणी उस साबुन के गुण के प्रति आश्वस्त हो गयी तो वह साबुन उस गृह की अनिवार्यता बन गया। टेलीविजन के आ जाने के बाद विज्ञापनदाताओं ने तो इसे अपनी विधा ही बना डाला। अधिकांश विज्ञापन जो इन दिनों टेलीविजन पर आ रहे हैं 'प्रदर्शन' के माध्यम से विज्ञापित वस्तुओं का प्रचार कर रहे हैं चाहे वह साबुन का हो या रसोईघर

में काम आने वाले यांत्रिक उपादानों का। इस प्रकार एक प्रत्यक्ष उदाहरण के साथ आए हुए विज्ञापन की प्रभावशीलता बढ़ जाती है।

8. संभावित ग्राहक और प्रसंग

विज्ञापन की सफलता विज्ञापन दिये जाने वाले समय की प्रासंगिता तथा उपभोक्ताओं की उपयुक्तता पर निर्भर करती है। **घोष** (1999) ने अपने अध्ययन में पाया कि जब विज्ञापन उपभोक्ताओं की उपयुक्तता तथा परिस्थिति की प्रासंगिकता के अनुकूल होता है तब उसकी प्रभावशीलता अधिक होती है। **शुट्ज** (1969) ने भी इन विचारों का समर्थन करते हुए कहा है कि मितव्ययिता के दृष्टिकोण से विज्ञापनदाता अपनी सूचनाओं को सही प्रत्याशा तथा सही प्रसंग में प्रस्तुत करते हैं ताकि वांछित परिणाम प्राप्त हो सके।

यहाँ उदाहरणस्वरूप हम कह सकते हैं कि जब टेलीविजन पर कोई सुखद फिल्म देख रहे हों और हमारी मानसिक स्थिति उस फिल्म के प्रसंगों के अनुकूल बन गयी हो, तब उस फिल्म के दौरान दिए जाने वाले विज्ञापनों पर हमारा ध्यान नहीं जाता है, बल्कि हम उन विज्ञापनों को देखना भी पसंद नहीं करते। अतः वे विज्ञापन अर्थहीन हो जाते हैं। इसीलिए टेलीविजन के हर चैनेल वाले समय-समय पर अपने कार्यक्रमों का कोटिकरण करवाते हैं और उसके अनुसार श्रेणीकरण पर आए कार्यक्रमों में दिए जाने वाले विज्ञापनों का शुल्क तथा उनकी बारंबारता का निर्धारण करते हैं।

इस प्रकार स्पष्ट हो जाता है कि विज्ञापन की प्रभावशीलता पर कई मनोवैज्ञानिक कारकों का प्रभाव पड़ता है। इससे एक ओर औद्योगिक विज्ञापन में मनोविज्ञान की महत्वपूर्ण भूमिका पर प्रकाश पड़ता है और दूसरी ओर उन उपायों या प्रविधियों की जानकारी मिलती है जिनका उपयोग कर विज्ञापन को सफल एवं प्रभावशाली बनाया जा सकता है।

विज्ञापन के साधन

औद्योगिक विज्ञापन की सफलता बहुत अंशों में विज्ञापन साधन पर निर्भर करती है। विज्ञापन साधन का तात्पर्य उन तरीकों, विधियों या माध्यमों से है जिनके द्वारा विज्ञापनदाता उपभोक्ता को आकर्षित करने, उनके विचारों एवं मनोवृत्तियों को प्रभावित करने और उनके व्यवहारों को अनुकूल बनाने का प्रयास करता है। इन साधनों को निम्नलिखित तीन प्रकारों में बाँटा जा सकता है।

1. मौखिक साधन

चौबे (2000) के अनुसार विज्ञापनदाता किसी उत्पाद से सम्बन्धित

विज्ञापन के लिए जिन साधनों का उपयोग करता है उनमें एक मौखिक साधन भी है। वह व्याख्यान अथवा भाषण के माध्यम से किसी नये उत्पाद से सम्बन्धित सूचनाएँ उपभोक्ताओं तक पहुँचाता है और उनमें उसके प्रति जिज्ञासा एवं आवश्यकता उत्पन्न करने का प्रयास करता है ताकि वे उस उत्पाद को खरीदने के प्रति तत्पर हो सकें। इसी प्रकार पुराने उत्पादों के प्रति उपभोक्ताओं को आकर्षित करने, उनकी आवश्यकताओं को जगाने तथा उनकी मनोवृत्ति को अनुकूल बनाने का प्रयास व्याख्यान विधि से किया जाता है। कभी तो विज्ञापनदाता यह कार्य स्वयं करता है और कभी लाउडस्पीकर, रेडियो आदि संसाधनों के द्वारा।

औद्योगिक विज्ञापन को प्रभावशाली या सफल बनाने में व्याख्यान एक उपयोगी साधन है—(क) इस साधन की सबसे बड़ी उपयोगिता यह है कि यहाँ उपभोक्ता तथा विज्ञापनदाता के बीच प्रत्यक्ष सम्बन्ध होता है। यह एक तथ्य है कि अप्रत्यक्ष साधनों से प्राप्त सूचनाओं की अपेक्षा प्रत्यक्ष साधनों से प्राप्त सूचनाएँ अधिक प्रभावशाली होती हैं। (ख) इस साधन का एक गुण यह भी है कि यहाँ विज्ञापनदाता को अपने हावभाव के माध्यम से उपभोक्ताओं को प्रभावित करने का अवसर मिलता है। इससे उपभोक्ताओं का भावपक्ष विशेष रूप से प्रभावित होता है तथा परिणामस्वरूप विज्ञापन की सफलता की संभावना बढ़ जाती है। (ग) इस साधन से एक लाभ यह भी होता है कि विज्ञापनदाता आवश्यकतानुसार उपभोक्ताओं की संवेगात्मकता को बढ़ा कर अपने लक्ष्य की प्राप्ति में सफल होने का प्रयास करते हैं।

किन्तु व्याख्यान द्वारा विज्ञापन की अपनी सीमाएँ भी हैं—(क) इस साधन का कार्यक्षेत्र सीमित होता है। किन्तु इस दोष को दूर करने के लिए रेडियो आदि संसाधनों का उपयोग किया जाता है। फिर भी इन साधनों में वह प्रभावशीलता नहीं होती जो प्रत्यक्ष व्याख्यान में पायी जाती है। (ख) इस साधन का एक दोष यह भी है कि इसका उपयोग उपभोक्ताओं के बड़े समूह पर करना यदि असंभव नहीं तो कठिन अवश्य है। इस कठिनाई को दूर करने के लिये यदि रेडियो का उपयोग किया भी जाए तो वह भी सभी उपभोक्ताओं के लिए संभव नहीं हो सकेगा। सभी उपभोक्ताओं को रेडियो कई कारणों से उपलब्ध नहीं होता। इन त्रुटियों के होते हुए भी व्याख्यान विधि विज्ञापन का एक उपयोगी साधन है जिसका प्रयोग छोटे-बड़े सभी उद्योगों में किया जाता है।

2. लिखित साधन

औद्योगिक विज्ञापन के लिए कई प्रकार के लिखित साधनों का भी उपयोग किया जाता है। ऐसे साधनों में निम्नलिखित महत्वपूर्ण हैं।

(क) समाचार-पत्र—विज्ञापनदाता अपने नए उत्पादों अथवा पुराने उत्पादों के सम्बन्ध में समाचार पत्रों के माध्यम से भी विज्ञापन देते हैं। जैसे–छोटे-बड़े हर अखबार में उपभोक्ता सामग्री का विज्ञापन आदि हर दिन देखा जाता है। अखबार एक ऐसा साधन है जो अमीर-गरीब सभी को आसानी से, घर बैठे या राह चलते, उपलब्ध हो ही जाता है। विशेषरूप से प्रजातांत्रिक राष्ट्रों में जहाँ अपने विचारों को व्यक्त करने की स्वतंत्रता अधिक होती है, अखबार विज्ञापन का एक सबल साधन बन जाता है। फिर भी मौखिक साधन अर्थात् व्याख्यान विधि की तुलना में समाचार-पत्र की उपयोगिता सीमित है—(क) यह साधन मात्र शिक्षित उपभोक्ताओं तक ही सीमित रहता है। यहाँ तक कि सभी शिक्षित उपभोक्ता भी कई कारणों से नित्य अखबार नहीं देख पाते। (ख) इस साधन की एक त्रुटि यह भी है कि यहाँ विज्ञापनदाता के लिए यह संभव नहीं हो पाता कि वह अपने शारीरिक हाव-भाव से उपभोक्ताओं को प्रभावित कर सके। (ग) इस साधन की एक कमी यह भी है कि यहाँ उपभोक्ताओं के संवेगों को उभारने का अवसर नहीं मिलता।

(ख) पत्रिकाएँ–पत्रिकाओं के माध्यम से भी नए-पुराने उत्पादों से सम्बन्धित विज्ञापन दिए जाते हैं। प्रायः देखा जाता है कि पत्रिकाएँ सिनेमा, साबुन, रसोईघर में काम आने वाले उत्पादों, फर्नीचर, कपड़े, परदों, कालीनों तथा गहनों आदि के नयनाभिराम चित्रों सहित विज्ञापन से भरी रहती हैं। चित्रों, और विशेषकर रंगीन तथा नवनूतन मुद्राओं में दिए गए विज्ञापन के चित्र उपभोक्ताओं को अखबारों के विज्ञापन से जो अधिकतर रंगहीन तथा स्थिराकृत होते हैं, अधिक आकृष्ट करते हैं। फिर भी चूँकि अखबारों की अपेक्षा पत्रिकाओं की ग्राहक संख्या सीमित होती है। अखबारों के विज्ञापन की अपनी विशेष भूमिका होती है। एक तो अखबार के दैनिक होने के कारण विज्ञापन की बारंबारता बढ़ती है और दूसरी ओर पत्रिकाओं के पाक्षिक अथवा मासिक होने के कारण विज्ञापन की बारंबारता उतनी नहीं होती जितनी अखबारों के विज्ञापन की, और पत्रिकाओं के विज्ञापन उतने लोगों तक नहीं पहुँच पाते जितने अखबारों के विज्ञापन पहुँचते हैं।

(ग) परचा– कभी-कभी परचे का उपयोग भी विज्ञापन के लिए किया जाता है। विज्ञापनदाता नए या पुराने उत्पादों से सम्बन्धित सूचनाओं को कभी चित्रों के साथ और कभी बिना चित्रों के ही परचों में छपवा कर उपभोक्ताओं के बीच वितरित करवा देता है जो उपभोक्ता उन परचों को पढ़ते हैं वे सम्बन्धित उत्पादों से परिचित हो जाते हैं आवश्यकता के अनुसार उनकी ओर आकर्षित होते हैं तथा उनके क्रय के लिए तत्पर होते हैं। इस प्रकार विज्ञापनदाता का लक्ष्य पूरा हो जाता है। यह साधन अत्यन्त सरल तथा कम

खर्चीला है। किन्तु अखबारों या पत्रिकाओं की तुलना में इसकी उपयोगिता सीमित है—(क) परचे के साथ एक कठिनाई यह है कि विज्ञापनदाता द्वारा वितरित परचा उचित उपभोक्ताओं तक पहुँचेगा या नहीं यह निश्चित नहीं होता। अखबारों तथा पत्रिकाओं के विज्ञापनों के लिए यह सुनिश्चित है कि वे ग्राहकों तक पहुँचेंगे ही। (ख) परचे के साथ दूसरी कठिनाई यह है कि इसके प्रति लोगों में उतनी गम्भीरता और रुचि नहीं होती जितनी अखबारों तथा पत्रिकाओं में होती है। इसका एक कारण यह भी हो सकता है कि परचों में उपभोक्ता की कोई लागत नहीं लगती और न ही उसे प्राप्त करने के लिए कोई प्रयास करना पड़ता है जबकि अखबारों तथा पत्रिकाओं को खरीदना पड़ता है।

4. श्रव्य-दृश्य साधन

वर्तमान समय में विज्ञापन के लिए श्रव्य-दृश्य साधन सबसे अधिक प्रचलित हैं। इसकी विशेषता यह है कि यहाँ उपभोक्ताओं के श्रवण ग्राहक तथा दृष्टिग्राहक को साथ-साथ प्रभावित किया जाता है जिसके कारण विज्ञापित वस्तु की छवि उपभोक्ता के मन पर स्पष्ट तथा सापेक्ष्य स्थायित्व के साथ पड़ती है। इसलिए कहा जा सकता है कि विज्ञापन के अन्य साधनों की अपेक्षा श्रव्य-दृश्य साधन अधिक प्रभावशाली होते हैं। ऐसे साधनों में चलचित्र, दूरदर्शन, व्याख्यान-सह-प्रदर्शन इत्यादि प्रमुख हैं। चलचित्र आदि के माध्यम से किसी सामग्री के सम्बन्ध में जो जानकारी हमें मिलती है वह मात्र ध्वनि द्वारा ही नहीं वरन् दृश्यों द्वारा भी होती है। दूसरे शब्दों में यह कहा जा सकता है कि जो कहा जाता है वह दिखाया भी जाता है। अतः कथन की विश्वसनीयता बढ़ जाती है और हम सहज ही उसे ग्रहण कर लेते हैं।

विज्ञापन दृश्य साधन की कुछ विशेषताएँ इस प्रकार हैं -

(क) पहली विशेषता यह है कि इस साधन से उपभोक्ताओं की आँखें तथा कान साथ-साथ प्रभावित होते हैं जिसके कारण उसकी ग्रहणशीलता बढ़ जाती है। (ख) दूसरी विशेषता यह है कि यहाँ प्रसंग को ध्यान में रखकर विज्ञापन दिया जाता है। अर्थात् विज्ञापनदाता प्रसंग के अनुकूल विज्ञापन देता है जिससे उसकी प्रभावशीलता बढ़ जाती है। विज्ञापनदाता संभावित उपभोक्ताओं के सामाजिक-आर्थिक स्तर, उम्र, शिक्षा, यौन तथा उनकी आवश्यकताओं को प्रसंग मानकर उनके अनुकूल विज्ञापन देने का प्रयास करता है। (ग) तीसरी बात है कि इस साधन से उपभोक्ताओं का मनोरंजन भी होता रहता है जिसके कारण विज्ञापित उत्पादों के प्रति वे सहज रूप से आकर्षित होते हैं और विज्ञापन का लक्ष्य पूरा हो जाता है। इसीलिए इन दिनों भारत में दूरदर्शन के विभिन्न चैनलों पर आने वाले विज्ञापनों को विज्ञापनदाता

अधिक-से-अधिक मनोरंजक बनाने का प्रयास कर रहे हैं।

इन गुणों के होते हुए भी श्रव्य-दृश्य साधन में एक त्रुटि यह है कि यह एक खर्चीला साधन है। दूसरी त्रुटि यह है कि इस साधन की पहुँच ऐसे उपभोक्ताओं तक नहीं हो पाती जो कई कारणों से चलचित्र या दूरदर्शन का उपयोग नहीं कर पाते।

4. चित्रीय साधन

कभी-कभी विज्ञापनदाता किसी उत्पाद को चित्र के माध्यम से विज्ञापित करता है। यथा—परिवार नियोजन के प्रति लोगों की मनोवृत्ति अनुकूल बनाने के विचार से सरकार ने माता-पिता के साथ दो बच्चों या एक बच्चे के चित्र के साथ परिवार नियोजन के साधनों को अपनाने का संदेश जनता तक पहुँचाने की कोशिश की। इसी प्रकार किसी भी नये उत्पाद जैसे–साइकिल, स्कूटर, बर्तन आदि के विज्ञापन में चित्रों का उपयोग किया जाता रहा है। इस साधन का एक गुण यह है कि इससे शिक्षित, अशिक्षित, गरीब-अमीर सभी लोग समान रूप से प्रभावित होते हैं। किन्तु इसका यह दोष भी है कि इसकी पहुँच सभी उपभोक्ताओं तक नहीं हो सकती। दूसरी बात यह है कि सभी उपभोक्ताओं का ध्यान चित्र-विशेष तक जाए ही यह भी आवश्यक नहीं। तीसरी बात यह है कि चित्र एक तो स्थिर होता है दूसरे निर्जीव, जिस कारण ध्यानाकर्षण की सम्भावना घट जाती है।

उपर्युक्त विवेचन से यह स्पष्ट होता है कि विज्ञापन के कई साधन हैं तथा प्रत्येक साधन के अपने-अपने लाभ और सीमाएँ हैं। अतः विज्ञापनदाता के लिये यह उचित है कि वह आवश्यकतानुसार समुचित साधन अथवा साधनों का उपयोग कर अपने विज्ञापन को प्रभावशाली बनावें।

विज्ञापन प्रभावशीलता के मूल्यांकन की विधियाँ

औद्योगिक विज्ञापन के संदर्भ में एक महत्वपूर्ण समस्या यह जानना है कि किसी उत्पाद से सम्बन्धित विज्ञापन कहाँ तक सफल हो सका है। औद्योगिक लक्ष्य की प्राप्ति के दृष्टिकोण से विज्ञापन का यह पहलू अत्यन्त महत्वपूर्ण है। विज्ञापनदाता को जब इस बात की जानकारी होती है कि उसका विज्ञापन प्रभावशाली हो सका है तो वह उसी रूप में अपने विज्ञापन कार्यक्रम को जारी रखता है। किन्तु जब उसे अपने विज्ञापन की विफलता की जानकारी मिलती है तब वह अपने विज्ञापन कार्यक्रम में आवश्यक परिवर्तन लाकर उसे सफल बनाने का प्रयास करता है। इन दोनों दृष्टिकोणों से विज्ञापन की प्रभावशीलता का मूल्यांकन अपेक्षित है। इसके लिए सामान्यतः निम्नलिखित विधियों का उपयोग किया जाता है।

(1) उपभोक्ता जूरी विधि

यह विधि, जैसा कि इसके नाम से स्पष्ट है, उपभोक्तावर्ग के विशिष्ट व्यक्तियों की राय विज्ञापित उत्पाद पर जानने के बाद उसके आधार पर विज्ञापन की सफलता का निर्णय देती है। यदि उपभोक्ता वर्ग के विशिष्ट लोगों ने सहमति दे दी कि उत्पाद उपयुक्त है तो विज्ञापन की सफलता मान्य हो जाएगी। जूरी की यह राय साक्षात्कार विधि या प्रश्नावली विधि के द्वारा ली जाती है। यहाँ यह बता देना आवश्यक है कि साक्षात्कार तथा प्रश्नावली आत्मनिष्ठ विधियाँ हैं, इसलिए इस बात की संभावना बनी रहती है कि उपभोक्ता किसी उत्पाद के सम्बन्ध में गलत सूचना दे सकते हैं। ऐसी स्थिति में विज्ञापन का सही प्रभावशीलता की जानकारी नहीं हो सकती। इसलिए उचित है कि उपभोक्ता जूरी विधि का प्रयोग मात्र एक पूरक विधि के रूप में किया जाए।

(2) पहचान विधि

इस विधि को अपनाने का मुख्य उद्देश्य यह है कि विज्ञापनदाता उपभोक्ताओं से यह जानकारी प्राप्त कर सके कि उसके द्वारा दिए गए विज्ञापनों को यदि उन्होंने देखा है तो उन्हें उनकी याद है या नहीं। याद रह जाने का एक अर्थ यह लगाया जाता है कि संभावित उत्पाद का प्रयोग उपभोक्ता कर रहा है। इस विधि में उपभोक्ताओं द्वारा देखे गए विज्ञापनों को अनेक ऐसे विज्ञापनों के साथ मिला दिया जाता है जिन्हें उपभोक्ता ने पहले नहीं देखा है और फिर उन सभी विज्ञापनों को उनके समक्ष रखा जाता है और देखे हुए विज्ञापनों को पहचानने के लिए कहा जाता है। विज्ञापनों की सही पहचान का अर्थ है कि विज्ञापन प्रभावशाली रहा है। किन्तु इसके साथ एक कठिनाई यह है कि कभी-कभी उपभोक्ता ऐसे विज्ञापनों को भी पहचानने का दावा करते हैं जिन्हें वस्तुतः उन्होंने पहले न तो कभी देखा या सुना है।

(3) कूपन विधि

यह एक अत्यन्त पुरानी तथा प्रचलित विधि है जिसमें विज्ञापनदाता विक्रेताओं के माध्यम से उपभोक्ताओं को खरीदी गयी वस्तु के साथ एक कूपन देता है जिसे एक निश्चित अवधि तक किसी भी दुकान में दिखाकर वह वस्तु कुछ कम मूल्य से खरीदी जा सकती है। कम्पनी में वापस आए कूपनों की संख्या से यह प्रमाणित करना आसान हो जाता है कि विज्ञापन विशेष कितना सफल और प्रभावशाली रहा है।

(4) मार्का वरीयता विधि

उपभोक्ता बाजार में किसी वस्तु या मार्का उस वस्तु के विक्रय में एक अत्यन्त महत्वपूर्ण स्थान रखता है। भारतीय उपभोक्ता बाजार में दैनिक आवश्यकताओं की वसतुओं, जैसे—चाय का लिपटन या ब्रुकबॉण्ड मार्का अन्य मार्काओं से अधिक प्रचलित हैं, दंत मंजन का कॉलगेट मार्का अन्य दंत मंजनों की अपेक्षा बहुत अधिक प्रचलित है। इसी प्रकार हर वस्तु अपने मार्का के नाम से ही पहचानी और खरीदी जाती है। यदि कोई उपभोक्ता दुकान में जाकर कहता है कि 'लिपटन के ग्रीन लेबेल का एक पैकेट दीजिए' तो उसे उस माँगी हुई चाय का पैकेट ही मिलेगा किसी अन्य वस्तु का नहीं जबकि उसने 'चाय' शब्द का उच्चारण भी नहीं किया था। अतः विज्ञापनदाता अपने द्वारा विज्ञापित वस्तु के 'मार्का' को प्रसिद्ध तथा प्रचलित बनाने का प्रयास विभिन्न तरीकों से करता है, जो दूरदर्शन पर आते हुए विज्ञापनों में बड़ी आसानी से देखा जा सकता है। किसी वस्तु का मार्का उपभोक्ताओं में कितना लोकप्रिय तथा प्रचलित है यह उस मार्का के विज्ञापन की सफलता तथा प्रभावशीलता का मापदण्ड बन जाता है।

(5) विक्रय विधि

किसी भी वस्तु का विक्रय ग्राफ कितना ऊँचा जाता है उससे उपभोक्ताओं में उसकी लोकप्रियता तो प्रमाणित होती ही है विज्ञापन की सफलता तथा प्रभावशीलता भी परिलक्षित होती है। यह विज्ञापन ही है जिसके माध्यम से उपभोक्ता समूह किसी वस्तु-विशेष की ओर आकृष्ट होकर उसके प्रति अनुकूल मनोवृत्ति बना लेता है जो उसके क्रय-व्यवहार को निर्धारित करती है। अतः विज्ञापन की सफलता का एक मापदण्ड वस्तु विशेष का ऊपर उठता हुआ विक्रय-ग्राफ भी है। **शुट्ज** (1969) ने इस विधि की चर्चा करते हुए कहा है कि विज्ञापन के सभी पक्षों पर एक साथ विचार करने से पता चलता है कि इसके प्रभाव की अन्तिम परीक्षा यह है कि विक्रय-ग्राफ पर इसका प्रभाव कितना पड़ा है।

फिर भी इस विधि की कठिनाइयों की चर्चा करते हुए सीगेल ने कहा है कि इसके साथ एक कठिनाई यह है कि विक्रय आलेख को सुरक्षित रखना हमेशा संभव नहीं होता। दूसरी कठिनाई यह है कि किसी उत्पाद के विक्रय पर विज्ञापन का प्रभाव प्रायः विलम्ब से पड़ता है। **वालहेम** (1969) के अनुसार विज्ञापन के समाप्त हो जाने के कुछ समय के बाद भी उसका प्रभाव विज्ञापित उत्पाद पर पड़ सकता है। ऐसी स्थिति में विक्रय आलेख को निर्धारित करना तथा उसे विज्ञापन-प्रभावशीलता का मापदण्ड मानना उचित

नहीं प्रतीत होता। इसके अतिरिक्त एक कठिनाई यह भी है कि विक्रय एक आश्रित चर के रूप में विज्ञापन के साथ-साथ अन्य स्वतंत्र चरों पर भी निर्भर करता है। जैसे–विज्ञापन की प्रभावशीलता समान रहने पर भी विक्रयकला की कुशलता वस्तु-विशेष के विक्रय को बढ़ा देती है। इसके विपरीत यदि विक्रयकला की कुशलता निम्न है तो विक्रय का ग्राफ भी नीचा रहेगा। ऐसी अवस्था में विज्ञापन इसके लिए उत्तरदायी चर नहीं माना जाएगा। अतः विक्रय को विज्ञापन-प्रभावशीलता का अपवर्जक मापदण्ड नहीं माना जा सकता।

उपर्युक्त विवेचन के आधार पर यह कहा जा सकता है कि विज्ञापन प्रभावशीलता के मापन की कई विधियाँ अथवा मापदण्ड हैं, और यह भी कहा जा सकता है कि ये सभी विधियाँ या मापदण्ड एक-दूसरे के संपूरक हैं।

उद्योग में विज्ञापन का महत्व अथवा आवश्यकता

किसी भी उद्योग का लक्ष्य होता है कि अपने उत्पाद के द्वारा उपभोक्ता बाजार को अधिकार में कर लेना अथवा बाजार में उस उत्पाद का एकाधिकार। इस लक्ष्य की प्राप्ति के लिए उद्योग के अनेक विभाग प्रयत्नशील रहते हैं, जैसे–गुणवत्ता नियंत्रण विभाग, अनुसंधान विभाग आदि। किन्तु उन सभी विभागों की उपयोगिता एक स्थान पर आकर रुक जाती है जहाँ से विज्ञापन विभाग की भूमिका शुरू होती है।

आधुनिक युग उद्योगों का युग है, और उपभोक्ता बाजार में अपनी साख बनाए रखने के लिए हर उद्योग कड़ी प्रतिस्पर्द्धा में लगा रहता है। अतः हर छोटे-बड़े उद्योग में विज्ञापन विभाग की स्थापना तथा नवीनतम उपकरणों से उसे सज्जित रखना आज के उद्योग की अनिवार्यता बन गयी है।

उद्योग में विज्ञापन के महत्व या आवश्यकता को निम्नलिखित भागों में विभाजित किया जा सकता है।

(1) नए उत्पाद की जानकारी के लिए

किसी भी नये उत्पाद को उपभोक्ता बाजार में पहुँचाने के साथ-साथ उद्योग का एक लक्ष्य यह भी होता है कि उस उत्पाद की जानकारी उपभोक्ताओं के बड़े-से-बड़े समूह तक पहुँच जाए। इस लक्ष्य को प्राप्त करने की दिशा में विज्ञापन की भूमिका अद्वितीय होती है। विज्ञापनदाता जितना ही अधिक कल्पनाशील होगा और विज्ञापन-विधि जितनी सहज-ग्राह्य होगी उपभोक्ताओं तक नये उत्पाद की जानकारी उतनी ही जल्दी पहुँचेगी और नये उत्पाद के प्रति उनकी मनोवृत्ति भी उतनी ही अधिक अनुकूल बनेगी।

(2) उत्पाद-विशेष के प्रति उपभोक्ताओं में आवश्यकता की उत्पत्ति के लिए

उद्योग की लक्ष्य प्राप्ति उपभोक्ता समूह तक उत्पादों की जानकारी पहुँचा देने मात्र से नहीं हो जाती बल्कि उपभोक्ताओं में उस उत्पाद के प्रति आवश्यकता की उत्पत्ति करवाना भी उस लक्ष्य प्राप्ति की दिशा में एक महत्वपूर्ण चरण है। अतः यह दायित्व भी विज्ञापनदाता का हो जाता है कि वह किस सीमा तक उपभोक्ताओं में किसी उत्पाद-विशेष के प्रति आवश्यकता उत्पन्न कर उनके क्रय-व्यवहार को प्रभावित तथा निदेशित करे। इस दृष्टिकोण से भी विज्ञापन किसी भी उद्योग के लिए अत्यन्त अनिवार्य है।

(3) किसी उत्पाद के प्राथमिकता—मूल्य को बढ़ाने के लिए

आज का उपभोक्ता बाजार हर उत्पाद के अनेकानेक मार्काओं से भरा हुआ है और उपभोक्ता में वस्तु की गुणवत्ता, टिकाऊपन आदि के आधार पर एक मार्का-विशेष के क्रय के लिए प्राथमिकता उत्पन्न करने का कठिन कार्य विज्ञापनदाता को ही संभालना पड़ता है। देखा गया है कि अनेक मार्काओं वाली वस्तु का क्रय के लिए चयन करने में उपभोक्ता उलझन में पड़ जाते हैं कि क्रय के लिए किस वस्तु का चुनाव करें। उन वस्तुओं में यदि कोई एक वस्तु समुचित रूप से विज्ञापित हो जिसमें वस्तु की गुणवत्ता के साथ-साथ उपभोक्ता की आवश्यकता पर भी बल दिया गया हो तो उपभोक्ता के लिए उस वस्तु का प्राथमिकता-मूल्य बढ़ जाएगा और वह बिना किसी उलझन या सोच-विचार के उस वस्तु के क्रय को प्राथमिकता देगा।

(4) अधिकतम विक्रय के लिए

विज्ञापन की उपर्युक्त आवश्यकताओं या महत्व के आलोक में यदि हम देखें तो पाएँगे कि विज्ञापन का चरम उद्देश्य है, विज्ञापित वस्तु के विक्रय-ग्राफ को उच्चतम बिन्दु तक पहुँचा देना अथवा उसके विक्रय को अधिकतम बढ़ा देना।

(5) कम्पनी की साख को बढ़ाने के लिए

किसी भी कम्पनी या उद्योग की साख उसके उत्पादों की गुणवत्ता पर आधारित होती है और उस गुणवत्ता को आधार बना कर उन उत्पादों की जानकारी विज्ञापनदाता उपभोक्ताओं को देते हैं, उन उत्पादों के प्रति उनमें रुचि तथा आवश्यकता उत्पन्न करने का प्रयास करते हैं तथा क्रय के लिए उनकी मनोवृत्ति तथा व्यवहार को अनुकूल बनाने का भी प्रयास करते हैं। अतः विज्ञापन की एक अत्यन्त महत्वपूर्ण भूमिका यह भी है कि विज्ञापित वस्तु के विक्रय को अधिक-से-अधिक बढ़ा कर कम्पनी की साख को उपभोक्ता बाजार में बढ़ाए और दृढ़ करे।

उपर्युक्त विवेचनों से यह स्पष्ट हो जाता है कि औद्योगिक लक्ष्य को प्राप्त करने में विज्ञापन की भूमिका अत्यन्त महत्वपूर्ण है।

उपभोक्ता व्यवहार

उपभोक्ता व्यवहार तथा विज्ञापन के बीच घनिष्ठ सम्बन्ध होता है। सच तो यह है कि उपभोक्ता व्यवहार को नियंत्रित करने के लिए ही विज्ञापन का उपयोग किया जाता है, और विज्ञापनदाता जिस हद तक इसमें सफल होता है उसी हद तक विज्ञापन का लक्ष्य पूरा करना संभव हो पाता है। अतः यहाँ यह जान लेना उचित है कि उपभोक्ता व्यवहार पर विज्ञापन के प्रभाव को किस प्रकार सुनिश्चित किया जा सकता है।

उपभोक्ता व्यवहार का अर्थ

उपभोक्ता व्यवहार का संप्रत्यय कुछ ऐसा अस्पष्ट और जटिल है कि इसे समुचित रूप में परिभाषित करना कठिन है। **शुट्ज** (1969) ने उपभोक्ता व्यवहार के सम्बन्ध में अपने विचारों को स्पष्ट करते हुए कहा है कि यह एक व्यापक संप्रत्यय है जिसके अन्तर्गत सक्षम उपभोक्ताओं की मनोवृत्ति, आवश्यकता, भाव, प्रेरणा आदि की गणना की जाती है। उनके इस विचार को ध्यान में रखते हुए हम कह सकते हैं कि उपभोक्ता व्यवहार का तात्पर्य किसी उत्पाद के प्रति सक्षम उपभोक्ताओं के व्यक्त तथा अव्यक्त व्यवहारों से है। दूसरे व्यक्तियों से बातचीत के क्रम में यदि उपभोक्ता किसी वस्तु-विशेष की चर्चा करता है तो इसे व्यक्त व्यवहार मानेंगे। दूसरी ओर, अव्यक्त व्यवहार का तात्पर्य सक्षम उपभोक्ताओं की अनुभूतियों, मनोवृत्तियों तथा भावों से है जो उनके क्रय व्यवहार को चेतन तथा अचेतन रूप से प्रभावित करते हैं।

प्रमुख टी.वी. चैनलों अखबार एवं रेडियो द्वारा किये जाने वाले उपभोक्ता संसाधनों का प्रचार

जी. टी.वी.

वाटिका शैम्पू, लक्स, एरियल, टाटा चाय, फेयर वन, रिन, हीरो होण्डा, डेयरी मिल्क, एल.जी., ईजी, मोटोरोला, इनो, हॉकिन्स, बर्नविटा, फेयर एण्ड लवली, पैन्टीन, हिट, लेज, पॉण्डस, ऑनिडा, हेड एण्ड सोल्जर।

सोनी मैक्स

सेलो पेन, कम्प्लान, ह्वील, कॉलगेट, एल.जी., हेड एण्ड सोल्जर, हच, विक्स, टी.वी.एस., टाइड, एरियल, कॉर्न, सेबलॉन, एवन, डिलक्स।

जी सिनेमा

टाटा, विक्सवेपोरेब, गोदजेज नं.1, रॉयल पेन्ट, पारले जी, वी.आई.पी.,

माइक्रोसॉफ्ट, मैंगोबाइट, फेयर ग्लो, हॉरलिक्स, हिमानी, बर्जर पेन्ट्स, जॉन प्लेयर, किट-कैट, नाइल, बैकपाइपर, सेन्ट्रो जिम, पारले पॉपीन्स, एम.डी.एच., फ्रूटी, सैमसंग, मूव, बोरोलिन।

स्टार–1

स्ट्रीक्स हेयर कलर, पियर्स शॉप, एशियन पेन्ट्स, कॉफी बाइट, अपट्रा, मंच (चाकलेट), रिन, सेवलॉन, एम.डी.एच., पेन्टीन, मूव।

स्टार प्लस

एम.डी.एच., टाटा इण्डीकॉम, बुमर, माइक्रोसॉफ्ट, कोकाकोला, विट (हेयर रिमूवर), लक्स, रिन, रिलॉयस, सोनाटा, पॉण्ड्स, टाइटन, टी.वी.एस., गोदरेज, अंकुर, ओनिडा, फाइव स्टार।

सोनी

कोकाकोला, लाइफ बॉय, टाटा सफारी, सुपर निरमा, किटकैट, पेन्टीन, नोकिया, एवन, प्रिलिप्स।

दूरदर्शन डी.डी.-1

हच, टाटा सॉल्ट, हिमानी फास्ट रिलीफ, वैगन-आर, डाबर च्यवनप्राश, बीएसएनएल, टी.वी.एस. विक्टर, टाइगर बिस्कुट, सनसुई, कुरकुरे, अलफेनलिबे, मारुति सुजूकी, मॉरटीन, सोना-चाँदी च्यवनप्राश, रिलायंस मोबाइल, कॉस्ट्रॉल, हीरो सायकिल, टाइड, हाजमोला, डी कोल्ड टोटल, बिड़ला व्हाइट सीमेंट, विक्स-500, चुटकी माउथ फ्रेशनर, वाटिका शैम्पू, ओनिडा, बबूल, कॉलगेट, डाबर लाल तेल, व्हीस्पर, एरियल, एल.एम.एल. फ्रीडम, गोदरेज रेफ्रीजरेटर, जे.के. टायर, एम.आर.एम. टायर, हिन्दुस्तान पेट्रोलियम, कोकाकोला, क्रोसीन, कपिला पशु आहार, डी कोल्ड एनोसीरप, मूव, गोदरेज पावडर हेयर डाइ, ऑल आउट, डाबर जन्मघूँटी, मेडीकर, जॉनसन बेबी ऑयल, शक्ति भोग आटा, पारले, डेयरी मिल्क, ए.आर.पी. हवाई चप्पल, अयूर हर्बल शैम्पू, सूर्या नमक, पूनम साड़ी।

सारांश

औद्योगिक विज्ञापन का उद्देश्य किसी उत्पादन के प्रति उपभोक्ताओं के प्राथमिकता मूल्य को बढ़ाना है। बाजार में एक ही उत्पादन की कई किस्में होती हैं। अतः विज्ञापनदाता किसी उत्पादन विशेष के प्रति उपभोक्ताओं के प्राथमिकता मूल्य को बढ़ाने का प्रयास करता है।

विज्ञापन का प्रमुख उद्देश्य विशेषकर ऐसे उत्पादनों के प्रति उपभोक्ताओं में आवश्यकता उत्पन्न करना है, जो बहुत प्रचलित नहीं हैं। विज्ञापन के माध्यम से उपभोक्ताओं को ऐसे उत्पादनों के सम्बन्ध में ऐसी-ऐसी सूचनाएँ दी जाती हैं कि वे उनके प्रति जिज्ञासु एवं आकर्षित होकर उसका उपयोग करने के लिए तत्पर हो जाते हैं।

विज्ञापन का उद्देश्य उपभोक्ताओं में किसी उत्पादन विशेष की आवश्यकताओं को संचारित कर उनका परिचालन करना होता है। एक चतुर विज्ञापनदाता बड़ी सूझ-बूझ के साथ इन आवश्यकताओं को संचारित कर हमारी चेतना में लाकर उनका यथैच्छिक परिचालन आसानी से कर लेता है।

उपभोक्ता संसाधनों का बाजार में आने से लेकर विक्रय की अवस्था तक प्रचलित सामग्री की समुचित सूचना उपभोक्ताओं को देना भी प्रभावशाली विज्ञापन का प्रमुख कार्य है। एक सफल विज्ञापनदाता वह है जो समुचित उपायों के सहारे उपभोक्ताओं की वर्तमान मनोवृत्ति की जानकारी प्राप्त करता है तथा वांछित दिशा में उसे परिवर्तित करता है और उत्पाद विशेष के प्रति उसे आकर्षित करता है।

सन्दर्भ ग्रन्थ

Erikson, E. (1964): Psychological Reality and Historical Actuality in insight and Responsibility, Norton, New York.

Craig, O. and Charters (1972): Personnel Leadership in Industry, M.E. Sharp, Inc. White Place, New York.

Ojha, R.K. (1997): Industrial Psychology, Ninod Pustak Mandir, Agra.

Drever, J. (1981): The Psychology of Industry, Basic Books, New York.

Blum, M.L. and Naylor, J.C. (1984): Industrial Psychology: Its Theoretical and Social Foundation, CBS Publishers, Delhi.

Choubey, S.P. (2000): Fundamentals of Industrial Pshychology, Himalya Publishing House, Mumbai.

Ghosh, P.K. and Ghorpade, M.B. (1999): Industiral Psychology, Himalya Publishing Housem Mumbai.

Gosling, J.C. (1969): Pleasure and Desire, Oxford University Press.

Green, O.H. (1972). Emotion and Belief, American Philosophical Quarterly, Monograph, No. 6.

Hampshire, S. (1965): Freedom of the Individual, Harper and Row, New York.

Anthony, K. (1963): Action, Emotion and Will, Routledge and Kegan Paul, London.

Charles, T. (1964): The Exploration of Behaviour, Humanities Press, New York.

Wollheim, R. (1969): The Mind and The Minds Image of Itself, International Journal of Psychoanalysis.

Milgram, S. (1963): Behavioural Study of Obediense, Journal of Abnormal and Social Psychology.

Schultz, D.P. (1969): The Human Subject in Psychological Research, Psychological Bulletin, 214-218.

4

शोध-प्रारूप

20वीं शताब्दी के पूर्वार्द्ध तक सम्पूर्ण विश्व व्यवस्था में अनेक प्रकार के परिवर्तन हुए और आज ऐसा प्रतीत होता है कि 21वीं शताब्दी में संचार क्षेत्र का वर्चस्व रहेगा। कम्प्यूटर, रोबोटिक्स, दूरसंचार के विभिन्न माध्यमों—टेलीफोन, सेल्यूलर, पेजिंग, उपग्रह संचार, ऑप्टिकल फाइवर, केबल, दूरदर्शन आदि ने सम्मिलित रूप से सम्पूर्ण विश्व में सूचना क्रान्ति का सूत्रपात किया है। सूचना प्रौद्योगिकी ने सम्पूर्ण विश्व को भूमण्डलीकृत कर दिया है। आज अत्यन्त पिछड़ा गाँव भी विकसित से विकसित शहरों तक की सारी सूचनाएँ प्राप्त कर रहा है। सूचना प्रौद्योगिकी ने दैनिक कार्यप्रणाली, उद्योग, चिकित्सा एवं स्वास्थ्य, शिक्षा, विज्ञान, वित्तीय प्रणाली, कृषि आदि विविध क्षेत्रों में क्रान्तिकारी परिवर्तन का सूत्रपात किया है।

सूचना तकनीक के क्षेत्र में पिछले एक दशक से आयी क्रान्ति ने अब अपना प्रभाव दिखाना शुरू कर दिया है। आज एक छोटे से कम्प्यूटर का पूरा बटन दबाकर विश्व के किसी कोने से सम्पर्क कायम किया जा सकता है। एक छोटे से मोबाइल फोन से आज न केवल संदेश बल्कि चाहे तो अतिगोपनीय दस्तावेज की फोटो कॉपी इच्छित व्यक्ति तक पहुँचा सकते हैं। सूचना प्रौद्योगिकी ने दैनिक कार्यप्रणाली से लेकर अनेकानेक क्षेत्रों में भी अपना कार्य का दायरा बढ़ा लिया है तथा इसके साथ ही शिक्षा के क्षेत्र में व्यापक परिवर्तन का आधार बनता जा रहा है। घर बैठे किसी पुस्तकालय की पुस्तक पढ़ना अथवा किसी भी चिकित्सक से परामर्श लेना अब साधारण सी बात हो गयी है। इण्टरनेट के माध्यम से विश्व के किसी भी बेहतरीन डिपार्टमेंटल स्टोर से खरीददारी करना पड़ोस की दुकान से समान खरीदने से ज्यादा सरल हो गया है।

भारत में सूचना प्रौद्योगिकी के आयाम की शुरुआत प्रेस से शुरू हुई और रेडियो, सिनेमा, टेलीविजन के माध्यम से होते हुए आज कम्प्यूटर के द्वारा प्रसारित इस तकनीक के क्षेत्र में भारत का स्थान विश्व के समक्ष उच्चतम स्तर पर है। भारत में सूचना प्रौद्योगिकी के आयाम के रूप में माध्यमों का क्रमशः विवरण निम्न है -

1. **प्रेस**—वस्तुतः प्रिंटिंग प्रेस के आविष्कार का श्रेय जर्मनी के गुटेनवर्ग को है। इसने 1455 ई. में प्रिंटिंग प्रेस का आविष्कार किया, लेकिन भारतवर्ष में प्रिंटिंग प्रेस लाने का श्रेय पुर्तगालियों को जाता है। सन् 1557 में गोवा के कुछ पादरी लोगों ने पहली पुस्तक छापी। 1684 में ईस्ट इण्डिया कम्पनी ने भी भारत में प्रिंटिंग प्रेस की स्थापना की। भारत में पहला समाचार-पत्र कम्पनी के एक असंतुष्ट विलियम वेल्ट्स ने 1766 में निकालने का प्रयास किया, लेकिन असफल रहा। भारत में प्रथम समाचार पत्र निकालने का श्रेय 'जेम्स ऑगस्ट्स हिक्की' को मिला, इसने 1780 में 'बंगाल गजट' का प्रकाशन किया किन्तु कम्पनी सरकार की आलोचना के कारण इसका प्रेस जब्त कर लिया गया। इस दौरान कुछ अन्य अंग्रेजी अखबारों का प्रकाशन हुआ बंगाल से कलकत्ता कैरियर, मद्रास गजट, बम्बई से हेराल्ड, बाम्बे गजट आदि। 1818 में ब्रिटिश व्यापारी जेम्स सिल्क बंकिंघम ने कलकत्ता जनरल का सम्पादन किया। बंकिंघम ही वह पहला प्रकाशक था जिसने प्रेस को जनता के प्रतिबिम्ब के रूप में प्रस्तुत किया। प्रेस का आधुनिक रूप उसी की देन है।

2. **रेडियो**—सूचना प्रौद्योगिकी के माध्यम के रूप में दूसरे प्रमुख स्थान के रूप में रेडियो को जाना जाता है। भारत में रेडियो का प्रसारण सर्वप्रथम 1927 ई. में बम्बई और कलकत्ता से शुरू हुआ और धीरे-धीरे सम्पूर्ण भारत वर्ष में फैल गया। आज शहर हो या गाँव सूचना का स्रोत हर माध्यम में क्षेत्रीय समाचार से लेकर राष्ट्रीय और अन्तर्राष्ट्रीय सूचनाओं के सशक्त माध्यम के रूप में रेडियो का अनोखा योगदान है।

3. **दूरदर्शन**—भारत में प्रथम दूरदर्शन केन्द्र 15 सितम्बर, 1959 को नई दिल्ली में स्थापित हुआ और अब भारत के प्रत्येक प्रमुख शहरों में दूरदर्शन केन्द्र की स्थापना हो गयी है। यह सचित्र सूचना का माध्यम है। इस समय राष्ट्रीय स्तर के तीन चैनल तथा अनेक निजी क्षेत्र के चैनल भी दूरदर्शन पर अपना कार्यक्रम चला रहे हैं। कोई भी ऐसा क्षेत्र नहीं चाहे वह खेल का कार्यक्रम हो या आतंकवाद या अन्य किसी भी क्षेत्र का हर तरह के सूचना का सम्प्रेषण इस दूरदर्शन के माध्यम से हो रहा है।

वर्तमान समय में सूचना प्रौद्योगिकी के सशक्त माध्यम के रूप में अनेकों तरह के नवीन आविष्कार हुए हैं जो सूचना के क्षेत्र में अपनी महत्वपूर्ण भूमिका

अदा कर रहे हैं, जिनमें से कुछ निम्न हैं–

1. **इण्टरनेट**–इण्टरनेट, इण्टरनेशनल नेटवर्क का संक्षिप्त नाम है। दूरसंचार के क्षेत्र में पेजर और सेल्यूलर फोन के बाद यह अनुसंधान विश्व में 20वीं सदी की अभी तक की सर्वाधिक महत्वपूर्ण उपलब्धि है। इंटरनेट सेवा के कारण कोई भी व्यक्ति घर बैठे देश-विदेश की हरेक प्रकार की घटनाओं को देख सकता है और उनसे सम्पर्क स्थापित कर सकता है। अगस्त 1995 को भारत में प्रथम विश्वस्तरीय सूचना सेवा 'इण्टरनेट' के रूप में शुरू हुई। इण्टरनेट के द्वारा विश्वभर के लाखों कम्प्यूटर सूचना केन्द्रों से प्राप्त सूचनाएँ व आँकड़ों को अपनी भाषा में बड़ी सरलता से प्राप्त किया जा सकता है। इस विधि को 'ट्रांसमिशन कंट्रोल प्रोटोकॉल' या 'इण्टरसेट प्रोटोकॉल' कहा जाता है।

2. **इलेक्ट्रॉनिक मेल**–इलेक्ट्रॉनिक मेल का सिद्धान्त मुख्यतः डाक सेवा पर आधारित है। जिस प्रकार डाक सेवा में डाक प्राप्त करने के लिए व्यक्ति का उपस्थित रहना आवश्यक नहीं होता, जिसके नाम से डाक आयी है। ठीक उसी प्रकार इलेक्ट्रॉनिक मेल में कम्प्यूटर पर उस व्यक्ति के न रहने पर भी संवाद/सूचना सम्बद्ध सेट पर छोड़ा जा सकता है जिसे बाद में प्राप्त कर लिया जाता है।

ई-मेल के माध्यम से हम अपने पत्र या अपनी बात दुनियाँ के किसी कोने में पहुँचा सकते हैं। इसके अतिरिक्त मनोरंजन के साधन उपलब्ध करवा सकते हैं, खरीरदारी कर सकते हैं, फिल्म देख सकते हैं, व्यापार की तरक्की का रास्ता निकाल सकते हैं। 'ज्यूरिक्स' नामक ई-मेल सेवा से कोई भी वकील स्थानीय अदालतों से लेकर अंतर्राष्ट्रीय स्तर के अदालतों के फेसलों को देख सकता है। इसके द्वारा डॉक्टरों को नई दवाओं और ऑपरेशन से सम्बन्धित सभी नयी-नयी जानकारी भी प्रदान की जा सकती है।

3. **पेजिंग**–सूचना संग्रहण की एक एकपक्षीय बेतार प्रणाली पेजिंग है। पेजर में क्रेडिट कार्ड की भाँति एक यंत्र का उपयोग किया जाता है जिसमें एल.सी.डी. का पर्दा लगा होता है। पेजर उपकरण पर लिखित रूप में किसी दूरस्थ व्यक्ति का लघु संदेश आसानी से प्राप्त किया जा सकता है। परन्तु इस उपकरण के साथ सबसे बड़ी दुविधा है कि जो व्यक्ति संदेश प्राप्त कर रहा है, वह संदेश भेजने वाले के साथ तत्काल कोई सम्पर्क स्थापित नहीं कर सकता।

शिक्षा के क्षेत्र में सूचना प्रौद्योगिकी

सूचना प्रौद्योगिकी के क्षेत्र में हुए क्रांतिकारी परिवर्तनों ने अब शिक्षा को

पाठशालाओं और विश्वविद्यालय के दायरे से निकालकर कम्प्यूटर और उसके बटन पर लाकर समेट दिया है। शिक्षा की इस पद्धति को 'आन लाइन एजूकेशन' अथवा 'साइबर' शिक्षा कहा जाता है। आन लाइन एजूकेशन को आमतौर पर तीन भागों में विभाजित किया जा सकता है—एक तो कम्प्यूटर पर डिस्क लगाकर शिक्षा प्राप्त करना, दूसरा कम्प्यूटर द्वारा विश्वविद्यालय अथवा शैक्षिक कार्यक्रम चलाने वाले संस्थानों से जुड़ाव बनाकर शिक्षा प्राप्त करना, तीसरा इच्छानुसार विषय से सम्बन्धित शिक्षक से कम्प्यूटर द्वारा सम्पर्क स्थापित कर तथा वार्त्तालाप कर शिक्षा प्राप्त करना।

भारत में इस माध्यम से शिक्षा तथा प्रशिक्षण देने का काम करने वाली संस्थाओं की बेबसाइटों में प्रमुख हैं—एस.टी.वाई.एल., यू.आई.एन.सी., डॉटकाम, स्कूल नेट इण्डिया, कैरियर लॉचर डॉटकाम, आई.आई.टी बंगलौर तथा एन.आई.आई.टी. बंगलौर तथा ऑन लाइन एजुकेशन।

सूचना प्रौद्योगिकी और आधुनिक समाज

विश्व की बढ़ती जनसंख्या के फलस्वरूप जहाँ सामाजिक दूरी बढ़ रही हैं, अवैयक्तिकता उत्पन्न हो रही है, द्वैतीयक सम्बन्धों की प्रधानता बढ़ रही है, ऐसे समय में सूचना प्रौद्योगिकी ने अपने प्रासंगिकता के परिणामस्वरूप सम्पूर्ण विश्व को एक विश्वग्राम में बदल दिया है, दूरियों को सीमित कर दिया है, सम्पर्क के रास्ते को सरल बना दिया है तथा विकास के मार्ग को प्रशस्त किया है। इस माध्यम के कारण देशों के रिश्ते सुधरे हैं तथा अनेकानेक क्षेत्रों में विकास के लिए समझौते होने लगे हैं। आज का युवा वर्ग जिस पर देश के उत्थान का उत्तरदायित्व है, वह सबसे अधिक प्रौद्योगिकी से प्रभावित हो रहा है साथ ही इसके विकास में सर्वाधिक योगदान दे रहा है। एक तरफ जहाँ विज्ञान और प्रौद्योगिकी का शिक्षा में महत्व बढ़ता जा रहा है वहीं युवा सबसे अधिक सूचना प्रौद्योगिकी के आयाम, यथा—कम्प्यूटर और रोबोट जैसी शिक्षा को प्राथमिकता की श्रेणी में प्रथम स्थान पर रख रहे हैं और आज के संदर्भ में देखने से ऐसा प्रतीत हो रहा है कि वर्तमान विश्व के उत्तरोत्तर विकास में सूचना प्रौद्योगिकी का योगदान सराहनीय सिद्ध होगा।

अध्ययन क्षेत्र (The Universe)

उत्तर प्रदेश के वाराणसी शहर को शोध हेतु अध्ययन क्षेत्र बनाया गया है, क्योंकि यहाँ शिक्षित व्यक्तियों का समूह शोध हेतु उपलब्ध है तथा सूचना प्रौद्योगिकी से सम्बन्धित एवं प्रभावित व्यक्तियों को यहाँ आसानीपूर्वक निदर्श के रूप में चुना जा सकता है, क्योंकि नगर में रहने के कारण लोगों में सम्प्रेषण

या सूचना प्रौद्योगिकी के प्रति जागरूकता दृष्टिगत है। सूचना प्रौद्योगिकी में शिक्षित उत्तरदाताओं की आवश्यकता की पूर्ति यहाँ अच्छी शिक्षा व्यवस्था के कारण पूर्ण हो सकती है और चूँकि शोध का विषय उपभोक्ता संसाधनों से सम्बन्धित है। इसलिए यहाँ विस्तृत बाजार की उपलब्धता, विभिन्न वर्ग के लोगों की उपस्थिति तथा महानगर श्रेणी में वाराणसी के आ जाने से विभिन्न उत्पादों की उपलब्धता तथा उसके सम्बन्ध में लोगों के विचार यहाँ आसानी से प्राप्त हो सकते हैं।

भारत ही नहीं अपितु समस्त विश्व को ज्ञान प्रदान करने वाली तथा आध्यात्मिक प्रकाश पुंज को बिखेरने वाली वाराणसी नगरी पूर्वांचल की संस्कृति का प्रतिनिधित्व करती है। गंगा के किनारे अर्द्धचन्द्रकार में बसी हुई यह पावन नगरी गंगा तथा वरुणा के पावन शिखरों से अभिसिंचित है। रामनगर के डीह से टकराकर धारा काशी की ओर मुड़ जाती है और नगवाँ से एक दह बनाती हुई आगे बढ़ जाती है। यहाँ समुचित गंगा उत्तरवाहिनी हो गई है तथा प्राचीनतम संस्कृति एवं सभ्यता को युग-युगान्तरों से सँजोये हुए है। धर्म, दर्शन, कला, औषधि, विज्ञान, चित्रकला तथा रेशमी कपड़ों के ऊपर विलक्षण दस्तकारी कार्य के लिये यह नगर विश्वविख्यात है (Pandey, 1994)।

वाराणसी जनपद 24° 56′ से 25° 35′ उत्तरी अक्षांश तथा 81° 14′ से 83° 24′ पूर्वी देशान्तर के बीच स्थित है। वाराणसी के उत्तर-पश्चिम में जोनपुर, दक्षिण में मिर्जापुर, उत्तर पूर्व में गाजीपुर तथा पूर्व में बिहार प्रान्त अपनी सीमा को दर्शाते हैं। वाराणसी जनपद चार तहसीलों में बँटा हुआ था, किन्तु प्रशासकीय दृष्टिकोण से वाराणसी में अब केवल दो तहसील (वाराणसी सदर एवं पिण्डरा) हैं। वाराणसी जनपद का कुल क्षेत्रफल 1578 वर्ग किमी. है जिसमें 137.3 वर्ग किमी. नगरीय और 1441 वर्ग कि.मी. ग्रामीण क्षेत्र है। इस जनपद की कुल जनसंख्या 2001 की जनगणना के अनुसार 31,47,927 है जिसमें 16,50,138 पुरुष एवं 14,97,789 महिलाएँ हैं। जनपद में मातृभाषा के अनुसार 92.97 प्रतिशत हिन्दी, 6.45 प्रतिशत उर्दू, 0.10 प्रतिशत पंजाबी, 0.42 प्रतिशत बंगाली तथा 0.07 प्रतिशत अन्य जनसंख्या है। जनपद में साक्षरता का प्रतिशत 67.09 है। इस जनपद में 18 महाविद्यालय तथा 3 विश्वविद्यालय हैं। वाराणसी नगर में नगर निगम निर्वाचन के कुल वार्डों की संख्या 90 है।

अध्ययन का समग्र एवं निदर्शन (The Sample of Study)

वाराणसी नगर में स्थित हमारे अध्ययन क्षेत्र की सम्पूर्ण जनसंख्या जो

छः क्षेत्रों से ली गयी है, लगभग 5970 है तथा गृहों की संख्या 874 है। इन 874 परिवारों का समुच्चय इस अध्ययन का समग्र हैं।

अध्ययन क्षेत्र के सम्मुचय से उच्च वर्ग के परिवारों, चाहे वे किसी भी जाति के हों, अध्ययन में सम्मिलित किया गया है तथा उन्हें कोटा निदर्शन प्रणाली के माध्यम से चुना गया है। इस प्रकार कुल मिलाकर 300 व्यक्तियों को साक्षात्कार हेतु चुना गया है। जिन क्षेत्रों से उत्तरदाताओं का चयन किया गया है वे निम्नलिखित हैं—

क्र. सं.	क्षेत्र	परिवारों की संख्या	जनसंख्या	निदर्ष का चुनाव
1.	नाटी इमली	140	1006	51
2.	ईश्वरगंगी	152	1057	53
3.	कैवल्यधाम कॉलोनी	132	968	48
4.	विवेकानन्द नगर कॉलोनी	141	914	46
5.	कबीरनगर कॉलोनी	153	1150	58
6.	औसानगंज	156	875	44
	योग	**874**	**5970**	**300**

शोध कार्य हेतु परिवार के अधिष्ठाताओं से साक्षात्कार अनुसूची के माध्यम से **'उपभोक्ता संसाधनों के प्रचलन में सूचना प्रौद्योगिकी का प्रभाव'** (एक समाजशास्त्रीय अध्ययन) से सम्बन्धित आवश्यक सूचना का संकलन करना है। चुने गये प्रत्येक परिवार के उत्तरदाता ही इस अध्ययन की इकाई हैं।

शोध का उद्देश्य

शोध कार्य को सक्षम तथा समाजशास्त्रीय अभिमुखता प्रदान करते हुए अध्ययन के निम्नलिखित उद्देश्यों को ध्यान में रखा गया है-

1. सूचना प्रौद्योगिकी का क्रियान्वयन करने वाले प्रमुख अभिकरणों की सामाजिक विवेचना।
2. सूचना प्रौद्योगिकी द्वारा उपभोक्ता संसाधनों पर पड़ने वाले प्रभावों की प्रकृति एवं प्रभाविकता स्तर का विश्लेषण।
3. सूचना प्रौद्योगिकी के द्वारा उपभोक्ताओं के दृष्टिकोणों तथा मानसिकता पर पड़ने वाले प्रभाव की विवेचना करना।
4. उपभोक्ता संसाधनों पर पड़ने वाले प्रभावों तथा अर्थव्यवस्था पर पड़ने वाले प्रभावों का अध्ययन करना।

उपकल्पनाएँ

निम्नांकित उपकल्पनाओं के प्रकाश में शोध को अग्रसारित किया गया है—

1. उपभोक्ता सामग्रियों पर सूचना अभिकरणों का जितना ही अधिक प्रभाव होता है, उतना ही अधिक उपभोक्ताओं का उन्मेष उस तरफ बढ़ता है।
2. अनेकानेक उपभोक्ता संसाधन जिसे सूचना प्रौद्योगिकी का माध्यम न बनाया जाय तो वे उपभोक्ताओं के ज्ञान के बाहर ही रह जायेंगे।
3. जो उपभोक्ता सामग्रियाँ सूचना और प्रचार माध्यमों के दायरे में जितना ही अधिक वंचित रहती हैं उतना ही अधिक उनके उपभोक्ताओं की कमी दिख पड़ती है अर्थात् उनका विपणन अर्थव्यवस्था के लिए ऋणात्मक होता है।
4. उपभोक्ता संसाधनों का प्रचलन वितरण विपणन अर्थव्यवस्था की ह्रास और वृद्धि दोनों ही से जुड़ा होता है।
5. उपभोक्ता संसाधनों का सूचना प्रौद्योगिकी के माध्यम से होने वाले प्रचार उस सामग्री के अधिक होने का मानक हो गया है।

आँकड़ा संकलन के स्रोत (Sources of Data)

आँकड़ों का संकलन इस शोधकार्य हेतु प्राथमिक एवं द्वैतीयक दोनों स्रोतों से लिया गया है।

प्राथमिक स्रोतों (Primary of Sources) के अन्तर्गत अध्ययन की इकाई के रूप में चुने गये परिवार के उत्तरदाता हैं। यही हमारे उत्तरदाता जिनसे साक्षात्कार अनुसूची द्वारा प्राथमिक आँकड़े एकत्रित किये गये हैं।

द्वैतीयक स्रोत (Secondary of Sources) के अन्तर्गत पुस्तकों, शोधग्रन्थों एवं संचार से सम्बन्धित अभिलेखों एवं तत्सम्बन्धित साहित्य का उपयोग किया गया है।

अध्ययन की समस्या

इस शोध की समस्या का मूल बिन्दु सूचना प्रौद्योगिकी का उपभोक्ता संसाधनों के ऊपर पड़ने वाले प्रभावों की विवेचना करना है। उपभोक्ता सामग्री को किस हद तक सूचना प्रौद्योगिकी प्रभावित करती है तथा सामग्री को बाजार में अपना स्थान बनाने से लेकर उपभोक्ताओं तक पहुँचने में सूचना प्रौद्योगिकी का योगदान किस हद तक होता है यह इस अध्ययन की मुख्य समस्या है। चूँकि जनसंख्या के उत्तरोत्तर वृद्धि के कारण यह सम्भव नहीं है

कि प्रत्येक उपभोक्ता उत्पाद के सम्बन्ध में उपभोक्ताओं को प्रत्यक्ष जानकारी संभव हो, अतः इस जानकारी के माध्यम के रूप में सूचना प्रौद्योगिकी का प्रमुख योगदान है; इस योगदान को उपभोक्ता किस रूप में स्वीकार करते हैं यह भी इस अध्ययन की समस्या के रूप में रखा गया है।

तथ्यों का वर्गीकरण एवं सारणीयन

सर्वेक्षण कार्य के दौरान संकलित तथ्य बहुत ही बिखरी हुई दशा में होता है, अतः विश्लेषण करने के लिए समान एकत्रित तथ्यों को उनकी समानता या अन्य किसी आधार पर कुछ निश्चित श्रेणियों में व्याख्या करना होता है। प्रस्तुत शोध उत्तरदाताओं द्वारा प्रदत्त विभिन्न सूचनाओं को कुछ श्रेणियों में वर्गीकृत किया गया है। वर्गीकरण के पश्चात् संकलित सामग्री को स्पष्ट तथा बोधगम्य करने के लिए तथ्यों का सारणीयन किया गया है। इसके अन्तर्गत वर्गीकृत तथ्यों को विभिन्न स्तम्भों तथा पंक्तियों में प्रस्तुत किया गया है, जिससे विशेषताएँ एवं तुलनात्मक महत्व और भी अधिक स्पष्ट हो जाता है।

सन्दर्भ ग्रन्थ

All India Kashiraj Trust (1981) : Varanasi (An Introduction to the Greatness of the City), Varanasi, All India Kashiraj Trust.

Dar, S.L., Somaskandan, S. (1966): History of the Banaras, Banaras Hindu University, Varanasi, B.H.U. Press.

Muthia, K.S. and Co. (1911), Smiling Benares, Containing a Sketch from the Vedic Days to the Modern Times, Madras, Printed by Raithby and Co..

Pandey, P.N. (1994) : Abstracts of the Proceedings of 15th U.P. Sociological Society, Organized by the Departcment of Sociology, B.H.U., Oct. 28-30, 1994.

Sen, Rajani Ranjan (1912): The Holy City (Benares), Chittagong: Minto Press.

Sherring, M.A.(1975) : The Sacred City of the Hindus: An Account of Banaras in Ancient and Modern Times, Delhi, B.R. Publishing Corporation.

Singh, Shakti Pratap (1987): History of Benaras State, Thesis, B.H.U., Varanasi.

Sukul, Kuber Nath (1974): Varanasi Down the Ages, Varanasi, Bhargava Bhusan Press.

5

उपभोक्ताओं का सामाजिक एवं आर्थिक संदर्श

समाजशास्त्रीय अनुसंधान का एक महत्वपूर्ण बिन्दु अध्ययन में सम्मिलित उत्तरदाताओं के सामाजिक-उद्‌गम एवं सामाजिक-आर्थिक स्तर की विवेचना है। यह गवेषणा इस मान्यता पर आधारित है कि व्यक्ति एक वर्गीय प्राणी होता है। वर्ग-विशेष में उसकी स्थिति उसके जीवन के अवसर, आकांक्षा एवं गतिशीलता का व्यापक रूप से निर्धारण करती है। उच्च, मध्यम एवं निम्न वर्ग के जीवन की भौतिक-दशायें एक-दूसरे से नितान्त भिन्न हैं। अतः सामाजिक-आर्थिक गतिशीलता की रेखा पर इन तीनों वर्गों की स्थिति क्या होगी, यह उनकी विशिष्ट सामाजिक-आर्थिक पृष्ठभूमि एवं वर्गीय-स्थिति पर निर्भर करती है (**सरोकिन,** 1927)। भारतीय समाज में स्तरीकरण का विभाजन वर्ग के आधार पर न होकर जाति के आधार पर हुआ है। जातिगत स्थिति की उच्चता एवं निम्नता न केवल संस्कारगत है, वरन् आर्थिक आधार पर भी विभिन्न जातियों के मध्य पर्याप्त अन्तर पाया जाता है। व्यक्ति की सामाजिक-स्थिति जाति की सामान्य स्थिति से निर्धारित होती है (**श्रीनिवास**, 1966, **राव,** 1970)।

मानव समाज का अध्ययन करते समय हमारे सामने प्रमुख समस्या यह आती है कि वास्तव में समाज में कोई दो व्यक्ति पूर्णतया समान नहीं हैं यद्यपि बाह्य रूप से सभी मानव प्रणालियों की जीव रचना एक समान है, लेकिन फिर भी उनके बीच भिन्नता देखने को मिलती है। सभी के आदर्शों, व्यवहारों, संस्कृति-सभ्यता, खान-पान सामाजिक विश्वासों अथवा मनोवृत्तियों आदि में अन्तर देखने को मिलता है। यहाँ तक कि समाज

आनुवंशिकता से सम्बन्धित एक ही माता-पिता की सन्तानों में भी भिन्नता पायी जाती है। इन भिन्नताओं के कई कारण हैं, कुछ प्राकृतिक कारण हैं जैसे वायु, जल, तापमान, आर्द्रता, भूमि की बनावट आदि है तो कुछ सामाजिक कारण जैसे—सामाजिक ढाँचा, सामाजिक संस्थायें, सामाजिक नियम, विभिन्न प्रकार के समूह आदि हैं, उसी प्रकार कुछ सांस्कृतिक शक्तियाँ भी हैं जैसे—भाषा, धर्म, जाति, नैतिकता, प्रथा, परम्परा, सामाजिक मूल्य, लोकाचार आदि जो प्रत्येक व्यक्ति के जीवन के प्रत्येक पक्ष को प्रभावित करते हैं, जिसके आधार पर प्रत्येक व्यक्ति का अपना कुछ वैयक्तिक परिचय भी होता है, जिसके फलस्वरूप वह दूसरे व्यक्ति से भिन्न दिखाई देता है। अतः इस संदर्भ में उपभोक्ताओं की जैसे—आयु, जाति, धर्म, आय, शिक्षा, वैवाहिक प्रस्थिति, परिवार का स्वरूप आदि आयामों का विश्लेषण करना आवश्यक है जो न केवल उनकी व्यक्तिगत पृष्ठभूमि से ही परिचित कराता है बल्कि उनकी सामाजिक पृष्ठभूमि पर भी प्रकाश डालते हैं और साथ ही साथ आगामी विश्लेषणों के लिए महत्वपूर्ण आधार प्रदान करते हैं। अतः प्रस्तुत अध्याय में उपभोक्ता संसाधनों से सम्बन्धित उत्तरदाताओं की वैयक्तिक पृष्ठभूमि पर प्रकाश डाला गया है।

आयु

जन्म से व्यक्ति अपरिपक्व होता है उसका शरीर और मस्तिष्क गीली मिट्टी की भाँति होता है, जैसे-जैसे उसकी आयु बढ़ती जाती है उसका शरीर और मस्तिष्क परिपक्व होते जाते हैं। जैसे-जैसे व्यक्ति शारीरिक परिपक्वता को प्राप्त करता जाता है उसके व्यवहार एवं मनोवृत्ति में परिवर्तन होता जाता है। यह परिवर्तन आयु के बढ़ने के साथ ही साथ होता है। इसके अतिरिक्त आयु सामाजिक प्रस्थिति का आधार भी है। व्यक्तित्व विकास एवं समाजीकरण की दृष्टि से आयु का व्यक्ति के जीवन में भिन्न-भिन्न महत्व है। जन्म से लेकर युवा होने तक का समय मुख्यतः भूमिका ग्रहण, मनोवृत्तियों के विकास एवं आकांक्षाओं के निर्माण का समय होता है (**एरिस**, 1962; **सिल्वरस्टीन**, 1973)। कार्य जीवन में भी आयु का अत्यन्त महत्व है, क्योंकि इसमें व्यक्ति के अनुभव जुड़े होते हैं। इसलिए इस अध्ययन में उपभोक्ता संसाधनों के उपभोग करने वाले उपभोक्ताओं की आयु को निम्नलिखित सारणी द्वारा व्यक्त किया गया है—

सारणी संख्या-1

आयु संरचना के आधार पर उत्तरदाताओं का वर्गीकरण

आयु	आवृत्ति	प्रतिशत
0—35 तक	116	38.7
36 से 45	85	28.4
46 से 55	61	20.3
55 से अधिक	38	12.6
योग	**300**	**100.0**

प्रस्तुत सारणी संख्या—1 के अवलोकन से ज्ञात होता है कि अध्ययन खण्ड के अन्तर्गत सम्पूर्ण उत्तरदाताओं में सर्वाधिक 38.7% उत्तरदाताओं की आयु 35 वर्ष तक, 28.4% उत्तरदाताओं की आयु 36-45 वर्ष के बीच, 20.3% उत्तरदाताओं की आयु, 46-55 वर्ष के बीच तथा न्यूनतम 12.6% उत्तरदाताओं की आयु 55 वर्ष से अधिक है। अतः अध्ययन खण्ड के अन्तर्गत सम्मिलित उत्तरदाताओं में युवा वर्ग के उत्तरदाताओं की संख्या सबसे अधिक है।

जाति

जाति व्यवस्था जन्म से व्यक्ति को एक विशेष सामाजिक स्थिति प्रदान करती है। इसमें आजीवन कोई परिवर्तन नहीं किया जा सकता और इस व्यवस्था के अन्तर्गत व्यक्तियों के कुछ समूहों को जन्म के आधार पर निम्न या उच्च मान लिया जाता है। मूल रूप से भारतीय समाज का विभाजन चार प्रमुख जातियों—ब्राह्मण, क्षत्रिय, वैश्य तथा शूद्र जातियों में हुआ है। किन्तु कालान्तर में इन चारों प्रमुख जातियों की अनेक उपशाखायें विभाजित हुयीं तथा आधुनिक भारत में अनेक छोटी-छोटी अन्तर्विवाही जातियों में जनसंख्या का विभाजन हुआ है (**घुर्ये,** 1969)। विभिन्न जातियों की जीवन-शैली, रहन-सहन, खान-पान एवं आचार-विचार में अन्तर उनकी जातिगत स्थिति के अनुरूप पाया जाता है (**श्रीनिवास,** 1962)।

यद्यपि आधुनिकीकरण की प्रक्रियाओं ने जातिगत स्थिति को कमजोर कर दिया है, परन्तु फिर भी भारतीय परिवेश में जातियों की समाज मनोवैज्ञानिक विशेषताएँ व्यक्ति के चरित्र में झलकती हैं। जाति समाज में उच्च निम्न प्रस्थिति, सम्मान तथा जीवन में आगे बढ़ने के अवसरों की उपलब्धियों की संभावनाओं को प्रभावित करती है, अतः जाति की इन विशेषताओं को ध्यान में रखकर उपभोक्ताओं की जाति विशेषताओं का अध्ययन किया है जिसमें उपभोक्ताओं को तीन भागों में बाँटा गया है—

सारणी संख्या-2

जाति संरचना के आधार पर उत्तरदाताओं का वर्गीकरण

जाति	आवृत्ति	प्रतिशत
उच्च जाति	146	48.6
पिछड़ी जाति	102	34.0
अनुसूचित जाति	52	17.4
योग	**300**	**100.0**

प्रस्तुत सारणी संख्या–2 के अवलोकन से ज्ञात होता है कि अध्ययन खण्ड के अन्तर्गत सम्पूर्ण उत्तरदाताओं में सर्वाधिक 48.6% उत्तरदाता उच्च जाति के, 34.0% उत्तरदाता पिछड़ी जाति के तथा न्यूनतम 17.4% उत्तरदाता अनुसूचित जाति के है।

उपर्युक्त विवरण से यह स्पष्ट है कि अध्ययन में सम्मिलित उत्तरदाता सर्वाधिक उच्च जाति के हैं।

धर्म

प्रत्येक समाज में धर्म और धार्मिक विश्वासों का इतना अधिक महत्व होता है कि कोई भी व्यक्ति उनकी अवहेलना करके समाज से अनुकूलन करने में कठिनता का अनुभव करता है। धर्म अंग्रेजी के Religion शब्द का हिन्दी रूपान्तर है। रिलीजन शब्द Religare से बना है जिसका अर्थ है बाँधना अर्थात् मनुष्य को ईश्वर से सम्बन्धित करना। धर्म मानव जीवन का आधार है, इसके बिना कोई भी समाज नहीं रह सकता है।

प्रस्तुत अध्ययन में उपभोक्ताओं का धर्म के आधार पर विवरण प्रस्तुत किया गया है।

सारणी संख्या-3

धर्म के आधार पर उत्तरदाताओं का वर्गीकरण

धर्म	आवृत्ति	प्रतिशत
हिन्दू	202	67.4
मुस्लिम	62	20.6
सिक्ख	20	6.6
अन्य	16	5.4
योग	**300**	**100.0**

उपरोक्त सारणी संख्या–3 के अवलोकन से स्पष्ट होता है कि अध्ययन खण्ड के अन्तर्गत सम्मिलित सम्पूर्ण उत्तरदाताओं में सर्वाधिक 67.4% उत्तरदाता हिन्दू, 20.6% उत्तरदाता मुस्लिम, 6.6% उत्तरदाता सिक्ख तथा न्यूनतम 5.4% अन्य धर्म के हैं।

उपर्युक्त विवरण से स्पष्ट है कि अध्ययन में सम्मिलित उत्तरदाता सर्वाधिक हिन्दू धर्म के हैं।

शिक्षा

शिक्षा सामाजिक-आर्थिक गतिशीलता का एक प्रभावशाली माध्यम है (**दुर्खीम**, 1956; **लिपसेट**, 1959; **अण्डरसन**, 1961; **हर्ड एण्ड जॉनसन**, 1967; **गोरे, देसाई**, 1972; **कप्पूस्वामी**, 1972)। शिक्षा आधुनिकीकरण का महत्वपूर्ण साधन है (**लर्नर**, 1958)। शिक्षा के माध्यम से व्यक्ति या समूह में ऐसी मनोवृत्तियों, दृष्टिकोणों, भावनाओं एवं आकांक्षाओं का विकास होता है, जो उसे गतिशीलता की ओर उन्मुख करती हैं (**अण्डरसन**, 1961)। शिक्षा न केवल सामाजिक-आर्थिक गतिशीलता की प्रेरक है, वरन् यह आधुनिकीकरण की जनक भी है, शिक्षा का तात्पर्य सभी प्रकार के ज्ञान के संग्रह तथा मानव के चतुर्मुखी विकास से है। शिक्षा के अभाव में सामाजिक चेतना का विकास सही ढंग से असम्भव है। शिक्षा व्यक्ति को अपने आस-पास होने वाली घटनाओं और राजनैतिक मूल्यों तथा संस्थाओं को समझने में सहायता देती है। शिक्षा ही एक ऐसा साधन है जिसके द्वारा व्यक्ति ज्ञान एवं प्रशिक्षण प्राप्त करके समाज में विशेषज्ञों तथा बुद्धिजीवियों के वर्गों में प्रवेश कर सकता है तथा उनके सम्बन्धित अधिकार एवं सुविधाएं प्राप्त कर सकता है।

प्रस्तुत अध्ययन में उत्तरदाताओं का शिक्षा के आधार पर विवरण प्रस्तुत किया गया है—

सारणी संख्या-4

शिक्षा के आधार पर उत्तरदाताओं का वर्गीकरण

शिक्षा	आवृत्ति	प्रतिशत
स्नातक	144	48.0
स्नातकोत्तर	96	32.0
अन्य	60	20.0
योग	**300**	**100.0**

प्रस्तुत सारणी संख्या–4 के अवलोकन से यह स्पष्ट होता है कि अध्ययन खण्ड के अन्तर्गत सम्मिलित सम्पूर्ण उत्तरदाता में सर्वाधिक 48.0%

स्नातक, 32% उत्तरदाता स्नातकोत्तर (एम.ए., एम.काम., एल.एल.एम., एम. एस.सी.) तथा न्यूनतम 20.0% उत्तरदाता अन्य डिग्री (पी-एच.डी. डिप्लोमा) प्राप्त हैं।

उपर्युक्त विवरण से स्पष्ट है कि अध्ययन में सम्मिलित उत्तरदाता सर्वाधिक स्नातक स्तर के हैं।

व्यवसाय

सामाजिक जीवन में व्यक्ति की सहभागिता का अधिकांश समय आजीविका उपार्जन और उससे जुड़ी अन्य प्रक्रियाओं में व्यतीत हो जाता है। व्यवसाय आय का प्रमुख स्रोत है। यह आय के साथ-साथ व्यक्ति के व्यक्तित्व निर्धारण में भी महत्वपूर्ण भूमिका रखता है। **मैकाइवर एवं पेज** (1962) के अध्ययन से यह स्पष्ट होता है कि समाज में व्यक्ति की प्रकार्यात्मक प्रस्थिति और उसकी जीवन शैली के साथ-साथ उसकी वर्गीय स्थिति व्यवसाय पर आधारित होती है। व्यवसाय में व्यक्ति मूलतः आजीविका और अन्य सुविधाओं के लिए संयुक्त होता है। इस प्रक्रिया में व्यवसाय समाज में व्यक्ति की प्रस्थिति, शक्ति एवं पद का निर्धारण करता है। **वेत्ते** (1966), और **श्रीनिवास** (1966) का कथन है कि प्रस्थिति निर्धारण में व्यवसाय अन्य कारकों की अपेक्षा अधिक सक्रिय भूमिका का निर्वाह करता है। समाज में व्यक्ति की प्रकार्यात्मक उपयोगिता का निर्धारण व्यवसाय की प्रकृति और उसके स्तर द्वारा किया जाता है। ऐसे व्यवसाय जिसमें अधिक प्रतिस्पर्द्धा कौशल और ज्ञान की आवश्यकता है उन्हें अन्य व्यवसायों की तुलना में अधिक सम्मानजनक माना जाता है और ऐसे व्यवसाय व्यक्ति की सामाजिक-आर्थिक उच्च स्थिति के द्योतक होते हैं। व्यवसाय व्यक्ति के वर्गीय स्थिति का निर्धारण करने के उपरान्त उसके सामाजिक-आर्थिक मूल्यों और विचारधारा को प्रभावित करता है। सारणी संख्या–5 में व्यवसाय के आधार पर उत्तरदाताओं का वर्णन किया गया है।

सारणी संख्या-5

व्यवसाय के आधार पर उत्तरदाताओं का वर्गीकरण

व्यवसाय	आवृत्ति	प्रतिशत
नौकरी	180	60.0
व्यापार	110	36.7
अन्य	10	3.3
योग	**300**	**100.0**

सारणी संख्या-5 के अवलोकन से यह स्पष्ट होता है कि सम्पूर्ण उत्तरदाताओं में सर्वाधिक 60.0% उत्तरदाता नौकरी करते हैं तथा 36.6% उत्तरदाताओं का सम्बन्ध व्यापार से है तथा न्यूनतम 3.3% उत्तरदाता अन्य कार्य करते हैं।

उपर्युक्त विवरण से स्पष्ट है कि अधिकांश उत्तरदाताओं का सम्बन्ध नौकरी से है।

आय

आय समाज में प्रतिष्ठा का आधार है तथा व्यक्ति की आर्थिक स्थिति उसके मूल्यों, विचारों तथा जीवन शैली एवं सामाजिक स्थिति के निर्धारण में महत्वपूर्ण स्थान रखती है। आय व्यक्ति की आर्थिक सम्पन्नता का प्रतीक है। आय के आधार पर ही समाज का वर्गीकरण उच्च वर्ग, मध्य वर्ग एवं निम्न वर्ग में किया जाता है। स्वास्थ्य, संस्कृति के संदर्भ में यह व्यक्ति के जीवन स्तर को निर्धारित करती है और अप्रत्यक्ष रूप से उनके स्वास्थ्य के प्रति मूल्यों एवं विचारों को प्रभावित करती है।

प्रस्तुत अध्ययन में उत्तरदाताओं की मासिक आय का विवरण प्रस्तुत किया गया है -

सारणी संख्या-6

मासिक आय के आधार पर उपभोक्ताओं का वर्गीकरण

आयु	आवृत्ति	प्रतिशत
8000 तक	76	25.4
8001 से 11000	102	34.0
11001 से 14000	50	16.6
14001 से 17000	45	15.0
17000 से अधिक	27	9.0
योग	**300**	**100.0**

प्रस्तुत सारणी संख्या–6 के अवलोकन से यह स्पष्ट होता है कि अध्ययन खण्ड के अन्तर्गत सम्मिलित सम्पूर्ण उत्तरदाता में 25.4% उत्तरदाता की मासिक आय 8,000 तक तथा सर्वाधिक 34.0% उत्तरदाताओं की मासिक आय 8001-11000 तक, 16.6% उत्तरदाताओं की मासिक आय 11,001 से 14000 तक, 15.0% उत्तरदाताओं की मासिक आय 14,001 से 17,000 तक एवं न्यूनतम 9.0% उत्तरदाताओं की आय 17,000 से अधिक है।

इस आधार पर हम यह कह सकते हैं कि अध्ययन में सम्मिलित

अधिकांश उत्तरदाताओं की आय 8,000 से 11,000 के मध्य है तथा न्यूनतम उत्तरदाताओं की मासिक आय 17,000 से अधिक है।

वैवाहिक स्थिति

मानव के लिए विवाह अत्यन्त महत्वपूर्ण संस्था है। प्रस्थिति व्यक्ति का वह पहलू है जिसे व्यक्ति किसी समूह में आयु, लिंग, परिवार, वर्ग, व्यवसाय, विवाह अथवा विशेष प्रयत्नों आदि के कारण प्राप्त करता है। अतः वैवाहिक प्रस्थिति से तात्पर्य व्यक्ति या तो विवाहित (तलाकशुदा या विधवा भी) होता है या अविवाहित। भारतीय समाज में विवाह व्यक्ति की सामाजिक स्थिति निर्धारण का प्रमुख आधार रहा है। विवाह के बाद वैयक्तिक दायित्वों में वृद्धि हो जाती है, जिससे व्यक्ति की अभिवृत्तियाँ व व्यवहार प्रभावित होते हैं। विवाहित व्यक्ति का उत्तरदायित्व का क्षेत्र तथा सामाजिक एवं पारिवारिक समायोजन में सामाजिक अन्तर्क्रियाओं का दायरा भी अविवाहितों से अधिक विस्तृत होता है।

अतः वर्तमान अध्ययन में उत्तरदाताओं की वैवाहिक प्रस्थिति क्या है? इससे सम्बन्धित विवरण सारणी संख्या–7 में प्रस्तुत हैं।

सारणी संख्या-7

वैवाहिक स्थिति के आधार पर उत्तरदाताओं का वर्गीकरण

वैवाहिक स्थिति	आवृत्ति	प्रतिशत
विवाहित	252	84.0
अविवाहित	40	13.4
विधुर	08	2.6
योग	**300**	**100.0**

प्रस्तुत सारणी संख्या–7 के अवलोकन से स्पष्ट होता है कि अध्ययन के अन्तर्गत सम्मिलित सम्पूर्ण उत्तरदाता में सर्वाधिक 84.0% उत्तरदाता विवाहित हैं, 13.4% उत्तरदाता अविवाहित है तथा न्यूनतम 2.6% उत्तरदाता विधुर है।

उपर्युक्त विवरण से स्पष्ट है कि अध्ययन में सम्मिलित उत्तरदाता सर्वाधिक विवाहित हैं।

सामाजिक-आर्थिक पृष्ठभूमि

सामाजिक संस्तरण की ऐतिहासिक व्यवस्था के मध्य व्यक्ति का समाजीकरण तथा उसके विकास हेतु आवश्यक दशाएँ उपलब्ध कराने में

परिवार की महत्वपूर्ण भूमिका है। यह एक प्राथमिक समूह के रूप में जिसका कि व्यक्ति जन्म से सदस्य होता है, व्यक्ति के सर्वांगीण विकास हेतु आवश्यक सामाजिक एवं आर्थिक आधार प्रदान करता है। एक ओर एक परिवार के अन्तर्गत सामाजिक एवं सांस्कृतिक मूल्यों के आधारभूत तत्व व्यक्ति तक पहुँचते हैं और उन्हीं के आधार पर व्यक्ति का निर्माण होता है तो दूसरी ओर परिवार की आर्थिक संरचना उसके व्यक्तित्व को विकसित होने की दशा में उपलब्ध कराती है।

भारतीय नगरीय समुदाय के संदर्भ में परिवार की भूमिका इसके आर्थिक प्रकार्यों और सामाजिक नियंत्रण के अतिरिक्त धार्मिक एवं सांस्कृतिक लक्ष्यों की पूर्ति के लिए भी अत्यधिक प्रभावपूर्ण रही है। कपाड़िया ने समाज की निरन्तरता को बनाये रखने और सांस्कृतिक विरासत के हस्तांतरण में परिवार को प्रमुख साधन के रूप में स्वीकार किया है। देसाई के अनुसार, परिवार न केवल व्यक्ति के पालन-पोषण बल्कि इसके समाजीकरण, सामाजिक एवं आर्थिक जीवन के उपायों का निर्धारण तथा सामाजिक-आर्थिक उपलब्धि क्षमता के मूल आधार है।

यद्यपि परिवार एक सार्वभौमिक संस्था है, किन्तु आकार और कार्यों के दृष्टिकोण से भिन्न-भिन्न समाजों में इसका रूप भी भिन्न-भिन्न देखने को मिलता है। परिवार का अध्ययन करने वाले विद्वानों में **कपाड़िया (1966), मेकाइवर एण्ड पेज (1962), कृष्णामचारी (1958), सिंह (1977)** आदि का नाम उल्लेखनीय है। भटनागर के अनुसार, 'परिवारजन सदस्यों का समूह है जो रक्त या विवाह द्वारा एक नाम से दूसरे से सम्बन्धित होते हैं।' मिश्रा के अनुसार, 'वे सभी सदस्य जो एक ही चूल्हे में साझेदारी रखते हैं वे एक परिवार के सदस्य होते हैं।' मुखर्जी एवं सिंह के अनुसार, 'परिवार के अन्तर्गत उन सभी सदस्यों को रखा जा सकता है जो एक सर्वनिष्ठ मुखिया पर आश्रित होते हैं भले ही उसके साथ रहते हैं अथवा नहीं। भारतीय परिवार के संदर्भ में बलसारा के विचार भी महत्वपूर्ण है। इसके अनुसार परिवार को एक सार्वभौमिक इकाई के रूप में परिभाषित न करके विभिन्न प्रकारों जैसे—एकाकी, विस्तृत, संयुक्त, शृंखलात्मक, वैवाहिक जोड़ा इत्यादि में बाँटकर ही सही विश्लेषण किया जा सकता है।

प्रस्तुत अध्ययन में वाराणसी नगर के उपभोक्ताओं के सामाजिक एवं आर्थिक पृष्ठभूमि का विश्लेषण करने का प्रयास किया गया है। किसी भी प्रकार का समाजशास्त्रीय अध्ययन, सामाजिक सांस्कृतिक प्रक्रियाओं, मनोवृत्तियों और व्यवहारों के प्रतिमानों के संदर्भ में सही विश्लेषण तभी प्रस्तुत कर सकता है जब अध्ययन में सम्बन्धित समस्त उत्तरदाताओं के विषय में

सामान्य जानकारी का भली प्रकार ज्ञान हो। व्यक्ति का व्यक्तित्व उनके क्रिया-कलापों तथा विचारों पर प्रभाव डालता है जबकि लिंग, आयु तथा शैक्षणिक स्तर तथा सम्बन्धित विभिन्नताएँ व्यक्ति की मनोवृत्तियों व उसके विचारों को महत्वपूर्ण तरीकों से प्रभावित करते हैं। अनेक विद्वानों ने अपना-अपना मत प्रकट करते हुए कहा है कि व्यक्ति की पारिवारिक एवं आर्थिक स्थिति का उसकी सामाजिक गतिशीतला से काफी सम्बन्ध होता है (**दुर्खीम**–1912, **सोरोकिन**, 1927, **बेन्डिक्स एण्ड लिप्सेट**, 1959)।

इस अध्ययन में उत्तरदाताओं की सामाजिक एवं आर्थिक पृष्ठभूमि का विश्लेषण इसलिए भी अति आवश्यक है कि व्यक्तिगत कारणों में शिक्षा, आयु आदि व्यक्तियों की अभिवृत्तियों तथा उनके मूल्यों को प्रभावित करते हैं। समाज में व्यक्ति की भूमिका प्रायः उसकी पारिवारिक, सामाजिक तथा आर्थिक स्थिति से संचालित होती है। अध्ययन के प्रस्तुत खण्ड में उत्तरदाताओं के परिवार, विवाह, आय एवं व्यवसाय से सम्बन्धित तथ्यों की विवेचना की जा रही है। प्रस्तुत अध्ययन के निमित्त स्वतंत्र परिवर्त्य के रूप में जाति, आयु, शिक्षा तथा मासिक आय का प्रस्तुतीकरण किया गया है।

परिवार का स्वरूप

मानव समाज का इतिहास परिवार का ही इतिहास है, क्योंकि मानव जीवन के प्रारम्भ से ही परिवार उसके साथ है और किसी-न-किसी रूप में यह सांस्कृतिक विकास के सभी स्तरों पर पाया जाता है। परिवार मानव जीवन की सबसे महत्वपूर्ण इकाई है। परिवार में मनुष्य जन्म लेता है, यहाँ उसका सामाजीकरण होता है तथा नागरिकता का प्रथम पाठ भी मानव समाज में ही पढ़ता है। यह कभी नष्ट न होने वाला समूह है जो व्यक्ति को निःस्वार्थ सेवाएँ प्रदान करता है। इसके अतिरिक्त परिवार ही समाज की प्रारम्भिक इकाई है। यह समाज के स्थायित्व एवं निरन्तरता को बनाये रखने वाला सर्वप्रथम समूह है।

परिवार के सदस्य संख्या के आधार पर इसे दो भागों में बाँटा जा सकता है–संयुक्त एवं एकाकी परिवार। संयुक्त परिवार से तात्पर्य तीन या चार पीढ़ी के रक्त सम्बन्धियों से है, जिसमें सम्मिलित सम्पत्ति, सम्मिलित निवास, अधिकारों तथा कर्तव्यों का समावेश होता है जबकि एकाकी परिवार से तात्पर्य पति-पत्नी एवं उनके अविवाहित बच्चे ही आते है। इस प्रकार के परिवार में सदस्य संख्या सीमित होती है।

अतः प्रस्तुत शोध के अन्तर्गत उत्तरदाताओं के परिवार के स्वरूप की जानकारी प्राप्त की गयी है अर्थात् वे किस प्रकार के परिवार से सम्बद्ध हैं।

सारणी संख्या-8
सामाजिक परिवर्त्य एवं परिवार का स्वरूप

सामाजिक परिवर्त्य	संयुक्त	एकाकी	योग
जाति*-			
उच्च जाति	62 (42.4)	84 (57.6)	146
पिछड़ी जाति	43 (42.1)	59 (57.9)	102
अनुसूचित जाति	11 (21.1)	41 (78.9)	52
आयु-**			
0-35 तक	30 (25.8)	86 (74.2)	116
36-45	40 (47.0)	45 (53.0)	85
46-55	15 (24.5)	46 (75.5)	61
55 से अधिक	31 (81.5)	07 (18.5)	38
शिक्षा*-**			
स्नातक	40 (27.7)	104 (72.3)	144
स्नातकोत्तर	30 (31.2)	66 (68.8)	96
अन्य	46 (76.6)	14 (23.4)	60
आय **-**			
8000 तक	20 (26.3)	56 (73.7)	76
8001-11000	40 (39.2)	62 (60.8)	102
11001-14000	11 (22.0)	39 (78.0)	50
14001-17000	20 (44.4)	25 (55.6)	45
17000 से अधिक	25 (92.5)	02 (7.5)	27
योग	**116 (38.6)**	**184 (61.4)**	**300 (100)**

* काई-स्कवायर = 8.137; df = 2; सार्थक <.05

** काई-स्कवायर = 45.147; df = 3; सार्थक <.001

*** काई-स्कवायर = 45 .96; df = 2; सार्थक <.001

**** काई-स्कवायर = 44.50; df = 4; सार्थक <.001

प्रस्तुत सारणी संख्या-8 के अवलोकन से ज्ञात होता है कि सर्वाधिक 61.4% उत्तरदाता एकाकी परिवार के हैं तथा न्यूनतम 38.6% संयुक्त परिवार में रहते हैं।

जाति के आधार पर स्पष्ट होता है कि उच्च जाति, पिछड़ी जाति एवं अनुसूचित जाति तीनों से सम्बन्धित अधिकतम उत्तरदाता एकाकी परिवार के

हैं। काई-स्क्वायर के अनुसार अन्तर सार्थक है।

आयु के आधार पर स्पष्ट होता है कि 55 वर्ष तक के अधिकांश उत्तरदाता एकाकी परिवार के हैं जबकि 55 वर्ष के ऊपर आयु वर्ग में अधिकतम 81.5% उत्तरदाता संयुक्त परिवार के हैं। काई-स्क्वायर के अनुसार अन्तर सार्थक है।

शिक्षा के आधार पर ज्ञात होता है कि स्नातक और स्नातकोत्तर स्तर के शिक्षित अधिकतम उत्तरदाता का परिवार एकाकी है जबकि अन्य स्तर के शिक्षित अधिकतम उत्तरदाताओं का परिवार संयुक्त है। काई-स्क्वायर के अनुसार अन्तर सार्थक है।

आय के आधार पर स्पष्ट होता है कि 17,000 तक के आय वाले अधिकतम उत्तरदाताओं के परिवार का स्वरूप एकाकी है जबकि 17,000 से अधिक आये वाले अधिकतम 92.5% उत्तरदाताओं के परिवार का स्वरूप संयुक्त है। काई-स्क्वायर के अनुसार अन्तर सार्थक है।

अतः इस सारणी के अवलोकन से स्पष्ट होता है कि अधिक आयु, अधिक शिक्षा एवं अधिक आय वाले अधिकतम उत्तरदाताओं के परिवार का स्वरूप संयुक्त परिवार का है।

परिवार में सदस्यों की संख्या

परिवार का आकार सदस्य संख्या पर निर्भर करता है। एकाकी परिवारों में पति-पत्नी एवं उनके बच्चों के रहने के कारण इसका आकार छोटा होता है, जबकि संयुक्त परिवार में पति-पत्नी एवं उनके बच्चों के अतिरिक्त चाचा-चाची उनके बच्चे एवं दादा-दादी इत्यादि भी रहते हैं इसलिए इनका आकार बड़ा होता है।

प्रस्तुत सारणी संख्या–9 के अवलोकन से ज्ञात होता है कि सर्वाधिक 25.4% उत्तरदाताओं के परिवारों की सदस्य संख्या 6-7 है, 23.3% उत्तरदाताओं के परिवार की सदस्य संख्या 4-5 है, 23.0% परिवारों में सदस्य संख्या 8-9 है, 18.7% परिवारों में सदस्यों की संख्या 2-3 तथा न्यूनतम 9.6% सदस्यों की संख्या 9 से अधिक है।

जाति के आधार पर स्पष्ट होता है कि उच्च जाति के अधिकतम उत्तरदाताओं के परिवार की सदस्य संख्या 4-5 है, जबकि पिछड़ी जाति एवं अनुसूचित जाति के अधिकतम उत्तरदाताओं के परिवार की सदस्य संख्या 6-7 है। जबकि तीनों जातियों में न्यूनतम उत्तरदाताओं के परिवार की सदस्य संख्या ही 9 से अधिक है।

आयु के आधार पर स्पष्ट होता है कि 0-35 वर्ष तक एवं 46-55 वर्ष

के अधिकतम उत्तरदाताओं के परिवार की सदस्य संख्या 6-7 है जबकि 36-45 वर्ष के अधिकतम उत्तरदाताओं के परिवार की सदस्य संख्या 8-9 तक एवं 55 से अधिक आयु के अधिकतम उत्तरदाताओं के परिवार की सदस्य संख्या 9 से उपर है। जबकि सदस्य संख्या के आधार पर यह भी परिलक्षित होता है कि 55 वर्ष तक सभी उत्तरदाताओं के परिवार की सदस्य संख्या न्यूनतम 9 से अधिक सदस्यों की है।

शिक्षा के आधार पर स्पष्ट होता है कि स्नातक स्तर के शिक्षित अधिकतम उत्तरदाताओं के परिवार की सदस्य संख्या 8-9 तक एवं स्नातकोत्तर स्तर के शिक्षित अधिकतम उत्तरदाताओं के परिवार की सदस्य संख्या 6-7

सारणी संख्या-9
सामाजिक परिवर्त्य एवं परिवार के सदस्यों की संख्या

सामाजिक परिवर्त्य	2-3	4–5	6–7	8–9	9 से अधिक	योग
जाति–						
उच्च जाति	32 (21.9)	34 (23.2)	28 (19.1)	30 (20.5)	22 (15.2)	146
पिछड़ी जाति	21 (20.5)	20 (19.7)	29 (28.5)	28 (27.4)	04 (3.9)	102
अनुसूचित जाति	03 (5.8)	16 (30.8)	19 (36.6)	11 (21.1)	03 (5.8)	52
आयु–						
0–35 तक	20 (17.3)	30 (25.9)	32 (27.6)	28 (24.1)	06 (5.1)	116
36–45	16 (18.9)	20 (23.5)	20 (23.5)	24 (28.3)	05 (5.8)	85
46–55	09 (14.7)	15 (24.6)	16 (26.3)	15 (24.6)	06 (9.8)	61
55 से अधिक	11 (28.8)	05 (13.2)	08 (21.1)	02 (5.3)	12 (31.6)	38
शिक्षा–						
स्नातक	22 (15.3)	30 (20.8)	38 (26.4)	42 (29.2)	12 (8.3)	144
स्नातकोत्तर	20 (20.8)	20 (20.8)	30 (31.3)	20 (20.8)	06 (6.3)	96
अन्य	14 (23.3)	20 (33.4)	08 (13.4)	07 (11.6)	11 (18.3)	60
आय–						
8000 तक	12 (15.8)	11 (14.5)	20 (26.4)	30 (39.4)	03 (3.9)	76
8001–11000	18 (17.6)	20 (19.6)	30 (29.4)	32 (31.5)	02 (1.9)	102
11001–14000	16 (32.0)	21 (42.0)	08 (16.0)	02 (4.0)	03 (6.0)	50
14001–17000	03 (6.7)	16 (35.6)	10 (22.3)	03 (6.6)	13 (28.8)	45
17000 से अधिक	07 (26.0)	02 (7.4)	08 (29.6)	02 (7.4)	08 (29.6)	27
योग	**56 (18.7)**	**70 (23.3)**	**76 (25.4)**	**69 (23.0)**	**29 (9.6)**	**300 (100)**

तक है जबकि अन्य स्तर के शिक्षित अधिकतम उत्तरदाताओं के परिवार की सदस्य संख्या 4-5 है।

आय के आधार पर स्पष्ट होता है कि 11,000 तक आय वाले अधिकतम उत्तरदाताओं के परिवार की सदस्य संख्या 8-9 तक है जबकि 11,001 से 17,000 के बीच के अधिकतम उत्तरदाताओं के परिवार की सदस्य संख्या 4-5 तक है। 17,000 से अधिक आय वाले अधिकतम उत्तरदाताओं के परिवार की सदस्य संख्या 9 से अधिक है।

सारणी के आँकड़े यह स्पष्ट करते है कि अधिक आय एवं अधिक आयु के उत्तरदाताओं के परिवार की सदस्य संख्या अधिक (9 से उपर) है जबकि कम आयु एवं कम आय वाले उत्तरदाताओं के परिवार की सदस्य संख्या कम (9 से कम) है।

परिवार में जीविकोपार्जन करने वाले सदस्यों की संख्या

जीविकोपार्जन प्रत्यक्ष रूप से व्यक्ति के आर्थिक पहलू से जुड़ा हुआ तथ्य है। जिस परिवार में जीविकोपार्जन करने वाले सदस्यों की संख्या जितनी अधिक होगी उस परिवार की आर्थिक सम्पन्नता भी उसी के अनुरूप होगी।

सारणी संख्या-10 के अवलोकन से ज्ञात होता है कि सर्वाधिक 57.7% परिवारों में जीविकोपार्जन करने वाले सदस्यों की संख्या 01 है, 22.3% परिवारों में जीविकोपार्जन करने वाले सदस्यों की संख्या 2 तक है एवं 18.0% परिवार ऐसे हैं जिनके यहाँ जीविकोपार्जन करने वाले सदस्यों की संख्या 3 तक है तथा न्यूनतम 2.0% ऐसे उत्तरदाता हैं जिनके परिवार में जीविकोपार्जन करने वाले सदस्यों की संख्या 3 से अधिक है।

जाति के आधार पर स्पष्ट होता है कि प्रत्येक जाति के अधिकतम उत्तरदाताओं के परिवार में जीविकोपार्जन करने वाले सदस्यों की संख्या 01 है। काई-स्क्वायर के अनुसार अन्तर सार्थक है। काई-स्क्वायर के अनुसार अन्तर सार्थक नहीं है।

आयु के आधार पर स्पष्ट होता है 55 वर्ष से अधिक आयु वाले अधिकतम उत्तरदाताओं के परिवार में जीविकोपार्जन करने वाले सदस्यों की संख्या 03 है जबकि 46-55 वर्ष के आयु वर्ग के अधिकतम उत्तरदाताओं के परिवार में जीविकोपार्जन करने वाले सदस्यों की संख्या 02 तक है एवं 45 वर्ष तक के आयु वर्ग के अधिकतम उत्तरदाताओं के परिवार में जीविकोपार्जन करने वाले सदस्यों की संख्या 01 है। काई-स्क्वायर के अनुसार अन्तर सार्थक है।

शिक्षा के आधार पर आँकड़े स्पष्ट करते हैं कि स्नातक एवं स्नातकोत्तर स्तर के शिक्षित अधिकतम उत्तरदाताओं के परिवार में जीविकोपार्जन करने

वाले सदस्यों की संख्या 01 तक है जबकि अन्य स्तर के शिक्षित अधिकतम उत्तरदाताओं के परिवार में जीविकोपार्जन करने वाले सदस्यों की संख्या 3 तक है। काई-स्क्वायर के अनुसार अन्तर सार्थक है।

सारणी संख्या-10

सामाजिक परिवर्त्य एवं परिवार में जीविकोपार्जन करने वाले सदस्यों की संख्या

सामाजिक परिवर्त्य	01	02	03	3 से अधिक	योग
जाति*–					
उच्च जाति	78 (53.4)	31 (21.3)	34 (23.2)	03 (2.1)	146
पिछड़ी जाति	63 (61.8)	22 (21.6)	16 (15.7)	01 (0.9)	102
अनुसूचित जाति	32 (61.5)	14 (26.9)	04 (7.6)	02 (3.9)	52
आयु–**					
0–35 तक	80 (68.9)	20 (17.3)	14 (12.1)	02 (1.7)	116
36–45	60 (70.6)	13 (15.3)	10 (11.8)	02 (2.3)	85
46–55	20 (32.8)	30 (49.2)	10 (16.4)	01 (1.6)	61
55 से अधिक	13 (34.2)	04 (10.6)	20 (52.6)	01 (2.6)	38
शिक्षा*–**					
स्नातक	92 (63.9)	32 (22.3)	18 (12.5)	02 (1.3)	144
स्नातकोत्तर	70 (72.9)	20 (20.8)	05 (5.2)	01 (1.1)	96
अन्य	11 (18.4)	15 (25.0)	31 (51.6)	03 (5.0)	60
आय**–**					
8000 तक	52 (68.4)	16 (21.1)	06 (7.9)	02 (2.6)	76
8001–11000	71 (69.6)	20 (19.6)	10 (9.9)	01 (0.9)	102
11001–14000	36 (72.0)	10 (20.0)	03 (6.0)	01 (2.0)	50
14001–17000	10 (22.2)	16 (35.6)	18 (40.0)	01 (2.2)	45
17000 से अधिक	04 (14.8)	05 (18.5)	17 (62.9)	01 (3.8)	27
योग	**173 (57.7)**	**67 (22.3)**	**54 (18.0)**	**06 (2.0)**	**300 (100)**

* काई-स्क्वायर = 6.00; df = 4; सार्थक नहीं

** काई-स्क्वायर = 67.94; df = 6; सार्थक <.001

*** काई-स्क्वायर = 103.35; df = 4; सार्थक <.001

**** काई-स्क्वायर = 80.30; df = 8; सार्थक <.001

आय के आधार पर ज्ञात होता है कि 14,001-17,000 एवं 17,000 से अधिक आय वाले अधिकतम उत्तरदाताओं के परिवार में जीविकोपार्जन करने वाले सदस्यों की संख्या 3 तक है जबकि अन्य आय वर्ग के अधिकतम उत्तरदाताओं के परिवार में जीविकोपार्जन करने वाले सदस्यों की संख्या 01 है। काई-स्क्वायर के अनुसार अन्तर सार्थक है।

परिवार की मासिक आय

सारणी संख्या-11 के अवलोकन से ज्ञात होता है कि सर्वाधिक 36.4% उत्तरदाताओं के परिवार की मासिक आय 10,000 तक, 33.3% उत्तरदाताओं के परिवार की मासिक आय 10,001 से 20,000 तक, 23.7% उत्तरदाताओं के परिवार की मासिक आय 20,001 से 30,000 के बीच तथा न्यूनतम 6.6% उत्तरदाता ऐसे हैं जिनके परिवार की मासिक आय 30,000 से उपर है।

जाति के आधार पर ज्ञात होता है कि उच्च जाति के अधिकतम उत्तरदाताओं के परिवार की मासिक आय 10001-20000 तक, पिछड़ी जाति के अधिकतम उत्तरदाताओं के परिवार की मासिक आय 20001-30000 तक एवं अनुसूचित जाति के अधिकतम उत्तरदाताओं के परिवार की मासिक आय 10,000 तक है। काई-स्क्वायर के अनुसार अन्तर सार्थक है।

आयु के आधार पर ज्ञात होता है कि 45 वर्ष से नीचे के अधिकतम उत्तरदाताओं के परिवार की मासिक आय 10,001-20,000 तक है जबकि 46 वर्ष से अधिक आयु वर्ग वाले अधिकतम उत्तरदाताओं के परिवार की मासिक आय 10000 तक है। काई-स्क्वायर के अनुसार अन्तर सार्थक नहीं है।

शिक्षा के आधार पर ज्ञात होता है कि स्नातक एवं स्नातकोत्तर स्तर के शिक्षित अधिकतम उत्तरदाताओं के परिवार की मासिक आय 10,000 तक है जबकि अन्य स्तर के शिक्षित अधिकतम उत्तरदाताओं के परिवार की मासिक आय 20,001 से 30,000 के बीच है। काई-स्क्वायर के अनुसार अन्तर सार्थक है।

आय के आधार पर स्पष्ट होता है कि 8001-11,000 एवं 17,000 से अधिक आय वाले अधिकतम उत्तरदाताओं के परिवार की मासिक आय 10,001-20,000 तथा 20,001-30,000 के बीच है जबकि अन्य आय वर्ग के अधिकतम उत्तरदाताओं के परिवार की मासिक आय 10000 तक है। काई-स्क्वायर के अनुसार अन्तर सार्थक नहीं है।

सारणी संख्या-11

सामाजिक परिवर्त्य एवं परिवार की मासिक आय

सामाजिक परिवर्त्य	10,000 तक	10,001 से 20,000	20,001 से 30000	30,000 से ऊपर	योग
जाति*-					
उच्च जाति	56 (38.4)	62 (42.5)	21 (14.4)	07 (4.7)	146
पिछड़ी जाति	31 (30.4)	20 (19.6)	40 (39.3)	11 (10.7)	102
अनुसूचित जाति	22 (42.3)	18 (34.7)	10 (19.2)	02 (3.8)	52
आयु-**					
0-35 तक	39 (33.6)	41 (35.3)	31 (26.8)	05 (4.3)	116
36-45	30 (35.3)	30 (35.3)	20 (23.5)	05 (5.9)	85
46-55	20 (32.8)	18 (29.5)	16 (26.3)	07 (11.4)	61
55 से अधिक	20 (52.7)	11 (28.9)	04 (10.5)	03 (7.9)	38
शिक्षा*-**					
स्नातक	70 (48.6)	62 (43.1)	10 (6.9)	02 (1.4)	144
स्नातकोत्तर	31 (32.3)	28 (29.2)	30 (31.2)	07 (7.3)	96
अन्य	08 (13.4)	10 (16.6)	31 (51.7)	11 (18.3)	60
आय**-**					
8000 तक	34 (44.7)	27 (35.5)	12 (15.9)	03 (3.9)	76
8001-11000	26 (25.5)	41 (40.2)	30 (29.4)	05 (4.9)	102
11001-14000	20 (40.0)	13 (26.0)	11 (22.0)	06 (12.0)	50
14001-17000	21 (46.7)	12 (26.7)	09 (20.0)	03 (6.6)	45
17000 से अधिक	08 (29.6)	07 (25.9)	09 (33.3)	03 (11.2)	27
योग	**109 (36.4)**	**100 (33.3)**	**71 (23.7)**	**20 (6.6)**	**300 (100)**

* काई-स्कवायर = 31.26; df = 6; सार्थक < .001

** काई-स्कवायर = 10.62; df = 9; सार्थक नहीं

*** काई-स्कवायर = 82.80; df = 6; सार्थक < .001

**** काई-स्कवायर = 19.07; df = 2; सार्थक नहीं

नगरीय आवास का क्षेत्र

प्रस्तुत सारणी संख्या-12 के अवलोकन से स्पष्ट है कि सर्वाधिक 63% उत्तरदाता नगर के नवविकसित क्षेत्रों में रहते हैं जबकि 37% ही ऐसे उत्तरदाता हैं जिनका सम्बन्ध नगर के परम्परागत मुहल्लों से है।

जाति के आधार पर ज्ञात होता है कि उच्च जाति, पिछड़ी जाति एवं अनुसूचित जाति के अधिकतम उत्तरदाताओं के नगरीय आवास का क्षेत्र नगर के नवविकसित क्षेत्र है जबकि न्यूनतम उत्तरदाता ही परम्परागत मुहल्लों में रहते हैं।

आयु के आधार पर स्पष्ट होता है कि हर आयु के अधिकतम उत्तरदाताओं का आवास का क्षेत्र नगर के नवविकसित क्षेत्र है जबकि न्यूनतम उत्तरदाता ही नगर के परम्परागत मुहल्ले में रहते हैं।

सारणी संख्या-12

सामाजिक परिवर्त्य एवं नगरीय आवास का क्षेत्र

सामाजिक परिवर्त्य	परम्परागत मुहल्ला	नवविकसित क्षेत्र	योग
जाति-			
उच्च जाति	58 (39.7)	88 (60.3)	146
पिछड़ी जाति	33 (32.4)	69 (67.6)	102
अनुसूचित जाति	20 (38.5)	32 (61.5)	52
आयु-			
0-35 तक	40 (34.5)	76 (65.5)	116
36-45	30 (35.3)	55 (64.7)	85
46-55	25 (40.9)	36 (59.1)	61
55 से अधिक	16 (42.1)	22 (57.9)	38
शिक्षा-			
स्नातक	38 (26.4)	106 (73.6)	144
स्नातकोत्तर	60 (62.5)	36 (37.5)	96
अन्य	13 (21.7)	47 (78.3)	60
आय-			
8000 तक	30 (39.5)	46 (60.5)	76
8001-11000	25 (24.5)	77 (75.5)	102
11001-14000	16 (32.0)	34 (68.0)	50
14001-17000	08 (17.8)	37 (82.2)	45
17000 से अधिक	12 (44.5)	15 (55.5)	27
योग	**111 (37.0)**	**189 (63.0)**	**300 (100)**

शिक्षा के आधार पर स्पष्ट होता है कि स्नातकोत्तर स्तर के शिक्षित अधिकतम उत्तरदाताओं के आवास का क्षेत्र नगर के परंपरागत मुहल्ले हैं जबकि स्नातक एवं अन्य स्तर के शिक्षित अधिकतम उत्तरदाताओं के आवास का क्षेत्र नगर के नवविकसित क्षेत्र हैं।

आय के आधार पर परिलक्षित होता है कि प्रत्येक आय वर्ग वाले अधिकतम उत्तरदाताओं के आवास का क्षेत्र नगर के नवविकसित क्षेत्र हैं जबकि न्यूनतम उत्तरदाताओं के आवास का क्षेत्र नगर के परम्परागत मुहल्ले हैं।

मकान के स्वामित्व का प्रकार

प्रस्तुत अध्ययन खण्ड के अध्ययन में सम्मिलित उत्तरदाताओं से यह जानने का प्रयास किया गया है कि उनके मकान के स्वामित्व का प्रकार कैसा है? मकान उनका अपना है, किराये का है या सरकारी है।

प्रस्तुत सारणी संख्या-13 के अवलोकन से स्पष्ट है कि अधिकतम उत्तरदाताओं का मकान निजी है तथा सबसे कम उत्तरदाता किराये के मकान में रहते हैं।

जाति के आधार पर स्पष्ट होता है कि उच्च जाति, पिछड़ी जाति और अनुसूचित जाति के अधिकतम उत्तरदाताओं के पास निजी मकान है जबकि तीनों जातियों के सबसे कम व्यक्ति किराये के मकान में रहते हैं।

आयु के आधार पर ज्ञात होता है कि केवल 36-45 वर्ष तक के आयु अधिकांश उत्तरदाता सरकारी मकान में रहते हैं और न्यूनतम किराये के मकान में रहते हैं जबकि अन्य आय वर्ग के अधिकतम उत्तरदाताओं के पास निजी मकान है और न्यूनतम उत्तरदाता ही किराये के मकान में रहते हैं।

शिक्षा के आधार पर परिलक्षित होता है कि स्नातक, स्नातकोत्तर एवं अन्य स्तर के शिक्षित तीनों वर्ग के अधिकतम उत्तरदाताओं के पास निजी मकान है एवं तीनों वर्गों के न्यूनतम उत्तरदाता किराये के मकान में रहते हैं।

आय के आधार पर स्पष्ट होता है कि 8000 तक के आय वाले अधिकतम 44.7% उत्तरदाता सरकारी मकान में रहते हैं और न्यूनतम उत्तरदाता ही किराये के मकान में रहते हैं जबकि 8001 से उपर आय वाले प्रत्येक उत्तरदाताओं में अधिकतम के पास निजी मकान है एवं न्यूनतम उत्तरदाता ही किराये के मकान में रहते हैं।

सारणी संख्या-13

सामाजिक परिवर्त्य एवं मकान के स्वामित्व का प्रकार

सामाजिक परिवर्त्य	निजी मकान मकान	किराये का मकान	सरकारी	योग
जाति–				
उच्च जाति	89 (60.9)	14 (9.6)	43 (29.5)	146
पिछड़ी जाति	60 (58.8)	12 (11.8)	30 (29.4)	102
अनुसूचित जाति	34 (65.4)	03 (5.8)	15 (28.8)	52
आयु–				
0–35 तक	80 (68.9)	12 (10.4)	24 (20.7)	116
36–45	28 (32.9)	11 (12.9)	46 (54.2)	85
46–55	50 (81.9)	05 (8.2)	06 (9.9)	61
55 से अधिक	25 (65.8)	01 (2.6)	12 (31.6)	38
शिक्षा–				
स्नातक	88 (61.2)	12 (8.3)	44 (30.5)	144
स्नातकोत्तर	70 (72.9)	11 (11.5)	15 (15.6)	96
अन्य	25 (41.7)	06 (10.0)	29 (48.3)	60
आय–				
8000 तक	30 (39.5)	12 (15.8)	34 (44.7)	76
8001–11000	60 (58.8)	13 (12.7)	29 (28.5)	102
11001–14000	38 (76.0)	02 (4.0)	10 (20.0)	50
14001–17000	30 (66.7)	01 (2.2)	14 (31.1)	45
17000 से अधिक	25 (92.6)	01 (3.7)	11 (3.7)	27
योग	**183 (61.0)**	**29 (9.7)**	**88 (29.3)**	**300 (100)**

आवासीय मकानों में बिजली की सुविधा

प्रस्तुत सारणी संख्या में मकानों में बिजली सुविधा का अध्ययन किया गया है। सारणी संख्या-14 के अध्ययन से स्पष्ट होता है कि अधिकतम उत्तरदाताओं के मकान में बिजली की सुविधा उपयुक्त है एवं न्यूनतम 11.6% उत्तरदाताओं के मकान में बिजली की सुविधा अनुपयुक्त है।

जाति के आधार पर ज्ञात होता है कि प्रत्येक जाति के अधिकतम उत्तरदाताओं के मकान में बिजली की सुविधा उपयुक्त है एवं न्यनूतम

उत्तरदाताओं के मकान में ही बिजली की सुविधा अनुपयुक्त है। सबसे अधिक बिजली की उपयुक्तता 904% अनुसूचित जाति के उत्तरदाताओं के मकान में जबकि सबसे अधिक अनुपयुक्त 13.7% पिछड़ी जाति के उत्तरदाताओं के मकान में हैं।

आयु के आधार पर ज्ञात होता है कि हर आयु वर्ग के अधिकतम उत्तरदाताओं के मकान में बिजली की सुविधा उपयुक्त है जबकि सबसे अधिक अनुपयुक्त बिजली की सुविधा 36-45 वर्ष के बीच के 17.6% उत्तरदाताओं के मकान में हैं।

सारणी संख्या-14

सामाजिक परिवर्त्य एवं आवासी मकानों में बिजली की सुविधा

सामाजिक परिवर्त्य	उपयुक्त	अनुपयुक्त	योग
जाति-			
उच्च जाति	130 (89.1)	16 (10.9)	146
पिछड़ी जाति	88 (86.3)	14 (13.7)	102
अनुसूचित जाति	47 (90.4)	05 (9.6)	52
आयु -			
0-35 तक	102 (87.9)	14 (12.1)	116
36-45	70 (82.4)	15 (17.6)	85
46-55	57 (93.4)	04 (6.6)	61
55 से अधिक	36 (94.7)	02 (5.3)	38
शिक्षा -			
स्नातक	130 (90.3)	14 (9.7)	144
स्नातकोत्तर	88 (91.7)	08 (8.3)	96
अन्य	47 (78.4)	13 (21.6)	60
आय-			
8000 तक	67 (88.2)	09 (11.8)	76
8001-11000	92 (90.2)	10 (9.8)	102
11001-14000	48 (96.0)	02 (4.0)	50
14001-17000	41 (91.2)	04 (8.8)	45
17000 से अधिक	17 (62.9)	10 (37.1)	**27**
योग	**265 (88.4)**	**35 (11.6)**	**300 (100)**

शिक्षा के आधार पर स्पष्ट होता है कि प्रत्येक स्तर के अधिकतम उत्तरदाताओं के मकान में बिजली की सुविधा पर्याप्त है जबकि सबसे अधिक अनुपयुक्त बिजली की सुविधा अन्य स्तर के शिक्षित 21.6% उत्तरदाताओं के मकान में हैं।

आय के आधार पर स्पष्ट होता है कि प्रत्येक आय वर्ग के अधिकतम उत्तरदाताओं के मकान में बिजली की सुविधा उपयुक्त है जबकि सबसे अधिक अनुपयुक्त बिजली की सुविधा 17,000 से अधिक आय वाले 37.1% उत्तरदाताओं के मकान में हैं।

वर्तमान आर्थिक स्थिति से संतुष्टि

प्रस्तुत सारणी में उत्तरदाताओं के वर्तमान आर्थिक स्थिति से संतुष्टि के सम्बन्ध में विवरण प्रस्तुत किया गया है। प्रस्तुत सारणी संख्या-15 के अवलोकन से स्पष्ट है कि 50% उत्तरदाता अपनी आर्थिक स्थिति से असंतुष्ट हैं, 25.6% उत्तरदाता अपनी आर्थिक स्थिति के सम्बन्ध में अनिश्चितता सम्बन्धी राय प्रकट करते हैं, 17.4% उत्तरदाता अपनी आर्थिक स्थिति से सामान्य संतुष्ट हैं एवं 7.0% उत्तरदाता अपनी आर्थिक स्थिति से पूर्ण संतुष्ट है।

जाति के आधार पर ज्ञात होता है कि उच्च जाति एवं अनुसूचित जाति के अधिकतम उत्तरदाताओं का मत है कि वे अपनी आर्थिक स्थिति से असंतुष्ट हैं। पिछड़ी जाति के अधिकतम उत्तरदाताओं ने अपनी आर्थिक स्थिति के सम्बन्ध में अनिश्चितता सम्बन्धी मत प्रकट किये हैं। आर्थिक स्थिति से पूर्ण संतुष्ट होने में अनुसूचित जातियों का प्रतिशत सबसे अधिक 7.7% है। इसका अर्थ है कि दिनोंदिन अनुसूचित जातिगों के आर्थिक स्थिति में सुधार हो रहा है। काई-स्क्वायर के अनुसार अन्तर सार्थक है।

आयु के आधार पर स्पष्ट होता है कि प्रत्येक आयु वर्ग के अधिकतम उत्तरदाता अपनी आर्थिक स्थिति से असंतुष्ट हैं। जबकि सारणी को देखने से स्पष्ट होता है कि 55 वर्ष से अधिक आयु वाले उत्तरदाताओं में सबसे अधिक 10.6% उत्तरदाता अपनी आर्थिक स्थिति से पूर्ण संतुष्ट है। काई-स्क्वायर के अनुसार अन्तर सार्थक नहीं है।

शिक्षा के आधार पर परिलक्षित होता है कि स्नातक एवं स्नातकोत्तर स्तर के अधिकतम उत्तरदाता अपनी आर्थिक स्थिति से असंतुष्ट हैं जबकि अन्य स्तर के अधिकतम उत्तरदाताओं ने अपनी आर्थिक स्थिति के सम्बन्ध में अनिश्चितता प्रकट की है। सबसे अधिक अपनी आर्थिक स्थिति के पूर्ण संतुष्ट स्नातकोत्तर स्तर के शिक्षित 8.4 % उत्तरदाता है। काई-स्क्वायर के अनुसार अन्तर सार्थक है।

आय के आधार पर स्पष्ट होता है कि 8,000 तक आय वर्ग एवं 11,001-14,000 तथा 14,001-17,000 आय वर्ग वाले अधिकतम उत्तरदाता अपनी आर्थिक स्थिति से असंतुष्ट हैं। 8001-11000 आय वर्ग के अधिकतम उत्तरदाताओं ने अपनी आर्थिक स्थिति के प्रति अनिश्चितता प्रकट की है, जबकि 17,000 से अधिक आय वर्ग के अधिकतम उत्तरदाता अपनी आर्थिक

सारणी संख्या-15

सामाजिक परिवर्त्य एवं वर्तमान आर्थिक स्थिति से संतुष्टि

सामाजिक परिवर्त्य	पूर्ण संतुष्ट	सामान्य संतुष्ट	असंतुष्ट	अनिश्चित	योग
जाति*–					
उच्च जाति	11 (7.5)	27 (18.5)	92 (63.1)	16 (10.9)	146
पिछड़ी जाति	06 (5.9)	13 (12.8)	28 (27.6)	55 (53.9)	102
अनुसूचित जाति	04 (7.7)	12 (23.1)	30 (57.7)	06 (11.5)	52
आयु–**					
0–35 तक	03 (2.6)	21 (18.1)	63 (54.3)	29 (25.0)	116
36–45	08 (9.4)	13 (15.3)	37 (43.6)	27 (31.7)	85
46–55	06 (9.8)	08 (13.2)	32 (52.2)	15 (24.5)	61
55 से अधिक	04 (10.6)	10 (26.3)	18 (47.4)	06 (15.7)	38
शिक्षा*–**					
स्नातक	10 (6.9)	28 (19.5)	73 (50.7)	33 (22.9)	144
स्नातकोत्तर	08 (8.4)	14 (14.6)	60 (62.5)	14 (14.5)	96
अन्य	03 (5.0)	10 (16.7)	17 (28.3)	30 (50.0)	60
आय**–**					
8000 तक	01 (1.3)	6 (7.9)	54 (71.1)	15 (19.7)	76
8001–11000	02 (1.9)	8 (7.9)	43 (42.1)	49 (48.1)	102
11001–14000	03 (6.0)	10 (20.0)	30 (60.0)	07 (14.0)	50
14001–17000	07 (15.6)	13 (28.9)	20 (44.4)	05 (11.1)	45
17000 से अधिक	08 (29.7)	15 (55.5)	03 (11.1)	01 (3.7)	27
योग	**21** (7.0)	**52** (17.4)	**150** (50.0)	**77** (25.6)	**300 (100)**

* काई-स्क्वायर = 66.63; df = 6; सार्थक < .001

** काई-स्क्वायर = 11.94; df = 9; सार्थक नहीं

*** काई-स्क्वायर = 28.90; df = 6; सार्थक < .001

**** काई-स्क्वायर = 117.18; df = 12; सार्थक < .001

स्थिति से सामान्य संतुष्ट हैं। 17,000 से उपर वाले आय वर्ग को छोड़कर हर आय वर्ग में निम्नतम उत्तरदाता ही अपनी आर्थिक स्थिति से पूर्ण संतुष्ट हैं। सबसे अधिक पूर्ण संतुष्ट 17,000 से उपर वाले आय वर्ग के 29.7% उत्तरदाता हैं। काई-स्क्वायर के अनुसार अन्तर सार्थक है।

सारांश

आयु से सम्बन्धित अध्ययन से ज्ञात हुआ है कि सर्वाधिक 38.7% उत्तरदाता 35 वर्ष आयु तक के हैं, 28.4% उत्तरदाता जिनकी आयु 36-45 वर्ष के बीच है, 20.3% उत्तरदाता जिनकी आयु 46-55 वर्ष के बीच है तथा न्यूनतम 12.6% उत्तरदाता जिनकी आयु 55 वर्ष से अधिक है। जाति से प्राप्त अध्ययन के अवलोकन से पता चलता है कि अध्ययन के अन्तर्गत सम्मिलित उत्तरदाताओं में सर्वाधिक 48.6% उत्तरदाता उच्च जाति के हैं, 34.0% उत्तरदाता पिछड़ी जाति के हैं तथा 17.4% उत्तरदाता अनुसूची जाति के हैं। शिक्षा से प्राप्त अध्ययन से स्पष्ट हुआ कि अध्ययन के अन्तर्गत सम्मिलित सूचनादाताओं में सर्वाधिक 48.0% स्नातक स्तर के शिक्षित हैं, 32.0% स्नातकोत्तर स्तर तक शिक्षित एवं न्यूनतम 20.0% अन्य स्तर के शिक्षित उत्तरदाता हैं। संक्षेप में हम कह सकते हैं कि स्नातक स्तर के शिक्षित उत्तरदाताओं की संख्या अधिक है। आय से सम्बन्धित अध्ययन से यह परिलक्षित हुआ कि सम्पूर्ण उत्तरदाताओं में सर्वाधिक 34.0% की मासिक आय 8001-11000 रुपये तक, 25.4% की मासिक आय 8000 रुपये तक, 16.6% की मासिक आय 11001-14000 रुपये तक, 15.0% की मासिक आय 14,001-17,000 रुपये तक एवं न्यूनतम 9.0% उत्तरदाताओं की मासिक आय 17000 रुपये से अधिक है। परिवार के स्वरूप के आधार पर अध्ययन से सम्बन्धित आंकड़ों से परिलक्षित होता है कि 61.4% उत्तरदाता एकाकी परिवार के हैं तथा 33.6% उत्तरदाता संयुक्त परिवार के हैं। परिवार में जीविकोपार्जन करने वाले सदस्यों की संख्या के आधार पर आँकड़ों से ज्ञात होता है कि सर्वाधिक 57.3% उत्तरदाताओं के परिवार में जीविकोपार्जन करने वाले सदस्यों की संख्या 01 है एवं न्यूनतम 2.0% उत्तरदाताओं के परिवार में जीविकोपार्जन करने वाले सदस्यों की संख्या 3 से अधिक है। वर्तमान आर्थिक स्थिति से संतुष्टि के आधार पर पता चलता है कि 50.0% उत्तरदाता अपनी आर्थिक स्थिति से असंतुष्ट हैं, 25.6% उत्तरदाता अनिश्चितता की स्थिति में हैं, 17.4% उत्तरदाता अपनी आर्थिक स्थिति से संतुष्ट एवं न्यूनतम 7.4% उत्तरदाता अपनी वर्तमान आर्थिक स्थिति से पूर्ण संतुष्ट है।

सन्दर्भ ग्रन्थ

Anderson, Halsey, A.H. (1961) : Education Economics and Society. The Free Press of Glencoe, Inc..

Aries, P. (1962): Centuries of Childhood, Translated by Robert Baldic, Jonashan Cape Ltd.

Beteille, A. (1966): Caste, Class and Power: Changing Pattern of Stratification in a Tanjore Village, Oxford University Press, Mumbai.

Durkheim, E. (1956): Education and Sociology, The Free Press of Glencoe, Illinois.

Ghurye, G.S. (1969): Caste and Race in India, Popular Prakashan, Mumbai.

Gore, M.S.; Desai, I.P. and Suma Chitnis (1972): Field Studies in the Sociology of Education, All India Report, National Council of Educational Research and Training.

Hurd, G.E. and Johnson, T.J. (1967): Education and Development, Sociological Review, Vol. 15, No. 1, March, 1967.

Kapadia, K.M. (1966): Marriage and Family in India, Oxford University Press, London.

Kappuswamy, B. (1972): Social Change in India, Vikas Publication, Dehli.

Krishnamachari, V.T. (1958): Community Development in India, Government of India, Publication Division, New Delhi.

Lerner, D. (1958): The Passing of Traditional Society, Fre Press, New York.

Lipset, S.M. and Bendix, R. (1959): Social Mobility in Industrial Society, California University Press, California.

Macivar and Page (1962) : Society : An Introductory Analysis, London.

Rao, M.S. (1970): Urbanization and Social Change, Orient Lognmans Ltd.

Silverstein, H. (1973): The Sociology of Youth: Evolution and Revolution, The Macmillan Company, New York.

Singh, Yogendra (1977): Social Stratification and Change in India, Manohar Publications, New Delhi.

Sorokin, P.A. (1927) : Social Cultural Mobility, The Free Press of Glencoe.

Srinivas, M.N. (1962): Caste in Modern India and Other Essays, Asia Publishing House, Mumbai.

Srinivas, M.N. (1966): Social Change in Modern India, Berkeley and Los Angels University of California Press.

6

सूचना प्रौद्योगिकी एवं सामाजिक अन्तःक्रिया

बार्कर (1997) की मान्यता है कि आज हमारा समाज तेजी से जनसमाज की शक्ल ले रहा है। यह रूपान्तरण विगत 15-20 वर्षों से तेजी से हुआ और आर्थिक उदारीकरण, सूचना एवं प्रौद्योगिकी की नयी प्रविधि, उत्पादन-पुनरूत्पादन की अत्याधुनिक तकनीकी, सूचना समाज के विकास और राष्ट्रीय विज्ञापन के उदय ने इसे संभव बनाया।

जनसमाज के रूपान्तरण के कारण प्राचीन आस्थाएँ, मूल्य, संस्कार और आदतों को तेजी से झटके लगे। महानगरीय संस्कृति और पश्चिमीकरण और अमेरिकीकरण ने नये-नये सांस्कृतिक रूपों, अगिरुवियों, सूचना एवं शिक्षा के प्रति नए दृष्टिकोण ने 'जनता' की अवधारणा पर सवालिया निशान लगाया। **बेक** (2000) इस मत से सहमत है कि जनसमाज की इस प्रक्रिया की त्रासदी यह है कि इसकी कोई देशज विशेषताएँ अभी तक पैदा नहीं हुईं। अभी तक जो 'फिनोमिना' दिखाई दे रहे हैं वे आयातित हैं, आरोपित हैं। उनका स्वाभाविक ढंग से विकास नहीं हुआ। वस्तुतः 'जनता' की धारणा को हीं लें आज 'जनता' तेजी से 'जनसमूह' में बदल रही है, बहुत सारे क्षेत्रों में बदल चुकी है। 'जनता' और शोषित उत्पीड़ित वर्गों के संघर्षों के कारण हमें औपनिवेशिक मुक्ति मिली, लोकतंत्र एवं सार्वभौम राष्ट्र का उदय हुआ। **अलेक्जेंडर** (1998) के अनुसार आजादी के बाद के आरंभिक दो दशकों तक जनता की राजनीतिक शिरकत एवं सक्रियता भी रही, कालांतर में 'जनता' का छोटे-छोटे ग्रुपों में सीमित लक्ष्यों एवं माँगों पर विभाजन होने लगा। यह प्रक्रिया मूलतः 'जनता' के विखंडन की ओर ध्यान खींचती हैं। 'जनता' के

'विखंडन' के तत्व, विचार और ऊर्जा पूर्वसंचित कोश से ली गयी। परिणामतः एक नये समूह या समूहों का उदय हुआ है। ये वे जनसमूह हैं जो टुकड़ों में विभिन्न मुद्दों पर अलग-अलग रंगत होने के बावजूद मूलतः जनसमूह हैं।

गुंटलेट (2000) का आकलन है कि जनसमूह का सृजन वस्तुतः नए शासक वर्गों द्वारा अपनी जनता का सृजन है। शासक वर्गों एवं प्रभुत्वशाली तबकों की यह खूबी होती है कि वे अपनी दृष्टि विचार एवं मूल्य प्रसारित करने के साथ-साथ अपनी जनता का निर्माण करते हैं। स्वातंत्र्योत्तर दौर के शासक वर्गों की यह उपलब्धि मानी जा सकती है कि उन्होंने 'जनता' को 'जनसमूह' में रूपान्तरण करने के कारण ही यह प्रवृत्ति पैदा हुई कि जनसमूह की राय बनायी जाय। **गिड्डेन्स** (1999) के अनुसार जनसमूह की राय बनाने में जनसंचार माध्यमों, विज्ञापन, जनमत संग्रह आदि का व्यापक रूप में प्रयोग किया जाने लगा। यह समूची प्रक्रिया जटिल संश्लिष्ट एवं बहुआयामी है। इसके आधार पर प्रभुत्वशील वर्ग सत्ता पर इजारेदारी बनाये रखने में सफल रहे है।

लियान (2001) के अनुसार जनसमाज के विकास के साथ अखबार, पत्रिकाएँ पढ़ने, टी.वी. देखने या रेडियो सुनने या फिल्म देखने की प्रवृत्ति तेजी से बढ़ रही है। जन-माध्यमों का तेजी से विस्तार और उनके दायरे में जनसमूहों का तेजी से गोलबंद होना मूलतः प्रतिवादी दृष्टिकोण को जानने की जरूरत को खत्म कर देता है। अमूमन व्यक्ति उसी माध्यम का चयन करते हैं, जिससे वे पहले से सहमत हों। यह एक तरह से पुरानी राय के आधार पर नयी राय का चयन है। व्यक्ति जिस माध्यम को पढ़ता-देखता या सुनता है उसकी अन्य माध्यमों की रिपोर्टों से तुलना नहीं करता। एक माध्यम की अंतर्वस्तु की अन्य माध्यम की अंतर्वस्तु से तुलना नहीं करता। जनसमाज के जनमाध्यमों की विशेषता है कि वे किसी घटना या मुद्दे पर वैकल्पिक दृष्टिकोण पेश नहीं करते। इनमें वैभिन्य मिलेगा प्रतिस्पर्धा या टकराव नहीं मिलेगा। यहाँ विषय के स्टैण्डर्ड रूप के लेकर टकराहट मिलेगी। यह बुनियादी रूप से स्टीरियो टाइप रूपों, तर्कों व अन्तर्वस्तु की टकराहट है। इसमें 'मौलिकता' का अभाव है। इस परिप्रेक्ष्य में देखें तो पाएँगे कि जन-माध्यमों से जो यथार्थ प्रक्षेपित होता है वह यथार्थ न होकर निजी अनुभव होता है। इसी अर्थ में माध्यम हमें निजी अनुभवों का गुलाम बनाते हैं। इसके आधार पर हम अस्मिता और इच्छाओं को निर्मित करते हैं। जन-माध्यम हमेशा जनसमूहों को सम्बोधित करते हैं। 'माध्यम निर्मित' अस्मिता कैसे प्राप्त करें अथवा उससे किस तरह पलायन करें यही इनका लक्ष्य होता है। ये मानव विकास के प्रश्नों की उपेक्षा करते हैं, उनके साथ संवाद नहीं बनाते।

पारख (2000) की राय में टेलीविजन सीमित दायरे में संवाद करता है। सीमित दायरे के संवादों को देखते-देखते दर्शक बृहत्तर दायरे से बाहर चले जाते हैं। परिणामतः मानवीय संवाद की सीमा पर प्रभाव पड़ता है। बृहत्तर लक्ष्यों से जुड़े प्रश्नों के संवाद की सीमायें सिकुड़ती चली जाती हैं। अब चीजों या घटनाओं के प्रति समग्रता में देखने की बजाय खंडित परिप्रेक्ष्य और खंडित यथार्थ प्रमुखता हासिल कर लेता है। इस समूची प्रक्रिया में व्यक्ति ज्यादा आत्मकेन्द्रित और एकाकी हो जाता है। साथ ही उसकी प्राइवेसी खत्म हो जाती है। इस परिप्रेक्ष्य में देखें तो पाएँगे कि जन-माध्यम शिक्षा या विकास का माध्यम बनने की बजाय विखण्डन, सामाजिक विभाजन, विचलन, दोषारोपण और भ्रष्टीकरण के माध्यम से उभरकर सामने आते हैं। वे सामाजिक जीवन को कुण्ठित अर्द्धअभिव्यक्त, अर्द्धइच्छित बनाते हैं। तात्पर्य यह है कि जनसमाज में जनसंचार माध्यमों के द्वारा व्यक्ति को संकीर्णता और सामाजिक विभाजन की प्रक्रिया बाहर ले जाने या उसके खिलाफ खड़ा करने के सारे प्रयास असफल हुए हैं। यह भी कह सकते हैं कि जनमाध्यमों के द्वारा व्यक्ति की क्षमताओं एवं रचनात्मक संभावनाओं को विकसित करने के सभी प्रयत्न असफल साबित होंगे। ये बातें समाजवादी एवं पूँजीवादी दोनों ही व्यवस्थाओं पर लागू होती हैं। जन-माध्यमों की भूमिका जनसमूह की चेतना बनाने की ओर उन्मुख है। उसे रोका नहीं जा सकता और उससे बचना भी मुश्किल है।

अमीन (1987) की मान्यता है कि सूचना प्रौद्योगिकी के द्वारा विश्व में क्या हो रहा है, इसकी विस्तृत रिपोर्ट एवं खबरें प्रसारित होती रहती हैं। किन्तु दैनन्दिन जीवन से, व्यक्ति की जिन्दगी से, श्रोता की जिन्दगी से इन्हें जोड़कर पेश नहीं किया जाता। यानी व्यापक यथार्थ से सूचनाओं को जोड़ नहीं पाते। सूचनाओं एवं खबरों का यह विच्छिन्न प्रभाव व्यक्ति को निजी जीवन से दूर ले जाता है। निज को और दुनिया को समझने से वंचित कर देता है। कृत्रिम उन्मादों की ओर ले जाता है। जनसमाज में जनमाध्यम मूलतः शक्ति और सम्पत्ति वृद्धि के महत्वपूर्ण उपकरण रहे हैं। जनमाध्यमों की खूबी है कि वे अभिजात्यों या उनके नौकरों में महत्वपूर्ण होते हैं।

विम्सटन (2001-02) का आकलन है कि जनसमाज के निर्माण की प्रक्रिया में व्यक्ति अपने उत्पाद और उपकरण से पृथक हो जाता है, साथ ही व्यवस्था और उत्पादन की प्रक्रिया की किसी भी तरह की समझ से भी अलगाव महसूस करने लगता है। अलगाव के कारण ही वह मूल सामाजिक आर्थिक प्रश्नों को देख नहीं पाता। उसमें व्यवस्था के प्रति निश्चित दृष्टिकोण का अभाव होता है। इसके अलावा समुदाय और सामुदायिक जीवन में संवाद एवं सम्पर्क का लोप हो जाता है। अब व्यक्ति का सम्पर्क परिवार तक सीमित

हो जाता है। अब टेलीविजन के उदय के बाद से परिवारजनों से संवाद की अवस्था का भी लोप हो चुका है। कहने का तात्पर्य यह है कि जनसमाज में आम लोगों की जनमाध्यमों पर निर्भरता बढ़ जाती है। स्टीरियोटाइप अनुभव और रूटीन जिन्दगी आम प्रवृत्ति के रूप में उभरकर आते हैं। अब 'जनता' की जगह 'जनसमूह' होते हैं, सहभागिता की जगह तटस्थता आलोचनात्मक दृष्टिकोण की बजाय अनालोचक ग्रहण, मूल्यांकन की जगह भेड़-चाल और किंकर्त्तव्यविमूढ़ता। जनसमूह की प्रवृत्ति ऐसी है कि उसके पास जीवन्तता और सृजनशीलता का अभाव है निजी जीवन की प्रधानता और बृहत्तर जीवन से अलगाव उसकी विशेषता है। सिर्फ अपनी इच्छाओं की पूर्ति करना, अस्पष्टता, अनियोजन, अनालोचनात्मक आकांक्षाएँ जनसमूह की सामान्य विशेषताएँ हैं। असल में ये गुण जनसमूह के अपने नहीं हैं अपितु प्रभुत्वशाली वर्गों के हैं। ये वर्ग ही अपने गुणों का जनसमूह में संप्रसारण एवं विस्तार करते हैं।

जनसमूह का सदस्य ऐसा व्यक्ति होता है जो अपनी स्वतंत्रता खो चुका है। स्वतंत्रता का अर्थ अब वस्तुओं की प्राप्ति की स्वतंत्रता हो गया। बाजार की स्वतंत्रता को ही जीवन की स्वतंत्रता मान लिया गया। स्वतंत्रता का विचार अब जीवन मूल्य नहीं रह जाता अपितु वस्तु मूल्य में बदल जाता है। **सिंह** (1994) की राय में व्यक्ति अपने मन में सोचने और तदनुरूप जीवन शैली की दिशा तय करने की दृष्टि भूल चुका है। अब सब कुछ अनुकरण पर निर्भर है। पसंद, जीवनशैली और विवेक सब कुछ दूसरों के प्रयोग और लोकप्रियता पर निर्भर हो गया है।

सूचना प्रौद्योगिकी से जुड़े साधनों का प्रभाव

प्रस्तुत अध्ययन खण्ड में सूचना प्रौद्योगिकी से सम्बन्धित सर्वाधिक प्रभावकारी साधनों का अध्ययन किया गया है जिससे यह पता चलता है कि सर्वाधिक व्यक्ति किन साधनों से प्रभावित हैं। प्रस्तुत सारणी संख्या-16 से पता चलता है कि सर्वाधिक 42% उत्तरदाता टेलीविजन से, 29.4% समाचार पत्र से, 19.% रेडियो से, 6.7% कम्प्यूटर से एवं न्यूनतम 2.3% उत्तरदाता इन सभी साधनों से प्रभावित है।

जाति के आधार पर परिलक्षित होता है कि उच्च जाति, पिछड़ी जाति एवं अनुसूचित जाति तीनों वर्गों के अधिकतम उत्तरदाता टेलीविजन जैसे सूचना प्रौद्योगिकी के साधन से सर्वाधिक प्रभावित है जबकि कम्प्यूटर जैसे अत्याधुनिक साधनों का प्रभाव उच्च जाति पर सर्वाधिक 10.9% उत्तरदाताओं पर एवं न्यूनतम 1.9% अनुसूचित जाति के उत्तरदाताओं पर है। काई-स्क्वायर के अनुसार अन्तर सार्थक नहीं है।

आयु के आधार पर ज्ञात होता है कि प्रत्येक आय वर्ग में सूचना प्रौद्योगिकी के सर्वाधिक प्रबल साधन के रूप में अधिकतम उत्तरदाताओं पर टेलीविजन का प्रभाव सर्वाधिक है। सूचना प्रौद्योगिकी के इन सभी साधनों से 35 वर्ष तक के उत्तरदाता यानि युवा पीढ़ी सबसे कम प्रभावित है जबकि 55 वर्ष के ऊपर के उत्तरदाता इन सभी साधनों से तुलनात्मक रूप से अन्य

सारणी संख्या-16

सामाजिक परिवर्त्य एवं सूचना प्रौद्योगिकी से सम्बन्धित साधन

सामाजिक परिवर्त्य	रेडियो	टेलीविजन	समाचार पत्र	कम्प्यूटर	सभी	योग
जाति*–						
उच्च जाति	23 (15.8)	60 (41.1)	45 (30.9)	16 (10.9)	02 (1.3)	146
पिछड़ी जाति	21 (20.6)	46 (45.1)	30 (29.5)	03 (2.9)	02 (1.9)	102
अनुसूचित जाति	15 (28.9)	20 (38.5)	13 (25.0)	01 (1.9)	03 (5.7)	52
आयु–**						
0–35 तक	25 (21.6)	50 (43.1)	32 (27.6)	8 (5.8)	1 (0.9)	116
36–45	17 (20.0)	31 (36.5)	30 (35.3)	5 (5.9)	2 (2.3)	85
46–55	10 (16.4)	30 (49.2)	15 (24.6)	4 (6.6)	2 (3.2)	61
55 से अधिक	07 (18.4)	15 (39.5)	11 (28.9)	3 (7.9)	2 (5.3)	38
शिक्षा*–**						
स्नातक	30 (20.8)	60 (41.7)	40 (27.8)	9 (6.2)	5 (3.5)	144
स्नातकोत्तर	25 (26.1)	50 (52.1)	19 (19.8)	1 (1.0)	1 (1.0)	96
अन्य	04 (6.7)	16 (26.7)	29 (48.4)	10 (16.6)	1 (1.6)	60
आय**–**						
8000 तक	11 (14.5)	13 (17.1)	41 (53.9)	10 (13.2)	1 (1.3)	76
8001–11000	30 (29.4)	50 (49.1)	17 (16.7)	04 (3.9)	1 (0.9)	102
11001–14000	10 (20.0)	15 (30.0)	20 (40.0)	03 (6.0)	2 (4.0)	50
14001–17000	05 (11.1)	30 (66.6)	06 (13.4)	02 (4.5)	2 (4.4)	45
17000 से अधिक	03 (11.2)	18 (66.6)	04 (14.8)	1 (3.7)	1 (3.7)	27
योग	**59 (19.6)**	**126 (42.0)**	**88 (29.4)**	**20 (6.7)**	**7 (2.3)**	**300 (100)**

* काई-स्क्वायर = 8.07; df = 6 ; सार्थक नहीं

** काई-स्क्वायर = 4.69; df = 9 ; सार्थक नहीं

*** काई-स्क्वायर = 34.40; df = 6 ; सार्थक < .001

**** काई-स्क्वायर = 66.85; df = 12 ; सार्थक < .001

आयु वर्ग की तुलना में अधिक प्रभावित है। काई-स्क्वायर के अनुसार अन्तर सार्थक नहीं है।

शिक्षा के आधार पर स्पष्ट होता है कि स्नातक एवं स्नातकोत्तर स्तर के शिक्षित अधिकतम उत्तरदाता टेलीविजन जैसे साधन से प्रभावित है जबकि न्यूनतम उत्तरदाता सूचना प्रौद्योगिकी के इन सभी साधनों से प्रभावित है। अन्य स्तर के शिक्षित उत्तरदाताओं पर सबसे अधिक प्रभाव समाचार पत्र का है। कम्प्यूटर जैसे अत्याधुनिक सूचना प्रौद्योगिकी के साधन से स्नातकोत्तर स्तर के शिक्षित उत्तरदाता सबसे कम 1.0% प्रभावित है जबकि अन्य स्तर के शिक्षित सर्वाधिक 16.6% उत्तरदाता प्रभावित है। काई-स्क्वायर के अनुसार अन्तर सार्थक है।

आय के आधार पर स्पष्ट होता है कि 8001-11000, 14,0001- 17,000 एवं 17,000 से अधिक आय के सर्वाधिक उत्तरदाता टेलीविजन जैसे साधन से सर्वाधिक प्रभावित हैं जबकि इन आय वर्गों में सूचना प्रौद्योगिकी के इन सभी साधनों से न्यूनतम उत्तरदाता प्रभावित है। 8000 तक के आय वाले उत्तरदाता एवं 11,001-14,000 तक के आय वाले अधिकतम उत्तरदाता समाचार पत्र जैसे सूचना प्रौद्योगिकी के साधन से प्रभावित हैं। यहाँ पर यह भी देखने को मिलता है कि सबसे कम आय वर्ग के उत्तरदाताओं पर कम्प्यूटर का प्रभाव सर्वाधिक 13.2% एवं सबसे अधिक आय वर्ग में कम्प्यूटर का प्रभाव सबसे कम 3.7% है। काई-स्क्वायर के अनुसार अन्तर सार्थक है।

त्वरित सूचनाओं के संज्ञान में महत्वपूर्ण साधनों की भूमिका

इस अध्ययन खण्ड के अन्तर्गत यह देखने का प्रयास किया गया है कि सूचना प्रौद्योगिकी के किन साधनों द्वारा त्वरित सूचनाएं उत्तरदाताओं को प्राप्त होती है।

सारणी संख्या-17 के अवलोकन से स्पष्ट होता है कि सर्वाधिक क्षेत्रों में अधिकतम 42.2% उत्तरदाताओं को सूचनाएँ टेलीविजन से, 28.4% को समाचार पत्रों से, 24.4% को रेडियो से एवं 5% उत्तरदाता ऐसे हैं जिनको सूचनाएं कम्प्यूटर से प्राप्त होती है।

जाति के आधार पर ज्ञात होता है कि उच्च जाति, पिछड़ी जाति एवं अनुसूचित जाति तीनों जातियों के सर्वाधिक उत्तरदाताओं के त्वरित सूचनाओं के संज्ञान में टेलीविजन की महत्वपूर्ण भूमिका है जबकि सबसे कम कम्प्यूटर की है। काई-स्क्वायर के अनुसार अन्तर सार्थक है।

आयु के आधार पर स्पष्ट होता है कि 0-35 एवं 36-45 आयु वर्ग के अधिकतम उत्तरदाताओं के त्वरित सूचनाओं के संज्ञान में महत्वपूर्ण भूमिका

समाचार पत्रों की है एवं न्यूनतम कम्प्यूटर की है जबकि 46-55 एवं 55 वर्ष से ऊपर आयु वाले अधिकतम उत्तरदाताओं के त्वरित सूचनाओं के संज्ञान में महत्वपूर्ण भूमिका टेलीविजन एवं न्यूनतम भूमिका कम्प्यूटर की है। काई-स्क्वायर के अनुसार अन्तर सार्थक है।

सारणी संख्या-17

सामाजिक परिवर्त्य एवं त्वरित सूचनाओं के संज्ञान में महत्वपूर्ण भूमिका

सामाजिक परिवर्त्य	रेडियो	समाचार पत्र	टेलीविजन	कम्प्यूटर	योग
जाति*–					
उच्चजाति	36 (24.7)	39 (26.8)	60 (41.0)	11 (7.5)	146
पिछड़ी जाति	21 (20.7)	40 (39.2)	40 (39.2)	01 (0.9)	102
अनुसूचित जाति	16 (30.8)	06 (11.5)	27 (51.9)	03 (5.8)	52
आयु**–					
0–35 तक	38 (32.8)	45 (38.8)	30 (25.9)	03 (2.5)	116
36–45	25 (29.4)	30 (35.3)	28 (32.9)	02 (2.4)	85
46–55	06 (9.8)	06 (9.8)	45 (73.8)	04 (6.6)	61
55 से अधिक	04 (10.5)	04 (10.5)	24 (63.2)	06 (15.8)	38
शिक्षा***–					
स्नातक	52 (36.2)	43 (29.9)	46 (31.9)	03 (2.0)	144
स्नातकोत्तर	18 (18.7)	32 (33.3)	45 (46.9)	01 (1.1)	96
अन्य	03 (5.0)	10 (16.7)	36 (60.0)	11 (18.3)	60
आय****–					
8000 तक	16 (21.1)	17 (22.4)	40 (52.6)	3 (3.9)	76
8001–11000	26 (25.5)	30 (29.4)	45 (44.2)	1 (0.9)	102
11001–14000	13 (26.0)	14 (28.0)	20 (40.0)	3 (6.0)	50
14001–17000	12 (26.7)	12 (26.7)	20 (44.4)	1 (2.2)	45
17000 से अधिक	06 (22.2)	12 (44.5)	02 (7.4)	7 (25.9)	27
योग	**73 (24.4)**	**85 (28.4)**	**127 (42.2)**	**15 (5.0)**	**300 (100)**

* काई-स्क्वायर = 13.38; df = 4; सार्थक < .001

** काई-स्क्वायर = 63.48; df = 6; सार्थक < .001

*** काई-स्क्वायर = 40.08; df = 4; सार्थक < .001

**** काई-स्क्वायर = 6.74; df = 8 ; सार्थक नहीं

शिक्षा के आधार पर परिलक्षित होता है कि स्नातक स्तर के अधिकतम उत्तरदाताओं के त्वरित सूचनाओं के संज्ञान में महत्वपूर्ण भूमिका रेडियो की है एवं स्नातकोत्तर एवं अन्य स्तर के अधिकतम उत्तरदाताओं के त्वरित सूचनाओं के संज्ञान में महत्वपूर्ण भूमिका टेलीविजन की है। स्नातक एवं स्नातकोत्तर स्तर के शिक्षित उत्तरदाताओं के सूचनाओं के संज्ञान में न्यूनतम भूमिका कम्प्यूटर की है जबकि अन्य स्तर के शिक्षित उत्तरदाताओं के सूचनाओं के संज्ञान में महत्वपूर्ण भूमिका समाचार पत्र एवं न्यूनतम भूमिका टेलीविजन की है। काई-स्क्वायर के अनुसार अन्तर सार्थक है।

आयु के आधार पर स्पष्ट होता है कि 17,000 तक आय वाले अधिकतम उत्तरदाताओं के क्षेत्र में त्वरित सूचनाओं के संज्ञान में महत्वपूर्ण भूमिका टेलीविजन की एवं भूमिका कम्प्यूटर है जबकि 17000 से अधिक आय वाले अधिकतम उत्तरदाताओं के क्षेत्र में सूचनाओं के संज्ञान में महत्वपूर्ण भूमिका समाचार पत्र एवं न्यूनतम भूमिका टेलीविजन की है। काई-स्क्वायर के अनुसार अन्तर सार्थक नहीं है।

जीवन में सूचना प्रौद्योगिकी से सम्बन्धित साधनों का प्रभाव

इस अध्ययन खण्ड के अन्तर्गत यह जानने का प्रयास किया गया है कि आधुनिक समाज में व्यक्तियों पर सूचना प्रौद्योगिकी से सम्बन्धित साधनों में सर्वाधिक प्रभाव किसका पड़ता है। सारणी संख्या-18 को देखने से स्पष्ट होता है कि 43% उत्तरदाता टेलीविजन से, 26% समाचार पत्र से, 18.7% रेडियो से, 9% पत्रिका से एवं न्यूनतम 33% कम्प्यूटर से प्रभावित है।

जाति के आधार पर ज्ञात होता है कि उच्च जाति, पिछड़ी जाति एवं अनुसूचित जाति तीनों जातियों के अधिकतम उत्तरदाताओं के जीवन में सूचना प्रौद्योगिकी से सम्बन्धित सर्वाधिक प्रभावकारी साधन टेलीविजन है जबकि अभी भी तीनों जातियों में न्यूनतम प्रभाव टेलीविजन का है। काई-स्क्वायर के अनुसार अन्तर सार्थक नहीं है।

आयु के आधार पर स्पष्ट होता है कि 46-55 वर्ष के बीच अधिकतम उत्तरदाताओं का मत है कि उनके ऊपर सूचना प्रौद्योगिकी से सम्बन्धित साधनों में सर्वाधिक प्रभाव समाचार पत्रों का है जबकि अन्य सभी आयु वर्ग के अधिकतम उत्तरदाताओं के मतानुसार सर्वाधिक प्रभाव टेलीविजन का है एवं हर आयु वर्ग में अभी भी न्यूनतम प्रभावकारी साधन कम्प्यूटर है। काई-स्क्वायर के अनुसार अन्तर सार्थक नहीं है।

शिक्षा के आधार पर ज्ञात होता है कि स्नातक, स्नातकोत्तर एवं अन्य स्तर के शिक्षित अधिकतम उत्तरदाताओं का मत है कि सूचना प्रौद्योगिकी से

सम्बन्धित साधनों में सर्वाधिक प्रभाव टेलीविजन का है, जबकि न्यूनतम प्रभाव कम्प्यूटर का है, लेकिन अन्य स्तर के शिक्षित उत्तरदाताओं में न्यूनतम प्रभाव पत्रिका का है। काई-स्क्वायर के अनुसार अन्तर सार्थक नहीं है।

सारणी संख्या-18

सामाजिक परिवर्त्य एवं जीवन में सूचना प्रौद्योगिकी से सम्बन्धित साधनों का प्रभाव

सामाजिक परिवर्त्य	रेडियो	टेलीविजन	पत्रिका	समाचार पत्र	कम्प्यूटर	योग
जाति*–						
उच्च जाति	20 (13.7)	62 (42.5)	14 (9.5)	42 (28.8)	08 (5.5)	146
पिछड़ी जाति	21 (20.6)	50 (49.1)	10 (9.8)	20 (19.6)	01 (0.9)	102
अनुसूचित जाति	15 (28.8)	17 (32.7)	03 (5.8)	16 (30.8)	01 (1.9)	52
आयु–**						
0–35 तक	21 (18.1)	52 (44.9)	15 (12.9)	23 (19.8)	05 (4.3)	116
36–45	16 (18.8)	40 (47.1)	08 (9.4)	20 (23.5)	01 (0.2)	85
46–55	11 (18.2)	20 (32.8)	03 (4.8)	24 (39.3)	03 (4.8)	61
55 से अधिक	08 (21.2)	17 (44.7)	01 (2.6)	11 (28.9)	01 (2.6)	38
शिक्षा*–**						
स्नातक	25 (17.4)	60 (41.7)	13 (2.0)	44 (30.6)	02 (1.3)	144
स्नातकोत्तर	20 (20.8)	40 (41.7)	12 (12.5)	22 (22.9)	02 (2.1)	96
अन्य	11 (18.3)	29 (48.3)	02 (3.4)	12 (20.0)	06 (10.0)	60
आय**–**						
8000 तक	10 (13.2)	42 (55.2)	9 (11.9)	14 (18.4)	01 (1.3)	76
8001–11000	16 (15.7)	50 (49.1)	10 (9.8)	24 (23.5)	02 (1.9)	102
11001–14000	11 (22.0)	12 (24.0)	06 (12.0)	19 (38.0)	02 (4.0)	50
14001–17000	12 (26.7)	13 (28.9)	01 (2.3)	16 (35.5)	03 (6.6)	45
17000 से अधिक	07 (25.9)	12 (44.5)	01 (3.7)	05 (18.5)	02 (7.4)	27
योग	**56(18.7)**	**129 (43.0)**	**27 (9.0)**	**78 (26.0)**	**10 (3.3)**	**300 (100)**

* काई-स्क्वायर = 11.97; df = 6; सार्थक नहीं

** काई-स्क्वायर = 13.31; df = 9; सार्थक नहीं

*** काई-स्क्वायर = 5.28; df = 6; सार्थक नहीं

**** काई-स्क्वायर = 26.82; df = 12; सार्थक < .001

आय के आधार पर स्पष्ट होता है कि 11,000 तक के आय वाले अधिकतम उत्तरदाताओं के जीवन में सूचना प्रौद्योगिकी से सम्बन्धित सर्वाधिक प्रभावकारी साधन टेलीविजन है एवं न्यूनतम प्रभाव कम्प्यूटर का है। 11,001-14,000 तथा 14,001-17,000 आय वर्ग के अधिकतम उत्तरदाताओं के जीवन में सूचना प्रौद्योगिकी से सम्बन्धित सर्वाधिक प्रभावकारी साधन समाचार पत्र एवं न्यूनतम प्रभावकारी साधन कम्प्यूटर है। 17,000 से अधिक आय वर्ग वाले अधिकतम उत्तरदाताओं के मत में जीवन में सूचना प्रौद्योगिकी से सम्बन्धित सर्वाधिक प्रभावकारी साधन टेलीविजन एवं न्यूनतम प्रभावकारी साधन पत्रिका है। काई-स्क्वायर के अनुसार अन्तर सार्थक है।

अवकाश के समय सूचना प्रौद्योगिकी के साधनों का सदुपयोग

आधुनिक समय में कार्यकारी जनसंख्या अपने अवकाश के समय का सदुपयोग सूचना प्रौद्योगिकी के किन साधनों के द्वारा करती है। प्रस्तुत अध्ययन खण्ड के अन्तर्गत इसका विवरण प्रस्तुत किया गया है। सारणी संख्या-19 के अवलोकन से स्पष्ट होता है कि 51.4% उत्तरदाता टेलीविजन, 29.6% समाचार पत्र एवं न्यूनतम 19% उत्तरदाता अपने अवकाश के समय में रेडियो का प्रयोग अपने समय व्यतीत करने के लिए करते हैं।

जाति के आधार पर स्पष्ट होता है कि उच्च जाति और पिछड़ी जाति के अधिकतम उत्तरदाता अवकाश के समय टेलीविजन का सदुपयोग करते हैं एवं न्यूनतम उत्तरदाता रेडियो का सदुपयोग करते हैं जबकि अनुसूचित जाति के अधिकतम उत्तरदाता अवकाश के समय सर्वाधिक टेलीविजन का सदुपयोग करते है, लेकिन न्यूनतम उत्तरदाता समाचार पत्र का सदुपयोग करते हैं।

आयु के आधार पर स्पष्ट होता है कि प्रत्येक आयु वर्ग के अधिकतम उत्तरदाता अवकाश के समय टेलीविजन जैसे साधनों का सदुपयोग करते हैं जबकि न्यनूतम उत्तरदाता रेडियो जैसे साधनों का सदुपयोग करते है।

शिक्षा के आधार पर स्पष्ट होता है कि स्नातक स्तर के शिक्षित अधिकतम उत्तरदाता अवकाश के समय समाचार पत्रों का सदुपयोग करते हैं, जबकि स्नातकोत्तर एवं अन्य स्तर के शिक्षित अधिकतम उत्तरदाता अवकाश के समय का सदुपयोग टेलीविजन के माध्यम से करते हैं। स्नातक एवं स्नातकोत्तर स्तर के शिक्षित उत्तरदाताओं में न्यूनतम उत्तरदाता रेडियो का प्रयोग करते हैं जबकि अन्य स्तर के शिक्षित उत्तरदाताओं में सबसे कम समाचार पत्र का सदुपयोग करते हैं।

आय के आधार पर स्पष्ट होता है कि 8,000 तक आय वाले अधिकतम उत्तरदाता अवकाश के समय सूचना प्रौद्योगिकी से सम्बन्धित साधनों में सबसे अधिक समाचार पत्र एवं सबसे कम रेडियो का सदुपयोग करते हैं जबकि अन्य सभी आय वर्ग में अधिकतम उत्तरदाता अवकाश के समय टेलीविजन जैसे साधनों का सदुपयोग करते हैं। 8001-11,000 आय वर्ग में न्यूनतम उत्तरदाता ही रेडियो जैसे साधनों का सदुपयोग करते हैं जबकि 11,001-14,000 तथा 14,001-17,000 आय वर्ग में न्यूनतम उत्तरदाता ही अवकाश के समय समाचार पत्रों का सदुपयोग करते हैं।

सारणी संख्या-19

सामाजिक परिवर्त्य एवं अवकाश के समय सूचना प्रौद्योगिकी के साधनों का सदुपयोग

सामाजिक परिवर्त्य	टेलीविजन	रेडियो	समाचार पत्र	योग
जाति–				
उच्च जाति	70 (47.9)	21 (14.4)	55 (37.7)	146
पिछड़ी जाति	54 (52.9)	20 (19.6)	28 (27.4)	102
अनुसूचित जाति	30 (57.7)	16 (30.8)	06 (11.5)	52
आयु–				
0–35 तक	72 (62.1)	19 (16.4)	25 (21.5)	116
36–45	34 (40.0)	17 (20.0)	34 (40.0)	85
46–55	30 (49.2)	15 (24.6)	16 (26.2)	61
55 से अधिक	18 (47.4)	06 (15.8)	14 (36.8)	38
शिक्षा–				
स्नातक	52 (36.2)	31 (21.5)	61 (42.3)	144
स्नातकोत्तर	60 (62.5)	12 (12.5)	24 (25.0)	96
अन्य	42 (70.0)	14 (23.4)	04 (6.6)	60
आय–				
8000 तक	24 (31.6)	06 (7.9)	46 (60.5)	76
8001–11000	60 (58.8)	15 (14.7)	27 (26.5)	102
11001–14000	25 (50.0)	20 (40.0)	05 (10.0)	50
14001–17000	30 (66.7)	10 (22.2)	05 (11.1)	45
17000 से अधिक	15 (55.6)	06 (22.2)	06 (22.2)	27
योग	**154 (51.4)**	**57 (19.0)**	**89 (29.6)**	**300 (100)**

समाचारों की जानकारी प्राप्त करने के प्रति मनोवृत्ति

प्रस्तुत अध्ययन खण्ड में उत्तरदाताओं की मनोवृत्ति की प्रकृति समाचारों के प्रति कैसी है, इसको जानने का प्रयास किया गया है। सारणी संख्या-20 को देखने से यह स्पष्ट होता है कि 39.4% उत्तरदाता समाचारों की जानकारी प्राप्त करने के प्रति अत्यधिक रुचि रखते हैं, 33.3% सामान्य, 19.7% कम एवं 7.6% उत्तरदाताओं की मनोवृत्ति समाचारों को जानने के प्रति बिल्कुल नहीं है।

जाति के आधार पर ज्ञात होता है कि उच्च जाति, पिछड़ी जाति एवं अनुसूचित जाति के अधिकतम उत्तरदाताओं की समाचारों की जानकारी प्राप्त करने के प्रति मनोवृत्ति अत्यधिक है एवं तीनों जाति में न्यूनतम उत्तरदाता ही ऐसे हैं जिनकी समाचारों की जानकारी प्राप्त करने के प्रति मनोवृत्ति बिल्कुल नहीं है।

आयु के आधार पर स्पष्ट होता है कि 0-35 वर्ष तक के आयु वाले अधिकतम उत्तरदाताओं की मनोवृत्ति समाचारों को जानने के प्रति सामान्य एवं कम है एवं न्यूनतम उत्तरदाता ही ऐसे हैं जिनकी रुचि समाचारों की जानकारी के प्रति बिल्कुल नहीं है। 36-45 एवं 46-55 वर्ष के बीच अधिकतम उत्तरदाताओं की मनोवृत्ति समाचारों की जानकारी के प्रति अत्यधिक है एवं न्यूनतम उत्तरदाता ही ऐसे हैं जिनकी समाचारों की जानकारी के प्रति मनोवृत्ति बिल्कुल नहीं हैं। 55 वर्ष से अधिक आयु के उत्तरदाताओं की समाचारों के जानकारी के प्रति मनोवृत्ति सामान्य है। आयु के आधार पर समाचारों को जानने के प्रति सबसे अधिक एवं सबसे कम जागरूकता 36-45 वर्ष के बीच के उत्तरदाताओं में है।

शिक्षा के आधार पर स्पष्ट होता है कि स्नातक एवं स्नातकोत्तर स्तर के शिक्षित अधिकतम उत्तरदाताओं में समाचारों की जानकारी प्राप्त करने के प्रति मनोवृत्ति अत्यधिक है और अन्य स्तर के शिक्षित उत्तरदाताओं में अधिकतम 45% उत्तरदाताओं की समाचारों की जानकारी प्राप्त करने के प्रति मनोवृत्ति सामान्य है। स्नातकोत्तर स्तर के शिक्षित उत्तरदाताओं की समाचारों की जानकारी प्राप्त करने के प्रति मनोवृत्ति सबसे अधिक 55.2% है जबकि न्यूनतम भी इसी वर्ग के 4.2% उत्तरदाता है जिनकी समाचारों की जानकारी के प्रति मनोवृत्ति बिल्कुल नहीं है।

आय के आधार पर परिलक्षित होता है कि 8,000 तक आय वाले एवं 11,001-14,000 आय वर्ग के अधिकतम उत्तरदाताओं में समाचारों की जानकारी के प्रति उनकी मनोवृत्ति अत्यधिक है एवं इस वर्ग के न्यूनतम ही ऐसे उत्तरदाता हैं जिनकी समाचारों की जानकारी के प्रति मनोवृत्ति बिल्कूल

नहीं है। 8001-11,000 आय वर्ग में अधिकतर 39.6% उत्तरदाताओं की मनोवृत्ति समाचारों को जानने के प्रति सामान्य है जबकि 14,001-17,000 एवं 17,000 से अधिक आय वर्ग में अधिकतम उत्तरदाताओं की मनोवृत्ति समाचारों को जानने के प्रति कम है। 11,001-14,000 आय वर्ग में सर्वाधिक 54% उत्तरदाता समाचारों की जानकारी प्राप्त करने के प्रति अत्यधिक सक्रिय है।

सारणी संख्या-20
सामाजिक परिवर्त्य एवं समाचारों की जानकारी प्राप्त करने के प्रति मनोवृत्ति

सामाजिक परिवर्त्य	अत्यधिक	सामान्य	कम	बिल्कुल नहीं	योग
जाति–					
उच्च जाति	55 (37.7)	52 (35.6)	30 (20.5)	09 (6.2)	146
पिछड़ी जाति	42 (41.2)	30 (29.4)	20 (19.6)	10 (9.8)	102
अनुसूचित जाति	21 (40.4)	18 (34.6)	09 (17.3)	04 (7.7)	52
आयु–					
0–35 तक	31 (26.7)	40 (34.5)	40 (34.5)	05 (4.3)	116
36–45	55 (64.7)	23 (27.0)	04 (4.7)	03 (3.6)	85
46–55	22 (36.0)	20 (32.8)	11 (18.0)	08 (13.2)	61
55 से अधिक	10 (26.3)	17 (44.8)	04 (10.5)	07 (18.4)	38
शिक्षा–					
स्नातक	50 (34.7)	40 (27.8)	42 (29.2)	12 (8.3)	144
स्नातकोत्तर	53 (55.2)	33 (34.4)	06 (6.2)	04 (4.2)	96
अन्य	15 (25.0)	27 (45.0)	11 (18.4)	07 (11.6)	60
आय–					
8000 तक	38 (50.0)	28 (36.8)	03 (3.9)	07 (9.3)	76
8001–11000	30 (29.4)	40 (29.2)	26 (25.5)	06 (5.9)	102
11001–14000	27 (54.0)	17 (34.0)	03 (6.0)	03 (6.0)	50
14001–17000	17 (37.8)	06 (13.4)	17 (37.8)	05 (11.0)	45
17000 से अधिक	06 (22.3)	09 (33.3)	10 (37.0)	02 (7.4)	27
योग	**118 (39.4)**	**100 (33.3)**	**59 (19.7)**	**23 (7.6)**	**300 (100)**

समाचार पत्रों का अध्ययन क्षेत्र

इस अध्ययन खण्ड में उत्तरदाताओं के समाचार पत्रों के अध्ययन क्षेत्र को स्पष्ट किया गया है जिससे यह पता चलता है कि उत्तरदाता राष्ट्रीय स्तर के समाचार पत्रों का अध्ययन करते हैं या प्रादेशिक स्तर के या दोनों तरह के समाचार पत्रों का। सारणी संख्या-21 के अध्ययन से स्पष्ट होता है कि 56. 7% उत्तरदाता प्रादेशिक, 31.7% राष्ट्रीय एवं 11.6% उत्तरदाता ऐसे हैं जो दोनों तरह के समाचार पत्रों का अध्ययन करते है।

जाति के आधार पर स्पष्ट होता है कि उच्च जाति के अधिकतम उत्तरदाता राष्ट्रीय स्तर के समाचार पत्रों का अध्ययन करते हैं जबकि पिछड़ी जाति एवं अनुसूचित जाति के अधिकतम उत्तरदाता प्रादेशिक स्तर के समाचार

सारणी संख्या-21

सामाजिक परिवर्त्य एवं समाचार पत्रों का अध्ययन क्षेत्र

सामाजिक परिवर्त्य	राष्ट्रीय	प्रादेशिक	दोनों	योग
जाति–				
उच्च जाति	63 (43.2)	60 (41.1)	23 (15.7)	146
पिछड़ी जाति	20 (19.6)	74 (72.5)	08 (7.9)	102
अनुसूचित जाति	12 (23.1)	36 (69.2)	04 (7.7)	52
आयु–				
0–35 तक	55 (47.4)	54 (46.5)	07 (6.1)	116
36–45	20 (23.5)	60 (70.6)	05 (5.9)	85
46–55	11 (18.1)	40 (65.6)	10 (16.3)	61
55 से अधिक	09 (23.7)	16 (42.1)	13 (34.2)	38
शिक्षा–				
स्नातक	50 (34.8)	80 (55.5)	14 (9.7)	144
स्नातकोत्तर	35 (36.5)	50 (52.1)	11 (11.4)	96
अन्य	10 (16.7)	40 (66.6)	10 (16.7)	60
आय–				
8000 तक	28 (36.8)	40 (52.6)	08 (10.6)	76
8001–11000	22 (21.6)	72 (70.1)	08 (7.9)	102
11001–14000	15 (30.0)	30 (60.0)	05 (10.0)	50
14001–17000	11 (24.5)	22 (48.8)	12 (26.7)	45
17000 से अधिक	19 (70.4)	06 (22.2)	02 (7.4)	27
योग	**95 (31.7)**	**170 (56.7)**	**35 (11.6)**	**300 (100)**

पत्रों का अध्ययन करते हैं। दोनों स्तर के समाचार पत्रों का अध्ययन अधिकतम 15.7% उत्तरदाता उच्च जाति के हैं जबकि दोनों स्तर के समाचार पत्रों का अध्ययन करने वाले न्यूनतम अनुसूचित जाति के उत्तरदाता है।

आयु के आधार पर ज्ञात होता है कि 35 वर्ष तक वाले अधिकतम 47.4% उत्तरदाता राष्ट्रीय स्तर के समाचार पत्रों का अध्ययन करते हैं जबकि अन्य सभी आयु वर्ग के अधिकतम उत्तरदाता प्रादेशिक स्तर के समाचार पत्रों का अध्ययन करते हैं। दोनों स्तर के समाचार पत्रों का अध्ययन करने वालों में सर्वाधिक 55 वर्ष के उपर के 34.2% उत्तरदाता हैं जबकि सबसे कम 36-45 वर्ष के 5.9% उत्तरदाता हैं। शिक्षा के आधार पर स्पष्ट होता है कि हर स्तर के शिक्षित अधिकतम उत्तरदाता प्रादेशिक रामाचार पत्रों का अध्ययन करते हैं। दोनों स्तर के समाचार पत्रों का अध्ययन करने वालों में सबसे अधिक अन्य स्तर के शिक्षित 16.7% उत्तरदाता है।

आय के आधार पर परिलक्षित होता है कि 17,000 से अधिक आय वाले अधिकतम 70.4% उत्तरदाता राष्ट्रीय स्तर के समाचार पत्रों का अध्ययन करते हैं जबकि अन्य आय वर्ग के सर्वाधिक उत्तरदाता प्रादेशिक स्तर के समाचार पत्रों का अध्ययन करते हैं। दोनों स्तर के समाचार पत्रों का अध्ययन करने वालों में सर्वाधिक 14,001-17,000 आय वर्ग के 26.7% उत्तरदाता हैं जबकि सबसे कम 17,000 से अधिक आय वर्ग के 7.4% उत्तरदाता हैं।

समाचार पत्रों का अधिक महत्व

प्रस्तुत अध्ययन खण्ड के अन्तर्गत यह देखने का प्रयास किया गया है कि उत्तरदाता अपने दैनिक जीवन में किन समाचार पत्रों को अधिक महत्त्व प्रदान करते हैं या किस समाचार पत्र को पढ़ने में अधिक रुचि रखते हैं। सारणी संख्या-22 के अवलोकन से स्पष्ट होता है कि 43.3% उत्तरदाता दैनिक जागरण, 27.7% हिन्दुस्तान 12.7% टाइम्स ऑफ इण्डिया, 11.0% हिन्दुस्तान टाइम्स एवं 5.3% उत्तरदाता अन्य कोई समाचार पत्रों का अध्ययन करते हैं।

जाति के आधार पर ज्ञात होता है कि उच्च जाति, पिछड़ी जाति एवं अनुसूचित जाति के अधिकतम उत्तरदाता दैनिक जागरण को महत्व प्रदान करते हैं एवं तीनों जातियों के न्यूनतम उत्तरदाता अन्य कोई समाचार पत्रों का अध्ययन करते हैं। अंग्रेजी के समाचार पत्रों को महत्व सबसे अधिक उच्च जाति के 15.1% उत्तरदाता करते हैं जबकि सबसे कम अनुसूचित जाति के 3.9% उत्तरदाता करते है।

आयु के आधार पर स्पष्ट होता है कि 36-45 वर्ष के बीच अधिकतम

41.2% उत्तरदाता हिन्दुस्तान समाचार पत्र को अधिक महत्व प्रदान करते हैं जबकि अन्य प्रत्येक आयु वर्ग के अधिकतम उत्तरदाता दैनिक जागकरण को अधिक महत्व देते हैं। सभी आयु वर्ग के उत्तरदाता अन्य समाचार पत्रों को न्यूनतम महत्व प्रदान करते है।

शिक्षा के आधार पर स्पष्ट होता है कि स्नातक एवं स्नातकोत्तर स्तर के शिक्षित अधिकतम उत्तरदाता दैनिक जागरण समाचार पत्र को महत्व प्रदान करते हैं जबकि अन्य स्तर के शिक्षित अधिकतम उत्तरदाता हिन्दुस्तान समाचार पत्र को अधिक महत्व प्रदान करते हैं। अंग्रेजी समाचार पत्र को स्नातकोत्तर स्तर के शिक्षित अधिकतम 17.7% उत्तरदाता महत्व प्रदान करते हैं जबकि सबसे कम अन्य स्तर के शिक्षित 1.0% उत्तरदाता महत्व प्रदान करते हैं।

सारणी संख्या-22

सामाजिक परिवर्त्य एवं समाचार पत्रों को अधिक महत्व

सामाजिक परिवर्त्य	टाइम्स ऑफ इंडिया	हिन्दुस्तान टाइम्स	दैनिक जागरण	हिन्दुस्तान	अन्य कोई	योग
जाति–						
उच्च जाति	22 (15.1)	21 (14.4)	60 (41.1)	30 (20.5)	13 (8.9)	146
पिछड़ी जाति	11 (10.8)	10 (9.8)	42 (41.2)	38 (37.3)	01 (0.9)	102
अनुसूचित जाति	05 (9.6)	02 (3.9)	28 (53.8)	15 (28.8)	02 (3.9)	52
आयु–						
0–35 तक	16 (13.8)	08 (6.9)	52 (44.8)	33 (28.5)	07 (6.0)	116
36–45	09 (10.6)	09 (10.6)	30 (35.3)	35 (41.2)	02 (2.3)	85
46–55	09 (14.8)	11 (18.0)	28 (45.9)	10 (16.4)	03 (4.9)	61
55 से अधिक	04 (10.5)	05 (13.2)	20 (52.6)	05 (13.2)	04 (10.5)	38
शिक्षा–						
स्नातक	16 (11.2)	11 (7.6)	80 (55.6)	30 (20.8)	7 (4.7)	144
स्नातकोत्तर	17 (17.7)	16 (16.7)	40 (41.7)	20 (20.8)	3 (3.1)	96
अन्य	05 (8.3)	06 (1.0)	10 (16.7)	33 (55.0)	6 (10.0)	60
आय–						
8000 तक	06 (7.9)	05 (6.6)	40 (52.6)	20 (26.3)	05 (6.6)	76
8001–11000	03 (2.9)	06 (5.9)	60 (58.9)	30 (29.4)	03 (2.9)	102
11001–14000	08 (16.0)	12 (24.0)	20 (40.0)	06 (12.0)	04 (8.0)	50
14001–17000	12 (26.0)	06 (13.4)	06 (13.4)	19 (42.3)	02 (4.4)	45
17000 से अधिक	09 (33.3)	04 (14.8)	04 (14.8)	08 (29.6)	0102 (7.5)	27
योग	**38(12.7)**	**33 (11.0)**	**130 (43.3)**	**83 (27.7)**	**16 (5.3)**	**300 (100)**

आय के आधार पर परिलक्षित होता है कि 14,000 तक आय वाले अधिकतम उत्तरदाता दैनिक जागरण को अधिक महत्व प्रदान करते हैं एवं न्यूनतम उत्तरदाता अन्य समाचार पत्रों को अधिक महत्व प्रदान करते हैं। 14,001-17,000 आय वर्ग में अधिकतम 42.3% उत्तरदाता हिन्दुस्तान समाचार पत्र को अधिक महत्व प्रदान करते हैं तथा 17,000 से अधिक आय वाले उत्तरदाताओं में सर्वाधिक 33.3% उत्तरदाता अंग्रेजी समाचार पत्र टाइम्स ऑफ इण्डिया को महत्व प्रदान करते हैं। इन सभी आय में न्यूनतम उत्तरदाता ही अन्य समाचार पत्रों को अधिक महत्व प्रदान करते है।

समाचार पत्र पढ़ने का तरीका

प्रस्तुत अध्ययन खण्ड में उत्तरदाताओं के समाचार पत्र पढ़ने के तरीके का अध्ययन किया गया। सारणी संख्या-23 के अध्ययन से स्पष्ट है कि सर्वाधिक 78.6% उत्तरदाता स्वयं खरीदकर समाचार पत्र पढ़ते हैं, 8.4% सार्वजनिक स्थलों पर, 6.7% पुस्तकालय में, 5.4% पड़ोसी से माँगकर एवं 1.6% समाचार पत्रों को पढ़ने के लिए अन्य तरीकों को अपनाते हैं।

जाति के आधार पर स्पष्ट होता है कि उच्च जाति, पिछड़ी जाति एवं अनुसूचित जाति के अधिकतम उत्तरदाता समाचार पत्र स्वयं खरीदकर पढ़ते हैं। पुस्तकालय में सर्वाधिक उच्च जाति के 6.8% उत्तरदाता समाचार पत्र पढते हैं, सार्वजनिक स्थलों पर सबसे अधिक अनुसूचित जाति के 15.4% उत्तरदाता समाचार पत्र का अध्ययन करते हैं एवं न्यूनतम उच्च जाति के 5.5% उत्तरदाता सार्वजनिक स्थलों पर समाचार पत्रों का अध्ययन करते हैं। तीनों जाति के न्यूनतम उत्तरदाता ही समाचार पत्र पढ़ने के लिए अन्य कोई तरीकों को अपनाते है। काई-स्क्वायर के अनुसार अन्तर सार्थक नहीं है।

आयु के आधार पर ज्ञात होता है कि प्रत्येक आयु वर्ग के अधिकतम उत्तरदाता समाचार पत्र स्वयं खरीदकर पढ़ते हैं। पुस्तकालय से सर्वाधिक समाचार पत्र पढ़ने वाले 46-55 वर्ष के 8.3% उत्तरदाता हैं जबकि न्यूनतम 36-45 वर्ष के बीच के 3.5% उत्तरदाता हैं। पड़ोसी से माँगकर समाचार पत्र पढ़ने वालों में सबसे अधिक 55 वर्ष से अधिक के 18.5% उत्तरदाता हैं एवं न्यूनतम 46-55 वर्ष के बीच के 1.6% उत्तरदाता हैं। प्रत्येक आयु वर्ग के न्यूनतम उत्तरदाता ही समाचार पत्रों को पढ़ने के लिए अन्य तरीकों को अपनाते है। काई-स्क्वायर के अनुसार अन्तर सार्थक है।

शिक्षा के आधार पर स्पष्ट होता है कि स्नातक, स्नातकोत्तर एवं अन्य स्तर के शिक्षित अधिकतम उत्तरदाता समाचार पत्र स्वयं खरीदकर पढ़ते हैं। पुस्तकालय एवं सार्वजनिक स्थलों पर समाचार पत्र सबसे अधिक स्नातक

स्तर के उत्तरदाता पढ़ते हैं। पड़ोसी से माँगकर सबसे अधिक समाचार पत्र पढ़ने वाले स्नातकोत्तर स्तर के उत्तरदाता हैं जबकि सबसे कम अन्य स्तर के शिक्षित 1.0% उत्तरदाता हैं। काई-स्क्वायर के अनुसार अन्तर सार्थक नहीं है।

सारणी संख्या-23
सामाजिक परिवर्त्य एवं समाचार पत्र पढ़ने का तरीका

सामाजिक परिवर्त्य	स्वयं खरीदकर	पुस्तकालय से	सार्वजनिक स्थलों पर	पड़ोसी से माँगकर	अन्य कोई	योग
जाति*–						
उच्च जाति	116(79.5)	10 (6.8)	08 (5.5)	09(6.1)	03 (2.1)	146
पिछड़ी जाति	80 (78.5)	06 (5.9)	09 (8.8)	06(5.9)	01 (0.9)	102
अनुसूचित जाति	40 (76.9)	02 (3.9)	08 (15.4)	01(1.9)	01 (1.9)	52
आयु**–						
0–35 तक	95 (81.9)	08 (6.9)	08 (6.9)	03(2.6)	02 (1.7)	116
36–45	70 (82.4)	03 (3.5)	06 (7.1)	05(5.9)	01 (1.1)	85
46–55	50 (81.9)	05 (8.3)	04 (6.6)	01(1.6)	01 (1.6)	61
55 से अधिक	21 (55.2)	02 (5.2)	07 (18.5)	7(18.5)	01 (2.6)	38
शिक्षा***–						
स्नातक	112(77.8)	10 (6.9)	15 (10.4)	05(3.5)	02 (1.4)	144
स्नातकोत्तर	80 (83.4)	04 (4.2)	06 (6.2)	05(5.2)	01 (1.0)	96
अन्य	44 (73.3)	04 (6.7)	04 (6.7)	06(1.0)	02 (3.3)	60
आय****–						
8000 तक	60 (78.9)	06 (7.9)	06 (7.9)	03(3.9)	01 (1.4)	76
8001–11000	88 (86.4)	07 (6.9)	03 (2.9)	03(2.9)	01 (0.9)	102
11001–14000	36 (72.0)	03 (6.0)	06 (12.0)	04(8.0)	01 (2.0)	50
14001–17000	35 (77.8)	01 (2.3)	08 (17.6)	–	01 (2.3)	45
17000 से अधिक	17 (62.9)	01 (3.7)	02 (7.4)	6(22.3)	01 (3.7)	27
योग	236(78.6)	18 (6.0)	25 (8.4)	16(5.4)	05 (1.6)	300 (100)

* काई-स्क्वायर = 6.22; df = 6; सार्थक नहीं

** काई-स्क्वायर = 23.02; df = 9; सार्थक <.01

*** काई-स्क्वायर = 7.20; df = 6; सार्थक नहीं

**** काई-स्क्वायर = 30.64; df = 12; सार्थक <.01

आय के आधार पर स्पष्ट होता है कि प्रत्येक आय वर्ग के अधिकतम उत्तरदाता समाचार पत्र स्वयं खरीदकर पढ़ते हैं। पुस्तकालय में सबसे अधिक 7.9% उत्तरदाता 8,000 तक के आय वर्ग वाले हैं। सार्वजनिक स्थलों पर सबसे अधिक 14,001-17,000 आय वर्ग वाले 17.6% उत्तरदाता हैं जबकि इस वर्ग में पड़ोसी से माँगकर समाचार पत्र पढ़ने वालों की संख्या शून्य है। 17,000 से अधिक आय वर्ग में पड़ोसी से माँगकर समाचार पत्र पढ़ने वाले उत्तरदाताओं का प्रतिशत 22.3 है। काई-स्क्वायर के अनुसार अन्तर सार्थक है।

पत्रिका के अध्ययन की प्रकृति

प्रस्तुत अध्ययन खण्ड के अन्तर्गत उत्तरदाताओं के पत्रिका के अध्ययन की प्रकृति का अवलोकन किया गया है। सारणी संख्या-24 के विवरण से स्पष्ट है कि 75.7% उत्तरदाता नियमित पत्रिका का अध्ययन करते हैं, 20.3% उत्तरदाता कभी-कभी एवं 4.0% उत्तरदाता पत्रिका का अध्ययन कभी नहीं करते।

जाति के आधार पर स्पष्ट होता है कि उच्च जाति, पिछड़ी जाति एवं अनुसूचित जाति के अधिकतम उत्तरदाता नियमित पत्रिका का अध्ययन करते हैं एवं इनमें सबसे अधिक नियमित अध्ययन करने वालों में पिछड़ी जाति के 80.4% उत्तरदाता हैं। पत्रिका का कभी-कभी अध्ययन करने वालों में उच्च जाति में अधिकतम 26.1% उत्तरदाता हैं। पत्रिका का कभी नहीं अध्ययन करने वालों में सर्वाधिक अनुसूचित जाति के 9.6% उत्तरदाता हैं। काई-स्क्वायर के अनुसार अन्तर सार्थक है।

आयु के आधार पर ज्ञात होता है कि प्रत्येक आयु वर्ग के अधिकतम उत्तरदाता पत्रिका का नियमित अध्ययन करते हैं। पत्रिका का कभी-कभी अध्ययन करने वालों में अधिकतम 30.2% उत्तरदाता 0-35 आयु वर्ग के हैं जबकि पत्रिका का कभी नहीं अध्ययन करने वालों में अधिकतम 7.9% उत्तरदाता 55 वर्ष से ऊपर आयु के हैं। काई-स्क्वायर के अनुसार अन्तर सार्थक है।

शिक्षा के आधार पर ज्ञात होता है कि स्नातक, स्नातकोत्तर एवं अन्य शिक्षित वर्ग के अधिकतम उत्तरदाता पत्रिका का नियमित अध्ययन करते हैं। पत्रिका का कभी-कभी अध्ययन करने वालों में सर्वाधिक स्नातक स्तर के 27.1% उत्तरदाता हैं जबकि पत्रिका का कभी नहीं अध्ययन करने वालों में सर्वाधिक स्नातकोत्तर स्तर के 6.2% उत्तरदाता हैं। काई-स्क्वायर के अनुसार अन्तर सार्थक है।

आय के आधार पर स्पष्ट होता है कि प्रत्येक आय वर्ग के अधिकतम

उत्तरदाता नियमित पत्रिका का अध्ययन करते हैं। पत्रिका का कभी-कभी अध्ययन करने वालों में सर्वाधिक 37.0% उत्तरदाता 17,000 से अधिक आय वर्ग वाले हैं जबकि पत्रिका का कभी नहीं अध्ययन करने वालों में सर्वाधिक इसी आय वर्ग के 14.8% उत्तरदाता हैं। काई-स्क्वायर के अनुसार अन्तर सार्थक है।

सारणी संख्या-24

सामाजिक परिवर्त्य एवं पत्रिका के अध्ययन की प्रकृति

सामाजिक परिवर्त्य	नियमित	कभी–कभी	कभी नहीं	योग
जाति*–				
उच्च जाति	104 (71.2)	38 (26.1)	04 (2.7)	146
पिछड़ी जाति	82 (80.4)	17 (16.7)	03 (2.9)	102
अनुसूचित जाति	29 (76.3)	06 (15.8)	03 (7.9)	38
आयु–**				
0–35 तक	78 (67.3)	35 (30.2)	03 (2.5)	116
36–45	70 (82.4)	13 (15.3)	02 (2.3)	85
46–55	50 (81.9)	07 (11.5)	04 (6.6)	61
55 से अधिक	09 (23.7)	16 (42.1)	13 (34.2)	38
शिक्षा*–**				
स्नातक	102 (70.8)	39 (27.1)	03 (2.1)	144
स्नातकोत्तर	80 (83.4)	10 (10.4)	06 (6.2)	96
अन्य	45 (75.0)	12 (20.0)	03 (5.0)	60
आय**–**				
8000 तक	60 (78.9)	14 (18.5)	02 (2.6)	76
8001–11000	80 (78.4)	19 (18.7)	3 (2.9)	102
11001–14000	38 (76.0)	10 (20.0)	2 (4.0)	50
14001–17000	36 (80.0)	08 (17.8)	1 (2.2)	45
17000 से अधिक	13 (48.2)	10 (37.0)	4 (14.8)	27
योग	**227 (75.7)**	**61 (20.3)**	**12 (4.0)**	**300 (100)**

* काई-स्क्वायर = 10.69; df = 4; सार्थक < .05

** काई-स्क्वायर = 14.83; df = 6; सार्थक < .05

*** काई-स्क्वायर = 11.75; df = 4; सार्थक < .05

**** काई-स्क्वायर = 16.05; df = 8; सार्थक < .05

पत्रिका का अधिक अध्ययन

इस अध्ययन खण्ड के अन्तर्गत यह देखने का प्रयास किया गया है कि उत्तरदाता किस पत्रिका का अध्ययन अधिक करते हैं। सारणी संख्या-25 से स्पष्ट है कि अधिकतम 31.0 % उत्तरदाता इण्डिया टुडे, 21.3 % उत्तरदाता आउटलुक, 19.4% उत्तरदाता क्रानिकल, 11.7 % उत्तरदाता सरिता, 11.0% प्रतियोगिता दर्पण तथा 5.6% अन्य पत्रिकाओं का अध्ययन करते हैं।

जाति के आधार पर स्पष्ट होता है कि उच्च जाति, पिछड़ी जाति एवं अनुसूचित जाति के अधिकतम उत्तरदाता इण्डिया टुडे का अध्ययन करते हैं

सारणी संख्या-25

सामाजिक परिवर्त्य एवं पत्रिका का अधिक अध्ययन

सामाजिक परिवर्त्य	आउटलुक	इण्डिया टुडे	क्रानिकल	सरिता	प्रतियोगिता दर्पण	अन्य कोई	योग
जाति–							
उच्च जाति	22 (15.1)	42 (28.8)	34 (23.3)	18(12.3)	22(15.1)	08(5.4)	146
पिछड़ी जाति	30 (29.5)	38 (37.3)	18 (17.6)	10(9.8)	03(2.9)	03(2.9)	102
अनुसूचित जाति	12 (23.1)	13 (25.0)	06 (11.6)	07(13.4)	08(15.3)	06(11.6)	52
आयु–							
0–35 तक	18 (15.5)	30 (25.9)	25 (21.6)	18(15.5)	20(17.2)	05(4.3)	116
36–45	13 (15.3)	39 (34.5)	20 (23.6)	04(4.7)	05(5.8)	4(4.7)	85
46–55	19 (31.2)	21 (34.5)	09 (14.8)	04(6.5)	03(4.9)	05(8.0)	61
55 से अधिक	14 (36.8)	03 (7.9)	04 (10.5)	09(23.7)	05(13.2)	03(7.9)	38
शिक्षा–							
स्नातक	30 (20.8)	40 (27.8)	30 (20.8)	14 (9.8)	24(16.7)	06(4.1)	144
स्नातकोत्तर	22 (22.9)	33 (34.4)	12 (12.5)	15(15.6)	08(8.4)	06(6.2)	96
अन्य	12 (20.0)	20 (33.3)	16 (26.7)	06(10.0)	01(1.6)	05(8.4)	60
आय–							
8000 तक	26 (34.2)	16 (21.1)	25 (32.9)	06 (7.9)	02(2.6)	01(1.3)	76
8001–11000	18 (17.7)	30 (29.4)	20 (19.6)	20(19.6)	10(9.8)	04(3.9)	102
11001–14000	03 (6.0)	28 (56.0)	03 (6.0)	04 (8.0)	09(18.0)	03(6.0)	50
14001–17000	08 (17.7)	12 (26.7)	05 (11.1)	03 (6.7)	11(27.5)	6(13.3)	45
17000 से अधिक	09 (33.4)	07 (25.9)	05 (18.5)	02 (7.4)	01(3.7)	3(11.1)	27
योग	64(21.3)	93(31.0)	58(19.4)	35(11.7)	33(11.0)	17(5.6)	300(100)

एवं अन्य पत्रिकाओं का सबसे कम अध्ययन करते हैं। आउटलुक का अध्ययन सबसे अधिक पिछड़ी जाति के 29.5% उत्तरदाता करते हैं जबकि क्रानिकल का उच्च जाति के उत्तरदाता सबसे अधिक अध्ययन करते हैं एवं प्रतियोगिता दर्पण का सबसे अधिक अनुसूचित जाति के 15.3% उत्तरदाता करते हैं एवं सबसे कम पिछड़ी जाति के 2.9% उत्तरदाता अध्ययन करते हैं।

आयु के आधार पर परिलक्षित होता है कि 55 वर्ष तक के अधिकतम उत्तरदाता इण्डिया टुडे का अधिक अध्ययन करते हैं जबकि 55 वर्ष से ऊपर आयु के अधिकतम 36.8% उत्तरदाता क्रानिकल का अध्ययन करते हैं। 46-55 वर्ष के बीच के न्यूनतम 4.9% उत्तरदाता प्रतियोगिता दर्पण का अध्ययन करते हैं जबकि अन्य आयु वर्ग में न्यूनतम उत्तरदाता अन्य पत्रिकाओं का अध्ययन करते हैं।

शिक्षा के आधार पर स्पष्ट होता है कि स्नातक, स्नातकोत्तर एवं अन्य स्तर के शिक्षित अधिकतम उत्तरदाता इण्डिया टुडे का अध्ययन करते हैं, लेकिन सबसे अधिक स्नातकोत्तर स्तर के 34.4% उत्तरदाता इसका अध्ययन करते हैं।

आय के आधार पर ज्ञात होता है कि सर्वाधिक आय वर्ग अर्थात् 17,000 से ऊपर के अधिकतम उत्तरदाता आउटलुक एवं सबसे कम अर्थात् 8,000 नीचे आय के अधिकतम क्रानिकल पत्रिका का अध्ययन करते हैं। 8,001 से 14,000 के बीच आय वाले अधिकतम उत्तरदाता इण्डिया टुडे का अध्ययन करते हैं जबकि 14,001-17,000 आय वर्ग के अधिकतम 27.5% उत्तरदाता प्रतियोगिता दर्पण का अध्ययन करते हैं।

उत्तरदाताओं की रुचि के अनुसार टी.वी का प्रमुख कार्यक्रम

प्रस्तुत अध्ययन खण्ड के अन्तर्गत उत्तरदाताओं की रुचि के अनुसार टी.वी. के प्रमुख कार्यक्रमों का विवरण प्रस्तुत किया गया है। सारणी संख्या-26 के अध्ययन से स्पष्ट है कि अधिकतम 21.7% उत्तरदाता धार्मिक सीरियल, 21.3% उत्तरदाता खेलकूद कार्यक्रम, 21.0% उत्तरदाता समाचार, 20.7% उत्तरदाता चित्रहार एवं न्यूनतम 15.3% उत्तरदाता अन्य कार्यक्रमों को देखते हैं।

जाति के आधार पर स्पष्ट होता है कि उच्च जाति एवं अनुसूचित जाति के अधिकतम उत्तरदाताओं की रुचि प्रमुख कार्यक्रम धार्मिक सीरियल है जबकि पिछड़ी जाति के अधिकतम 25.5% उत्तरदाताओं की रुचि का प्रमुख कार्यक्रम समाचार है जबकि अनुसूचित जाति के उत्तरदाताओं में सबसे कम 11.6% उत्तरदाताओं की रुचि का कार्यक्रम समाचार है।

आयु के आधार पर ज्ञात होता है कि 35 वर्ष तक के अधिकतम उत्तरदाताओं के मतानुसार उनकी रुचि प्रमुख टी.वी. कार्यक्रम धार्मिक सीरियल है एवं 36-45 तथा 46-55 वर्ष के बीच के आयु के अधिकतम उत्तरदाताओं का टी.वी. का प्रमुख कार्यक्रम खेलकूद है एवं 55 वर्ष से अधिक आयु वाले सर्वाधिक चित्रहार एवं अन्य कार्यक्रमों में रुचि रखते हैं। इससे स्पष्ट है कि कम आयु के उत्तरदाताओं पर धार्मिक प्रभाव अधिक है।

शिक्षा के आधार पर स्पष्ट होता है कि स्नातक स्तर के अधिकतम उत्तरदाता खेलकूद सम्बन्धी कार्यक्रम में अधिक रुचि रखते हैं। स्नातकोत्तर

सारणी संख्या-26

सामाजिक परिवर्त्य एवं उत्तरदाताओं के रुचि के अनुसार टी.वी. के प्रमुख कार्यक्रम

सामाजिक परिवर्त्य	समाचार	चित्रहार	धार्मिक सीरियल	खेलकूद कार्यक्रम	अन्य कार्यक्रम	योग
जाति–						
उच्च जाति	31 (21.2)	29 (19.9)	32 (21.9)	30 (20.6)	24 (16.4)	146
पिछड़ी जाति	26 (25.5)	21 (20.6)	20 (19.6)	24 (23.5)	11 (10.8)	102
अनुसूचित जाति	06 (11.6)	12 (23.1)	13 (25.0)	10 (19.2)	11 (21.1)	52
आयु–						
0–35 तक	26 (22.4)	32 (27.6)	33 (28.5)	9 (7.7)	16 (13.8)	116
36–45	18 (21.2)	11 (12.9)	21 (24.7)	30 (35.3)	05 (5.9)	85
46–55	11 (18.1)	09 (14.8)	06 (9.8)	20 (32.8)	15 (24.5)	61
55 से अधिक	08 (21.0)	10 (26.3)	05 (13.2)	05 (13.2)	10 (26.3)	38
शिक्षा–						
स्नातक	31 (21.5)	31 (21.5)	26 (18.1)	40 (27.8)	16 (11.1)	144
स्नातकोत्तर	28 (29.2)	20 (20.8)	30 (31.2)	13 (13.6)	05 (5.2)	96
अन्य	04 (6.6)	11 (18.4)	09 (15.0)	11 (18.4)	25 (41.6)	60
आय–						
8000 तक	09 (11.8)	11 (14.5)	13 (17.1)	30 (39.5)	13 (17.1)	76
8001–11000	30 (29.4)	20 (19.6)	19 (18.6)	19 (18.6)	14 (13.8)	102
11001–14000	08 (16.0)	20 (40.0)	16 (32.0)	05 (10.0)	01 (2.0)	50
14001–17000	08 (17.8)	06 (13.4)	12 (4.5)	05 (11.2)	14 (31.1)	45
17000 से अधिक	08 (29.5)	05 (18.6)	05 (18.6)	05 (18.6)	04 (14.7)	27
योग	**63(21.0)**	**62(20.7)**	**65(21.7)**	**64(21.3)**	**46(15.3)**	**300(100)**

स्तर के अधिकतम उत्तरदाताओं की रुचि का प्रमुख कार्यक्रम धार्मिक सीरियल एवं अन्य स्तर के शिक्षित उत्तरदाताओं में अधिकतम अन्य कार्यक्रमों में रुचि रखते हैं।

आय के आधार पर विषम तथ्य स्पष्ट होते हैं एवं प्रत्येक आय वर्ग के उत्तरदाताओं की रुचि भिन्न प्रकार की है। 8,000 से कम आय वाले अधिकतम उत्तरदाताओं की रुचि का प्रमुख कार्यक्रम खेलकूद सम्बन्धी, 8,001-11,000 आय वर्ग के उत्तरदाताओं की रुचि का प्रमुख कार्यक्रम समाचार, 11,001-14,000 आय वर्ग का धार्मिक सीरियल, 14,001-17,000 का अन्य कार्यक्रम एवं 17,000 से अधिक आय वर्ग के उत्तरदाताओं का भी प्रमुख रुचि का कार्यक्रम समाचार है।

सारांश

सूचना प्रौद्योगिकी के साधनों से प्रभावित होने के आधार पर आंकड़े स्पष्ट करते हैं कि सर्वाधिक 42.0% उत्तरदाता टेलीविजन से, 29.4% समाचार पत्र से, 19.6% रेडियो से, 6.7% कम्प्यूटर से तथा 2.3% इन सभी साधनों से प्रभावित हैं। इस आधार पर कहा जा सकता है कि कम्प्यूटर सूचना प्रौद्योगिकी आधुनिक साधन होने के बावजूद अभी भी सम्पूर्ण जनसमाज को प्रभावित करने में काफी पीछे है और टेलीविजन का प्रभाव समाज पर बहुत व्यापक है। त्वरित सूचनाओं के संज्ञान में सर्वाधिक 42.2% उत्तरदाताओं का मानना है कि त्वरित सूचनाओं के संज्ञान में समाचार पत्रों की महत्वपूर्ण भूमिका है, 24.4% उत्तरदाताओं का मानना है कि रेडियो की भूमिका महत्वपूर्ण है जबकि न्यूनतम 5.0% उत्तरदाताओं की मान्यता है कि त्वरित सूचनाओं के संज्ञान में कम्प्यूटर की भूमिका महत्वपूर्ण है। अतः आँकड़ों के आधार पर स्पष्ट होता है कि त्वरित सूचनाओं के संज्ञान में टेलीविजन की भूमिका सर्वाधिक महत्वपूर्ण है। जीवन में सूचना प्रौद्योगिकी से सम्बन्धित साधनों के प्रभाव के विषय में आँकड़ों के आधार पर परिलक्षित होता है कि 43.0% उत्तरदाताओं के जीवन में टेलीविजन का प्रभाव सर्वाधिक है, 26.0% उत्तरदाताओं के जीवन पर समाचार पत्र का प्रभाव सर्वाधिक है, 18.7% उत्तरदाताओं के जीवन पर रेडियो का प्रभाव सर्वाधिक है, 9.0% उत्तरदाताओं का जीवन पत्रिकाओं से सर्वाधिक प्रभावित है एवं न्यूनतम 3.3% उत्तरदाता कम्प्यूटर से सबसे अधिक प्रभावित है। अतः सारणी के आँकड़ों के आधार पर यह कहा जा सकता है कि सूचना प्रौद्योगिकी से सम्बन्धित समस्त साधनों में टेलीविजन समाज के अधिकांश सदस्यों को प्रभावित करने वाला सबसे सशक्त माध्यम है। अवकाश के सगय सूचना प्रौद्योगिकी के साधनों के

सदुपयोग करने सम्बन्धी अध्ययन के आधार पर यह ज्ञात होता है कि सर्वाधिक 51.4% उत्तरदाता अवकाश के समय टेलीविजन का सदुपयोग करते हैं, 29.6% उत्तरदाता अवकाश के समय समाचार पत्र एवं न्यूनतम 19.0% उत्तरदाता अवकाश के समय रेडियो का सदुपयोग करते हैं। अतः आँकड़े यह स्पष्ट करते हैं कि अवकाश के समय सूचना प्रौद्योगिकी के सबसे सशक्त साधन के रूप में सर्वाधिक उत्तरदाता टेलीविजन का प्रयोग करते हैं। समाचारों की जानकारी प्राप्त करने की मनोवृत्ति के आधार पर स्पष्ट होता है कि सर्वाधिक 39.4% उत्तरदाताओं की समाचारों की जानकारी प्राप्त करने के प्रति मनोवृत्ति अत्यधिक, 33.3% सामान्य, 19.7% कम एवं 7.6% ऐसे भी उत्तरदाता हैं, जिनकी समाचारों की जानकारी प्राप्त करने की मनोवृत्ति बिल्कुल नहीं है। अतः यह स्पष्ट है कि अध्ययन आधारित समाज में जो उत्तरदाता समाचारों की जानकारी प्राप्त करने की मनोवृत्ति अत्यधिक रखते हैं उनका प्रतिशत भी 39.4 ही है जो कि अन्य विकसित समाजों की तुलना में काफी कम है। समाचार पत्रों के अध्ययन के आधार पर स्पष्ट होता है कि सर्वाधिक 56.7% उत्तरदाता प्रादेशिक समाचार पत्रों का अध्ययन करते हैं एवं न्यूनतम 31.7% उत्तरदाता राष्ट्रीय समाचार पत्रों का अध्ययन करते हैं एवं न्यूनतम 11.6% उत्तरदाता दोनों तरह के समाचार पत्रों का अध्ययन करते हैं। अतः इस आधार पर कहा जा सकता है कि अधिकांश उत्तरदाता क्षेत्रीय अध्ययन एवं क्षेत्रीय जानकारी में रुचि रखते हैं। किसी विशेष समाचार पत्रों के अधिक महत्व देने के आधार पर यह ज्ञात होता है कि 43.3% उत्तरदाता दैनिक जागरण को अधिक महत्व देते हैं, 27.7% उत्तरदाता हिन्दुस्तान को महत्व देते हैं, 12.7% उत्तरदाता टाइम्स ऑफ इण्डिया, 11.0% उत्तरदाता हिन्दुस्तान टाइम्स एवं 5.3% अन्य किसी समाचार पत्र को महत्व देते हैं। अतः यह स्पष्ट है कि हिन्दी समाचार पत्र और विशेषकर क्षेत्रीय स्तर से प्रकाशित समाचार पत्रों का महत्व अभी भी समाज में अधिक है। समाचार पत्रों के पढ़ने के तरीके के आधार पर यह ज्ञात होता है कि अधिकतम 78.6% उत्तरदाता समाचार स्वयं खरीदकर पढ़ते हैं, 8.4% उत्तरदाता सार्वजनिक स्थलों पर, 6.0% उत्तरदाता पुस्तकालयों में, 5.4% पड़ोसी से माँगकर, 1.6% अन्य कोई साधनों को अपनाते हैं। अतः इस आधार पर कहा जा सकता है कि सर्वाधिक उत्तरदाता समाचार पत्रों का अध्ययन स्वयं खरीदकर करते हैं। पत्रिका की अध्ययन की प्रकृति के आधार पर स्पष्ट होता है कि 75.7% उत्तरदाता पत्रिका का अध्ययन नियमित करते हैं, 20.3% उत्तरदाता पत्रिका का अध्ययन कभी-कभी करते हैं तथा 4.0% उत्तरदाता पत्रिका का अध्ययन कभी नहीं करते हैं। अतः यह कहा जा सकता है कि अधिकतम उत्तरदाता पत्रिका का

अध्ययन नियमित करते हैं। पत्रिका के अध्ययन के अधिकता के आधार पर यह परिलक्षित होता है कि सर्वाधिक 31.0% उत्तरदाता इण्डिया टुडे का अध्ययन करते हैं, 21.3% उत्तरदाता आउटलुक का अध्ययन करते हैं, 19.4% उत्तरदाता क्रॉनिकल, 11.7% सरिता, 11.0% प्रतियोगिता दर्पण, 5.6% उत्तरदाता अन्य कोई पत्रिका का अध्ययन करते हैं। अतः स्पष्ट है कि अभी भी सर्वाधिक व्यक्ति इण्डिया टुडे का अध्ययन करते हैं। उत्तरदाताओं की रुचि के टी.वी. के प्रमुख कार्यक्रमों के आधार पर आँकड़े बताते हैं कि सर्वाधिक 21.7% उत्तरदाता धार्मिक सीरियल देखते हैं, 21.0% उत्तरदाता समाचार, 20.7% उत्तरदाता चित्रहार, 21.3% उत्तरदाता खेलकूद कार्यक्रम एवं 15.3% उत्तरदाता अन्य कार्यक्रम को देखते हैं। इस प्रकार यह कहा जा सकता है कि वाराणसी को जिन आस्थाओं के प्रतीक के रूप में पुरातन काल से जाना जाता है, उसकी झलक आज भी यहाँ के निवासियों में दिखाई पड़ती है।

सन्दर्भ ग्रन्थ

Alexander, C. (1998): Digital Democracy, Oxford University Press, Oxford.

Amin, S. (1987): Capitalism in the Age of Globlization, Madhyam Books, Delhi.

Barker, C. (1997): Global Television: An Introduction, Blackwell, Oxford.

Beek, U. (2000): What is Globalization? Cambridge Polity Press.

Giddans, A. (1999): Runaway World: How Globalization is Responcing Our Lives, Profile Book, London.

Gountlett, D. (2000): Web. Studies, (ed.), Arnold, London.

Lyon, D. (2001): Surveillance Society: Monitoring Every Day Life, Open University Press, Buckingham.

पारख, जवरीमल्ल (2000), जनसंचार माध्यमों का वैचारिक परिप्रेक्ष्य, नाइस प्रिटिंग प्रेस, दिल्ली.

Singh, Y. (1994): Modernisation of Indian Tradition, Rawat Publication, Jaipur.

Winston, B. (2001-02): Media, Technology and Society – A History – From The Telegraph to Internet, University of Westminister Press, U.K.

7

सूचना माध्यमों से उपभोक्ता सामग्री के ऊपर पड़ने वाले प्रभाव

1. आर्थिक प्रभाव

विक्रम संचार मार्केटिंग का प्रमुख तत्व है। विज्ञापन इसी का अंग है, लेकिन अब यह सिर्फ विज्ञापन तक सीमित नहीं है बल्कि इसमें कई और बातें जुड़ गई हैं। वस्तुतः टी.वी. कार्यक्रमों और फिल्मों को प्रायोजित करना, खेलकूद का प्रयोजन, तरह-तरह की छूट और दूसरे लाभों का लालच आदि इस संचार मार्केटिंग का हिस्सा है। इन तरीके के द्वारा क्रेता को निजी तौर पर लुभाने की कोशिश की जाती है। दूरदर्शन आदि जो सरकारी नियंत्रण में हैं और जहाँ सिगरेट और शराब के विज्ञापनों पर प्रतिबन्ध है वहाँ भी ऐसे खेलों का आँखों देखा हाल सुनाया जाता है जिनका प्रयोजन सिगरेट या शराब बनाने वाली कंपनियाँ करती हैं। मजेदार बात यह भी है कि विल्स द्वारा प्रायोजित विज्ञापनों में सिगरेट का नहीं किसी ऐसी चीज का विज्ञापन किया जाता है जिसके निर्माण के लिए वह कम्पनी नहीं जानी जाती है।

इस बात में कोई संदेह नहीं कि संचार के नए माध्यमों के विकास में निगम क्षेत्र को अपने लिए नए बाजार खुलने की संभावना नजर आती है। ब्रेवरमेन का यह सोच बिल्कुल सही प्रतीत होती है कि 'यह इजारेदारी के युग में ही संभव है कि उत्पादन के पूँजीवादी साधनों ने व्यक्ति, परिवार और सामाजिक जरूरतों की संपूर्णता को अपने नियंत्रण में ले लिया है और बाजार के मातहत होकर वे पूँजी की जरूरतों को नया रूप देते हैं (मंथली रिव्यू से उद्धृत, जुलाई-अगस्त, 1996, पृ. 49)। **डिकेन** (1998) के मतानुसार बाजार

के सार्वभौमीकरण ने जीवन के हर क्षेत्र को अपने प्रभाव में ले लिया है। यहाँ तक कि व्यक्ति का वह खाली समय भी जब वह अपने घर-परिवार के साथ मनोरंजन में व्यतीत करना चाहता है। टेलीविजन पर दिखाई जाने वाली फिल्म के बीच प्रचारों के दिखाने के कारण यह तय करना मुश्किल हो जाता है कि हम फिल्म देख रहे हैं या विज्ञापन। मार्केटिंग के इस प्रकोप का असर हम खेलकूद में भी साफ तौर पर देख सकते हैं जहाँ क्रिकेट जैसे खेलों में लोकप्रिय खिलाड़ी भिन्न-भिन्न तरह के उत्पादों के विज्ञापनों में इस तरह इस्तेमाल किये जाते हैं कि वे अपनी पहचान खो चुके होते हैं। आज चारों ओर मार्केट का इस हद तक दबाव है कि हम हर वक्त बाजार में खड़े नजर आते हैं जहाँ हमारी हैसियत सिर्फ उपभोक्ता की है और कुछ नहीं। **रेमण्ड विलियम्स** ने यही कहा था कि नई सूचना प्रणाली पर वित्तीय संस्थानों, मार्केटरों, ट्रेवेल एजेंसियों और सामान्य विज्ञापनों का प्रभुत्व होगा। उनके अनुसार वे ही हमारे मनोरंजन और सूचना की अंतर्वस्तु को तय करेंगे जो आर्थिक प्रणाली की ताकत को व्यक्त करेगा। रेमंड विलियम्स की बात आम सही साबित हो रही है।

शिलर (1996) के मत में जहाँ वर्तमान सूचना क्रांति का सवाल है, **डाउसन और फोस्टर** ने इसे निगम के आंतरिक नजरिए से भी देखा है। माइक्रोसॉफ्ट के मालिक बिल गेट्स के अनुसार वर्तमान दौर में माध्यमों के परस्पर एकीकरण का उन्माद निगमों की तरफ से सूचना के अंशों पर नियंत्रण करने की कोशिश करने का नतीजा है। जो निगम सूचना के जितने बड़े हिस्से पर नियंत्रण करेगा, वही लोगों के घरों, कक्षाओं और कार्य स्थलों पर पहुँच पाएगा। **बिल गेट्स (1995)** का मानना है कि संचार प्रौद्योगिकी में बदलाव का ही नतीजा है कि बाजार की एडम स्मिथ की अवधारणा पहली बार पूरी होती नजर आ रही है जहाँ कि प्रत्येक खरीददार प्रत्येक विक्रेता की कीमत जानता है और प्रत्येक विक्रेता यह जानता है कि प्रत्येक खरीददार कितना भुगतान करने के इच्छुक हैं–जिसे अर्थशास्त्री 'पूर्ण ज्ञान' या 'पूर्ण सूचना' कहते हैं। **गेट्स** का दावा है कि 'यह हमें नई दुनिया में ले जाएगा जहाँ कम घर्षण और कम खर्चीला पूँजीवाद होगा। यह क्रेताओं का स्वर्ग होगा।' गेट्स का यह भी कहना है कि सूचना क्रांति से उपभोक्ताओं को उनकी वैयक्तिक विशिष्टताओं के अनुसार वर्गीकरण करना आसान होगा और इस तरह उन सबके लिए भिन्न-भिन्न तरह के विज्ञापनों का निर्माण करना आसान हो जाएगा, उसका कहना है कि इससे उत्पाद पर भी असर होगा। वस्तुओं का जिनका जन उत्पादन होता है, कम्प्यूटर, जन उत्पादन के साथ-साथ व्यक्तिगत उपभोक्ताओं के अनुसार उनके निर्माण को भी संभव बनाएगा। इस

तरह क्रेता अपनी जरूरत के अनुसार अपनी पसंद की चीज खरीद सकने की स्थिति में होगा।

सेन (1998) ने कहा है कि संचार की नई प्रौद्योगिकी सिर्फ मार्केटिंग को ही नहीं बल्कि स्वयं सूचनाओं की नई मार्केटिंग में भी सहायक होगी। बिल गेट्स भी इस बात को रेखांकित करते हैं कि सूचनाओं का आदान-प्रदान स्वयं मुनाफा पैदा करेगा। उद्योग, शिक्षा और जीवन के कई महत्वपूर्ण क्षेत्रों में सूचनाओं को उपलब्ध कराना स्वयं में लाभकारी व्यवसाय होगा। सूचना के क्षेत्र में इन परिवर्तनों से कंपनियों को बाजार के बड़े हिस्से पर नियंत्रण करने में ही सफलता नहीं मिलेगी, बल्कि वह उपभोक्ता के बड़े हिस्से पर भी नियंत्रण कर सकने की स्थिति में होगा। साथ ही फर्म अपने उपभोक्ता के साथ दुतरफा संवाद कायम कर सकेगा। यहाँ हर उपभोक्ता अपने में महत्वपूर्ण होगा। अब ऐसा माहौल बन सकेगा जहाँ उपभोक्ता पर नियंत्रण किया जा सके। यानि उपभोक्ता को किन-किन चीजों की जरूरत है उनमें क्या-क्या विकल्प उपलब्ध कराये जा सकते हैं और उनकी पूर्ति किस तरह आसानी से की जा सकती है। इस तरह उपभोक्ता के निर्णय लेने की प्रक्रिया को आसान बनाया जा सकता है। **वेलमैन** (1999) का उद्धरण संक्षेप में भूमण्डलीय एकाधिकारवादी पूँजीवाद के तहत संचयन को प्रोत्साहित करने के उद्देश्य के साथ पुराने विस्तृत श्रम विभाजन के संपूरक विस्तृत क्रेता विभाजन प्रस्तावित किया जा रहा है। इस प्रकार **गेट्स** का कहना है कि संचार राजमार्ग उत्पादकों को पहले के किसी भी समय की तुलना में क्रेता क्या खरीदना चाहता है इसे जानने की ज्यादा क्षमता प्रदान करेगा और संभावित उपभोक्ता को ज्यादा दक्षता से खरीदने के अवसर प्राप्त करेगा। खरीदने और बेचने की यह बढ़ी हुई दक्षता ही वस्तुतः 'धर्षण मुक्ति पूँजीवाद' है।

बिल गेट्स (1995) जिसे **'घर्षण-मुक्त-पूँजीवाद'** की संज्ञा देता है वह वस्तुतः और कुछ नहीं अधिक पूर्ण और सार्वभौम निगम वर्चस्व वाले बाजार माहौल का दृष्टिकोण है। गेट्स का मानना है कि इस प्रत्यक्ष संसार में हम सभी बराबर पैदा हुए हैं, लेकिन वास्तविक विश्व समानता की तुलना में प्रत्यक्ष समानता को हासिल करना कहीं आसान है, लेकिन प्रत्यक्ष असमानता दुनिया के बहुसंख्यक लोगों को इस सूचना क्रांति से बाहर छोड़ देती है।

गेट्स के अनुसार सूचना क्रांति भूमंडलीय पूँजीवादी व्यवस्था के ऐसे युग में लायी जा रही है जब उसकी पहचान लगातार बढ़ती गैरबराबरी, आर्थिक ठहराव, बाजार संतृप्ति, वित्तीय अस्थिरता, नगरीय संकट, सामाजिक ध्रुवीकरण, सूचना की श्रेणीकृत उपलब्धता, पर्यावरणीय निम्नता आदि से होती

है। मार्केटिंग और नई सूचना-प्रौद्योगिकी का संयोजन कुछ कंपनियों द्वारा उच्च लाभ और बाजार के ज्यादा बड़े हिस्से पर नियंत्रण को संभव बनाएगा और इससे पूँजी का संकेद्रण और केन्द्रीकरण को ज्यादा प्रोत्साहन मिलेगा। इससे दुनिया भर में उपभोक्तावाद की अपसंस्कृति का विस्तार होगा हालाँकि इससे पूँजीवादी समाज के प्रमुख भौतिक संकटों का कोई हल नहीं निकल सकेगा बल्कि कई अंतर्विरोध पहले की तुलना में ज्यादा तीक्ष्ण होंगे।

प्रचार का ब्राण्ड पर प्रभाव
(Effects of Advertigement on the Brand)

इस अध्ययन खण्ड के अन्तर्गत प्रचार का ब्राण्ड पर क्या प्रभाव पड़ता है इसको देखने का प्रयास किया गया है। सारणी संख्या-27 के अध्ययन से स्पष्ट होता है कि अधिकतम 42.6% उत्तरदाताओं का मत है कि प्रचार के कारण वस्तुएँ महँगी हो जाती हैं, 39.4% उत्तरदाताओं का मानना है कि प्रचार के कारण वस्तुएँ सस्ती हो जाती हैं जबकि 18.0% उत्तरदाताओं का मानना है कि प्रचार के कारण वस्तु की कीमत पर कोई प्रभाव नहीं पड़ता है।

जाति के आधार पर ज्ञात होता है कि उच्च जाति एवं अनुसूचित जाति के अधिकतम उत्तरदाताओं का मत है कि प्रचार के कारण वस्तुएँ सस्ती हो जाती हैं जबकि पिछड़ी जाति के अधिकतम उत्तरदाताओं का मत है कि प्रचार के कारण वस्तुएँ महँगी हो जाती हैं तथा तीनों जातियों के न्यूनतम उत्तरदाताओं का मत है कि प्रचार के कारण वस्तु की कीमत पर कोई प्रभाव नहीं पड़ता है। काई-स्क्वायर के अनुसार अन्तर सार्थक है।

आयु के आधार पर स्पष्ट होता है कि 45 वर्ष तक के अधिकतम उत्तरदाताओं का मत है कि प्रचार के कारण वस्तुएँ महँगी हो जाती हैं जबकि 46 वर्ष से अधिक आयु के अधिकतम उत्तरदाताओं का मत है कि प्रचार के कारण वस्तुएँ सस्ती हो जाती हैं। काई-स्क्वायर के अनुसार अन्तर सार्थक है।

शिक्षा के आधार पर स्पष्ट होता है कि स्नातक स्तर के अधिकतम उत्तरदाताओं का मत है कि प्रचार के कारण वस्तुएँ सस्ती हो जाती हैं तथा स्नातकोत्तर एवं अन्य स्तर के शिक्षित उत्तरदाताओं का मत है कि प्रचार के कारण वस्तुएं महँगी हो जाती हैं। काई-स्क्वायर के अनुसार अन्तर सार्थक है।

आय के आधार पर परिलक्षित होता है कि 8,000 तक आय वाले अधिकतम उत्तरदाताओं का मत है कि प्रचार के कारण वस्तुओं पर कोई प्रभाव

नहीं पड़ता, जबकि 8,001-11,000 आय वर्ग के अधिकतम उत्तरदाताओं का मत है कि प्रचार से वस्तुएँ महँगी हो जाती हैं, 11,001-14,000 आय वर्ग के अधिकतम उत्तरदाताओं का मत है कि प्रचार से वस्तुएँ सस्ती हो जाती हैं, लेकिन 17,000 से अधिक आय वाले उत्तरदाताओं का मत है कि प्रचार के कारण वस्तुएँ महँगी हो जाती हैं। काई-स्क्वायर के अनुसार अन्तर सार्थक है।

सारणी संख्या-27

सामाजिक परिवर्त्य एवं प्रचार का ब्राण्ड पर प्रभाव

सामाजिक परिवर्त्य	वस्तुएँ सस्ती हो जाती हैं	वस्तुएँ महँगी हो जाती हैं	कीमत पर कोई प्रभाव नहीं पड़ता	योग
जाति*–				
उच्च जाति	64(43.9)	52(35.6)	30(20.5)	146
पिछड़ी जाति	34(33.3)	60(58.9)	08(7.8)	102
अनुसूचित जाति	20(38.4)	16(30.8)	16(30.8)	52
आयु**–				
0–35 तक	40(34.5)	61(52.6)	15(12.9)	116
36–45	30(35.3)	38(44.7)	17(20.0)	85
46–55	31(50.8)	20(32.8)	10(16.4)	61
55 से अधिक	17(44.7)	09(23.7)	12(31.6)	38
शिक्षा***–				
स्नातक	80(55.6)	50(34.7)	14(9.7)	144
स्नातकोत्तर	16(16.7)	50(52.0)	30(31.3)	96
अन्य	22(36.7)	28(46.7)	10(16.6)	60
आय****–				
8000 तक	21(27.6)	25(32.9)	30(39.5)	76
8001–11000	40(39.2)	50(49.0)	12(11.8)	102
11001–14000	30(60.0)	16(32.0)	04(8.0)	50
14001–17000	20(44.4)	20(44.4)	05(11.2)	45
17000 से अधिक	07(25.9)	17(62.9)	03(11.2)	27
योग	**118(39.4)**	**128(42.6)**	**54(18.0)**	**300(100)**

* काई-स्क्वायर = 22.44; df = 4 ; सार्थक < .01

** काई-स्क्वायर = 16.56; df = 6 ; सार्थक < .05

*** काई-स्क्वायर = 41.54; df = 4 ; सार्थक < .01

**** काई-स्क्वायर = 42.60; df = 8 ; सार्थक < .01

ब्राण्ड का अधिक प्रचार होना वस्तु के अच्छे होने को प्रमाणित करना

प्रस्तुत अध्ययन खण्ड में यह जानने का प्रयास किया गया है कि क्या जिस वस्तु का प्रचार अधिक होता है उससे उस वस्तु के अच्छे होने की प्रामाणिकता सिद्ध होती है या नहीं। सारणी संख्या-28 के अध्ययन से स्पष्ट होता है कि 66.6% उत्तरदाताओं के अनुसार ब्राण्ड का अधिक प्रचार होने से उस वस्तु को अच्छा माना जाता है जबकि 33.3% उत्तरदाताओं के अनुसार ब्राण्ड के प्रचार से उसके अच्छे होने की प्रामाणिकता को नहीं जाना जा सकता।

जाति के आधार पर स्पष्ट होता है कि उच्च जाति, पिछड़ी जाति एवं अनुसूचित जाति के अधिकतम उत्तरदाताओं का मत है कि ब्राण्ड का अधिक प्रचार होना इसके अच्छे होने को प्रमाणित करता है एवं सबसे अधिक अनुसूचित जाति के 88.5% उत्तरदाता इस मत से सहमत हैं एवं न्यूनतम 11.5% अनुसूचित जाति के ही उत्तरदाता इस मत से सहमत नहीं हैं। काई-स्क्वायर के अनुसार अन्तर सार्थक है।

आयु के आधार पर ज्ञात होता है कि 36-45 वर्ष के बीच आयु के अधिकतम 76.5% उत्तरदाता इस मत से सहमत नहीं है कि ब्राण्ड का अधिक प्रचार होना वस्तु के अच्छे होने को प्रमाणित करता है शेष सभी आयु वर्ग के अधिकतम उत्तरदाता इस मत से सहमत हैं। काई-स्क्वायर के अनुसार अन्तर सार्थक है।

शिक्षा के आधार पर ज्ञात होता है कि अन्य स्तर के शिक्षित अधिकतम 90.0% उत्तरदाता इस मत से सहमत नहीं हैं कि ब्राण्ड का अधिक प्रचार होना वस्तु के अच्छे होने को प्रमाणित करता है जबकि स्नातक एवं स्नातकोत्तर स्तर के उत्तरदाता इस मत से सहमत हैं। काई-स्क्वायर के अनुसार अन्तर सार्थक है।

आय के आधार पर स्पष्ट होता है कि सबसे कम आय वर्ग अर्थात् 8,000 से कम आय वाले अधिकतम 92.1% उत्तरदाता इस मत से सहमत नहीं हैं कि ब्राण्ड का अधिक प्रचार होना वस्तु के अच्छे होने को प्रमाणित करता है जबकि शेष सभी आय वर्ग के उत्तरदाता इस मत से सहमत हैं एवं सबसे अधिक 11,001-14,000 आय वर्ग के 96.0% उत्तरदाता इस मत से सहमत हैं। काई-स्क्वायर के अनुसार अन्तर सार्थक है।

सारणी संख्या–28

सामाजिक परिवर्त्य एवं ब्राण्ड का अधिक प्रचार होना इसके अच्छे होने को प्रमाणित करना

सामाजिक परिवर्त्य	हाँ	नहीं	योग
जाति*-			
उच्च जाति	82 (56.2)	64 (43.8)	146
पिछड़ी जाति	72 (70.6)	30 (29.4)	102
अनुसूचित जाति	46 (88.5)	06 (11.5)	52
आयु-**			
0-35 तक	96 (82.8)	20 (17.2)	116
36-45	20 (23.5)	65 (76.5)	85
46-55	54 (88.5)	07 (11.5)	61
55 से अधिक	30 (78.9)	08 (21.1)	38
शिक्षा*-**			
स्नातक	104 (72.3)	40 (27.7)	144
स्नातकोत्तर	90 (93.7)	06 (6.3)	96
अन्य	06 (10.0)	54 (90.0)	60
आय**-**			
8000 तक	06 (7.9)	70 (92.1)	76
8001-11000	82 (80.4)	20 (19.6)	102
11001-14000	48 (96.0)	02 (4.0)	50
14001-17000	40 (88.9)	05 (11.1)	45
17000 से अधिक	24 (88.9)	03 (11.1)	27
योग	**200 (66.7)**	**100 (33.3)**	**300 (100)**

* काई-स्क्वायर = 19.07; df = 2; सार्थक < .01

** काई-स्क्वायर = 100.39; df = 3; सार्थक < .001

*** काई-स्क्वायर = 120.39; df = 2; सार्थक < .001

**** काई-स्क्वायर = 162.14; df = 4; सार्थक < .001

प्रचार के लिए सबसे कम खर्च का माध्यम

प्रस्तुत अध्ययन खण्ड के अन्तर्गत यह जानने का प्रयास किया गया है कि प्रचार के लिए सबसे कम खर्च का माध्यम कौन सा है। सारणी संख्या-29 के अवलोकन से स्पष्ट होता है कि 43.7% उत्तरदाताओं के अनुसार रेडियो

प्रचार के लिए सबसे कम खर्च का माध्यम है, 34.3% उत्तरदाताओं के अनुसार समाचार पत्र एवं 22.0% उत्तरदाताओं के अनुसार प्रचार के लिए सबसे कम खर्च का माध्यम टी.वी. है।

सारणी संख्या–29
सामाजिक परिवर्त्य एवं प्रचार के लिए सबसे कम खर्च का माध्यम

सामाजिक परिवर्त्य	रेडियो	टी.वी.	समाचार पत्र	योग
जाति*–				
उच्च जाति	80 (54.8)	06(4.1)	60(41.1)	146
पिछड़ी जाति	35(34.3)	30(29.4)	37(36.3)	102
अनुसूचित जाति	16(30.8)	30(57.7)	06(11.5)	52
आयु–**				
0–35 तक	44(37.9)	26(22.4)	46(39.7)	116
36–45	40(47.0)	20(23.5)	25(29.5)	85
46–55	30(49.2)	12(19.7)	19(31.1)	61
55 से अधिक	17(44.8)	08(21.0)	13(34.2)	38
शिक्षा*–**				
स्नातक	70(48.6)	20(13.9)	54(37.5)	144
स्नातकोत्तर	50(52.0)	30(31.3)	16(16.7)	96
अन्य	11(18.4)	16(26.6)	33(55.0)	60
आय**–**				
8000 तक	20(26.3)	21(27.7)	25(46.0)	76
8001–11000	50(49.0)	20(19.6)	32(31.4)	102
11001–14000	18(36.0)	19(38.0)	13(26.0)	50
14001–17000	20(44.5)	04(8.8)	21(46.7)	45
17000 से अधिक	23(85.2)	02(7.4)	02(7.4)	27
योग	**131(43.7)**	**66(22.0)**	**103(34.3)**	**300(100)**

* काई-स्क्वायर = 71.99; df = 4 ; सार्थक <.001

** काई-स्क्वायर = 3.535; df = 6 ; सार्थक नहीं

*** काई-स्क्वायर = 36.43; df = 4 ; सार्थक <.001

**** काई-स्क्वायर = 37.99; df = 8 ; सार्थक <.001

जाति के आधार पर ज्ञात होता है कि उच्च जाति के अधिकतम 54.8% उत्तरदाताओं का मत है कि प्रचार के लिए सबसे कम खर्च का माध्यम रेडियो है जबकि पिछड़ी जाति के अधिकतम 36.3% उत्तरदाताओं के मतानुसार समाचार पत्र एवं अनुसूचित जाति के अधिकतम 57.7% उत्तरदाताओं का मत है कि प्रचार के लिए सबसे कम खर्च का माध्यम टी.वी. है। काई-स्क्वायर के अनुसार अन्तर सार्थक है।

आयु के आधार पर स्पष्ट होता है कि 35 वर्ष से कम आयु के अधिकतम 39.7% उत्तरदाताओं का मत है कि प्रचार के लिए सबसे कम खर्च का माध्यम समाचार पत्र है जबकि शेष सभी आयु वर्ग के अधिकतम उत्तरदाताओं का मत है कि प्रचार के लिए सबसे कम खर्च का माध्यम रेडियो है। काई-स्क्वायर के अनुसार अन्तर सार्थक नहीं है।

शिक्षा के आधार पर परिलक्षित होता है कि स्नातक एवं स्नातकोत्तर स्तर के अधिकतम उत्तरदाताओं का मत है कि प्रचार के लिए सबसे कम खर्च का माध्यम रेडियो है, जबकि अन्य स्तर के शिक्षित अधिकतम 55.0% उत्तरदाताओं का मत है कि प्रचार के लिए सबसे कम खर्च का माध्यम समाचार पत्र है। काई-स्क्वायर के अनुसार अन्तर सार्थक है।

आय के आधार पर स्पष्ट होता है कि 8,000 से कम आय के अधिकतम 46.0% उत्तरदाताओं के अनुसार समाचार पत्र, 11,001-14,000 के बीच आय वाले अधिकतम 38.0% उत्तरदाताओं के अनुसार टी.वी. प्रचार के लिए सबसे कम खर्च का माध्यम है जबकि शेष सभी आय वर्ग के अधिकतम उत्तरदाताओं का मत है कि रेडियो प्रचार के लिए सबसे कम खर्च का माध्यम है। काई-स्क्वायर के अनुसार अन्तर सार्थक है।

सामग्री के अधिक प्रचार के कारण वस्तु का तुलनात्मक रूप से महँगा होना

इस अध्ययन खण्ड के अन्तर्गत यह जानने का प्रयास किया गया है कि क्या सामग्री के अधिक प्रचार होने से वह वस्तु तुलनात्मक रूप से अन्य वस्तुओं से महँगी हो जाती है या नहीं। सारणी संख्या-30 के अवलोकन से स्पष्ट होता है कि 79.7% उत्तरदाताओं का मत है कि जिस सामग्री का प्रचार अधिक होता है वह वस्तु तुलनात्मक रूप महँगी हो जाती है जबकि 20.3% उत्तरदाताओं का मत है कि ऐसा नहीं होता है।

जाति के आधार पर ज्ञात होता है कि उच्च जाति, पिछड़ी जाति एवं अनुसूचित जाति के अधिकतम उत्तरदाता इस मत से सहमत हैं कि जिस सामग्री का प्रचार अधिक होता है वह वस्तु तुलनात्मक रूप से महँगी हो जाती

है। इस मत से उच्च जाति के सर्वाधिक 82.9% उत्तरदाता सहमत हैं जबकि इसी जाति के सबसे कम 17.1% उत्तरदाता इस मत से सहमत नहीं है। काई-स्क्वायर के अनुसार अन्तर सार्थक है।

आयु के आधार पर स्पष्ट होता है कि 55 वर्ष से अधिक आयु के अधिकतम 55.3% उत्तरदाता इस मत से सहमत नहीं हैं कि जिस सामग्री का

सारणी संख्या–30

सामाजिक परिवर्त्य एवं वस्तुओं का तुलनात्मक रूप से महँगा होना

सामाजिक परिवर्त्य	हाँ	नहीं	योग
जाति*-			
उच्च जाति	121(82.9)	25(17.1)	146
पिछड़ी जाति	83(81.4)	19(18.6)	102
अनुसूचित जाति	35(67.3)	17(32.7)	52
आयु-**			
0-35 तक	102(87.9)	14(12.1)	116
36-45	70 (82.4)	15(17.6)	85
46-55	50(81.9)	11(18.1)	61
55 से अधिक	17(44.7)	21(55.3)	38
शिक्षा*-**			
स्नातक	103(71.5)	41(28.5)	144
स्नातकोत्तर	82(85.4)	14(14.6)	96
अन्य	54(90.0)	06(10.0)	60
आय**-**			
8000 तक	71(93.4)	05(6.6)	76
8001-11000	92(90.2)	10(9.8)	102
11001-14000	40(80.0)	10(20.0)	50
14001-17000	25(55.6)	20(44.4)	45
17000 से अधिक	11(40.7)	16(59.3)	27
योग	**239 (79.7)**	**61 (20.3)**	**300 (100)**

* काई-स्क्वायर = 6.01; df = 2; सार्थक < .05

** काई-स्क्वायर = 34.09; df = 3; सार्थक < .001

*** काई-स्क्वायर = 11.80; df = 2; सार्थक < .001

**** काई-स्क्वायर = 57.27; df = 4; सार्थक < .001

प्रचार अधिक होता है वह वस्तु तुलनात्मक रूप से महँगी हो जाती है जबकि शेष सभी आयु वर्ग के अधिकतम उत्तरदाता इस मत से सहमत हैं कि जिस सामग्री का प्रचार अधिक होता है वह वस्तु तुलनात्मक रूप से महँगी हो जाती है। काई-स्क्वायर के अनुसार अन्तर सार्थक है।

शिक्षा के आधार पर परिलक्षित होता है कि प्रत्येक स्तर के शिक्षित वर्ग के अधिकतम उत्तरदाता इस मत से सहमत हैं कि जिस सामग्री का प्रचार अधिक होता है वह वस्तु तुलनात्मक रूप से महँगी होती है। इसमें सर्वाधिक अन्य स्तर के शिक्षित 90.0% उत्तरदाता इस कथन से सहमत हैं। काई-स्क्वायर के अनुसार अन्तर सार्थक है।

आय के आधार पर स्पष्ट होता है कि 17000 से अधिक आय वर्ग के अधिकतम 59.3% उत्तरदाता इस मत से सहमत नहीं हैं कि जिस सामग्री का प्रचार अधिक होता है वह वस्तु तुलनात्मक रूप से महँगी होती है तथा शेष आय वर्ग के अधिकतम उत्तरदाता इस मत से सहमत हैं कि जिस सामग्री का प्रचार अधिक होता है वह वस्तु तुलनात्मक रूप से महँगी हो जाती है। काई-स्क्वायर के अनुसार अन्तर सार्थक है।

कम्पनियों द्वारा उपभोक्ता सामग्री के प्रचार पर किया जाने वाला खर्च

प्रस्तुत अध्ययन खण्ड के अन्तर्गत यह जानने का प्रयास किया गया है कि कौन सी कम्पनी द्वारा उपभोक्ता सामग्री के प्रचार पर अधिक खर्च किया जाता है। सारणी संख्या-31 के अवलोकन से स्पष्ट होता है कि अधिकतम 21.0% उत्तरदाताओं का मत है कि टाटा कम्पनी द्वारा उपभोक्ता सामग्री के प्रचार पर अधिक खर्च किया जाता है, 19.3% उत्तरदाता डाबर, 17.3% उत्तरदाता अन्य कोई कम्पनी, 14.7% उत्तरदाता बजाज, 14.7% उत्तरदाता हिन्दुस्तान लीवर एवं न्यूनतम 13.0% उत्तरदाताओं का मानना है कि हीरो होण्डा कम्पनी द्वारा प्रचार पर अधिक खर्च किया जाता है।

जाति के आधार पर ज्ञात होता है कि उच्च जाति के अधिकतम उत्तरदाताओं का मत है कि अन्य कम्पनियों द्वारा उपभोक्ता सामग्री के प्रचार पर अधिक खर्च किया जाता है जबकि पिछड़ी जाति के अधिकतम उत्तरदाताओं के मतानुसार बजाज तथा अनुसूचित जाति के अधिकतम उत्तरदाताओं का मत है कि डाबर कम्पनी द्वारा उपभोक्ता सामग्री के प्रचार पर अधिक खर्च किया जाता है।

आयु के आधार पर स्पष्ट होता है कि 0-35 वर्ष एवं 36-45 वर्ष के बीच के अधिकतम उत्तरदातओं का मत है कि डाबर कम्पनी द्वारा उपभोक्ता सामग्री

के प्रचार पर अधिक खर्च किया जाता है जबकि 46 वर्ष से ऊपर के अधिकतम उत्तरदाताओं का मत है कि अन्य कोई कम्पनी उपभोक्ता सामग्री के प्रचार पर अधिक खर्च करती है।

शिक्षा के आधार पर स्पष्ट होता है कि स्नातक स्तर के शिक्षित उत्तरदाता हिन्दुस्तान लीवर कम्पनी को, स्नातकोत्तर स्तर के शिक्षित उत्तरदाता टाटा एवं डाबर को तथा अन्य स्तर के शिक्षित उत्तरदाता अन्य कोई कम्पनी उपभोक्ता सामग्री के प्रचार पर अधिक खर्च करती है इस मत से सहमत हैं।

आय के आधार पर स्पष्ट होता है कि सबसे कम आय वर्ग के उत्तरदाता (अर्थात् 8,000 से कम) एवं सबसे अधिक आय वर्ग के अधिकतम उत्तरदाता

सारणी संख्या–31

सामाजिक परिवर्त्य एवं कम्पनी का उपभोक्ता सामग्री के प्रचार पर अधिक खर्च

सामाजिक परिवर्त्य	टाटा	डाबर	हीरो होण्ड	बजाज	हिन्दुस्तान लीवर	अन्य कोई	योग
जाति–							
उच्च जाति	29 (19.9)	19 (13.0)	16 (10.9)	12 (8.2)	32 (21.9)	38 (26.1)	146
पिछड़ी जाति	20 (19.6)	23 (22.6)	17 (16.7)	24 (23.5)	09 (8.8)	09 (8.8)	102
अनुसूचित जाति	14 (26.9)	16 (30.8)	06 (11.5)	08 (15.4)	03 (5.8)	05 (9.6)	52
आयु–							
0–35 तक	30 (25.9)	34 (29.3)	17 (14.7)	18 (15.5)	13 (11.2)	04 (3.4)	116
36–45	11 (12.9)	18 (21.1)	10 (11.8)	13 (15.3)	17 (20.0)	16 (18.9)	85
46–55	08 (13.1)	03 (4.9)	10 (16.4)	12 (19.7)	12 (19.7)	16 (26.2)	61
55 से अधिक	14 (36.8)	03 (7.9)	02 (5.3)	01 (1.6)	02 (5.3)	16 (42.1)	38
शिक्षा–							
स्नातक	29 (20.1)	24 (16.7)	19 (13.2)	15 (10.4)	30 (20.9)	27 (18.7)	144
स्नातकोत्तर	23 (23.9)	23 (23.9)	16 (16.6)	16 (16.6)	10 (10.4)	08 (8.4)	96
अन्य	11 (18.4)	11 (18.4)	04 (6.6)	13 (21.7)	04 (6.6)	17 (28.3)	60
आय–							
8000 तक	21(27.6)	17 (22.4)	17 (22.4)	14 (18.4)	04 (5.3)	03 (3.9)	76
8001–11000	20(19.6)	30 (29.4)	10 (9.8)	11 (10.8)	11 (10.8)	20 (19.6)	102
11001–14000	06(12.0)	01 (2.0)	02 (4.0)	17 (34.0)	12 (24.0)	12 (24.0)	50
14001–17000	09(20.0)	05 (11.1)	05 (11.1)	01 (2.3)	11 (24.4)	14 (31.1)	45
17000 से अधिक	07(25.9)	05 (18.5)	05 (18.5)	01 (3.7)	06 (22.3)	03 (11.1)	27
योग	**63(21.0)**	**58(19.3)**	**39(13.0)**	**44(14.7)**	**44(14.7)**	**52(17.3)**	**300(100)**

(अर्थात् 17,000 से अधिक) का मत है कि टाटा कम्पनी उपभोक्ता सामग्री के प्रचार पर अधिक खर्च करती है जबकि 8,001-11,000 आर्य वर्ग के अधिकतम उत्तरदाता डाबर कम्पनी, 11001-14000 आय वर्ग के अधिकतम उत्तरदाता बजाज कम्पनी एवं 14,001-17,000 आय वर्ग के बीच के अधिकतम उत्तरदाताओं का मत है कि अन्य कोई कम्पनी उपभोक्ता सामग्री के प्रचार पर अधिक खर्च करती है।

सूचना प्रौद्योगिकी के साधनों के बढ़ने के साथ उपभोक्ता सामग्री का महँगा होना

इस अध्ययन खण्ड के अन्तर्गत यह जानने का प्रयास किया गया है कि क्या सूचना प्रौद्योगिकी के साधनों के बढ़ने के साथ उपभोक्ता सामग्री भी महँगी होती जाती है। सारणी संख्या-32 के अध्ययन से स्पष्ट होता है कि 67.0% उत्तरदाताओं का मत है कि सूचना प्रौद्योगिकी के साधनों के बढ़ने के साथ उपभोक्ता सामग्री भी महँगी होती जाती है जबकि 33.0% उत्तरदाताओं का मत है कि ऐसा नहीं होता है।

जाति के आधार पर स्पष्ट होता है कि उच्च जाति और पिछड़ी जाति के अधिकतम उत्तरदाता इस मत से सहमत हैं कि सूचना प्रौद्योगिकी के साधनों के बढ़ने के साथ-साथ उपभोक्ता सामग्री भी महँगी होती जा रही है जबकि अनुसूचित जाति के अधिकतम 63.3% उत्तरदाता इस मत से सहमत नहीं हैं। काई-स्क्वायर के अनुसार अन्तर सार्थक है।

आयु के आधार पर परिलक्षित होता है कि प्रत्येक आयु वर्ग के अधिकतम उत्तरदाता इस मत से सहमत हैं कि सूचना प्रौद्योगिकी के साधनों के बढ़ने के साथ उपभोक्ता सामग्री भी महँगी होती जाती है। काई-स्क्वायर के अनुसार अन्तर सार्थक है।

शिक्षा के आधार पर ज्ञात होता है कि अन्य स्तर के शिक्षित वर्ग के अधिकतम 80.0% उत्तरदाता इस मत से सहमत नहीं हैं कि सूचना प्रौद्योगिकी के साधनों के बढ़ने के साथ-साथ उपभोक्ता सामग्री भी महँगी होती जा रही है जबकि शेष सभी वर्ग के शिक्षित उत्तरदाता इस मत से सहमत हैं। काई-स्क्वायर के अनुसार अन्तर सार्थक है।

आय के आधार पर स्पष्ट होता है कि सबसे अधिक आय वर्ग अर्थात् 17000 से अधिक आय वाले अधिकतम 87.5% उत्तरदाता इस मत से सहमत नहीं हैं कि सूचना प्रौद्योगिकी के साधनों के बढ़ने के साथ उपभोक्ता सामग्री भी महँगी होती जा रही है जबकि शेष आय वर्ग के अधिकतम उत्तरदाता इस मत से सहमत है। काई-स्क्वायर के अनुसार अन्तर सार्थक है।

सारणी संख्या–32

सामाजिक परिवर्त्य एवं सूचना प्रौद्योगिकी के साधनों के बढ़ने के साथ उपभोक्ता सामग्री का महँगा होना

सामाजिक परिवर्त्य	हाँ	नहीं	योग
जाति -			
उच्च जाति	108(73.9)	38(26.1)	146
पिछड़ी जाति	76(74.5)	26(25.5)	102
अनुसूचित जाति	17(32.7)	35(67.3)	52
आयु -			
0-35 तक	64(55.2)	52(44.8)	116
36-45	60 (70.6)	25(29.4)	85
46-55	53(86.9)	08(13.1)	61
55 से अधिक	24(63.2)	14(36.8)	38
शिक्षा -			
स्नातक	107(74.3)	37(25.7)	144
स्नातकोत्तर	82(85.4)	14(14.6)	96
अन्य	12(20.0)	48(80.0)	60
आय-			
8000 तक	50(65.8)	26(34.2)	76
8001-11000	80(78.5)	22(21.5)	102
11001-14000	38(76.0)	12(24.0)	50
14001-17000	30(66.7)	15(33.3)	45
17000 से अधिक	03(12.5)	24(87.5)	27
योग	**201 (67.0)**	**99 (33.0)**	**300 (100)**

* काई-स्क्वायर = 33.49; df = 2; सार्थक < .001

** काई-स्क्वायर = 18.99; df = 3; सार्थक < .001

*** काई-स्क्वायर = 78.15; df = 2; सार्थक < .001

**** काई-स्क्वायर = 46.06; df = 4; सार्थक < .001

2. सामाजिक एवं सांस्कृतिक प्रभाव

गोल्डमैन और पैप्सन (1998) का मत है लोगों के सामाजिक एवं व्यक्तिगत मूल्यों में तेजी से परिवर्तन आया है। भारत के लोगों सोचने-विचारने के तरीके में और रहन-सहन की शैली में पश्चिमी संस्कृति का भी प्रभाव

पड़ा है। 'सादा जीवन उच्च विचार' वाली भारतीय जीवन शैली से अधिकांश लोग जाने-अनजाने में दूर होते जा रहे हैं और जिनके पास प्रचुर साधन हैं उनमें से अधिकांश ने 'खाओ, पीओ और मौज उड़ाओ' की भौतिकतावादी शैली को अपनाया है। बढ़िया चमक-दमक और नये-नये डिजाइनों वाले कपड़े, किस्म-किस्म के चटपटे स्वादिष्ट व्यंजन, शृंगार प्रसाधन, तेज गति वाले वाहन, घरेलू उपयोग की आधुनिक बढ़िया मशीनें और व्यक्तिगत आराम सुख के साधन, पाँच सितारा होटलों और सैरगाहों में मौज-मस्ती कुछ ऐसे विषय हैं, जिनकी ओर हम तेजी से आकर्षित हुए हैं। साधु-सन्तों और फकीरों की बात छोड़ दीजिए तो हर सक्षम उपभोक्ता अपने लिए और अपने परिवार के लिए अच्छा छोड़ चाहता है, अच्छा खाना-पहनना चाहता है और अपने भविष्य के प्रति आश्वस्त होना चाहता है। अधिकांश ने भौतिकतावाद को पूरी तरह अपना लिया है और वे वह सब कुछ हासिल करना चाहते हैं जो उन्हें दैहिक या मनोवैज्ञानिक संतुष्टि दे सके। भौतिकतावाद जहाँ एक ओर बड़े पैमाने पर औद्योगिक उत्पादन और औद्योगीकरण के लिए उत्तरदायी है वहाँ दूसरी ओर उसने उत्पादित वस्तुओं के संवर्धन व बिक्री के लिए विज्ञापन विधा को भी शक्ति प्रदान की है। मोटे तौर पर अगर यह कहा जाए की भौतिकतावाद विज्ञापन विधा का कारण भी है और परिणाम भी तो अतिशयोक्ति नहीं होगी।

शिलर (1996) के अनुसार अमेरिकन पूँजीवादी संस्कृति, क्रेडिट का विस्तार, उच्चश्रृंखल व अनियंत्रित उपभोक्तावाद, विज्ञापन, **परंपरागत बंधकों के स्वरूपों के व्यवस्थित व्यवस्थापन के विकास के संदर्भ में अवलोकित किया जा सकता है।** पूँजीवादी अमेरिकन चरित्र व जीवन शैली का, एक राष्ट्रीय संदर्श में विकास हुआ है। 1980 से प्रत्येक जगह संस्कृति वृद्धि हुई है। यह पूरी तरह से अमेरिकनकृत है तथा यह आर्थिक कारणों द्वारा प्रवेशित हुआ है। वैश्विक बाजारों के तहत मीडिया उत्पादों के बढ़ते एकीकरण, सार्वजनिक संस्कृति का तीव्र गति से बढ़ता वि-नियमतीकरण ने विश्वव्यापी स्तर पर अमेरिकीकरण की प्रक्रिया को प्रोत्साहित व प्रोन्नत किया है। इसको प्रत्यक्षतः अमेरिकन उत्पाद, अमेरिकन टेलीविजन के तौर-तरीके, जीवनशैली व आकार की स्थानीय प्रतिकृति व फोटो कापी के समर्थन द्वारा हासिल किया गया है। व्यावसायिक रूप से संचालित मीडिया, जो अमेरिकन उत्पाद का प्रमुख वाहक है। दूसरी तरफ मैटलेलार्ट (Mattlelat et.al. 1984; Mattlelart and Mattlelart : 1992) इस निर्णयात्मक तर्क का खण्डन करते हैं कि मीडिया संस्कृति की प्रमुख भूमिका, अवनति का वैधताकरण है। यद्यपि अमेरिकन मीडिया उत्पाद की वैश्विक सार्वजनिक

उपस्थिति व व्याप्तता के संदर्भ में संदेह नहीं है। 1970 और 1981 के दौरान फ्रांस व जापान का मीडिया फिल्म के संदर्भ में घरेलू बाजार में ज्यादा सहभागिता थी (Mattelat : 1984)। 1982 में, अमेरिकन विज्ञापन फर्म ने, वैश्विक बाजार में एक औसत उपस्थिति दर्ज की। विशिष्ट रूप से 1980 दोनों अर्थात् तृतीय विश्व और तथाकथित विकसित विश्व में, नवीन सांस्कृतिक निर्यातकों के विकास का प्रत्यक्षदर्शी है जिसने **अन्तर्राष्ट्रीय** इमेज मार्केट के आकार को परिवर्तित किया है। ब्राजील में टी.वी. ग्लोबो का निर्माण पूर्णतः बिना किसी विदेशी अतिरिक्त पूँजी की सहायता के पूर्णतः स्थानीय सहयोग की श्रृंखला द्वारा संपन्न हुई (Mader : 1993)। वैश्विक मीडिया के प्रवाह ने एक जटिल चित्रण प्रस्तुत किया है। आलोचकों के अनुसार सांस्कृतिक वस्तुओं के उत्पादन पर आर्थिक विकास का प्रत्यक्ष व अ-मध्यस्थ प्रभाव है। सांस्कृतिक विकास, आर्थिक विकास के लम्बे समय तक प्रतिनिधित्व करने वाली वस्तु के रूप में अभिचित्रित नहीं किया जा सकता है। इसके अतिरिक्त मीडिया का प्रौद्योगिकी विकास केवल उपभोक्तावाद के प्रतिमान द्वारा प्रतिमानित नहीं हो सकता है बल्कि मीडिया का प्रौद्योगिकी विकास व पूँजीवादी अर्थतंत्र सांस्कृतिक समजातीयता के साथ सांस्कृतिक विजातीयता को भी प्रस्तुत करता है; निर्देशित करता है (Robertson : 1992; Mattelart and Mattleart : 1992)।

ल्यूक (1995) तर्क देते हैं कि **एक प्रतिकृत संस्कृति** के पराराष्ट्रीय प्रवाह ने एक वैश्विक तकनीक परिवेश प्रस्तुत किया है जिसका स्थानीय संस्कृति पर प्रभाव है। नवीन मीडिया प्रौद्योगिकी की वैश्विक प्रकृति का आशय है कि **'समय व स्थान'** वृद्धिगत रूप से संकुचित हो गया है तथा नवीन गठबंधनों को विविध स्थानिक व कालिक आयामों के मध्य प्रस्तुत करता है। गुनाटीलेक का अवलोकन है कि वैश्विक अन्तर्संबंधन वैश्विक अन्तर्निर्भरता के नवीन स्तर का वृद्धिगत रूप से प्रकटीकरण 1960 के दौरान अवलोकित होता है जिसका आशय है कि विविध 'वर्चुअल कम्यूनिटी (दृश्यात्मक समुदाय) एक-दूसरे से कम्यूनिकेशन स्थापित करने योग्य, राष्ट्र राज्य की सीमाओं से परे हो चुके थे। शोधित क्षेत्र के बने रहने का आधार, वैश्विक प्रौद्योगिकी पर निर्भरता, विशेषज्ञ व्यवस्था व अन्य सांस्कृतिक प्रक्रियायें थीं। इस प्रकार यह स्पष्ट है कि सांस्कृतिक विखण्डन और समरूपता का अनुमोदन व्यापक सैद्धान्तिकीय परिप्रेक्ष्यों को मास कम्यूनिकेशन के अन्तर्गत प्रस्तुत करता है। इसे मैकलुहान से अन्य अधुनातन उत्तर उपनिवेशवादी और उत्तर आधुनिक परिप्रेक्ष्यों के संदर्भ में अवलोकित किया जा सकता है।

कैसटेल्स (1993) का आकलन है कि 1980 के दौरान विश्व व्यापार व पूँजीवाद का विकास विज्ञान व प्रौद्योगिकी के बढ़ते प्रयोग पर आधारित था। पूँजीवाद की इस नवीन अवस्था में, **जिसे कैसटेल्स, सूचनात्मक अर्थतंत्र** कहते हैं, ज्ञान व प्रौद्योगिकी का ग्राहकीकृत उत्पादन में बढ़ता प्रयोग था। जिसने आर्थिक सफलता को सुनिश्चित किया। कैसटेल्स व्याख्यायित करते हैं कि 1980 सूचना प्रौद्योगिकी के तीव्र विकास का गवाह है जो पूँजीवाद को अन्तर्राष्ट्रीय पहुँच हेतु पुनर्संरचित करता है। नवीन प्रौद्योगिकी के प्रयोग ने पूँजी के पहुँच को विस्तारित किया है व नवीन बाजार सुअवसर को उपलब्ध कराया है, दूरस्थ बाजारों को खोला है तथा वैश्विक बाजार में, पूँजी के टर्न ओवर' को व्यापक स्तर पर विस्तारित किया है।

प्रचार से विशेष आयु के लोग प्रभावित

प्रस्तुत अध्ययन खण्ड के अन्तर्गत यह देखने का प्रयास किया गया है कि प्रचार से किस आयु वर्ग के लोग अधिक प्रभावित होते हैं। सारणी संख्या-33 के अध्ययन से स्पष्ट होता है कि 31.4% उत्तरदाताओं का मत है कि प्रचार से सर्वाधिक 26-35 वर्ष के बीच के लोग प्रभावित होते हैं, 29.6% उत्तरदाताओं का मत है कि 15-25, 7.3% उत्तरदाताओं का मत है कि 46-55 आयु वर्ग के एवं न्यूनतम 6.3% उत्तरदाताओं का मत है कि 55 वर्ष से अधिक आयु के व्यक्ति प्रचार से विशेष प्रभावित होते हैं।

जाति के आधार पर स्पष्ट होता है कि उच्च जाति के अधिकतम उत्तरदाताओं का मत है कि प्रचार से सर्वाधिक 15-25 वर्ष के बीच के लोग अधिक प्रभावित होते हैं जबकि पिछड़ी जाति के अधिकतम उत्तरदाता 36-45 वर्ष के बीच के लोगों एवं अनुसूचित जाति के 26-35 वर्ष के बीच के लोगों को सर्वाधिक प्रभावित मानते हैं। काई-स्क्वायर के अनुसार अन्तर सार्थक है।

आयु के आधार पर स्पष्ट होता है कि 0-35 वर्ष एवं 46-55 वर्ष के बीच के अधिकतम उत्तरदाताओं का मत है कि प्रचार से सर्वाधिक 15-25 वर्ष के लोग प्रचार से सर्वाधिक प्रभावित होते हैं जबकि 36-45 वर्ष एवं 55 वर्ष से ऊपर आयु के अधिकतम उत्तरदाताओं का मत है कि प्रचार से सर्वाधिक 26-35 वर्ष के बीच के लोग प्रभावित होते हैं। काई-स्क्वायर के अनुसार अन्तर सार्थक है।

शिक्षा के आधार पर भी उत्तरदाताओं में मत भिन्नता है स्नातक स्तर के अधिकतम उत्तरदाता 36-45 वर्ष के बीच के लोगों को, स्नातकोत्तर स्तर के अधिकतम उत्तरदाता 15-25 एवं 26-35 वर्ष के बीच लोगों को एवं अन्य स्तर के शिक्षित अधिकतम उत्तरदाता 26-35 एवं 36-45 वर्ष के बीच के लोगों को

प्रचार से सर्वाधिक प्रभावित मानते हैं। काई-स्क्वायर के अनुसार अन्तर सार्थक नहीं है।

आय के आधार पर ज्ञात होता है कि 8,000 तक आय वाले एवं 11,001-14,000 के बीच आय वाले उत्तरदाता 26-35 वर्ष के बीच के लोगों

सारणी संख्या-33

सामाजिक परिवर्त्य एवं प्रचार से विशेष आयु के प्रभावित लोग

सामाजिक परिवर्त्य	15–25	26–35	36–45	46–55	55 से अधिक	योग
जाति*–						
उच्च जाति	56 (38.4)	41 (28.0)	33 (22.6)	10 (6.9)	06 (4.1)	146
पिछड़ी जाति	16 (15.7)	33 (32.4)	40 (39.2)	06 (5.9)	07 (6.8)	102
अनुसूचित जाति	17 (32.7)	20 (38.5)	03 (5.8)	06 (11.5)	06 (11.5)	52
आयु**–						
0–35 तक	41 (35.4)	40 (34.4)	28 (24.2)	06 (5.2)	01 (0.8)	116
36–45	21 (24.7)	30 (35.3)	21 (24.7)	03 (3.5)	10 (11.8)	85
46–55	20 (32.8)	14 (22.9)	19 (31.2)	07 (11.5)	01 (1.6)	61
55 से अधिक	07 (18.4)	10 (26.3)	08 (21.1)	06 (15.8)	07 (18.4)	38
शिक्षा***–						
स्नातक	40 (27.8)	38 (26.4)	46 (32.0)	10 (6.9)	10 (6.9)	144
स्नातकोत्तर	37 (38.5)	37 (38.5)	11 (11.5)	07 (7.3)	04 (4.2)	96
अन्य	12 (20.0)	19 (31.7)	19 (31.7)	05 (8.3)	05 (8.3)	60
आय****–						
8000 तक	20 (26.3)	31 (40.8)	11 (14.5)	08 (10.5)	06 (7.9)	76
8001–11000	38 (37.3)	28 (27.5)	30 (29.4)	04 (3.9)	02 (1.9)	102
11001–14000	17 (34.0)	20 (40.0)	11 (22.0)	01 (2.0)	01 (2.0)	50
14001–17000	11 (24.5)	11 (24.5)	09 (20.0)	08 (17.3)	06 (13.3)	45
17000 से अधिक	03 (11.2)	04 (14.8)	15 (55.5)	01 (3.7)	04 (14.8)	27
योग	89 (29.6)	94 (31.4)	76 (25.4)	22 (7.3)	19 (6.3)	300 (100)

* काई-स्क्वायर = 33.02; df = 8; सार्थक < .001

** काई-स्क्वायर = 35.29; df = 12; सार्थक < .001

*** काई-स्क्वायर = 19.35; df = 8; सार्थक नहीं

**** काई-स्क्वायर = 50.89; df = 16; सार्थक < .001

को प्रचार से सर्वाधिक प्रभावित मानते हैं जबकि 8,001-11,000 एवं 14,001-17,000 के बीच आय के उत्तरदाता 15-25 वर्ष के बीच के व्यक्तियों को प्रचार से सर्वाधिक प्रभावित मानते हैं एवं 17,000 से अधिक के उत्तरदाता 36-45 वर्ष के बीच के लोगों को प्रचार से सर्वाधिक प्रभावित मानते हैं। काई-स्क्वायर के अनुसार अन्तर सार्थक है।

सूचना प्रौद्योगिकी के अधिकाधिक साधनों का किसी वर्ग विशेष से सम्बन्ध

प्रस्तुत अध्ययन खण्ड के अन्तर्गत यह जानने का प्रयास किया गया है कि आधुनिक समाज में सूचना प्रौद्योगिकी के अधिकाधिक साधन किस वर्ग विशेष के पास हैं। सारणी संख्या-34 के अध्ययन से स्पष्ट होता है कि अधिकतम 45.0% उत्तरदाताओं का मत है कि सूचना प्रौद्योगिकी के अधिकाधिक साधन नौकरी पेशा वालों के पास हैं, 31.0% उत्तरदाताओं का मत है कि सूचना प्रौद्योगिकी के अधिकाधिक साधन व्यापारी वर्ग के पास हैं, एवं न्यूनतम 24.0% उत्तरदाताओं का मत है सूचना प्रौद्योगिकी के अधिकाधिक साधन राजनैतिक वर्ग के पास हैं।

जाति के आधार पर परिलक्षित होता है कि उच्च जाति, पिछड़ी जाति एवं अनुसूचित जाति के अधिकतम उत्तरदाताओं का मत है कि सूचना प्रौद्योगिकी के अधिकाधिक साधन नौकरी पेशा वालों के पास हैं।

आयु के आधार पर स्पष्ट होता है कि सिर्फ 55 वर्ष से अधिक आयु के अधिकतम 42.1% उत्तरदाताओं का मत है कि सूचना प्रौद्योगिकी के अधिकाधिक साधन व्यापारी वर्ग के पास हैं जबकि शेष अन्य आयु के अधिकतम उत्तरदाताओं का मत है कि सूचना प्रौद्योगिकी के अधिकाधिक साधन नौकरी पेशा वालों के पास हैं।

शिक्षा के आधार पर स्पष्ट होता है कि स्नातक स्तर के शिक्षित अधिकतम 35.4% उत्तरदाताओं का मत है कि सूचना प्रौद्योगिकी के अधिकाधिक व्यापारी वर्ग के पास हैं जबकि शेष शिक्षित वर्ग के अधिकतम उत्तरदाताओं का मत है कि सूचना प्रौद्योगिकी के अधिकाधिक साधन नौकरी पेशा वालों के पास हैं।

आय के आधार पर ज्ञात होता है कि 11000 तक आय वाले अधिकतम उत्तरदाताओं का मत है कि सूचना प्रौद्योगिकी के अधिकाधिक साधन व्यापारी वर्ग के पास हैं जबकि शेष अन्य आय वाले अधिकतम उत्तरदाताओं का मत है कि सूचना प्रौद्योगिकी के अधिकाधिक साधन नौकरी पेशा वालों के पास हैं।

सारणी संख्या-34
सामाजिक परिवर्त्य एवं सूचना प्रौद्योगिकी के अधिकाधिक साधनों का किसी वर्ग विशेष से सम्बन्ध

सामाजिक परिवर्त्य	नौकरी पेशा वालों के पास	व्यापारी वर्ग के पास	राजनैतिक वर्ग के पास	योग
जाति–				
उच्च जाति	58(39.7)	43(29.4)	45(30.9)	146
पिछड़ी जाति	56(54.9)	30(29.5)	16(15.6)	102
अनुसूचित जाति	21(40.4)	20(38.5)	11(21.1)	52
आयु–				
0–35 तक	66(55.8)	25(21.6)	25(21.6)	116
36–45	30(35.3)	28(32.9)	27(31.8)	85
46–55	31(50.8)	24(39.3)	06(9.9)	61
55 से अधिक	08(21.0)	16(42.1)	14(36.9)	38
शिक्षा–				
स्नातक	48(33.4)	51(35.4)	45(31.2)	144
स्नातकोत्तर	40(41.7)	30(31.2)	26(27.1)	96
अन्य	47(78.4)	12(20.0)	01(1.6)	60
आय–				
8000 तक	26(34.2)	30(39.5)	20(26.3)	76
8001–11000	38(37.2)	50(49.0)	14(13.8)	102
11001–14000	32(64.0)	04(8.0)	14(28.0)	50
14001–17000	20(44.5)	06(13.3)	19(42.2)	45
17000 से अधिक	19(70.4)	03(11.1)	05(18.5)	27
योग	**135(45.0)**	**93(31.0)**	**72(24.0)**	**300(100)**

उपभोक्ता सामग्री अच्छा होने का सुझाव

इस अध्ययन खण्ड के अन्तर्गत यह जानने का प्रयास किया गया है कि घर में उपभोक्ता सामग्री के अच्छा होने का सुझाव सबसे पहले कौन देता है। सारणी संख्या-35 के अध्ययन से स्पष्ट होता है कि 48.3% उत्तरदाताओं का मत है कि उपभोक्ता सामग्री के अच्छा होने का सुझाव सबसे पहले नौजवान देते हैं, 39.4% उत्तरदाताओं का मत है कि बच्चे सुझाव सबसे पहले देते हैं एवं 12.3% उत्तरदाताओं का मत है उपभोक्ता सामग्री के अच्छा होने का

सुझाव सबसे पहले प्रौढ़ देते हैं।

जाति के आधार पर ज्ञात होता है कि उच्च जाति और पिछड़ी जाति के अधिकतम उत्तरदाताओं का मत है कि उपभोक्ता सामग्री के अच्छा होने का सुझाव सबसे पहले नौजवान देते हैं जबकि अनुसूचित जाति के अधिकतम 76.9% उत्तरदाताओं का मत है कि कौन उपभोक्ता

सारणी संख्या-35

सामाजिक परिवर्त्य एवं उपभोक्ता सामग्री के अच्छा होने का सुझाव

सामाजिक परिवर्त्य	बच्चे	नौजवान	प्रौढ़	योग
जाति*–				
उच्च जाति	40 (27.4)	82(56.1)	24(16.5)	146
पिछड़ी जाति	38(37.2)	62(60.9)	02(1.9)	102
अनुसूचित जाति	40(76.9)	01(1.9)	11(21.2)	52
आयु–**				
0–35 तक	60(51.7)	42(36.2)	14(12.1)	116
36–45	21(24.7)	57(67.0)	07(8.3)	85
46–55	19(31.2)	40(65.6)	02(3.2)	61
55 से अधिक	18(47.4)	06(15.8)	14(36.8)	38
शिक्षा*–**				
स्नातक	70(48.6)	68(47.2)	06(4.2)	144
स्नातकोत्तर	40(41.7)	50(52.0)	06(6.3)	96
अन्य	08(13.3)	27(45.0)	25(41.7)	60
आय**–**				
8000 तक	30(39.5)	40(52.6)	06(7.9)	76
8001–11000	41(40.2)	52(50.9)	09(8.9)	102
11001–14000	29(58.0)	20(40.0)	01(2.0)	50
14001–17000	06(13.4)	24(53.3)	15(33.3)	45
17000 से अधिक	12(44.4)	09(33.3)	06(22.3)	27
योग	**118 (39.4)**	**145 (48.3)**	**37 (12.3)**	**300 (100)**

* काई-स्क्वायर = 66.55; df = 4; सार्थक < .001

** काई-स्क्वायर = 56.32; df = 6; सार्थक < .001

*** काई-स्क्वायर = 66.58; df = 4; सार्थक < .001

**** काई-स्क्वायर = 39.80; df = 8; सार्थक < .001

सामग्री अच्छा है, इसका सुझाव सबसे पहले बच्चे देते हैं। काई-स्क्वायर के अनुसार अन्तर सार्थक है।

आयु के आधार पर स्पष्ट होता है कि 35 वर्ष से नीचे एवं 55 वर्ष से ऊपर के अधिकतम उत्तरदाताओं का मत है कि कौन सी उपभोक्ता सामग्री अच्छी है इसका सबसे पहले सुझाव घर में बच्चे देते हैं जबकि 36 वर्ष से 55 वर्ष के बीच के अधिकतम उत्तरदाताओं का मत है कि उपभोक्ता सामग्री के अच्छा होने का सुझाव सबसे पहले नौजवान देते हैं। काई-स्क्वायर के अनुसार अन्तर सार्थक है।

शिक्षा के आधार पर परिलक्षित होता है कि स्नातक स्तर के शिक्षित अधिकतम 48.6% उत्तरदाताओं का मत है कि कौन सी उपभोक्ता सामग्री अच्छी है इसका सबसे पहले घर में सुझाव बच्चे देते हैं एवं स्नातकोत्तर एवं अन्य स्तर के शिक्षित अधिकतम उत्तरदाताओं का मत है कि यह सुझाव सबसे पहले नौजवान देते हैं। काई-स्क्वायर के अनुसार अन्तर सार्थक है।

आय के आधार पर स्पष्ट होता है कि 11,000 से 14,000 एवं 17,000 से ऊपर आय वाले अधिकतम उत्तरदाताओं का मत है कि कौन सी उपभोक्ता सामग्री अच्छी है इसका सबसे पहले घर में सुझाव बच्चे देते हैं जबकि शेष आय वर्ग के अधिकतम उत्तरदाताओं का मत है कि यह सुझाव सबसे पहले नौजवान देते हैं। काई-स्क्वायर के अनुसार अन्तर सार्थक है।

उपभोक्ता सामग्री के प्रचार का संस्कृति पर प्रभाव

प्रस्तुत अध्ययन खण्ड के अन्तर्गत यह जानने का प्रयास किया गया है कि प्रचार का देश के सांस्कृतिक संगठन पर कैसा प्रभाव पड़ा है। सारणी संख्या-36 के अध्ययन से स्पष्ट होता है कि 59.7% उत्तरदाताओं का मत है कि प्रचार के कारण देश में पश्चिमी संस्कृति का प्रभाव बढ़ा है, 27.0% उत्तरदाताओं का मत है कि प्रचार से अपसंस्कृति को बढ़ावा मिला है जबकि न्यूनतम 13.3% उत्तरदाताओं का मत है कि प्रचार के कारण देश के सांस्कृतिक संगठन में कोई कमी नहीं आयी है।

जाति के आधार पर परिलक्षित होता है कि उच्च जाति, पिछड़ी जाति एवं अनुसूचित जाति के अधिकतम उत्तरदाताओं का मत है कि उपभोक्ता सामग्री के प्रचार से देश में पश्चिमी संस्कृतिक का प्रभाव बढ़ा हैं।

आयु के आधार पर यह देखने को मिलता है कि प्रत्येक आयु वर्ग के अधिकतम उत्तरदाताओं का मत है कि उपभोक्ता सामग्री के प्रचार से देश में पश्चिमी संस्कृति का प्रभाव बढ़ा है। इस मत से सबसे अधिक 46-55 वर्ष के बीच के 73.8% उत्तरदाता प्रभावित हैं।

शिक्षा के आधार पर स्पष्ट होता है कि प्रत्येक शिक्षित वर्ग के अधिकतम उत्तरदाताओं का मत है कि उपभोक्ता सामग्री के प्रचार से देश में पश्चिमी संस्कृति का प्रभाव बढ़ा है। अन्य स्तर के शिक्षित सर्वाधिक 81.7% उत्तरदाता इस मत से सहमत हैं।

आय के आधार पर ज्ञात होता है कि प्रत्येक आय वर्ग के अधिकतम उत्तरदाता इस मत से सहमत हैं कि उपभोक्ता सामग्री के प्रचार के कारण देश में पश्चिमी संस्कृति का प्रभाव बढ़ा है। इस मत से सबसे अधिक 11,001-14,000 आय वर्ग के बीच के 76.0% उत्तरदाता सहमत हैं।

सारणी संख्या-36

सामाजिक परिवर्त्य एवं उपभोक्ता सामग्री के प्रचार का संस्कृति पर प्रभाव

सामाजिक परिवर्त्य	अपसंस्कृतिक को बढ़ावा मिलता है	पश्चिमी संस्कृति का प्रभाव बढ़ा है	संस्कृति के संगठन में कोई कमी नहीं आई है	योग
जाति–				
उच्च जाति	33(22.6)	107(73.3)	06(4.1)	146
पिछड़ी जाति	32(31.4)	42(41.2)	28(27.4)	102
अनुसूचित जाति	16(30.8)	30(57.7)	06(11.5)	52
आयु–				
0–35 तक	30(25.9)	75(64.6)	11(9.5)	116
36–45	26(30.6)	38(44.7)	21(24.7)	85
46–55	15(24.6)	45(73.8)	01(1.6)	61
55 से अधिक	10(26.3)	21(55.3)	07(18.4)	38
शिक्षा–				
स्नातक	31(21.5)	80(55.6)	33(22.9)	144
स्नातकोत्तर	40(41.7)	50(52.0)	06(6.3)	96
अन्य	10(16.7)	49(81.7)	01(1.6)	60
आय–				
8000 तक	30(39.5)	40(52.6)	06(7.9)	76
8001–11000	38(37.3)	60(58.8)	04(3.9)	102
11001–14000	01(2.0)	38(76.0)	11(22.0)	50
14001–17000	02(4.5)	30(66.7)	13(28.8)	45
17000 से अधिक	10(37.0)	11(40.7)	06(22.3)	27
योग	**81(27.0)**	**179(59.7)**	**40(13.3)**	**300(100)**

उपभोक्तावाद से पतन की तरफ उन्मुख होना

इस अध्ययन खण्ड के अन्तर्गत यह जानने का प्रयास किया गया है कि सूचना प्रौद्योगिकी ने जिस तरह उपभोक्तावाद को बढ़ाया है क्या यह उपभोक्तावाद हमें पतन की ओर ले जा रहा है? सारणी संख्या-37 के अध्ययन से स्पष्ट होता है कि 51.4% उत्तरदाताओं का मत है कि उपभोक्तावाद हमें पतन की ओर ले जा रहा है जबकि 48.6% उत्तरदाताओं का मत है कि उपभोक्तावाद हमें पतन की ओर नहीं ले जा रहा हैं।

सारणी संख्या-37

सामाजिक परिवर्त्य एवं उपभोक्तावाद से पतन की ओर उन्मुख होना

सामाजिक परिवर्त्य	हाँ	नहीं	योग
जाति -			
उच्च जाति	96(65.7)	50(34.3)	146
पिछड़ी जाति	31(30.4)	71(69.6)	102
अनुसूचित जाति	27(51.9)	25(48.1)	52
आयु -			
0-35 तक	79(68.1)	37(31.9)	116
36-45	19(22.4)	66(77.6)	85
46-55	16(26.3)	45(73.7)	61
55 से अधिक	30(78.9)	08(21.1)	38
शिक्षा -			
स्नातक	60(41.7)	84(58.3)	144
स्नातकोत्तर	54(56.2)	42(43.8)	96
अन्य	40(66.6)	20(33.4)	60
आय-			
8000 तक	51(67.1)	25(32.9)	76
8001-11000	30(29.4)	72(70.6)	102
11001-14000	19(38.0)	31(62.0)	50
14001-17000	30(66.6)	15(33.4)	45
17000 से अधिक	24(88.8)	03(11.2)	27
योग	**154(51.4)**	**146(48.6)**	**300(100)**

जाति के आधार पर स्पष्ट होता है कि उच्च जाति और अनुसूचित जाति के अधिकतम उत्तरदाताओं का मत है कि उपभोक्तावाद हमें पतन की ओर ले जा रहा है जबकि पिछड़ी जाति के अधिकतम उत्तरदाताओं का मत है कि उपभोक्तावाद हमें पतन की ओर नहीं ले जा रहा है।

आयु के आधार पर यह ज्ञात होता है कि 0-35 एवं 55 से अधिक आयु के अधिकतम उत्तरदाताओं का मत है कि उपभोक्तावाद हमें पतन की ओर ले जा रहा है जबकि 36-45 एवं 46-55 वर्ष के बीच के अधिकतम उत्तरदाताओं का मत है कि उपभोक्तावाद हमें पतन की ओर नहीं ले जा रहा है।

शिक्षा के आधार पर स्पष्ट होता है कि स्नातक स्तर के शिक्षित उत्तरदाताओं का मत है कि उपभोक्तावाद हमें पतन की ओर नहीं ले जा रहा है जबकि स्नातकोत्तर एवं अन्य स्तर के शिक्षित उत्तरदाताओं का मत है कि उपभोक्तावाद हमें पतन की ओर ले जा रहा है।

आय के आधार पर स्पष्ट होता है कि 8,001-11000 एवं 11,001-14,000 आय वर्ग के अधिकतम उत्तरदाताओं का मत है कि उपभोक्तावाद हमें पतन की ओर नहीं ले जा रहा है जबकि शेष सभी आय वर्ग के अधिकतम उत्तरदाताओं का मत है कि उपभोक्तावाद हमें पतन की ओर ले जा रहा है।

3. उपभोक्ता संसाधनों के ग्राह्यता के ऊपर पड़ने वाले प्रभाव

विट्ठल और महालिंगम (2001) के अभिमत में आज सारे संसार में व्यावसायिक संस्थाएँ एक दौड़ में लगी हैं, जिसमें प्रत्येक संस्था लम्बी अवधि तक अग्रणी रहकर जीतने का प्रयास कर रही है। आक्रामक प्रतिस्पर्द्धा के इस युग में संस्थाएँ दिन-प्रतिदिन और अधिक, बलशाली, चुस्त और फुर्तीली कम्पनियों के साथ कड़ी स्पर्द्धा का सामना कर रही हैं। साथ ही नये खिलाड़ी अपनी शक्तियों, नयी तकनीक और बाजार के प्रति नये अभिगम के साथ दौड़ में शामिल होते दिखाई देते हैं। व्यवसाय के पारम्परिक तरीके आज कम्पनियों को प्रतिस्पर्द्धात्मक बढ़त दिलाने में सहायक नहीं है। आज के सूचना प्रधान वातावरण में प्रतिस्पर्द्धात्मक बढ़त के लिए ग्राहक सेवा ही एक मात्र माध्यम प्रदान करती है।

इस प्रतिस्पर्द्धात्मक वातावरण में शक्ति ग्राहक के हाथ में पहुँच गयी है और किसी भी संस्था की सफलता का मूल मंत्र अब ग्राहक संतोष बन गया है। **मैल्कॉम** (2000) की मान्यता है कि कम्पनियों ने यह जान लिया है कि ग्राहकों को प्रसन्न रखना आवश्यक हो गया है जबकि दिनोंदिन ग्राहक सर्वोत्तम मूल्य पर उत्कृष्ट सेवा की तत्काल माँग कर रहे हैं। उनकी बढ़ती अपेक्षाओं के मद्देनजर कम्पनियों के ग्राहकों को देखने के नजरिये और ग्राहक

के वर्तमान और भावी आवश्यकताओं के मूल्यांकन करने के तरीकों में क्रांतिकारी परिवर्तन आया है। आज उन्हें अपने ग्राहक सम्बन्ध में परिवर्तन लाना जरूरी हो गया है।

पुल (1963) के अनुसार 21वीं शताब्दी में सफलता के लिए संस्थाओं को ग्राहक अपेक्षाओं से बढ़कर सम्पूर्ण ग्राहक संतुष्टि प्रदान करने के लिए टेक्नोलॉजी और उसकी निहित प्रक्रियाओं के समक्ष आवश्यक हो गयी है। टेक्नोलॉजी में अभिनवीकरण विशेष रूप से सूचना टेक्नोलॉजी के क्षेत्र में कम्पनियों को आज अपने ग्राहक की बदलती अपेक्षाओं के प्रति तेज गति से और बेहतर रूप से अनुक्रिया में सक्षम बना रही है।

ग्राहक संतुष्टि एक दीर्घ अवधि की रणनीति है। उत्तम ग्राहक सेवा के लिए ख्याति प्राप्त करने के लिए काफी प्रयास और समय की दरकार होती है। ग्राहक संतोष व्यवसाय की सफलता का सूचक है और यह निर्धारित करता है कि भविष्य में ग्राहक संस्था के प्रति किस प्रकार अनुक्रियाशील है।

राय (1999) के मतानुसार आज के प्रतिस्पर्द्धात्मक वातावरण में ग्राहक सेवा के तत्वों के प्रभावी प्रबन्धन द्वारा ग्राहक संतुष्टि का निर्माण सभी कम्पनियों के प्रचालन का केन्द्र बिन्दु बन गया है। जैसे-जैसे ग्राहकों का अनुभव बढ़ता है उनकी अपेक्षाओं में वृद्धि होती है। अतः कम्पनियों द्वारा ग्राहकों के बढ़ते संतुष्टि स्तरों को पूरा करने की अपनी योग्यता को निरन्तर मॉनिटर करना जरूरी हो जाता है। वे कम्पनियाँ जो अपनी उत्पाद की गुणवत्ता पर विशेष रूप से ध्यान देकर सेवा के तत्वों की उपेक्षा करती हैं। ग्राहक संतुष्टि के अवसर गँवा देती हैं। तीन प्रमुख घटक जो ग्राहक अपेक्षाओं को उच्च स्तर तक पहुँचाने के लिए प्रेरित करते हैं इस प्रकार हैं—

1. ग्राहकों की बदलती आवश्यकताएँ एवं चाहतें।
2. संस्था द्वारा निकृष्ट उत्पादन का वाद और वितरण।
3. प्रतिस्पर्द्धियों का वादा की वे इससे बेहतर प्रदान कर सकते हैं।

जेम्सन (1991) का मानना है कि ग्राहक की अपेक्षाएँ संस्था द्वारा प्रदत्त उत्पाद से सम्पूर्णता में सम्बद्ध होती हैं और निम्नांकित सभी प्रक्रियाओं को परिवेष्ठित करती है—

1. पणन (Shopping)
2. क्रय (Buying)
3. विक्रयोपरांत सेवा (After sales service)
4. उपयोग (Use)
5. निपटान (Disposal)।

संस्था वास्तविक रूप में जो दे सकती है उसकी तुलना में ग्राहकों में अवास्तविक अपेक्षाएँ जागृत करने के परिणामस्वरूप कमजोर उत्पाद अथवा सेवा की वितरण की भाँति ही ग्राहक असंतोष को जन्म दे सकती है। अन्ततोगत्वा ग्राहक सेवा एवं गुणवत्ता संस्था द्वारा ग्राहक को सम्पूर्णता में प्रदान की जाने वाली सेवा के सभी पक्षों की सहवर्ती होनी चाहिए। प्रबन्धन द्वारा ग्राहक अपेक्षाओं का सही बोध आवश्यक है, किन्तु उत्तम गुणवत्ता की उपलब्धि के लिए पर्याप्त नहीं है। इसके लिए प्रबन्धन द्वारा ग्राहक अपेक्षाओं के बोध के अनुरूप कार्य संपादन के मानदण्ड भी उपलब्ध होने चाहिए।

रॉबर्ट (1988) की मान्यता है कि उत्कृष्टता से प्रेरित संस्थाएँ अपने ग्राहकों की अपेक्षाओं और वर्तमान तथा प्रसुप्त आवश्यकताओं को समझने के लिए ग्राहकों के साथ पर्याप्त समय व्यतीत करती हैं। वे बराबर—

1. ग्राहकों से संवाद करती हैं।
2. उसके व्यवहार का अध्ययन करती है।
3. उसके व्यवहार को समझने का प्रयास करती हैं।

ये संस्थाएँ सतत रूप से ग्राहकों के बारे में निम्नांकित जानकारी प्राप्त करने के प्रयास में लगी रहती हैं -

1. वह कौन है?
2. वह क्या चाहता है?
3. वह क्या खरीदता है?
4. वह क्यों खरीदता है?
5. वह अपने समय और धन का कैसे प्रयोग करता है?
6. वह हमारे प्रतिद्वन्द्वी से क्या खरीदता है?
7. कौन सा उत्पाद या सेवा उसकी आवश्यकता के अनुरूप है।

वे जानना चाहती हैं कि उत्पाद की कौन सी विशेषताएँ वास्तव में ग्राहक को लाभ देती हैं और कौन सी केवल उत्पाद के मूल्य में वृद्धि करती है और वास्तव में ग्राहक को कोई लाभ नहीं देती। इसके अतिरिक्त यह जानकारी उत्पाद विकास के आरम्भ से ही उसके मूल्य निर्धारण में सहायक सिद्ध होती है।

सेन (1998) ने अपने अध्ययन में पाया कि ग्राहक की अपेक्षा होती है कि उससे मिलने वाला उत्पाद या सेवा निम्नांकित कसौटी पर खरा उतरे।

1. निष्पादन (Performance)।
2. सुविधा (Convenience)।
3. उत्कृष्टता (Value)।

और यह तीनों घटक ग्राहक संतोष पर बहुत अधिक प्रभाव डालते हैं।

ग्राहक अपेक्षाएँ मुख्यतः जिन कारणों से प्रभावित होती हैं वे हैं—

1. कम्पनी के विज्ञापन।
2. कार्यालय स्टोर वातावरण एवं गेटअप।
3. विक्रय कर्मचारी एवं विपणन मध्यस्थ।

तथा ग्राहक अपेक्षाओं का सृजन तथा संशोधन निम्नांकित द्वारा होता है—

1. भूतकाल के अनुभव
2. संस्था द्वारा प्रदान की गयी जानकारी
3. अन्य ग्राहकों मीडिया एवं प्रतिस्पर्द्धियों की राय
4. सरकार नियंत्रक तथा ग्राहकों मंचों से प्राप्त जानकारी।

इस प्रतिस्पर्धात्मक वातावरण में ग्राहक अपेक्षाओं का आकलन कर उनकी आवश्यकताओं और अभिरुचि के अनुरूप सेवा और उत्पाद की विपणन अपेक्षित है।

संक्षेप में कहें तो सभी व्यावसायिक संस्थाओं के लिए ग्राहक की भूमिका निर्णायक हो जाने के फलस्वरूप, ग्राहक अपेक्षाओं का ज्ञान और समझ आवश्यक ही नहीं अनिवार्य भी हो गयी है।

हेथ और हफ (2000) का मानना है कि व्यवसाय आज मात्र सेवा अथवा विपणन/विक्रय तक ही सीमित नहीं रह गया है। व्यवसाय का उद्देश्य प्रतिस्पर्द्धात्मक वातावरण में ग्राहक के साथ लगातार चलने वाला एक लम्बी अवधि का सम्बन्ध बनाना हो गया है। संस्थाओं के पास आज लगातार अपने वर्तमान, भूत तथा संभावित ग्राहकों से संवाद कायम रख उनकी वरीयताओं अभिरुचियों तथा अपेक्षाओं का ज्ञान प्राप्त कर तदनुरूप विपणन रणनीतियाँ बनाने के अतिरिक्त व्यवसाय में सफल होने का कोई अन्य विकल्प नहीं है।

उपभोक्ता उत्पादों के प्रचलन को बढ़ावा देने वाले कारक

प्रस्तुत अध्ययन खण्ड के अन्तर्गत यह जानने का प्रयास किया गया है कि उपभोक्ता उत्पादों के प्रचलन को बढ़ावा देने में किन कारकों का योगदान अधिक है या किन साधनों को लोग अधिक पसंद करते हैं। सारणी संख्या-38 के अध्ययन से स्पष्ट होता है कि 67.0% उत्तरदाताओं का मत है कि उपभोक्ता उत्पादों के प्रचलन को बढ़ावा देने में इलेक्ट्रॉनिक मीडिया का योगदान सबसे अधिक है जबकि 33.0% उत्तरदाताओं का मत है कि उपभोक्ता उत्पादों के प्रचलन को बढ़ावा देने में प्रिन्ट मीडिया का योगदान अधिक है।

जाति के आधार पर स्पष्ट होता है कि उच्च जाति और अनुसूचित जाति के अधिकतम उत्तरदाता उपभोक्ता उत्पादों के प्रचलन को बढ़ावा देने में

इलेक्ट्रॉनिक मीडिया के योगदान को अधिक स्वीकार करते हैं जबकि पिछड़ी जाति के अधिकतम उत्तरदाता उपभोक्ता उत्पादों के प्रचलन को बढ़ावा देने में प्रिन्ट मीडिया के योगदान को अधिक स्वीकार करते हैं। काई-स्क्वायर के अनुसार अन्तर सार्थक है।

सारणी संख्या–38

सामाजिक परिवर्त्य एवं उपभोक्ता उत्पादों के प्रचलन को बढ़ावा देने वाले कारक

सामाजिक परिवर्त्य	प्रिन्ट मीडिया	इलेक्ट्रॉनिक मीडिया	योग
जाति*-			
उच्च जाति	36 (24.6)	110 (75.4)	146
पिछड़ी जाति	55 (53.9)	47 (46.1)	102
अनुसूचित जाति	08 (15.4)	44 (84.6)	52
आयु-**			
0-35 तक	30 (25.9)	86 (74.1)	116
36-45	21 (24.7)	64 (75.3)	85
46-55	24 (39.4)	37 (60.6)	61
55 से अधिक	24 (63.2)	14 (36.8)	38
शिक्षा*-**			
स्नातक	44 (30.6)	100 (69.4)	144
स्नातकोत्तर	40 (41.7)	56 (58.3)	96
अन्य	15 (25.0)	45 (75.0)	60
आय **-**			
8000 तक	21 (27.6)	55 (72.4)	76
8001-11000	40 (39.2)	62 (60.8)	102
11001-14000	15 (30.0)	35 (70.0)	50
14001-17000	20 (44.4)	25 (55.6)	45
17000 से अधिक	03 (11.1)	24 (88.9)	27
योग	**99 (33.0)**	**203 (67.0)**	**300 (100)**

* काई-स्क्वायर = 32.09; df = 2; सार्थक <.001

** काई-स्क्वायर = 22.06; df = 3; सार्थक <.001

*** काई-स्क्वायर = 5.39; df = 2; सार्थक नहीं

**** काई-स्क्वायर = 11.493; df = 4; सार्थक <.05

आयु के आधार पर यह ज्ञात होता है कि सिर्फ 55 वर्ष से अधिक आयु के अधिकतम उत्तरदाता उपभोक्ता उत्पादों के प्रचलन को बढ़ावा देने में प्रिन्ट मीडिया के योगदान को अधिक स्वीकार करते हैं जबकि शेष सभी आयु वर्ग के अधिकतम उत्तरदाता उपभोक्ता उत्पादों के प्रचलन को बढ़ावा देने में इलेक्ट्रॉनिक मीडिया के योगदान को अधिक स्वीकार करते हैं। काई-स्क्वायर के अनुसार अन्तर सार्थक है। शिक्षा के आधार पर स्पष्ट होता है कि सभी स्तर के शिक्षित अधिकतम उत्तरदाताओं का मत है कि उपभोक्ता उत्पादों के प्रचलन को बढ़ावा देने वाले कारकों में सबसे अधिक योगदान इलेक्ट्रानिक मीडिया का है। काई-स्क्वायर के अनुसार अन्तर सार्थक नहीं है।

आय के आधार पर ज्ञात होता है कि सभी आय वर्ग के अधिकतम उत्तरदाताओं का मत है कि उपभोक्ता उत्पादों के प्रचलन को बढ़ावा देने में सबसे अधिक योगदान इलेक्ट्रॉनिक मीडिया का है। काई-स्क्वायर के अनुसार अन्तर सार्थक है।

प्रचार का सबसे अच्छा साधन

प्रस्तुत अध्ययन खण्ड के अन्तर्गत यह जानने का प्रयास किया गया है कि प्रचार का सबसे अच्छा साधन कौन सा है। सारणी संख्या–39 को देखने से स्पष्ट होता है कि 49.7% उत्तरदाताओं का मत है कि प्रचार का सबसे अच्छा माध्यम टी.वी. है, 30.6% उत्तरदाताओं का मत है कि प्रचार का सबसे अच्छा माध्यम समाचार पत्र है, 14.7% उत्तरदाताओं का मत है कि प्रचार का सबसे अच्छा माध्यम रेडियो है जबकि न्यूनतम 5.0% उत्तरदाताओं का मत है कि अन्य साधनों द्वारा प्रचार अच्छे तरीके से संभव है।

जाति के आधार पर परिलक्षित होता है कि प्रत्येक जाति के अधिकतम उत्तरदाताओं का मत है कि प्रचार का सबसे अच्छा साधन टेलीविजन है। काई-स्क्वायर के अनुसार अन्तर सार्थक नहीं है।

आयु के आधार पर यह स्पष्ट होता है कि 45 वर्ष के अधिकतम उत्तरदाता टेलीविजन को प्रचार का अच्छा साधन मानते हैं जबकि 45 वर्ष से अधिक आयु के अधिकतम उत्तरदाता समाचार पत्र को प्रचार का अच्छा साधन मानते हैं। काई-स्क्वायर के अनुसार अन्तर सार्थक है।

शिक्षा के आधार पर स्पष्ट होता है कि स्नातक और स्नातकोत्तर स्तर के अधिकतम उत्तरदाता टेलीविजन को प्रचार का अच्छा साधन मानते हैं जबकि अन्य स्तर के शिक्षित अधिकतम 61.7% उत्तरदाता समाचार पत्र को प्रचार का अच्छा साधन मानते हैं। काई-स्क्वायर के अनुसार अन्तर सार्थक है।

आय के आधार पर ज्ञात होता है कि 11001-14000 आय वर्ग के

अधिकतम 66.0% उत्तरदाता प्रचार का अच्छा साधन समाचार पत्र को मानते हैं। जबकि शेष अन्य सभी आय वर्ग के अधिकतम उत्तरदाता प्रचार का सबसे अच्छा साधन टेलीविजन को मानते हैं। काई-स्क्वायर के अनुसार अन्तर सार्थक है।

सारणी संख्या-39

सामाजिक परिवर्त्य एवं प्रचार का सबसे अच्छा साधन

सामाजिक परिवर्त्य	टेलीविजन	रेडियो	समाचार पत्रा	अन्य कोई	योग
जाति*–					
उच्च जाति	70 (47.9)	20 (13.7)	50 (34.2)	06 (4.2)	146
पिछड़ी जाति	50 (49.0)	18 (17.7)	31 (30.4)	03 (2.9)	102
अनुसूचित जाति	29 (55.8)	06 (11.5)	11 (21.2)	06 (11.5)	52
आयु**–					
0–35 तक	60 (51.8)	30 (25.8)	22 (18.9)	04 (3.5)	116
36–45	61 (71.8)	09 (10.6)	14 (16.5)	01 (1.1)	85
46–55	19 (31.2)	01 (1.6)	39 (63.9)	02 (3.3)	61
55 से अधिक	09 (23.7)	04 (10.5)	17 (44.7)	08 (21.1)	38
शिक्षा***–					
स्नातक	78 (54.2)	20 (13.9)	40 (27.8)	06 (4.1)	144
स्नातकोत्तर	60 (62.4)	15 (15.7)	15 (15.7)	06 (6.2)	96
अन्य	11 (18.3)	09 (15.0)	37 (61.7)	03 (5.0)	60
आय****–					
8000 तक	41 (53.9)	19 (25.0)	15 (19.7)	01 (1.4)	76
8001–11000	60 (58.9)	13 (12.7)	25 (24.5)	04 (3.9)	102
11001–14000	13 (26.0)	02 (4.0)	33 (66.0)	02 (4.0)	50
14001–17000	20 (44.5)	06 (13.3)	18 (40.0)	01 (2.2)	45
17000 से अधिक	15 (55.6)	04 (14.8)	01 (3.7)	07 (25.9)	27
योग	**149 (49.7)**	**44 (14.7)**	**92 (30.6)**	**15 (5.0)**	**300 (100)**

* काई-स्क्वायर = 9.23; df = 6; सार्थक नहीं

** काई-स्क्वायर = 94.41; df = 9; सार्थक <.001

*** काई-स्क्वायर = 42.53; df = 6; सार्थक <.001

**** काई-स्क्वायर = 41.20; df = 8; सार्थक <.001

सबसे अधिक प्रचार से सम्बन्धित सामग्री

प्रस्तुत अध्ययन खण्ड के अन्तर्गत यह जानने का प्रयास किया गया है कि सबसे अधिक प्रचार किस तरह के सामग्री से होता है। सारणी संख्या-40 के अवलोकन से स्पष्ट होता है कि 58.0% उत्तरदाताओं का मत है कि सबसे अधिक प्रचार विलासिता सम्बन्धी सामग्री का होता है, 34.4% उत्तरदाताओं का मत है कि सबसे अधिक प्रचार खाने सम्बन्धी सामग्री का होता है, जबकि न्यूनतम 7.6% उत्तरदाताओं का मत है कि सबसे अधिक प्रचार पहनने सम्बन्धी सामग्री का होता है।

जाति के आधार पर ज्ञात होता है कि उच्च जाति एवं पिछड़ी जाति के अधिकतम उत्तरदाताओं का मत है कि सबसे अधिक प्रचार विलासिता सम्बन्धी सामग्री का होता है जबकि अनुसूचित जाति के अधिकतम उत्तरदाताओं का मत है कि सबसे अधिक प्रचार खाने की वस्तुओं का होता है। काई-स्क्वायर के अनुसार अन्तर सार्थक है।

आयु के आधार पर यह स्पष्ट होता है कि 46-55 वर्ष के अधिकतम उत्तरदाताओं का मत है कि सबसे अधिक प्रचार खाने की वस्तुओं का होता है जबकि शेष सभी आयु वर्ग के अधिकतम उत्तरदाताओं का मत है कि सबसे अधिक प्रचार विलासिता सम्बन्धी सामग्री का होता है। काई-स्क्वायर के अनुसार अन्तर सार्थक नहीं है।

शिक्षा के आधार पर स्पष्ट होता है कि सभी स्तर के शिक्षित अधिकतम उत्तरदाताओं का मत है कि सबसे अधिक प्रचार विलासिता सम्बन्धी सामग्री का होता है। काई-स्क्वायर के अनुसार अन्तर सार्थक नहीं है।

आय के आधार पर स्पष्ट परिलक्षित है कि 11,001 से 14,000 आय वर्ग के अधिकतम 80.0% उत्तरदाताओं का मत है कि सबसे अधिक प्रचार खाने की वस्तुओं का होता है जबकि शेष अन्य सभी आय वर्ग के अधिकतम उत्तरदाताओं का मत है कि सबसे अधिक प्रचार विलासिता सम्बन्धी वस्तुओं का एवं न्यूनतम पहनने की वस्तुओं का होता है। काई-स्क्वायर के अनुसार अन्तर सार्थक है।

सारणी संख्या-40
सामाजिक परिवर्त्य एवं सबसे अधिक प्रचार से सम्बन्धित सामग्री

सामाजिक परिवर्त्य	खाने की	पहनने की	विलासिता सम्बन्धी वस्तुओं का	योग
जाति*–				
उच्च जाति	44 (30.1)	19 (13.0)	83 (56.8)	146
पिछड़ी जाति	29 (28.5)	03 (2.9)	70 (68.6)	102
अनुसूचित जाति	30 (57.7)	01 (1.9)	21 (40.4)	52
आयु–**				
0–35 तक	38 (32.7)	10 (8.6)	68 (58.7)	116
36–45	23 (27.1)	06 (7.0)	56 (65.9)	85
46–55	30 (49.2)	02 (3.3)	29 (47.5)	61
55 से अधिक	12 (31.6)	05 (13.2)	21 (55.2)	38
शिक्षा*–**				
स्नातक	46 (31.9)	12 (8.4)	86 (59.7)	144
स्नातकोत्तर	40 (41.7)	09 (9.4)	47 (48.9)	96
अन्य	17 (28.4)	02 (3.3)	41 (68.3)	60
आय**–**				
8000 तक	09 (11.9)	06 (7.9)	61 (80.2)	76
8001–11000	33 (32.4)	11 (10.8)	58 (56.8)	102
11001–14000	40 (80.0)	01 (2.0)	09 (18.0)	50
14001–17000	16 (35.6)	03 (6.7)	26 (57.7)	45
17000 से अधिक	05 (18.5)	02 (7.4)	20 (74.1)	27
योग	**103 (34.4)**	**23 (7.6)**	**174 (58.0)**	**300 (100)**

* काई-स्क्वायर = 25.50; df = 4; सार्थक < .001

** काई-स्क्वायर = 10.72; df = 6; सार्थक नहीं

*** काई-स्क्वायर = 6.82; df = 4; सार्थक नहीं

**** काई-स्क्वायर = 68.64; df = 8; सार्थक < .001

प्रचार करने वाले वर्ग विशेष से सम्बन्धित व्यक्ति

इस अध्ययन खण्ड के अन्तर्गत यह जानने का प्रयास किया गया है कि प्रचार करने वाले सर्वाधिक व्यक्ति किस वर्ग विशेष से सम्बन्धित होते हैं। सारणी संख्या-41 के अवलोकन से स्पष्ट होता है कि सर्वाधिक 44.6% उत्तरदाताओं का मत है कि प्रचार करने वाले अधिकतर फिल्मों से सम्बन्धित

सारणी संख्या-41

सामाजिक परिवर्त्य एवं प्रचार करने वाले वर्ग विशेष से सम्बन्धित

सामाजिक परिवर्त्य	खाने की व्यक्ति	पहनने की सम्बन्धित	विलासिता सम्बन्धित	योग
जाति*–				
उच्च जाति	42(28.8)	19(13.0)	85(58.2)	146
पिछड़ी जाति	53(51.9)	16(15.7)	33(32.4)	102
अनुसूचित जाति	31(59.6)	05(9.6)	16(30.8)	52
आयु–**				
0–35 तक	41(35.4)	19(16.4)	56(48.2)	116
36–45	38(44.7)	08(9.4)	39(45.9)	85
46–55	41(67.2)	07(11.5)	13(21.3)	61
55 से अधिक	06(15.8)	06(15.8)	26(68.4)	38
शिक्षा*–**				
स्नातक	70(48.6)	16(11.2)	58(40.2)	144
स्नातकोत्तर	50(52.0)	19(19.8)	27(28.2)	96
अन्य	06(10.0)	05(8.4)	49(81.6)	60
आय**–**				
8000 तक	25(32.9)	16(21.0)	35(46.1)	76
8001–11000	52(50.9)	03(2.9)	47(46.2)	102
11001–14000	23(46.0)	08(16.0)	19(38.0)	50
14001–17000	01(2.3)	03(6.6)	41(91.1)	45
17000 से अधिक	25(92.6)	01(3.7)	01(3.7)	27
योग	**126 (42.0)**	**40 (13.4)**	**134 (44.6)**	**300 (100)**

* काई-स्क्वायर = 25.03; df = 4 ; सार्थक < .001

** काई-स्क्वायर = 31.55; df = 6 ; सार्थक < .001

*** काई-स्क्वायर = 48.00; df = 4 ; सार्थक <, 001

**** काई-स्क्वायर = 84.03; df = 8 ; सार्थक < .001

होते हैं, 42.0% उत्तरदाताओं का मत है कि प्रचार करने वाले सर्वाधिक सामान्य व्यक्ति होते हैं जबकि न्यूनतम 13.4% उत्तरदाताओं का मत है कि प्रचार करने वाले सर्वाधिक खेलों से सम्बन्धित होते हैं।

जाति के आधार पर स्पष्ट होता है कि उच्च जाति के सर्वाधिक 58.2% उत्तरदाताओं का मत है कि प्रचार करने वाले अधिकतर फिल्मों से सम्बन्धित होते हैं जबकि पिछड़ी जाति एवं अनुसूचित जाति के अधिकतम उत्तरदाताओं का मत है कि प्रचार करने वाले सर्वाधिक सामान्य व्यक्ति होते हैं। काई-स्क्वायर के अनुसार अन्तर सार्थक है।

आयु के आधार पर यह स्पष्ट होता है कि 46 से 55 वर्ष आयु वाले अधिकतम उत्तरदाताओं का मत है कि प्रचार करने वाले सर्वाधिक सामान्य व्यक्ति होते हैं जबकि शेष सभी आयु वर्ग के अधिकतम उत्तरदाताओं का मत है कि प्रचार करने वाले सर्वाधिक फिल्मों से सम्बन्धित होते हैं। काई-स्क्वायर के अनुसार अन्तर सार्थक है।

सर्वाधिक उत्तरदाताओं का मत है कि प्रचार करने वाले सर्वाधिक सामान्य शिक्षा के आधार पर ज्ञात होता है कि स्नातक और स्नातकोत्तर स्तर के व्यक्ति होते हैं जबकि अन्य स्तर के शिक्षित अधिकतम उत्तरदाताओं का मत है कि प्रचार करने वाले सर्वाधिक फिल्मों से सम्बन्धित होते हैं। काई-स्क्वायर के अनुसार अन्तर सार्थक है।

आय के आधार पर स्पष्ट होता है कि 8,000 तक के आय वाले एवं 14,001 से 17,000 आय वर्ग वाले अधिकतम उत्तरदाताओं का मत है कि प्रचार करने वाले सर्वाधिक व्यक्ति फिल्मों से सम्बन्धित होते हैं जबकि शेष अन्य सभी आय वर्ग के अधिकतम उत्तरदाताओं का मत है कि प्रचार करने वाले सर्वाधिक सामान्य व्यक्ति होते हैं। काई-स्क्वायर के अनुसार अन्तर सार्थक है।

गुटखा से सम्बन्धित प्रचार में सबसे अधिक योगदान

प्रस्तुत अध्ययन खण्ड के अन्तर्गत यह जानने का प्रयास किया गया है कि गुटखे से सम्बन्धित प्रचार किन माध्यमों से अधिक होता है। सारणी संख्या-42 के अध्ययन से स्पष्ट होता है कि 87.0% उत्तरदाताओं का मत है कि गुटखे का प्रचार सबसे अधिक समाचार पत्रों द्वारा किया जाता है जबकि 5.3% उत्तरदाताओं का मत है कि गुटखे का प्रचार सबसे अधिक टी.वी. द्वारा किया जाता है एवं 7.7% उत्तरदाताओं का मत है कि गुटखे का सबसे अधिक प्रचार पत्रिकाओं द्वारा किया जाता है।

जाति के आधार पर ज्ञात होता है कि सभी जातियों के अधिकतम

उत्तरदाता इस मत से सहमत हैं कि गुटखे का प्रचार सबसे अधिक समाचार पत्रों द्वारा किया जाता है।

आयु के आधार पर यह स्पष्ट होता है कि सभी आयु वर्ग के अधिकतम उत्तरदाता इस मत से सहमत हैं कि गुटखे का प्रचार सबसे अधिक समाचार पत्रों के द्वारा किया जाता है।

शिक्षा के आधार पर ज्ञात होता है कि सभी स्तर के शिक्षित अधिकतम उत्तरदाता इस मत से सहमत हैं कि गुटखे का प्रचार सबसे अधिक समाचार पत्रों द्वारा किया जाता है।

सारणी संख्या-42

सामाजिक परिवर्त्य एवं गुटखा से सम्बन्धित प्रचार में अधिक योगदान

सामाजिक परिवर्त्य	पत्रिका	टी.वी.	समाचार पत्र	योग
जाति–				
उच्च जाति	04(2.7)	11(7.5)	131(89.8)	146
पिछड़ी जाति	03(2.9)	02(2.0)	97(95.1)	102
अनुसूचित जाति	16(30.8)	03(5.7)	33(63.5)	52
आयु–				
0–35 तक	06(5.2)	04(3.5)	106(91.3)	116
36–45	09(10.6)	08(9.4)	68(80.0)	85
46–55	03(4.9)	03(4.9)	55(90.2)	61
55 से अधिक	05(13.2)	01(2.6)	32(84.2)	38
शिक्षा–				
स्नातक	11(7.6)	09(6.2)	124(86.2)	144
स्नातकोत्तर	07(7.3)	03(3.1)	86(89.6)	96
अन्य	05(8.3)	04(6.7)	51(85.0)	60
आय–				
8000 तक	08(10.5)	04(5.3)	64(84.2)	76
8001–11000	01(0.9)	03(2.9)	98(96.2)	102
11001–14000	05(10.0)	02(4.0)	43(86.0)	50
14001–17000	07(15.6)	06(13.3)	32(71.1)	45
17000 से अधिक	02(7.4)	01(3.7)	24(88.9)	27
योग	**23 (7.7)**	**16 (5.3)**	**261 (87.0)**	**300 (100)**

आय के आधार पर स्पष्ट होता है कि सभी आय वर्ग के अधिकतम उत्तरदाता इस मत से सहमत हैं कि गुटखे का प्रचार सबसे अधिक समाचार पत्रों द्वारा किया जाता है।

पेय पदार्थों में सबसे अधिक प्रचार

इस अध्ययन खण्ड के अन्तर्गत यह जानने का प्रयास किया गया है कि पेय पदार्थों में सबसे अधिक प्रचार किसका किया जाता है। सारणी संख्या-43 के अध्ययन से स्पष्ट होता है कि 49.7% उत्तरदाताओं का मत है कि पेय पदार्थों में सबसे अधिक प्रचार ठंडे पेय का किया जाता है जबकि 44.3% उत्तरदाताओं का मत है कि पेय पदार्थों में सबसे अधिक प्रचार चाय का किया जाता है एवं न्यूनतम 6.0% उत्तरदाताओं का मत है कि पेय पदार्थों में सबसे अधिक प्रचार कॉफी का किया जाता है।

जाति के आधार पर ज्ञात होता है कि उच्च जाति एवं अनुसूचित जाति के सर्वाधिक उत्तरदाताओं का मत है कि पेय पदार्थों में सबसे अधिक प्रचार चाय का किया जाता है जबकि पिछड़ी जाति के अधिकतम उत्तरदाता इस मत से सहमत हैं कि पेय पदार्थों में सबसे अधिक प्रचार ठंडा पेय का किया जाता है। काई-स्क्वायर के अनुसार अन्तर सार्थक है।

आयु के आधार पर यह स्पष्ट होता है कि 0-35 वर्ष के अधिकतम उत्तरदाता इस मत से सहमत हैं कि पेय पदार्थों में सबसे अधिक प्रचार चाय का किया जाता है जबकि शेष सारे आयु वर्ग के अधिकतम उत्तरदाताओं का मत है कि पेय पदार्थों में सबसे अधिक प्रचार ठंडे पेय का किया जाता है। काई-स्क्वायर के अनुसार अन्तर सार्थक है।

शिक्षा के आधार पर स्पष्ट होता है कि स्नातक एवं स्नातकोत्तर स्तर के शिक्षित अधिकतम उत्तरदाता इस मत से सहमत हैं कि पेय पदार्थों में सबसे अधिक प्रचार ठंडे पेय का किया जाता है जबकि अन्य स्तर के शिक्षित अधिकतम उत्तरदाताओं का मत है कि पेय पदार्थों में सबसे अधिक प्रचार चाय का किया जाता है। काई-स्क्वायर के अनुसार अन्तर सार्थक है।

आय के आधार पर ज्ञात होता है कि 8,001-11,000 एवं 17,000 से अधिक आय वर्ग के अधिकतम उत्तरदाताओं का मत है कि पेय पदार्थों में सबसे अधिक प्रचार चाय का किया जाता है जबकि शेष सभी आय वर्ग के अधिकतम उत्तरदाताओं का मत है कि पेय पदार्थों में सबसे अधिक प्रचार ठंडे पेय का किया जाता है। काई-स्क्वायर के अनुसार अन्तर सार्थक है।

सारणी संख्या-43

सामाजिक परिवर्त्य एवं पेय पदार्थों में सबसे अधिक प्रचार

सामाजिक परिवर्त्य	ठंडा पेय	कॉफी	चाय	योग
जाति*–				
उच्च जाति	61(41.8)	14(9.6)	71(48.6)	146
पिछड़ी जाति	68(66.7)	03(2.9)	31(30.4)	102
अनुसूचित जाति	20(38.5)	01(1.9)	31(59.6)	52
आयु**–				
0–35 तक	41(35.3)	06(5.2)	69(59.5)	116
36–45	43(50.6)	01(1.2)	41(48.2)	85
46–55	39(63.9)	03(4.9)	19(31.2)	61
55 से अधिक	26(68.4)	08(21.1)	4(10.5)	38
शिक्षा***–				
स्नातक	71(49.3)	06(4.2)	67(46.5)	144
स्नातकोत्तर	60(62.5)	04(4.2)	32(33.3)	96
अन्य	18(30.0)	08(13.4)	34(56.6)	60
आय****–				
8000 तक	43(56.6)	02(2.6)	31(40.8)	76
8001–11000	48(47.1)	01(0.9)	53(52.0)	102
11001–14000	30(60.0)	03(6.0)	17(34.0)	50
14001–17000	25(56.7)	08(17.7)	12(26.6)	45
17000 से अधिक	03(11.2)	04(14.8)	20(74.0)	27
योग	**149 (49.7)**	**18 (6.0)**	**133 (44.3)**	**300 (100)**

* काई-स्क्वायर = 23.06; df = 4; सार्थक < .001

** काई-स्क्वायर = 46.38; df = 6; सार्थक < .001

*** काई-स्क्वायर = 19.42; df = 4; सार्थक < .001

**** काई-स्क्वायर = 41.28; df = 8; सार्थक < .001

पूरे वर्ष में पेय पदार्थों पर किया जाने वाला खर्च

इस अध्ययन खण्ड के अन्तर्गत यह जानने का प्रयास किया गया है कि उपभोक्ता वर्ष में सबसे अधिक किस पेय पदार्थ पर खर्च करते हैं। सारणी संख्या-44 के अध्ययन से स्पष्ट होता है कि अधिकतम 51.0% उत्तरदाताओं का मत है कि वे वर्ष में सबसे अधिक चाय पर अधिक खर्च करते हैं, 30.6%

उत्तरदाताओं का मत है कि वे वर्ष में सबसे अधिक ठंडा पेय पर अधिक खर्च करते हैं 12.0% उत्तरदाताओं का मत है कि वे वर्ष में सबसे अधिक पेय पदार्थों पर किये जाने वाले खर्च में अन्य पेय पर अधिक खर्च करते हैं जबकि न्यूनतम 6.4% उत्तरदाताओं का मत है कि पेय पदार्थों पर किये जाने वाले खर्च में सबसे अधिक कॉफी पर करते हैं।

जाति के आधार पर स्पष्ट होता है कि सभी जातियों के अधिकतम उत्तरदाताओं का मत है कि वे पूरे वर्ष में पेय पदार्थों पर सबसे अधिक खर्च चाय पर करते हैं और सबसे कम कॉफी पर।

सारणी संख्या-44

सामाजिक परिवर्त्य एवं पूरे वर्ष में पेय पदार्थों पर किया जाने नाला खर्च

सामाजिक परिवर्त्य	ठंडा पेय	कॉफी	चाय पत्रा	अन्य कोई	योग
जाति–					
उच्च जाति	43(29.5)	09(6.2)	74(50.7)	20(13.7)	146
पिछड़ी जाति	38(37.2)	04(3.9)	50(49.0)	10(9.9)	102
अनुसूचित जाति	11(21.2)	06(11.5)	29(55.7)	06(11.6)	52
आयु–					
0–35 तक	30(25.9)	03(2.6)	61(52.6)	22(18.9)	116
36–45	29(34.2)	06(7.0)	40(47.1)	10(11.7)	85
46–55	20(32.7)	08(13.2)	30(49.2)	03(4.9)	61
55 से अधिक	13(34.2)	02(5.3)	22(57.9)	01(2.6)	38
शिक्षा–					
स्नातक	40(27.8)	08(5.6)	71(49.3)	25(17.3)	144
स्नातकोत्तर	41(42.7)	07(7.3)	43(44.8)	05(5.2)	96
अन्य	11(18.3)	04(6.7)	39(65.0)	06(10.0)	60
आय–					
8000 तक	30(39.5)	06(7.9)	36(47.4)	04(5.2)	76
8001–11000	44(43.2)	02(1.9)	51(50.0)	05(4.9)	102
11001–14000	11(22.0)	01(2.0)	33(66.0)	05(10.0)	50
14001–17000	04(8.0)	07(15.6)	24(53.3)	10(22.2)	45
17000 से अधिक	03(11.1)	03(11.1)	09(33.4)	12(44.4)	**27**
योग	**92(30.6)**	**19(6.4)**	**153(51.0)**	**36(12.0)**	**300(100)**

आयु के आधार पर यह स्पष्ट होता है प्रत्येक आयु वर्ग के अधिकतम उत्तरदाताओं का मत है कि पूरे वर्ष में पेय पदार्थों पर सबसे अधिक खर्च चाय पर किया जाता है और सबसे कम कॉफी पर।

शिक्षा के आधार पर ज्ञात होता है कि प्रत्येक वर्ग के अधिकतम शिक्षित उत्तरदाताओं का मत है कि पूरे वर्ष में पेय पदार्थों पर सबसे अधिक खर्च चाय पर किया जाता है और इसके बाद ठंडे पेय पर तथा सबसे कम कॉफी पर किया जाता है।

आय के आधार पर ज्ञात होता है कि 17,000 से अधिक आय वर्ग के अधिकतम उत्तरदाता इस मत से सहमत हैं कि वर्ष में पेय पदार्थों पर सबसे अधिक खर्च अन्य कोई पेय पदार्थों पर होता है जबकि शेष सारे आय वर्ग के अधिकतम उत्तरदाता इस मत से सहमत हैं कि पूरे वर्ष में पेय पदार्थों में सबसे अधिक खर्च चाय पर होता है।

प्रचार का सबसे अधिक लाभ

इस अध्ययन खण्ड के अन्तर्गत यह जानने का प्रयास किया गया है कि प्रचार का सबसे अधिक लाभ किसको मिलता है यानि प्रचार करने वाले को प्रचार करवाने वाले को या उपभोक्ता को। सारणी संख्या-45 के अवलोकन से स्पष्ट होता है कि 38.4% उत्तरदाताओं का मत है कि प्रचार का सबसे अधिक लाभ प्रचार करवाने वाले को मिलता है, 34.0% उत्तरदाताओं का मत है कि प्रचार का सबसे अधिक लाभ प्रचार करवाने वाले को मिलता है एवं 27.6% उत्तरदाताओं का मत है कि प्रचार का सबसे अधिक लाभ उपभोक्ता को मिलता है।

जाति के आधार पर स्पष्ट होता है कि उच्च जाति एवं अनुसूचित जाति अधिकतम उत्तरदाता इस मत से सहमत हैं कि प्रचार का सबसे अधिक लाभ प्रचार करवाने वाले को मिलता है जबकि पिछड़ी जाति के अधिकतम उत्तरदाताओं का मत है कि प्रचार का सबसे अधिक लाभ प्रचार करने वाले को मिलता है। काई-स्क्वायर के अनुसार अन्तर सार्थक नहीं है।

आयु के आधार पर यह परिलक्षित होता है 0-35 वर्ष के बीच अधिकतम उत्तरदाताओं का मत है कि प्रचार का सबसे अधिक लाभ प्रचार करने वाले को मिलता है, जबकि 36-45 वर्ष के बीच के अधिकतम उत्तरदाताओं का मत है कि प्रचार का सबसे अधिक लाभ प्रचार करवाने वाले को मिलता है एवं शेष सभी आयु वर्ग के अधिकतम उत्तरदाताओं का मत है कि प्रचार का सबसे अधिक लाभ उपभोक्ता को मिलता है। काई-स्क्वायर के अनुसार अन्तर सार्थक है।

शिक्षा के आधार पर स्पष्ट होता है कि स्नातक स्तर के शिक्षित

अधिकतम उत्तरदाताओं का मत है कि प्रचार का सबसे अधिक लाभ प्रचार करवाने वाले तथा उपभोक्ता दोनों को मिलता है, ठीक ऐसे ही स्नातकोत्तर स्तर के शिक्षित अधिकतम उत्तरदाताओं का मत है कि प्रचार का सबसे अधिक लाभ प्रचार करने वाले तथा करवाने वाले दोनों को मिलता है एवं अन्य स्तर के शिक्षित अधिकतम उत्तरदाताओं का मत है कि प्रचार का सबसे अधिक लाभ उपभोक्ता को मिलता है। काई-स्क्वायर के अनुसार अन्तर सार्थक है।

सारणी संख्या-45

सामाजिक परिवर्त्य एवं प्रचार का सबसे अधिक लाभ

सामाजिक परिवर्त्य	प्रचार करने वाले	प्रचार करने वाले	उपभोक्ता को	योग
जाति*–				
उच्च जाति	43(29.5)	57(39.0)	46(31.5)	146
पिछड़ी जाति	41(40.2)	32(31.4)	29(28.4)	102
अनुसूचित जाति	18(34.6)	26(50.0)	08(15.4)	52
आयु–**				
0–35 तक	55(47.4)	51(43.9)	10(8.7)	116
36–45	30(35.3)	40(47.0)	15(17.7)	85
46–55	10(16.4)	09(14.7)	42(68.9)	61
55 से अधिक	07(18.4)	15(39.5)	16(42.1)	38
शिक्षा*–**				
स्नातक	40(27.8)	52(36.1)	52(36.1)	144
स्नातकोत्तर	43(44.8)	43(44.8)	10(10.4)	96
अन्य	19(31.7)	20(33.3)	21(35.0)	60
आय**–**				
8000 तक	13(17.2)	60(78.9)	03(3.9)	76
8001–11000	26(25.5)	40(39.2)	36(35.9)	102
11001–14000	30(60.0)	03(6.0)	17(34.0)	50
14001–17000	28(62.2)	05(11.2)	12(26.6)	45
17000 से अधिक	05(18.5)	07(25.9)	15(55.6)	27
योग	**102(34.0)**	**115(38.4)**	**83(27.6)**	**300(100)**

* काई-स्क्वायर = 8.84; df = 4; सार्थक नहीं

** काई-स्क्वायर = 84.52; df = 6; सार्थक <.001

*** काई-स्क्वायर = 21.85; df = 4; सार्थक <.001

**** काई-स्क्वायर = 113.01; df = 8; सार्थक <.001

आय के आधार पर स्पष्ट होता है कि 11,000 तक के आय वर्ग के अधिकतम उत्तरदाताओं का मत है कि प्रचार का सबसे अधिक लाभ प्रचार करवाने वाले को मिलता है एवं 11,000 से लेकर 17,000 तक के आय वर्ग के अधिकतम उत्तरदाताओं का मत है कि प्रचार का सबसे अधिक लाभ प्रचार करने वाले को मिलता है जबकि 17,000 से अधिक आय वर्ग के अधिकतम उत्तरदाताओं का मत है कि प्रचार का सबसे अधिक लाभ उपभोक्ता को मिलता है। काई-स्क्वायर के अनुसार अन्तर सार्थक है।

प्रचार का सर्वाधिक प्रभावशाली माध्यम

इस अध्ययन खण्ड के अन्तर्गत यह जानने का प्रयास किया गया है कि उपभोक्ता सामग्री के प्रचार का सबसे प्रभावशाली तरीका कौन सा है। किस तरह के व्यक्तियों द्वारा किया गया प्रचार सर्वाधिक प्रभावशाली हो सकता है। सारणी संख्या-46 के अध्ययन से स्पष्ट होता है कि अधिकतम 42.0% उत्तरदाताओं का मत है कि अभिनेताओं द्वारा किया गया प्रचार सर्वाधिक प्रभावशाली होता है, 32.0% उत्तरदाताओं का मत है कि अभिनेत्रियों द्वारा किया गया प्रचार सर्वाधिक प्रभावशाली होता है जबकि न्यूनतम 26.0% उत्तरदाताओं का मत है कि खिलाड़ियों द्वारा किया गया प्रचार सर्वाधिक प्रभावशाली होता है।

जाति के आधार पर ज्ञात होता है कि उच्च जाति के अधिकतम उत्तरदाताओं का मत है कि प्रचार का सर्वाधिक प्रभावशाली माध्यम खिलाड़ी है, जबकि पिछड़ी जाति एवं अनुसूचित जाति के अधिकतम उत्तरदाताओं का मत है कि प्रचार का सर्वाधिक प्रभावशाली तरीके से अभिनेताओं द्वारा किया जाता है। काई-स्क्वायर के अनुसार अन्तर सार्थक है।

आयु के आधार पर उत्तरदाताओं के मत में भिन्नता देखने को मिलती है जहाँ 0-35 आयु वर्ग के अधिकतम उत्तरदाता अभिनेत्रियों को प्रचार का प्रभावशाली माध्यम मानते हैं वहीं 46-55 आयु वर्ग के अधिकतम उत्तरदाता खिलाड़ियों को प्रचार का प्रभावशाली माध्यम मानते हैं। शेष सभी आयु वर्ग के अधिकतम उत्तरदाता अभिनेताओं को प्रचार का प्रभावशाली माध्यम मानते हैं। काई-स्क्वायर के अनुसार अन्तर सार्थक है।

शिक्षा के आधार पर परिलक्षित होता है कि स्नातक स्तर के शिक्षित अधिकतम उत्तरदाता खिलाड़ियों को प्रचार का सर्वाधिक प्रभावशाली माध्यम मानते हैं, स्नातकोत्तर स्तर के शिक्षित अधिकतम उत्तरदाता अभिनेताओं को, एवं अन्य स्तर के शिक्षित अधिकतम उत्तरदाता अभिनेत्रियों को प्रचार का सर्वाधिक प्रभावशाली माध्यम मानते हैं। काई-स्क्वायर के अनुसार अन्तर सार्थक है।

आय के आधार पर स्पष्ट होता है कि 8,000 तक के आय वर्ग एवं

17000 से अधिक आय वाले अधिकतम उत्तरदाता प्रचार का सर्वाधिक प्रभावशाली माध्यम अभिनेत्रियों को मानते हैं, जबकि 11,001 से लेकर 17,000 तक के बीच के आय वाले अधिकतम उत्तरदाता प्रचार का सर्वाधिक प्रभावशाली माध्यम अभिनेताओं को मानते हैं एवं 8,001-11,000 आय वर्ग के अधिकतम 38.2% उत्तरदाता प्रचार का सर्वाधिक प्रभावशाली माध्यम खिलाड़ियों को मानते हैं। काई-स्क्वायर के अनुसार अन्तर सार्थक है।

सारणी संख्या-46

सामाजिक परिवर्त्य एवं प्रचार का सर्वाधिक प्रभावशाली माध्यम

सामाजिक परिवर्त्य	अभिनेताओं वाले	अभिनेत्रियों वाले	खिलाड़ियों को	योग
जाति*–				
उच्च जाति	48(32.9)	39(26.7)	59(40.4)	146
पिछड़ी जाति	50(49.0)	38(37.3)	14(13.7)	102
अनुसूचित जाति	28(53.9)	19(36.5)	05(9.6)	52
आयु–**				
0–35 तक	30(25.9)	48(41.4)	38(32.7)	116
36–45	49(57.6)	30(35.3)	06(7.1)	85
46–55	21(34.4)	10(16.4)	30(49.2)	61
55 से अधिक	26(68.4)	08(21.1)	04(10.5)	38
शिक्षा*–**				
स्नातक	51(35.4)	30(20.8)	63(43.8)	144
स्नातकोत्तर	50(52.1)	40(41.7)	06(6.2)	96
अन्य	25(41.7)	26(43.3)	09(15.0)	60
आय**–**				
8000 तक	16(21.0)	40(52.6)	20(26.4)	76
8001–11000	27(26.5)	36(35.3)	39(38.2)	102
11001–14000	40(80.0)	05(10.0)	05(10.0)	50
14001–17000	38(84.5)	03(6.7)	04(8.8)	45
17000 से अधिक	05(18.5)	12(44.5)	10(37.0)	27
योग	**126(42.0)**	**96(32.0)**	**78(26.0)**	**300(100)**

* काई-स्क्वायर = 31.26; df = 4; सार्थक $< .001$

** काई-स्क्वायर = 58.71; df = 6; सार्थक $< .001$

*** काई-स्क्वायर = 49.28; df = 4; सार्थक $< .001$

**** काई-स्क्वायर = 99.32; df = 8; सार्थक $< .001$

उपभोक्ता सामग्री का सबसे कम प्रचार

इस अध्ययन खण्ड के अन्तर्गत यह जानने का प्रयास किया गया है कि किस उपभोक्ता सामग्री का प्रचार सबसे कम किया जाता है। सारणी संख्या-47 के अवलोकन से स्पष्ट होता है कि 46.4% उत्तरदाताओं का मत है कि पाउडर का प्रचार सबसे कम होता है, 30.3% उत्तरदाताओं का मत है कि तेल का प्रचार सबसे कम होता है, 18.60% उत्तरदाताओं का मत है कि क्रीम का प्रचार सबसे कम होता है जबकि न्यूनतम 4.7% उत्तरदाताओं का मत है कि साबुन का प्रचार सबसे कम होता है।

सारणी संख्या-47
सामाजिक परिवर्त्य एवं उपभोक्ता सामग्री का सबसे कम प्रचार

सामाजिक परिवर्त्य	तेल	पाउडर	साबुन	क्रीम	योग
जाति–					
उच्च जाति	49(33.6)	60(41.0)	04(2.7)	33(22.7)	146
पिछड़ी जाति	17(16.7)	68(66.7)	01(0.9)	16(15.7)	102
अनुसूचित जाति	25(48.0)	11(21.2)	09(17.3)	07(13.5)	52
आयु–					
0–35 तक	26(22.4)	81(69.8)	03(2.6)	06(5.2)	116
36–45	25(29.4)	30(35.3)	06(7.0)	24(28.3)	85
46–55	31(50.8)	20(32.8)	03(4.9)	07(11.5)	61
55 से अधिक	09(23.7)	08(21.0)	02(5.3)	19(50.0)	38
शिक्षा–					
स्नातक	38(26.4)	71(49.3)	07(4.8)	28(19.5)	144
स्नातकोत्तर	50(52.1)	40(41.7)	03(3.1)	03(3.1)	96
अन्य	03(5.0)	28(46.7)	04(6.7)	25(41.6)	60
आय–					
8000 तक	21(27.6)	50(65.8)	03(3.9)	02(2.7)	76
8001–11000	30(29.5)	60(58.9)	06(5.8)	06(5.8)	102
11001–14000	13(26.0)	08(16.0)	02(4.0)	27(54.0)	50
14001–17000	18(40.0)	11(24.4)	01(2.3)	15(33.3)	45
17000 से अधिक	09(33.3)	10(37.0)	02(7.4)	06(22.3)	27
योग	**91(30.3)**	**139(46.4)**	**14(4.7)**	**56(18.6)**	**300(100)**

जाति के आधार पर स्पष्ट होता है कि उच्च जाति और पिछड़ी जाति के सर्वाधिक उत्तरदाताओं का मत है कि पाउडर का प्रचार सबसे कम होता है जबकि अनुसूचित जाति के सर्वाधिक उत्तरदाताओं का मत है कि तेल का प्रचार सबसे कम होता है।

आयु के आधार पर ज्ञात होता है कि 0-35 एवं 36-45 वर्ष के सर्वाधिक उत्तरदाताओं का मत है कि पाउडर का प्रचार सबसे कम होता है जबकि 46-55 वर्ष के आयु के सर्वाधिक उत्तरदाताओं का मत है कि तेल का प्रचार सबसे कम होता है एवं 55 वर्ष से अधिक आयु के अधिकतम 50.0% उत्तरदाताओं का मत है कि क्रीम का प्रचार सबसे कम होता है। शिक्षा के आधार पर स्पष्ट होता है कि स्नातकोत्तर स्तर के शिक्षित अधिकतम उत्तरदाताओं का मत है कि तेल का प्रचार सबसे कम होता है जबकि स्नातक एवं अन्य स्तर के शिक्षित अधिकतम उत्तरदाताओं का मत है कि पाउडर का प्रचार सबसे कम होता है।

आय के आधार पर परिलक्षित होता है कि 11,001 से 14,000 आय वर्ग के अधिकतम 54.0% उत्तरदाताओं का मत है कि क्रीम का प्रचार सबसे कम होता है जबकि 14,001 से 17,000 आय वर्ग के अधिकतम उत्तरदाताओं का मत है कि तेल का प्रचार सबसे कम होता है एवं अन्य सभी आय वर्ग के अधिकतम उत्तरदाताओं का मत है कि पाउडर का प्रचार सबसे कम होता है।

प्रचारित ब्राण्ड की तुलना में बिना प्रचारित ब्राण्ड का अत्यधिक मात्रा में बिकना

प्रस्तुत अध्ययन खण्ड के अन्तर्गत यह जानने का प्रयास किया गया है कि क्या ऐसा भी होता है कि प्रचारित ब्राण्ड की तुलना में बिना प्रचारित ब्राण्ड की वस्तुएँ अधिक मात्रा में बिक जाती हैं। सारणी संख्या-48 के अध्ययन से स्पष्ट होता है कि 81.0% उत्तरदाताओं का मत है कि प्रचारित ब्राण्ड की तुलना में बिना प्रचारित ब्राण्ड की वस्तुएँ अधिक मात्रा में बिकती हैं जबकि 19.0% उत्तरदाताओं का मत है कि प्रचारित ब्राण्ड की तुलना में बिना प्रचारित ब्राण्ड की वस्तुएँ अधिक मात्रा में नहीं बिकती हैं।

जाति के आधार पर ज्ञात होता है कि सभी जातियों के अधिकतम उत्तरदाताओं का मत है कि प्रचारित ब्राण्ड की तुलना में बिना प्रचारित ब्राण्ड की वस्तुएँ अधिक मात्रा में बिकती हैं। काई-स्क्वायर के अनुसार अन्तर सार्थक है।

आयु के आधार पर स्पष्ट होता है कि 55 वर्ष से अधिक आयु वाले अधिकतम 52.6% उत्तरदाताओं का मत है कि प्रचारित ब्राण्ड की तुलना में

बिना प्रचारित ब्राण्ड की वस्तुएँ अधिक मात्रा में नहीं बिकतीं। शेष सभी आयु के अधिकतम उत्तरदाताओं का मत है कि प्रचारित ब्राण्ड की तुलना में बिना प्रचारित ब्राण्ड की वस्तुएँ अधिक मात्रा में बिकती हैं। काई-स्क्वायर के अनुसार अन्तर सार्थक है।

सारणी संख्या-48

सामाजिक परिवर्त्य एवं प्रचारित ब्राण्ड की तुलना में बिना प्रचारित ब्राण्ड की अत्यधिक मात्रा में बिकना

सामाजिक परिवर्त्य	हाँ	नहीं	योग
जाति*–			
उच्च जाति	109(74.6)	37(25.4)	146
पिछड़ी जाति	84(82.4)	18(17.6)	102
अनुसूचित जाति	50(96.2)	02(3.8)	52
आयु–**			
0–35 तक	97(83.7)	19(16.3)	116
36–45	74(87.0)	11(13.0)	85
46–55	54(88.5)	07(11.5)	61
55 से अधिक	18(47.4)	20(52.6)	38
शिक्षा*–**			
स्नातक	131(90.9)	13(9.1)	144
स्नातकोत्तर	83(86.5)	13(13.5)	96
अन्य	29(48.4)	31(51.6)	60
आय**–**			
8000 तक	58(76.3)	18(23.7)	76
8001–11000	92(90.2)	10(9.8)	102
11001–14000	40(80.0)	10(20.0)	50
14001–17000	30(66.7)	15(33.3)	45
17000 से अधिक	23(85.2)	04(14.8)	27
योग	**243 (81.0)**	**57 (19.0)**	**300 (100)**

* काई-स्क्वायर = 11.70; df = 2; सार्थक <.001

** काई-स्क्वायर = 32.72; df = 3; सार्थक <.001

*** काई-स्क्वायर = 52.77; df = 2; सार्थक <.001

**** काई-स्क्वायर = 13.03; df = 4; सार्थक <.001

शिक्षा के आधार पर स्पष्ट होता है कि अन्य स्तर के शिक्षित अधिकतम 51.6% उत्तरदाताओं का मत है कि प्रचारित ब्राण्ड की तुलना में बिना प्रचारित ब्राण्ड की वस्तुएँ अधिक मात्रा में नहीं बिकती हैं शेष सभी शिक्षित वर्ग के उत्तरदाताओं का मत है कि प्रचारित ब्राण्ड की तुलना में बिना प्रचारित ब्राण्ड की वस्तुएं अधिक मात्रा में बिकती हैं। काई-स्क्वायर के अनुसार अन्तर सार्थक है।

आय के आधार पर स्पष्ट होता है कि सभी आय वर्ग के अधिकतम उत्तरदाताओं का मत है कि प्रचारित ब्राण्ड की तुलना में बिना प्रचारित ब्राण्ड की वस्तुएँ अधिक मात्रा में बिकती हैं। काई-स्क्वायर के अनुसार अन्तर सार्थक है।

उपभोक्ता सामग्री का सप्ताह में किसी विशेष दिन को अधिक प्रचार होना

प्रस्तुत अध्ययन खण्ड के अन्तर्गत यह जानने का प्रयास किया गया है कि सप्ताह में किस दिन तुलनात्मक रूप से अधिक उपभोक्ता सामग्री का प्रचार होता है। सारणी संख्या-49 के अवलोकन से स्पष्ट होता है कि 21.0% उत्तरदाताओं का मत है कि बृहस्पति को उपभोक्ता सामग्री का प्रचार सबसे अधिक होता है, 17.7% उत्तरदाताओं के अनुसार मंगलवार को, 16.6% उत्तरदाताओं के अनुसार रविवार को, 16.0% उत्तरदाताओं के अनुसार बुद्धवार को, 11.7% उत्तरदाताओं के अनुसार शुक्रवार को, 9.7% उत्तरदाताओं के अनुसार शनिवार को जबकि न्यूनतम 7.3% उत्तरदाताओं का मत है कि को उपभोक्ता सामग्री का प्रचार सबसे अधिक सोमवार को होता है।

जाति के आधार पर स्पष्ट होता है कि उच्च जाति के अधिकतम उत्तरदाताओं का मत है कि सबसे अधिक प्रचार मंगलवार को, पिछड़ी जाति के अधिकतम उत्तरदाताओं का मत है कि सबसे अधिक प्रचार रविवार को जबकि अनुसूचित जाति के अधिकतम उत्तरदाताओं का मत है कि सबसे अधिक प्रचार बृहस्पतिवार को होता है।

आयु के आधार पर ज्ञात होता है कि 0-35 आयु वर्ग के अधिकतम उत्तरदाताओं का मत है कि सबसे अधिक प्रचार रविवार को होता है, जबकि 36-45 एवं 46-55 आयु वर्ग के अधिकतम उत्तरदाताओं का मत है कि सबसे अधिक प्रचार बृहस्पतिवार को एवं 55 से अधिक आयु वर्ग के अधिकतम उत्तरदाताओं का मत है कि सबसे अधिक प्रचार मंगलवार एवं शनिवार को होता है।

शिक्षा के आधार पर स्पष्ट होता है कि स्नातक स्तर के शिक्षित अधिकतम

उत्तरदाताओं का मत है कि उपभोक्ता सामग्री का प्रचार सबसे अधिक रविवार हो होता है जबकि स्नातकोत्तर स्तर के शिक्षित अधिकतम उत्तरदाताओं का मत है कि को उपभोक्ता सामग्री का प्रचार सबसे अधिक बृहस्पतिवार को होता है जबकि अन्य स्तर के शिक्षित अधिकतम उत्तरदाताओं का मत है कि बुद्धवार को उपभोक्ता सामग्री का प्रचार सबसे अधिक होता है।

सारणी संख्या-49

सामाजिक परिवर्त्य एवं उपभोक्ता सामग्री का सप्ताह में किसी विशेष दिन को अधिक प्रचार का होना

सामाजिक परिवर्त्य	सो.	मं.	बु.	बृ.	शु	शनि	रवि	योग
जाति–								
उच्च जाति	14(9.6)	29(19.9)	23(15.7)	28(19.2)	20(13.7)	17(11.6)	15(10.3)	146
पिछड़ी जाति	02(1.9)	16(15.7)	18(17.6)	20(19.6)	07(6.8)	09(8.9)	30(29.5)	102
अनुसूचित जाति	06(11.5)	08(15.4)	07(13.5)	15(28.8)	08(15.4)	03(5.8)	05(9.6)	52
आयु–								
0–35 तक	06(5.2)	14(12.0)	17(14.6)	19(16.4)	13(11.2)	08(6.9)	39(33.7)	116
36–45	08(9.5)	13(15.3)	09(10.6)	23(27.0)	12(14.1)	11(12.9)	09(10.6)	85
46–55	06(9.8)	18(29.5)	15(24.6)	16(26.3)	03(4.9)	02(3.3)	01(1.6)	61
55 से अधिक	02(5.3)	08(21.0)	07(18.4)	05(13.2)	07(18.4)	08(21.0)	01(2.7)	38
शिक्षा–								
स्नातक	10(6.9)	22(15.3)	16(11.1)	28(19.5)	16(11.1)	12(8.4)	40(27.7)	144
स्नातकोत्तर	11(11.5)	22(22.9)	17(17.7)	24(25.0)	12(12.5)	08(8.4)	02(2.0)	96
अन्य	01(1.6)	09(15.0)	15(25.0)	11(18.4)	07(11.7)	09(15.0)	08(13.3)	60
आय–								
8000 तक	06(7.9)	06(7.9)	19(25.0)	16(21.0)	11(14.5)	03(3.9)	15(19.8)	76
8001–11000	05(4.9)	09(8.8)	14(13.7)	28(27.5)	20(19.6)	06(5.9)	20(19.6)	102
11001–14000	04(8.0)	14(28.0)	06(12.0)	09(18.0)	01(2.0)	08(16.0)	08(16.0)	50
14001–17000	03(6.6)	13(28.8)	05(11.2)	08(17.8)	02(4.5)	10(22.3)	04(8.8)	45
17000 से अधिक	04(14.8)	1(40.8)	04(14.8)	02(7.4)	01(3.7)	02(7.4)	03(11.1)	27
योग	**22(7.3)**	**53(17.7)**	**48(16.0)**	**63(21.0)**	**35(11.7)**	**29(9.7)**	**50(16.6)**	**300(100)**

आय के आधार पर परिलक्षित होता है कि 8,000 तक के आय वाले सर्वाधिक उत्तरदाताओं का मत है कि उपभोक्ता सामग्री का प्रचार सबसे अधिक बुद्धवार को, 8,001-11,000 आय वर्ग के सर्वाधिक उत्तरदाताओं के मतानुसार को उपभोक्ता सामग्री का प्रचार सबसे अधिक बृहस्पतिवार को, 11,001 से अधिक आय वर्ग के सर्वाधिक उत्तरदाताओं के अनुसार को उपभोक्ता सामग्री का प्रचार सबसे अधिक मंगलवार को होता है।

महँगी वस्तुओं का प्रचार टी.वी. की तुलना में अखबार में अधिक होना

प्रस्तुत अध्ययन खण्ड के अन्तर्गत यह जानने का प्रयास किया गया है कि क्या महँगी वस्तुओं का प्रचार टी.वी. की तुलना में अखबारों में अधिक होता है। सारणी संख्या-50 के अवलोकन से स्पष्ट होता है कि 54.7% उत्तरदाताओं का मत है कि महँगी वस्तुओं का प्रचार टी.वी. की तुलना में अखबार में अधिक होता है जबकि 45.3% उत्तरदाताओं का मत है कि महँगी वस्तुओं का प्रचार टी.वी. की तुलना में अखबार में अधिक नहीं होता है।

जाति के आधार पर ज्ञात होता है कि अनुसूचित जाति के सर्वाधिक 59.6% उत्तरदाताओं के मतानुसार महँगी वस्तुओं का प्रचार टी.वी. की तुलना में अखबार में अधिक नहीं होता है जबकि शेष सभी जाति के सर्वाधिक उत्तरदाताओं के मतानुसार महँगी वस्तुओं का प्रचार टी.वी. की तुलना में अखबार में अधिक होता है।

आयु के आधार पर स्पष्ट होता है कि 45 वर्ष तक के सर्वाधिक उत्तरदाताओं का मत है कि महँगी वस्तुओं का प्रचार टी.वी. की तुलना में अखबार में अधिक होता है जबकि 46 वर्ष से अधिक आयु के सर्वाधिक उत्तरदाताओं का मत है कि महँगी वस्तुओं का प्रचार टी.वी. की तुलना में अखबार में अधिक नहीं होता है।

शिक्षा के आधार पर स्पष्ट होता है कि अन्य स्तर के शिक्षित अधिकतम उत्तरदाताओं का मत है कि महँगी वस्तुओं का प्रचार टी.वी. की तुलना में अखबार में अधिक नहीं होता है जबकि शेष वर्ग के शिक्षित अधिकतम उत्तरदाताओं का मत है कि महँगी वस्तुओं का प्रचार टी.वी. की तुलना में अखबार में अधिक होता है।

आय के आधार पर ज्ञात होता है कि 8,000 तक के आय वाले सर्वाधिक उत्तरदाताओं का मत है कि महँगी वस्तुओं का प्रचार टी.वी. की तुलना में अखबार में अधिक नहीं होता जबकि शेष सभी आय वर्ग के अधिकतम उत्तरदाताओं का मत है कि महँगी वस्तुओं का प्रचार टी.वी. की तुलना में अखबार में अधिक होता है।

सारणी संख्या–50

सामाजिक परिवर्त्य एवं महँगी वस्तुओं का प्रचार टी.वी. की तुलना में अखबार में अधिक होना

सामाजिक परिवर्त्य	हाँ	नहीं	योग
जाति-			
उच्च जाति	87(59.6)	59(40.4)	146
पिछड़ी जाति	56(54.9)	46(45.1)	102
अनुसूचित जाति	21(40.4)	31(59.6)	52
आयु -			
0-35 तक	62(53.5)	54(46.5)	116
36-45	68(80.0)	17(20.0)	85
46-55	20(32.8)	41(67.2)	61
55 से अधिक	14(36.8)	24(63.2)	38
शिक्षा -			
स्नातक	81(56.2)	63(43.8)	144
स्नातकोत्तर	70(72.9)	26(27.1)	96
अन्य	13(21.7)	47(78.3)	60
आय-			
8000 तक	18(23.7)	58(76.3)	76
8001-11000	63(61.8)	39(38.2)	102
11001-14000	34(68.0)	16(32.0)	50
14001-17000	30(66.7)	15(33.3)	45
17000 से अधिक	19(70.4)	08(29.6)	27
योग	**164 (54.7)**	**136 (45.3)**	**300 (100)**

प्रचार के लिए टी.वी. एवं रेडियो की तुलना में अखबार का सशक्त माध्यम होना

इस अध्ययन खण्ड के अन्तर्गत यह जानने का प्रयास किया गया है कि महँगी वस्तुओं का प्रचार टी.वी. एवं रेडियो की तुलना में अखबार में अधिक होता है तो क्या यह मान लिया जाय कि अखबार रेडियो एवं टी.वी. की तुलना में प्रचार का एक सशक्त माध्यभ है।

जाति के आधार पर ज्ञात होता है कि सिर्फ पिछड़ी जाति के अधिकतम 89.2% उत्तरदाता इस मत से सहमत है कि टी.वी. एवं रेडियो की तुलना में

अखबार प्रचार का एक सशक्त माध्यम है जबकि शेष सभी जातियों के अधिकतम उत्तरदाता इस मत से सहमत नहीं हैं।

आयु के आधार पर स्पष्ट होता है कि 46 वर्ष से अधिक आयु के अधिकतम उत्तरदाता इस मत से सहमत हैं कि टी.वी. एवं रेडियो की तुलना में अखबार प्रचार का एक सशक्त माध्यम है।

शिक्षा के आधार पर स्पष्ट होता है कि सभी वर्ग के शिक्षित अधिकतम अधिकतम उत्तरदाताओं का मत है कि टी.वी. एवं रेडियो की तुलना में अखबार प्रचार का एक सशक्त माध्यम है।

सारणी संख्या–51

सामाजिक परिवर्त्य एवं प्रचार के लिए टी.वी. एवं रेडियो की तुलना में अखबार का सशक्त माध्यम होना

सामाजिक परिवर्त्य	हाँ	नहीं	योग
जाति -			
उच्च जाति	66(45.2)	80(54.8)	146
पिछड़ी जाति	91(89.2)	11(10.8)	102
अनुसूचित जाति	20(38.5)	32(61.5)	52
आयु -			
0-35 तक	61(52.6)	55(47.4)	116
36-45	42(49.4)	43(50.6)	85
46-55	52(85.2)	09(14.8)	61
55 से अधिक	22(57.9)	16(42.1)	38
शिक्षा -			
स्नातक	72(50.0)	72(50.0)	144
स्नातकोत्तर	63(65.6)	33(34.4)	96
अन्य	32(53.3)	28(46.7)	60
आय-			
8000 तक	52(68.4)	24(31.6)	76
8001-11000	61(59.8)	41(40.2)	102
11001-14000	24(48.0)	26(52.0)	50
14001-17000	20(44.4)	25(55.6)	45
17000 से अधिक	20(74.0)	07(26.0)	27
योग	**177(59.0)**	**123(41.0)**	**300(100)**

आय के आधार पर ज्ञात होता है कि 11,001 से 17,000 के बीच आय वर्ग के अधिकतम उत्तरदाता इस मत से सहमत नहीं है कि टी.वी. एवं रेडियो की तुलना में अखबार प्रचार का एक सशक्त माध्यम है जबकि शेष अन्य आय वर्ग के अधिकतम उत्तरदाता इस मत से सहमत हैं।

टी.वी. पर अधिकतर प्रचार बच्चों द्वारा एवं अखबारों में नौजवानों द्वारा

प्रस्तुत अध्ययन खण्ड के अन्तर्गत यह जानने का प्रयास किया गया है कि देखने को ऐसा मिलता है कि टी.वी. के अधिकतर प्रचार में बच्चे सम्मिलित होते हैं जबकि अखबारों में किये गये प्रचार में अधिकतर नौजवान होते हैं। सारणी संख्या-52 के अवलोकन से स्पष्ट होता है कि 54.3% उत्तरदाताओं का मत है कि टी.वी. में अधिकतर प्रचार बच्चों द्वारा एवं अखबार में नौजवानों द्वारा होता है, इससे सहमत नहीं है जबकि 45.7% उत्तरदाताओं का मत है कि टी.वी. में अधिकतर प्रचार बच्चों द्वारा एवं अखबार में नौजवानों द्वारा किये जाते हैं।

जाति के आधार पर स्पष्ट होता है कि पिछड़ी जाति एवं अनुसूचित जाति के अधिकतम उत्तरदाता इस मत से सहमत नहीं हैं कि टी.वी. में अधिकतर प्रचार बच्चों द्वारा एवं अखबार में नौजवानों द्वारा किये जाते हैं जबकि उच्च जाति के अधिकतम उत्तरदाता इस मत से सहमत हैं। काई-स्क्वायर के अनुसार अन्तर सार्थक है।

आयु के आधार पर ज्ञात होता है कि सबसे निम्न आयु वर्ग (0-35) एवं सबसे उच्च वर्ग (55 से अधिक) के अधिकतम उत्तरदाता इस मत से सहमत हैं कि टी.वी. में अधिकतर प्रचार बच्चों द्वारा एवं अखबार में नौजवानों द्वारा किये जाते हैं, शेष आयु वर्ग के उत्तरदाता इस मत से सहमत नहीं हैं। काई-स्क्वायर के अनुसार अन्तर सार्थक है।

शिक्षा के आधार पर परिलक्षित होता है कि स्नातकोत्तर स्तर के शिक्षित अधिकतम उत्तरदाता इस मत से सहमत हैं कि टी.वी. में अधिकतर प्रचार बच्चों द्वारा एवं अखबार में नौजवानों द्वारा किये जाते हैं जबकि अन्य वर्ग के शिक्षित उत्तरदाता इस मत से सहमत नहीं हैं। काई-स्क्वायर के अनुसार अन्तर सार्थक नहीं है।

आय के आधार पर स्पष्ट होता है कि 8,001-11,000 एवं 17,000 से अधिक आय वर्ग के अधिकतम उत्तरदाता इस मत से सहमत हैं कि टी.वी. में अधिकतर प्रचार बच्चों द्वारा एवं अखबार में नौजवानों द्वारा किये जाते हैं जबकि शेष अन्य आय वर्ग के उत्तरदाता इस मत से सहमत नहीं हैं। काई-स्क्वायर के अनुसार अन्तर सार्थक है।

सारणी संख्या–52

सामाजिक परिवर्त्य एवं टीवी. पर विज्ञापन बच्चों द्वारा तथा अखबारों में नौजवानों द्वारा

सामाजिक परिवर्त्य	हाँ	नहीं	योग
जाति*-			
उच्च जाति	96(65.7)	50(34.3)	146
पिछड़ी जाति	22(21.6)	80(78.4)	102
अनुसूचित जाति	19(36.5)	33(63.5)	52
आयु-**			
0-35	61(52.6)	55(47.4)	116
36-45	42(49.4)	43(50.6)	85
46-55	09(14.7)	52(85.3)	61
55 से अधिक	25(65.8)	13(34.2)	38
शिक्षा*-**			
स्नातक	60(41.7)	84(58.3)	144
स्नातकोत्तर	50(52.0)	46(48.0)	96
अन्य	27(49.0)	33(51.0)	60
आय **-**			
8000 तक	36(47.4)	40(52.6)	76
8001-11000	70(68.6)	32(31.4)	102
11001-14000	06(12.0)	44(88.0)	50
14001-17000	08(17.8)	37(82.2)	45
17000 से अधिक	17(62.9)	10(37.1)	27
योग	**137 (45.7)**	**163 (54.3)**	**300 (100.0)**

* काई-स्क्वायर = 49.36; df = 2; सार्थक < .001

** काई-स्क्वायर = 32.41; df = 3; सार्थक < .001

*** काई-स्क्वायर = 2.53; df = 2; सार्थक नहीं

**** काई-स्क्वायर = 61.96; df = 4; सार्थक < .001

वस्तुओं की महँगाई के कारण अधिकतर व्यक्तियों द्वारा सस्ता सामान खरीदना

प्रस्तुत अध्ययन खण्ड के अन्तर्गत यह जानने का प्रयास किया गया है कि क्या ऐसा भी होता है कि प्रचार से प्रभावित होने के बावजूद सामान महँगा होने के कारण अधिकतर उपभोक्ता सस्ता सामान खरीदना पसंद करते हैं? सारणी संख्या-53 के अध्ययन से स्पष्ट है कि 68.0% उत्तरदाताओं का मत है कि प्रचार से प्रभावित होने के बावजूद सामान महँगा होने के कारण अधिकतर उपभोक्ता सस्ता सामान खरीदते हैं जबकि 32.0% उत्तरदाता इस मत से सहमत नहीं हैं।

जाति के आधार पर ज्ञात होता है कि सिर्फ पिछड़ी जाति के अधिकतम उत्तरदाता इस मत से सहमत नहीं हैं कि प्रचार से प्रभावित होने के बावजूद सामान महँगा होने के कारण अधिकतर उपभोक्ता सस्ता सामान खरीदना पसंद करते हैं जबकि शेष अन्य जातियों के लोग इस मत से सहमत हैं। काई-स्क्वायर के अनुसार अन्तर सार्थक है।

आयु के आधार पर स्पष्ट होता है कि प्रत्येक आयु वर्ग के अधिकतम उत्तरदाता इस मत से सहमत है कि प्रचार से प्रभावित होने के बावजूद सामान महँगा होने के कारण अधिकतर उपभोक्ता सस्ता सामान खरीदना पसंद करते हैं। काई-स्क्वायर के अनुसार अन्तर सार्थक नहीं है।

शिक्षा के आधार पर सिर्फ अन्य स्तर के शिक्षित अधिकतम उत्तरदाता इस मत से सहमत नहीं हैं कि प्रचार से प्रभावित होने के बावजूद सामान महँगा होने के कारण अधिकतर उपभोक्ता सस्ता सामान खरीदना पसंद करते हैं जबकि अन्य शिक्षित वर्ग के उत्तरदाता इस मत से सहमत हैं। काई-स्क्वायर के अनुसार अन्तर सार्थक है।

आय के आधार पर स्पष्ट होता है कि सबसे कम आय वर्ग अर्थात् (8,000 से कम) और सबसे अधिक आय वर्ग अर्थात् (17,000 से अधिक) के अधिकतम उत्तरदाता इस मत से सहमत नहीं हैं कि प्रचार से प्रभावित होने के बावजूद सामान महँगा होने के कारण अधिकतर उपभोक्ता सस्ता सामान खरीदना पसंद करते हैं। शेष सभी आय वर्ग के उत्तरदाता इस मत से सहमत हैं। काई-स्क्वायर के अनुसार अन्तर सार्थक है।

सारणी संख्या–53

सामाजिक परिवर्त्य एवं वस्तु के महँगाई के कारण अधिकतर व्यक्तियों द्वारा सस्ता सामान खरीदना

सामाजिक परिवर्त्य	हाँ	नहीं	योग
जाति*-			
उच्च जाति	130(89.0)	16(11.0)	146
पिछड़ी जाति	37(36.3)	65(63.7)	102
अनुसूचित जाति	37(71.1)	15(28.9)	52
आयु-**			
0-35	78(67.2)	38(32.8)	116
36-45	60(70.6)	25(29.4)	85
46-55	40(65.6)	21(34.4)	61
55 से अधिक	26(68.4)	12(31.6)	38
शिक्षा*-**			
स्नातक	103(71.5)	41(28.5)	144
स्नातकोत्तर	78(81.2)	18(18.8)	96
अन्य	23(38.4)	37(61.6)	60
आय **-**			
8000 तक	29(38.1)	47(61.9)	76
8001-11000	91(89.2)	11(10.8)	102
11001-14000	38(76.0)	12(24.0)	50
14001-17000	34(75.6)	11(24.4)	45
17000 से अधिक	12(44.5)	15(55.5)	27
योग	**204(68.0)**	**96(32.0)**	**300(100.0)**

* काई-स्क्वायर = 72.12; df = 2; सार्थक < .001

** काई-स्क्वायर = .460; df = 3; सार्थक नहीं

*** काई-स्क्वायर = 32.84; df = 2; सार्थक < .001

**** काई-स्क्वायर = 61.74; df = 4; सार्थक < .001

उन्हीं सामग्रियों का प्रयोग होना जिनका प्रचार होता है

प्रस्तुत अध्ययन खण्ड के अन्तर्गत यह जानने का प्रयास किया गया है कि क्या वास्तव में उपभोक्ता उन्हीं संसाधनों का प्रयोग करते हैं, जिनका प्रचार होता है? सारणी संख्या-54 के अध्ययन से स्पष्ट है कि 54.7%

उत्तरदाताओं का मत है कि वर्तमान समाज में उपभोक्ता अधिकतर उन्हीं सामग्रियों का प्रयोग करते हैं जिसका प्रचार किया जाता है जबकि 45.3% उत्तरदाताओं के मतानुसार ऐसा नहीं है।

सारणी संख्या–54

सामाजिक परिवर्त्य एवं उन्हीं सामग्रियों का प्रयोग होना जिनका प्रचार होता है

सामाजिक परिवर्त्य	हाँ	नहीं	योग
जाति*-			
उच्च जाति	83(56.8)	63(43.2)	146
पिछड़ी जाति	56(54.9)	46(45.1)	102
अनुसूचित जाति	25(48.0)	27(52.0)	52
आयु**-			
0-35	53(45.7)	63(54.3)	116
36-45	42(49.4)	43(50.6)	85
46-55	45(73.7)	16(26.3)	61
55 से अधिक	24(63.1)	14(36.9)	38
शिक्षा***-			
स्नातक	82(56.9)	62(43.1)	144
स्नातकोत्तर	60(62.7)	36(37.5)	96
अन्य	22(36.7)	38(63.3)	60
आय ****-			
8000 तक	36(47.4)	40(52.6)	76
8001-11000	50(49.0)	52(51.0)	102
11001-14000	44(88.0)	06(12.0)	50
14001-17000	13(28.9)	32(71.1)	45
17000 से अधिक	21(77.8)	06(22.2)	27
योग	**164 (54.7)**	**136 (45.3)**	**300 (100.0)**

* काई-स्क्वायर = 1.19; df = 2; सार्थक नहीं

** काई-स्क्वायर = 14.80; df = 3; सार्थक $<.001$

*** काई-स्क्वायर = 10.52; df = 2; सार्थक $<.001$

**** काई-स्क्वायर = 43.25; df = 4; सार्थक $<.001$

जाति के आधार पर स्पष्ट होता है कि अनुसूचित जाति के अधिकतम उत्तरदाता इस मत से सहमत नहीं हैं कि उपभोक्ता अधिकतर उन्हीं सामग्रियों का प्रयोग करते हैं जिसका प्रचार किया जाता है, जबकि शेष अन्य जातियों के अधिकतम उत्तरदाता इस मत से सहमत हैं। काई-स्क्वायर के अनुसार अन्तर सार्थक नहीं है।

आयु के आधार पर ज्ञात होता है कि कम आयु (अर्थात् 45 वर्ष से नीचे के) अधिकतम उत्तरदाता इस मत से सहमत नहीं है कि उपभोक्ता अधिकतर उन्हीं वस्तुओं का प्रयोग करते हैं, जिसका प्रचार किया जाता है जबकि अधिक आयु (अर्थात् 46 वर्ष से ऊपर) के उत्तरदाता इस मत से सहमत हैं। काई-स्क्वायर के अनुसार अन्तर सार्थक है।

शिक्षा के आधार पर स्पष्ट होता है कि सिर्फ अन्य स्तर के शिक्षित अधिकतम उत्तरदाता इस मत से सहमत नहीं हैं कि उपभोक्ता अधिकतर उन्हीं सामग्रियों का प्रयोग करते हैं जिसका प्रचार किया जाता है जबकि अन्य शिक्षित वर्ग के उत्तरदाता इस मत से सहमत हैं। काई-स्क्वायर के अनुसार अन्तर सार्थक है।

आय के आधार पर परिलक्षित होता है कि 11,001 से 14,000 एवं 17,000 से अधिक आय वाले अधिकतम उत्तरदाता इस मत से सहमत है कि उपभोक्ता अधिकतर उन्हीं सामग्रियों का प्रयोग करते हैं, जिसका प्रचार किया जाता है शेष अन्य आय वर्ग के अधिकतम उत्तरदाता इस मत से सहमत नहीं है। काई-स्क्वायर के अनुसार अन्तर सार्थक है।

प्रचार का सबसे अधिक प्रभाव

प्रस्तुत अध्ययन खण्ड के अन्तर्गत यह जानने का प्रयास किया गया है कि प्रचार का सबसे अधिक प्रभाव किस तरह के सामग्री पर पड़ता है—खाद्य सामग्री पर या अखाद्य सामग्री पर। सारणी संख्या-55 के अध्ययन से स्पष्ट है कि 55.3% उत्तरदाताओं का मत है कि प्रचार का सबसे अधिक प्रभाव अखाद्य सामग्री के ऊपर पड़ता है जबकि 44.7% उत्तरदाताओं का मत है कि प्रचार का सबसे अधिक प्रभाव खाद्य सामग्री के ऊपर पड़ता है।

जाति के आधार पर स्पष्ट होता है कि उच्च जाति के सर्वाधिक उत्तरदाता इस मत से सहमत हैं कि प्रचार का सबसे अधिक प्रभाव खाद्य सामग्री के ऊपर पड़ता है जबकि अन्य जातियों के अधिकतम उत्तरदाताओं का मत है कि प्रचार का सबसे अधिक प्रभाव अखाद्य सामग्री पर अधिक पड़ता है।

आयु के आधार पर ज्ञात होता है कि सिर्फ 55 वर्ष से अधिक आयु के सर्वाधिक 89.5% उत्तरदाता इस मत से सहमत हैं कि प्रचार का सबसे अधिक

प्रभाव खाद्य सामग्री पर पड़ता है जबकि शेष अन्य आयु वर्ग के अधिकतम उत्तरदाताओं का मत है कि प्रचार का सबसे अधिक प्रभाव अखाद्य सामग्री के ऊपर पड़ता है।

शिक्षा के आधार पर स्पष्ट होता है कि केवल स्नातकोत्तर स्तर के शिक्षित अधिकतम उत्तरदाताओं का मत है कि प्रचार का सबसे अधिक प्रभाव खाद्य सामग्री के ऊपर पड़ता है जबकि शेष अन्य शिक्षित वर्ग के अधिकतम उत्तरदाताओं का मत है कि प्रचार का सबसे अधिक प्रभाव अखाद्य सामग्री के ऊपर पड़ता है।

सारणी संख्या–55

सामाजिक परिवर्त्य एवं प्रचार के साधनों का अधिक प्रभाव

सामाजिक परिवर्त्य	खाद्य	अखाद्य	योग
जाति -			
उच्च जाति	89(60.9)	57(39.1)	146
पिछड़ी जाति	20(19.6)	82(80.4)	102
अनुसूचित जाति	25(48.0)	27(52.0)	52
आयु -			
0-35	41(35.3)	75(64.7)	116
36-45	38(44.7)	47(55.3)	85
46-55	21(34.4)	40(65.6)	61
55 से अधिक	34(89.5)	04(10.5)	38
शिक्षा -			
स्नातक	70(48.6)	74(51.4)	144
स्नातकोत्तर	50(52.0)	46(48.0)	96
अन्य	14(23.4)	46(76.6)	60
आय-			
8000 तक	34(44.7)	42(55.3)	76
8001-11000	42(41.2)	60(58.8)	102
11001-14000	30(60.0)	20(40.0)	50
14001-17000	18(40.0)	27(60.0)	45
17000 से अधिक	10(37.0)	17(63.0)	27
योग	**134(44.7)**	**166(55.3)**	**300(100.0)**

आय के आधार पर ज्ञात होता है कि केवल 11,001-14,000 आय वर्ग के अधिकतम उत्तरदाताओं का मत है कि प्रचार का सबसे अधिक प्रभाव खाद्य सामग्री के ऊपर पड़ता है जबकि शेष अन्य आय वर्ग के अधिकतम उत्तरदाताओं का मत है कि प्रचार का सबसे अधिक प्रभाव अखाद्य सामग्री के ऊपर पड़ता है।

सूचना प्रौद्योगिकी एवं उपभोक्ता सामग्री पर प्रभाव

प्रस्तुत अध्ययन खण्ड के अन्तर्गत यह जानने का प्रयास किया गया है कि सूचना प्रौद्योगिकी अपना प्रभाव उपभोक्ता संसाधनों पर प्रत्यक्ष या अप्रत्यक्ष किस तरीके से डालती है। सारणी संख्या-56 के अध्ययन से स्पष्ट है कि अधिकतम 64.0% उत्तरदाताओं का मत है कि सूचना प्रौद्योगिकी उपभोक्ता सामग्री को प्रत्यक्ष रूप से प्रभावित करती है जबकि 36.0% उत्तरदाताओं का मत है कि सूचना प्रौद्योगिकी उपभोक्ता सामग्री को अप्रत्यक्ष रूप से प्रभावित करती है।

जाति के आधार पर स्पष्ट होता है कि प्रत्येक जाति के अधिकतम उत्तरदाताओं का मत है कि सूचना प्रौद्योगिकी उपभोक्ता सामग्री को प्रत्यक्ष रूप से प्रभावित करती है।

आयु के आधार पर परिलक्षित होता है कि केवल 55 वर्ष से अधिक आयु के अधिकतम उत्तरदाता इस मत से सहमत हैं कि सूचना प्रौद्योगिकी उपभोक्ता सामग्री को अप्रत्यक्ष रूप से प्रभावित करती है, शेष सभी आयु वर्ग के अधिकतम उत्तरदाता इस मत से सहमत हैं कि सूचना प्रौद्योगिकी उपभोक्ता सामग्री को प्रत्यक्ष रूप से प्रभावित करती है।

शिक्षा के आधार पर स्पष्ट होता है कि अन्य स्तर के शिक्षित अधिकतम उत्तरदाता इस मत से सहमत हैं कि सूचना प्रौद्योगिकी उपभोक्ता सामग्री को अप्रत्यक्ष रूप से प्रभावित करती है शेष वर्ग के शिक्षित उत्तरदाता इस मत से सहमत हैं कि सूचना प्रौद्योगिकी उपभोक्ता सामग्री को प्रत्यक्ष रूप से प्रभावित करती है।

आय के आधार पर ज्ञात होता है कि सबसे अधिक आय वर्ग (अर्थात् 17,000 से अधिक) के अधिकतम उत्तरदाता इस मत से सहमत हैं कि सूचना प्रौद्योगिकी उपभोक्ता सामग्री को अप्रत्यक्ष रूप से प्रभावित करती है जबकि अन्य आय वर्ग के अधिकतम उत्तरदाताओं का मत है कि सूचना प्रौद्योगिकी उपभोक्ता सामग्री को प्रत्यक्ष रूप से प्रभावित करती है।

सारणी संख्या–56
सामाजिक परिवर्त्य एवं सूचना प्रौद्योगिकी का उपभोक्ता सामग्री पर प्रभाव

सामाजिक परिवर्त्य	प्रत्यक्ष	अप्रत्यक्ष	योग
जाति -			
उच्च जाति	97(66.4)	49(33.6)	146
पिछड़ी जाति	64(62.7)	38(37.3)	102
अनुसूचित जाति	31(59.6)	21(40.4)	52
आयु -			
0-35	76(65.5)	40(34.5)	116
36-45	50(58.8)	35(41.2)	85
46-55	52(85.2)	09(14.8)	61
55 से अधिक	14(36.8)	24(63.2)	38
शिक्षा -			
स्नातक	103(71.5)	41(28.5)	144
स्नातकोत्तर	72(75.0)	24(25.0)	96
अन्य	17(28.3)	43(71.7)	60
आय-			
8000 तक	38(50.0)	38(50.0)	76
8001-11000	74(72.5)	28(27.5)	102
11001-14000	40(80.0)	10(20.0)	50
14001-17000	30(66.7)	15(37.3)	45
17000 से अधिक	10(37.0)	17(63.0)	27
योग	**192(64.0)**	**108(36.0)**	**300(100.0)**

सामग्री के फायदे अचानक स्मृति में आने पर ग्राहक के ऊपर प्रभाव

इस अध्ययन खण्ड के अन्तर्गत यह जानने का प्रयास किया गया है कि क्या उपभोक्ता सामग्री के फायदे अचानक स्मृति में आने पर ग्राहक के ऊपर प्रभाव पड़ता है या नहीं और यदि पड़ता है तो किस हद तक। सारणी संख्या-57 के अध्ययन से स्पष्ट है कि अधिकतम 28.7% उत्तरदाताओं का मत है कि प्रचार के माध्यम से दर्शाये गये उपभोक्ता सामग्री के फायदे अचानक स्मृति में आने पर ग्राहक 51-75% तक प्रभावित होता है, 28.3% उत्तरदाताओं

का मत है कि 100% प्रभावित होते हैं, 25.4% उत्तरदाताओं का मत है कि 25-50% तक प्रभावित होते जबकि 17.6% उत्तरदाताओं का मत है कि ग्राहक बिल्कुल नहीं प्रभावित होते।

जाति के आधार पर परिलक्षित होता है कि उच्च जाति और अनुसूचित जाति के अधिकतम उत्तरदाताओं का मत है कि उत्तरदाताओं का मत है कि उपभोक्ता सामग्रियों के ऊपर प्रचार के माध्यम से दर्शाये जाने वाले फायदे अचानक स्मृति में आने पर ग्राहक 25-50% तक प्रभावित होते हैं जबकि पिछड़ी जाति के अधिकतम उत्तरदाताओं के मतानुसार 51-75% तक। काई-स्क्वायर के अनुसार अन्तर सार्थक है।

आयु के आधार पर ज्ञात होता है कि 45 वर्ष से नीचे के अधिकतम उत्तरदाता इस मत से सहमत है कि उपभोक्ता सामग्रियों के ऊपर प्रचार के माध्यम से दर्शाये जाने वाले फायदे अचानक स्मृति में आने पर ग्राहक के ऊपर 51-75% तक प्रभाव पड़ता है जबकि 46-55 वर्ष के आयु के अधिकतम उत्तरदाताओं के मतानुसार बिल्कुल प्रभाव नहीं पड़ता तथा 55 वर्ष से अधिक आयु के अधिकतम उत्तरदाताओं के मतानुसार ग्राहक पर 100% प्रभाव पड़ता है। काई-स्क्वायर के अनुसार अन्तर सार्थक है।

शिक्षा के आधार पर स्पष्ट होता है कि स्नातक स्तर के अधिकतम उत्तरदाता इस मत से सहमत हैं कि उपभोक्ता सामग्रियों के ऊपर प्रचार के माध्यम से दर्शाये जाने वाले फायद अचानक स्मृति में आने पर ग्राहक 25-50% तक प्रभावित होता है जबकि स्नातकोत्तर स्तर के शिक्षित अधिकतम उत्तरदाताओं के मतानुसार ग्राहक 51-75% तक प्रभावित होता है तथा अन्य स्तर के शिक्षित अधिकतम उत्तरदाताओं के मतानुसार ग्राहक बिल्कुल नहीं प्रभावित होता है। काई-स्क्वायर के अनुसार अन्तर सार्थक है।

आय के आधार पर स्पष्ट होता है कि 8,000 तक के आय वाले अधिकतम उत्तरदाताओं के मतानुसार उपभोक्ता सामग्रियों के ऊपर प्रचार के माध्यम से दर्शाये जाने वाले फायदे अचानक स्मृति में आने पर ग्राहक बिल्कुल नहीं प्रभावित होता है जबकि 8,001 से 11,000 आय वर्ग के अधिकतम उत्तरदाताओं के मतानुसार 51-75% तक प्रभावित होता है, 11,001-14,000 एवं 14,001-17,000 आय वर्ग के अधिकतम उत्तरदाताओं के मतानुसार 100% तक तथा 17,000 से अधिक आय वर्ग के अधिकतम उत्तरदाता के मतानुसार ग्राहक 25-50% तक प्रभावित होते हैं। काई-स्क्वायर के अनुसार अन्तर सार्थक है।

सारणी संख्या-57

सामाजिक परिवर्त्य एवं सामग्री के फायदे अचानक स्मृति में आने पर ग्राहक के ऊपर प्रभाव

सामाजिक परिवर्त्य	100%	51–75%	25–50%	बिल्कुल नहीं	योग
जाति*–					
उच्च जाति	41(28.1)	31(21.2)	52(35.6)	22(15.1)	146
पिछड़ी जाति	31(30.4)	41(40.2)	09(8.8)	21(20.6)	102
अनुसूचित जाति	13(25.0)	14(26.9)	15(28.8)	10(19.3)	52
आयु–**					
0–35	30(25.9)	34(29.3)	26(22.4)	26(22.4)	116
36–45	28(32.9)	28(32.9)	25(29.4)	04(4.8)	85
46–55	15(24.6)	13(21.3)	14(22.9)	19(31.2)	61
55 से अधिक	12(31.6)	11(28.9)	11(28.9)	04(10.6)	38
शिक्षा*–**					
स्नातक	40(27.8)	20(13.9)	61(42.4)	23(15.9)	144
स्नातकोत्तर	31(32.3)	49(51.0)	11(11.5)	05(5.2)	96
अन्य	14(23.3)	17(28.4)	04(6.7)	25(41.6)	60
आय**–**					
8000 तक	13(17.1)	12(15.8)	21(27.6)	30(39.5)	76
8001–11000	15(14.7)	47(46.0)	30(29.4)	10(9.9)	102
11001–14000	30(60.0)	05(10.0)	12(24.0)	03(6.0)	50
14001–17000	20(44.4)	16(35.6)	05(11.2)	04(8.8)	45
17000 से अधिक	07(25.9)	06(22.2)	08(29.7)	06(22.2)	27
योग	**85 (28.3)**	**86(28.7)**	**76(25.4)**	**53 (17.6)**	**300(100.0)**

* काई-स्क्वायर = 26.40; df = 6; सार्थक < .001

** काई-स्क्वायर = 21.25; df = 9; सार्थक < .05

*** काई-स्क्वायर = 89.07; df = 6; सार्थक < .001

**** काई-स्क्वायर = 89.15; df = 12; सार्थक < .001

सूचना प्रौद्योगिकी के कारण उत्पाद पर बिक्री का प्रभाव

प्रस्तुत अध्ययन खण्ड के अन्तर्गत यह जानने का प्रयास किया गया है कि सूचना प्रौद्योगिकी ने किस तरह के उत्पाद की बिक्री को बढ़ाया है। सारणी संख्या-58 के अध्ययन से स्पष्ट है कि 42.0% उत्तरदाताओं का मत

है कि सूचना प्रौद्योगिकी ने विलासिता सम्बन्धी वस्तुओं की बिक्री को बढ़ाया है जबकि 36.0% उत्तरदाताओं का मत है कि सूचना प्रौद्योगिकी ने खाद्य पदार्थों की बिक्री को बढ़ाया है, 12.7% उत्तरदाताओं का मत है कि सूचना प्रौद्योगिकी ने कपड़े की बिक्री को बढ़ाया है एवं न्यूनतम 9.3% उत्तरदाताओं का मत है कि सूचना प्रौद्योगिकी ने अन्य प्रकार की वस्तुओं की बिक्री को बढ़ाया है।

सारणी संख्या-58

सामाजिक परिवर्त्य एवं सूचना प्रौद्योगिकी के कारण उत्पाद की बिक्री पर प्रभाव

सामाजिक परिवर्त्य	कपड़े	विलासिता संबंधी वस्तु	खाद्य पदार्थ	अन्य कोई	योग
जाति–					
उच्च जाति	14(9.6)	53(36.3)	60(41.1)	19(13.0)	146
पिछड़ी जाति	12(11.8)	54(27.0)	34(33.3)	02(1.9)	102
अनुसूचित जाति	12(23.0)	19(36.6)	14(26.9)	07(13.5)	52
आयु–					
0–35	13(11.2)	49(42.2)	41(35.3)	13(11.3)	116
36–45	12(14.1)	32(37.6)	33(38.8)	08(9.5)	85
46–55	08(13.1)	21(34.4)	28(45.9)	04(6.6)	61
55 से अधिक	05(13.2)	24(63.2)	06(9.8)	03(7.8)	38
शिक्षा–					
स्नातक	13(9.0)	60(41.7)	54(37.5)	17(11.8)	144
स्नातकोत्तर	14(14.6)	41(42.7)	32(33.4)	09(9.3)	96
अन्य	11(18.3)	25(41.7)	22(36.7)	02(3.3)	60
आय–					
8000 तक	09(11.8)	41(53.9)	21(27.7)	05(6.6)	76
8001–11000	12(11.8)	62(60.8)	24(23.5)	04(3.9)	102
11001–14000	06(12.0)	03(6.0)	36(72.0)	05(10.0)	50
14001–17000	07(15.5)	12(26.7)	20(44.5)	06(13.3)	45
17000 से अधिक	04(14.9)	08(29.6)	07(25.9)	08(29.6)	27
योग	**38(12.7)**	**126(42.0)**	**108(36.0)**	**28 (9.3)**	**300(100.0)**

जाति के आधार पर स्पष्ट होता है कि प्रत्येक जाति के अधिकतम उत्तरदाताओं का मत है कि सूचना प्रौद्योगिकी ने विलासिता सम्बन्धी वस्तुओं की बिक्री को सबसे अधिक बढ़ाया है।

आयु के आधार पर ज्ञात होता है कि सबसे कम (35 वर्ष से तक) एवं सबसे अधिक (55 वर्ष के बाद) आयु वर्ग के अधिकतम उत्तरदाताओं का मत है कि सूचना प्रौद्योगिकी के कारण विलासिता सम्बन्धी वस्तुओं की बिक्री सबसे अधिक बढ़ी है जबकि बीच के आयु वर्ग (36-55) के अधिकतम उत्तरदाताओं के मतानुसार सूचना प्रौद्योगिकी ने खाद्य पदार्थों की बिक्री को बढ़ाया है।

शिक्षा के आधार पर स्पष्ट होता है कि सभी वर्ग के शिक्षित अधिकतम उत्तरदाताओं का मत है कि सूचना प्रौद्योगिकी ने विलासिता सम्बन्धी वस्तुओं की बिक्री को सबसे अधिक बढ़ाया है।

आय के आधार पर ज्ञात होता है कि 11,000 तक आय वाले अधिकतम उत्तरदाताओं के मतानुसार सूचना प्रौद्योगिकी ने विलासिता सम्बन्धी वस्तुओं की बिक्री को बढ़ाया है जबकि 11,001-17,000 आय वर्ग के बीच के अधिकतम उत्तरदाताओं का मत है कि सूचना प्रौद्योगिकी ने खाद्य पदार्थों की बिक्री को बढ़ाया है जबकि 17,000 से अधिक आय वर्ग के अधिकतम उत्तरदाताओं के अनुसार सूचना प्रौद्योगिकी ने विलासिता सम्बन्धी वस्तुएँ एवं अन्य पदार्थों की बिक्री को बढ़ाया है।

सम्पूर्ण आमदनी का उपभोक्ता सामग्री पर व्यय

प्रस्तुत अध्ययन खण्ड के अन्तर्गत यह जानने का प्रयास किया गया है कि उपभोक्ता अपने आमदनी का कितना प्रतिशत उपभोक्ता सामग्री पर व्यय करते है। सारणी संख्या-59 के अध्ययन से स्पष्ट है कि 48.4% उत्तरदाता अपने सम्पूर्ण आमदनी का 40-50% तक उपभोक्ता सामग्री पर व्यय करते हैं, 37.0% उत्तरदाता अपनी आमदनी का 51-60% तक खर्च करते हैं, 8.0% उत्तरदाता अपने सम्पूर्ण आमदनी का 61-70% तक खर्च करते हैं जबकि 6.6% उत्तरदाता अपने कुल आमदनी का 71-80% तक उपभोक्ता सामग्री पर खर्च करते हैं।

जाति के आधार पर स्पष्ट होता है कि उच्च जाति के अधिकतम उत्तरदाताओं का मत है कि वे अपने आमदनी का 51-60% तक उपभोक्ता सामग्री के ऊपर खर्च करते हैं जबकि पिछड़ी जाति एवं अनुसूचित जाति के अधिकतम उत्तरदाताओं का मत है कि वे अपनी आमदनी का 40-50% तक उपभोक्ता सामग्री के ऊपर खर्च करते हैं। काई-स्क्वायर के अनुसार अन्तर सार्थक है।

आयु के आधार पर ज्ञात होता है कि 0-35 एवं 46-55 आयु वर्ग के अधिकतम उत्तरदाताओं का मत है कि वे अपने सम्पूर्ण आमदनी का 51-60%

तक उपभोक्ता सामग्री पर व्यय करते हैं जबकि 36-45 एवं 55 वर्ष से अधिक आयु के अधिकतम उत्तरदाताओं का मत है कि वे अपने सम्पूर्ण आमदनी का 40-50% तक उपभोक्ता सामग्री के ऊपर व्यय करते हैं। काई-स्क्वायर के अनुसार अन्तर सार्थक है।

सारणी संख्या-59
सामाजिक परिवर्त्य एवं सम्पूर्ण आमदनी का उपभोक्ता सामग्री पर व्यय

सामाजिक परिवर्त्य	40–50%	51–60%	61–70%	71–80%	योग
जाति*–					
उच्च जाति	66(45.2)	68(46.6)	03(2.0)	09(6.2)	146
पिछड़ी जाति	42(41.2)	41(40.2)	13(12.7)	06(5.9)	102
अनुसूचित जाति	37(71.2)	02(3.8)	08(15.4)	05(9.6)	52
आयु–**					
0–35	38(32.8)	62(53.4)	14(12.1)	02(1.7)	116
36–45	62(72.9)	16(18.8)	03(3.5)	04(4.8)	85
46–55	24(39.3)	30(49.2)	04(6.6)	03(4.9)	61
55 से अधिक	21(55.3)	03(7.9)	03(7.9)	11(28.9)	38
शिक्षा*–**					
स्नातक	80(55.6)	60(41.7)	03(2.0)	01(0.7)	144
स्नातकोत्तर	36(37.5)	50(52.0)	09(9.4)	01(1.1)	96
अन्य	29(48.3)	01(1.7)	12(20.0)	18(30.0)	60
आय**–**					
8000 तक	30(39.5)	32(42.1)	06(7.9)	08(10.5)	76
8001–11000	48(47.0)	39(38.3)	14(13.8)	01(0.9)	102
11001–14000	21(42.0)	22(44.0)	02(4.0)	05(10.0)	50
14001–17000	35(77.8)	07(15.6)	01(2.2)	02(4.4)	45
17000 से अधिक	11(40.7)	11(40.7)	01(3.7)	04(14.9)	27
योग	**45(48.4)**	**111(37.0)**	**24(8.0)**	**20 (6.6)**	**300(100.0)**

* काई-स्क्वायर = 40.02; df = 6; सार्थक < .001

** काई-स्क्वायर = 83.09; df = 9; सार्थक < .001

*** काई-स्क्वायर = 109.50; df = 6; सार्थक < .001

**** काई-स्क्वायर = 35.19; df = 12; सार्थक < .001

शिक्षा के आधार पर परिलक्षित होता है कि स्नातकोत्तर स्तर के शिक्षित अधिकतम उत्तरदाताओं का मत है कि वे अपने सम्पूर्ण आमदनी का 51-60% तक उपभोक्ता सामग्री पर खर्च करते हैं, शेष सभी वर्ग के शिक्षित अधिकतम उत्तरदाताओं का मत है कि वे अपने सम्पूर्ण आमदनी का 40-50% तक उपभोक्ता सामग्री के ऊपर खर्च करते हैं। काई-स्क्वायर के अनुसार अन्तर सार्थक है।

आय के आधार पर स्पष्ट होता है कि 8,001-11,000 एवं 14,001-17,000 आय वर्ग के अधिकतम उत्तरदाताओं का मत है कि वे अपने सम्पूर्ण आदमनी का 40-50% तक उपभोक्ता सामग्री पर खर्च करते हैं जबकि शेष अन्य आय वर्ग के अधिकतम उत्तरदाताओं का मत है कि वे अपनी सम्पूर्ण आमदनी का 51-60% तक उपभोक्ता सामग्री पर व्यय करते हैं। काई-स्क्वायर के अनुसार अन्तर सार्थक है।

संदर्भ ग्रंथ

1. Vittal, N. and Mahalingam, S. (2001) Information Technology–India's Tommorow, Manas Publications, New Delhi
2. Malcom, W. (2000), Globlization, Routledge, London
3. Pool Ithel D.S. (1963): The Role of Communication of the Process of Modernization and Technological Change, Unesco and Mouton.
4. Ray, S.N. (1991) : The Third World in the Age of Globlization, Madhyam Books, Delhi
5. Jameson, F. (1991) : Post Modernism or The Cultural Logic of Late Capitalism, London, Versa
6. Robert, L.S. (1988) : Communication Devlopment and the Third World, Longmen, New York.
7. Sen, J.A. (1998) : Information Technology in Business Principles, Practices and Opportunities (II ed.) Prentice Hall Business Publishing, New York.

4. सामान्य विवेक वृद्धि पर प्रभाव

महाजन (2004) के मत में समाचारपत्र समूह के व्यवसाय पक्ष को ध्यान में न रखने से हम प्रेस की सही शक्ति को नहीं नाप सकते। एक व्यवसाय के रूप में उसकी सफलता उपभोक्ताओं (पाठकों और विज्ञापनदाताओं) की संतुष्टि और अपने लाभ दोनों से जुड़ी है। उपभोक्ताओं की संतुष्टि का मसला उलझा हुआ है। समाचारपत्र को यह विश्वास दिलाना होता है कि उसके अखबार में अपने समय और समाज की सही तस्वीर पेश की जा रही है और अपने पाठकों के साथ वह किसी तरह की धोखाधड़ी नहीं कर रहा है। यह विश्वास खबरों को निष्पक्ष रखने का मंच है, यहाँ तक कि उन खबरों

को भी जो पूँजीपति वर्ग के हितों का विरोधी हो।

चतुर्वेदी (1996) के मत में विज्ञापनों का प्रकाशन अखबार की आय का प्रमुख स्रोत बनने के बाद अखबार के चरित्र में एक और फर्क आया। विज्ञापनों का प्रकाशन का मामला भी सीधा और सरल नहीं था। अखबार विज्ञापनों के प्रकाशन के मामले में भी अपनी प्रसार क्षमता से जुड़े थे। वे अखबार जिनका प्रसार क्षेत्रीय स्तर पर होता है उनको विज्ञापन भी ऐसे ही उत्पादों के मिलते हैं, जिनका प्रचार क्षेत्रीय स्तर पर किया जाता है। कुछ ऐसे उत्पादों के भी विज्ञापन उन्हें मिल सकते हैं जिनका प्रचार उस क्षेत्र से बाहर भी हो, लेकिन ऐसी बड़ी कम्पनियाँ जब क्षेत्रीय अखबारों को विज्ञापन देती है तो उनका भुगतान राष्ट्रीय स्तर पर प्रकाशित होने वाले अखबारों की तुलना में कम किया जाता है। इस तरह अखबारों को मिलने वाला विज्ञापन इस बात से तय होता है कि उसका प्रसार कितने बड़े क्षेत्र में है। बड़े क्षेत्र के प्रसार का मतलब है, ज्यादा लोगों तक पहुँच और ज्यादा लोगों तक पहुँच का मतलब है, उत्पाद की ज्यादा बिक्री की संभावना। इसका अर्थ यह भी है कि ज्यादा प्रसार वाले अखबारों को विज्ञापन वे बड़ी कम्पनियाँ ही दे सकती हैं, जो विज्ञापन पर काफी बड़ी पूँजी निवेश करने की स्थिति में हो। इस तरह विज्ञापनों ने अखबारों के साथ जो सम्बन्ध स्थापित किया, वह पूँजी से पूँजी का सम्बन्ध था। ज्यादा प्रसार वाला राष्ट्रीय स्तर का समाचारपत्र निकालना उन्हीं के लिए संभव था जो बड़ी पूँजी निवेश करने की स्थिति में हो और उन्हें बड़े उत्पादकों के विज्ञापन तभी मिल सकते थे जब उनका प्रसार ज्यादा और व्यापक क्षेत्र में हो।

बारकर (1997) के मत में विज्ञापन और समाचारपत्र की एक स्थिति यह भी आई जब बड़े विज्ञापनदाताओं को ज्यादा प्रसार की नहीं बल्कि उस वर्ग के बीच प्रसार की जरूरत थी जो उनके उत्पाद का खरीददार हो, यह वर्ग भले ही छोटा क्यो न हो। जैसे कि पहले ही कहा जा चुका है कि हमारे अपने देश में किसी समय अंग्रेजी समाचारपत्रों में भी कार और कार रखने वाले लोगों के जीवन स्तर के चीजों के विज्ञापन प्रायः प्रकाशित नहीं होते थे। आमतौर पर निम्न मध्य वर्ग और मध्य वर्ग के जीवन स्तर के अनुरूप उपभोक्ता वस्तुओं के विज्ञापनों पर बल रहता था। लेकिन अब अंग्रेजी के ही नहीं हिन्दी और क्षेत्रीय भाषाओं के अखबारों में भी उन चीजों के विज्ञापनों पर बल रहता है जो उच्च मध्यम वर्ग के जीवन के अनुरूप हैं। इसका कारण यह नहीं है कि हिन्दुस्तान से गरीबी खत्म हो गई है बल्कि इसका कारण है कि अखबारों ने अपना प्रसार निम्न मध्यम वर्ग पर केन्द्रित करने के बजाय मध्य वर्ग और उच्च वर्ग पर किया है। अगर टेलीविजन, फ्रिज, कार, कम्प्यूटर आदि के विज्ञापनों से किसी अखबार को कहीं ज्यादा आय होती है तो वह

उन छोटे उत्पादकों और वर्गीकृत विज्ञापनों के पीछे क्यों भागेगा जिनसे उस अखबार को उतनी आय नहीं हो सकती। **बेलिस और स्मिथ** (1997-2000) के मतानुसार समाचारपत्रों के प्रकाशन के व्यवसाय बनने और धीरे-धीरे उसके बड़ी पूँजी पर निर्भर होते जाने ने उसके चरित्र और स्वरूप को काफी हद तक बदल दिया है। आज स्थिति यह है कि भारत में भी कई समाचारपत्रों ने अपने प्रकाशन समूह से निकलने वाली कई पत्रिकाओं और कई अखबारों के क्षेत्रीय संस्करणों को इसलिए बन्द कर दिया है कि उसमें उन्हें उतना बड़ा लाभ नजर नहीं आ रहा है जो दूसरे व्यवसायों में है। पाठकों के बजाय विज्ञापनदाताओं को आकृष्ट कर अखबार की बिक्री बढ़ाने की कोशिश को टाइम्स ऑफ इण्डिया और हिन्दुस्तान टाइम्स के बीच की प्रतिद्वन्द्विता से समझा जा सकता है। दिल्ली में कुछ साल पहले तक हिन्दुस्तान टाइम्स की प्रसार संख्या अंग्रेजी के किसी भी अन्य अखबार के मुकाबले ज्यादा थी। टाइम्स ऑफ इण्डिया इस दृष्टि से बहुत पीछे थे। हिन्दुस्तान टाइम्स की प्रसार संख्या ज्यादा होने की वजह से उसे विज्ञापन अधिक मिलते थे और ज्यादा विज्ञापन मिलने की वजह से उसकी प्रसार संख्या ज्यादा थी। टाइम्स ऑफ इण्डिया ने हिन्दुस्तान टाइम्स की इजारेदारी को समाप्त करने के लिए अन्य उपायों के साथ-साथ उसकी कीमत सिर्फ डेढ़ रुपये कर दी जबकि उस समय अंग्रेजी की अखबारों की कीमत हिन्दी के अखबारों की तुलना में ज्यादा होती थी। इसने टाइम्स ऑफ इण्डिया की बिक्री में इजाफा किया। इस इजाफे ने उसके बिक्री का द्वार खोला। विज्ञापनों और प्रसार संख्या दोनों की इस प्रतिद्वन्द्विता का लाभ उपभोक्ताओं को यह मिल रहा था कि उन्हें अखबार की कीमत कम देनी पड़ रही थी जिसकी भरपाई अखबार विज्ञापनों के जरिये कर रहा था। अपनी प्रसार संख्या को कम होने से बचाने के लिए हिन्दुस्तान टाइम्स को यह जरूरी हो गया कि वह भी अखबार की कीमत कम करे। नतीजतन हिन्दुस्तान टाइम्स ने भी अपने समाचारपत्र का मूल्य डेढ़ रुपये कर दिया। इन दोनों अखबारों में जो प्रतिद्वन्द्विता थी वह उनके समूह से निकलने वाले अन्य अखबारों में इस रूप में व्यक्त नहीं हुई। आज दोनों समूह में हिन्दी के अखबारों की कीमत अंग्रेजी की तुलना में ज्यादा है।

सूचना प्रौद्योगिकी से प्रचार का सम्बन्ध

प्रस्तुत अध्ययन खण्ड के अन्तर्गत यह जानने का प्रयास किया गया है कि क्या सूचना प्रौद्योगिकी नहीं होती तो प्रचार नहीं होता? सारणी संख्या-60 के अध्ययन से स्पष्ट है कि 67.0% उत्तरदाताओं का मत है कि सूचना प्रौद्योगिकी नहीं होती तो प्रचार नहीं होता, लेकिन 33.0% उत्तरदाता इस मत से सहमत नहीं हैं।

जाति के आधार पर ज्ञात होता है कि अनुसूचित जाति के अधिकतम 57.7% उत्तरदाता इस मत से सहमत नहीं हैं कि सूचना प्रौद्योगिकी नहीं होती तो प्रचार नहीं होता जबकि शेष अन्य जातियों के अधिकतम उत्तरदाता इस मत से सहमत है कि सूचना प्रौद्योगिकी नहीं होती तो प्रचार नहीं होता।

आयु के आधार पर स्पष्ट होता है कि प्रत्येक आयु वर्ग के अधिकतम उत्तरदाता इस मत से सहमत हैं कि सूचना प्रौद्योगिकी नहीं होती तो प्रचार नहीं होता।

शिक्षा के आधार पर स्पष्ट होता है कि प्रत्येक वर्ग के शिक्षित अधिकतम उत्तरदाता इस मत से सहमत हैं कि सूचना प्रौद्योगिकी नहीं होती तो प्रचार नहीं होता। यहाँ अन्य वर्ग के शिक्षित सर्वाधिक 98.4% उत्तरदाता इस मत से सहमत हैं।

सारणी संख्या–60

सामाजिक परिवर्त्य एवं सूचना प्रौद्योगिकी से प्रचार का सम्बन्ध

सामाजिक परिवर्त्य	हाँ	नहीं	योग
जाति -			
उच्च जाति	103(70.5)	43(29.5)	146
पिछड़ी जाति	76(74.5)	26(25.5)	102
अनुसूचित जाति	22(42.3)	30(57.7)	52
आयु -			
0-35	68(58.6)	48(41.4)	116
36-45	52(61.2)	33(38.8)	85
46-55	52(85.2)	09(14.8)	61
55 से अधिक	29(76.3)	09(23.7)	38
शिक्षा -			
स्नातक	81(56.2)	63(43.8)	144
स्नातकोत्तर	61(63.5)	35(36.5)	96
अन्य	59(98.4)	01(1.6)	60
आय-			
8000 तक	44(57.9)	32(42.1)	76
8001-11000	59(57.8)	43(42.2)	102
11001-14000	46(92.0)	04(8.0)	50
14001-17000	40(88.9)	05(11.1)	45
17000 से अधिक	12(44.5)	15(55.5)	27
योग	**201(67.0)**	**99(33.0)**	**300(100.0)**

आय के आधार पर ज्ञात होता है कि 17,000 से अधिक आय वाले अधिकतम उत्तरदाता इस मत से सहमत नहीं हैं कि सूचना प्रौद्योगिकी नहीं होती तो प्रचार नहीं होता, शेष सभी आय वर्ग के अधिकतम उत्तरदाता इस मत से सहमत है कि सूचना प्रौद्योगिकी नहीं होती तो प्रचार नहीं होता।

उपभोक्ता संसाधनों के प्रचार में सर्वाधिक प्रभाव

प्रस्तुत अध्ययन खण्ड के अन्तर्गत यह जानने का प्रयास किया गया है कि उपभोक्ता संसाधनों के प्रचार में सर्वाधिक प्रभाव किस माध्यम का पड़ता है। सारणी संख्या-61 के अध्ययन से स्पष्ट है कि 53.3% उत्तरदाताओं का मत है कि उपभोक्ता संसाधनों को प्रचार के माध्यम से प्रभावित करने में टी.वी. सबसे अच्छा माध्यम है, 26.4% उत्तरदाताओं के मतानुसार रेडियो प्रचार का अच्छा माध्यम है, 14.0% उत्तरदाताओं के मतानुसार समाचारपत्र सबसे प्रभावकारी माध्यम है जबकि 6.3% उत्तरदाताओं का मत है कि उपभोक्ता संसाधनों के प्रचार में सर्वाधिक प्रभाव पत्रिकाओं का है।

जाति के आधार पर स्पष्ट होता है कि प्रत्येक जाति के अधिकतम उत्तरदाताओं का मत है कि उपभोक्ता संसाधनों के प्रचार में सबसे प्रभावकारी माध्यम टी.वी. है। काई-स्क्वायर के अनुसार अन्तर सार्थक है।

आयु के आधार पर परिलक्षित होता है कि प्रत्येक आयु वर्ग के अधिकतम उत्तरदाताओं का मत है कि उपभोक्ता संसाधनों के प्रचार में सबसे प्रभावकारी माध्यम टी.वी. है। काई-स्क्वायर के अनुसार अन्तर सार्थक है।

शिक्षा के आधार पर स्पष्ट होता है कि अन्य स्तर के शिक्षित अधिकतम उत्तरदाताओं का मत है कि उपभोक्ता संसाधनों के प्रचार में सबसे प्रभावकारी माध्यम रेडियो है जबकि शेष वर्ग के शिक्षित अधिकतम उत्तरदाताओं का मत है कि उपभोक्ता संसाधनों के प्रचार में सबसे प्रभावकारी माध्यम रेडियो है। काई-स्क्वायर के अनुसार अन्तर सार्थक है।

आय के आधार पर स्पष्ट होता है कि प्रत्येक आय वर्ग के अधिकतम उत्तरदाताओं का मत है कि उपभोक्ता संसाधनों के प्रचार में सबसे प्रभावकारी माध्यम टी.वी. है। काई-स्क्वायर के अनुसार अन्तर सार्थक है।

सारणी संख्या-61
सामाजिक परिवर्त्य एवं उपभोक्ता संसाधनों के प्रचार में सर्वाधिक प्रभाव

सामाजिक परिवर्त्य	टी.वी.	रेडियो	समाचारपत्र	पत्रिकाएँ	योग
जाति*–					
उच्च जाति	69(47.3)	44(30.1)	27(18.5)	06(4.1)	146
पिछड़ी जाति	70(68.7)	23(22.5)	06(5.9)	03(2.9)	102
अनुसूचित जाति	21(40.4)	12(23.0)	09(17.3)	10(19.3)	52
आयु–**					
0–35	64(55.2)	30(25.9)	16(13.8)	06(5.1)	116
36–45	40(47.0)	32(37.6)	10(11.8)	03(3.6)	85
46–55	37(60.6)	16(26.3)	07(11.5)	01(1.6)	61
55 से अधिक	19(50.0)	01(2.6)	09(23.7)	09(23.7)	38
शिक्षा*–**					
स्नातक	102(70.9)	23(15.9)	11(7.6)	08(5.6)	144
स्नातकोत्तर	44(45.8)	36(37.5)	12(12.5)	04(4.2)	96
अन्य	14(23.4)	20(33.3)	19(31.7)	07(11.6)	60
आय**–**					
8000 तक	33(43.4)	23(30.3)	13(17.1)	07(9.2)	76
8001–11000	62(60.8)	30(29.5)	08(7.8)	02(1.9)	102
11001–14000	30(60.0)	11(22.0)	06(12.0)	03(6.0)	50
14001–17000	17(37.8)	09(20.0)	14(31.1)	05(11.1)	45
17000 से अधिक	18(66.7)	06(22.2)	01(3.7)	02(7.4)	27
योग	**160(53.3)**	**79(26.4)**	**42(14.0)**	**19(6.3)**	**300 (100.0)**

* काई-स्क्वायर = 32.65; df = 6; सार्थक < .001

** काई-स्क्वायर = 38.26; df = 9; सार्थक < .001

*** काई-स्क्वायर = 52.17; df = 6; सार्थक < .001

**** काई-स्क्वायर = 28.48; df = 12; सार्थक < .001

कम्प्यूटर से उपभोक्ता सामग्री के प्रचार की सफलता

प्रस्तुत अध्ययन खण्ड के अन्तर्गत यह जानने का प्रयास किया गया है कि क्या कम्प्यूटर से उपभोक्ता सामग्री की प्रचार सफल हो सकता है या नहीं। सारणी संख्या-62 के अध्ययन से स्पष्ट है कि 25.4% उत्तरदाताओं का मत है कि कम्प्यूटर से उपभोक्ता सामग्री की प्रचार सफल हो सकता है जबकि 74.6% उत्तरदाताओं का मत है कि कम्प्यूटर से उपभोक्ता सामग्री की प्रचार सफल नहीं हो सकता है।

सारणी संख्या–62

सामाजिक परिवर्त्य एवं कम्प्यूटर से उपभोक्ता सामग्री के प्रचार की सफलता

सामाजिक परिवर्त्य	हाँ	नहीं	योग
जाति -			
उच्च जाति	30(20.6)	116(79.4)	146
पिछड़ी जाति	35(34.3)	67(65.7)	102
अनुसूचित जाति	11(21.2)	41(78.8)	52
आयु -			
0-35	20(17.2)	96(82.8)	116
36-45	23(27.0)	62(73.0)	85
46-55	18(29.5)	43(70.5)	61
55 से अधिक	15(39.4)	23(60.6)	38
शिक्षा -			
स्नातक	23(15.9)	121(84.1)	144
स्नातकोत्तर	43(44.8)	53(55.2)	96
अन्य	10(16.7)	50(83.3)	60
आय-			
8000 तक	20(26.3)	56(73.7)	76
8001-11000	11(10.8)	91(89.2)	102
11001-14000	15(30.0)	35(70.0)	50
14001-17000	20(44.5)	25(55.5)	45
17000 से अधिक	10(37.0)	17(63.0)	27
योग	**76 (25.4)**	**224 (74.6)**	**300 (100.0)**

जाति के आधार पर ज्ञात होता है कि प्रत्येक जाति के अधिकतम उत्तरदाता इस मत से सहमत हैं कि कम्प्यूटर से उपभोक्ता सामग्री की प्रचार सफल नहीं हो सकता।

आयु के आधार पर स्पष्ट होता है कि प्रत्येक आयु वर्ग के अधिकतम उत्तरदाता इस मत से सहमत हैं कि कम्प्यूटर से उपभोक्ता सामग्री की प्रचार सफल नहीं हो सकता है।

शिक्षा के आधार पर ज्ञात होता है कि प्रत्येक वर्ग के शिक्षित अधिकतम उत्तरदाता इस मत से सहमत हैं कि कम्प्यूटर से उपभोक्ता सामग्री की प्रचार सफल नहीं हो सकता है।

आय के आधार पर स्पष्ट होता है कि प्रत्येक आय वर्ग के अधिकतम उत्तरदाताओं का मत है कि कम्प्यूटर से उपभोक्ता सामग्री की प्रचार सफल नहीं हो सकता है।

सामानों की खरीददारी का सलाह

इस अध्ययन खण्ड के अन्तर्गत यह जानने का प्रयास किया गया है कि उपभोक्ता अपने सामान की खरीददारी अधिकतर किसके सलाह से करते हैं। सारणी संख्या-63 के अध्ययन से स्पष्ट है कि 47.0% उत्तरदाताओं का मत है कि वे अपने आधिकाधिक सामान की खरीददारी घर के सदस्यों की राय से करते हैं जबकि 12.3% उत्तरदाताओं का मत है कि वे अपने आधिकाधिक सामान की खरीददारी दुकानों के सलाह से करते हैं।

जाति के आधार पर परिलक्षित होता है कि उच्च जाति के अधिकतम उत्तरदाताओं का मत है कि वे अपने आधिकाधिक सामान की खरीददारी घर के सदस्यों की राय से करते हैं जबकि शेष अन्य जातियों के अधिकतम उत्तरदाता का मत है कि वे अपने अधिकाधिक सामान की खरीददारी प्रचार को देखकर करते हैं। काई-स्क्वायर के अनुसार अन्तर सार्थक है।

आयु के आधार पर स्पष्ट होता है कि केवल 46-55 वर्ष के आयु के अधिकतम उत्तरदाताओं का मत है कि वे अपने आधिकाधिक सामान की खरीददारी घर के सदस्यों की राय से करते हैं जबकि अन्य आयु वर्ग के अधिकाधिक उत्तरदाताओं का मत है कि वे अपने अधिकाधिक सामान की खरीददारी प्रचार को देखकर करते हैं। काई-स्क्वायर के अनुसार अन्तर सार्थक है।

शिक्षा के आधार पर ज्ञात होता है कि स्नातक और स्नातकोत्तर स्तर के शिक्षित अधिकतम उत्तरदाताओं का मत है कि वे अपने आधिकाधिक सामान की खरीददारी घर के सदस्यों की राय से करते हैं जबकि अन्य स्तर के

सारणी संख्या-63
सूचना प्रौद्योगिकी एवं सामान की खरीददारी की सलाह

सामाजिक परिवर्त्य	घर के सदस्यों की राय से	प्रचार को देखकर	दुकानदारों की सलाह से	योग
जाति*–				
उच्च जाति	73(50.0)	55(37.7)	18(12.3)	146
पिछड़ी जाति	26(25.5)	61(59.8)	15(14.7)	102
अनुसूचित जाति	23(44.3)	25(48.0)	04(7.7)	52
आयु**–				
0–35	41(35.3)	55(47.4)	20(17.3)	116
36–45	36(42.3)	41(48.2)	08(9.5)	85
46–55	40(65.6)	15(24.6)	06(9.8)	61
55 से अधिक	05(13.2)	30(78.9)	03(4.9)	38
शिक्षा***–				
स्नातक	62(43.0)	54(37.5)	28(19.5)	144
स्नातकोत्तर	50(52.0)	41(42.7)	05(5.3)	96
अन्य	10(16.7)	46(76.7)	04(6.6)	60
आय****–				
8000 तक	34(44.7)	38(50.0)	04(5.3)	76
8001–11000	40(39.3)	50(49.0)	12(11.7)	102
11001–14000	30(60.0)	11(22.0)	09(18.0)	50
14001–17000	11(24.5)	30(66.7)	04(8.8)	45
17000 से अधिक	07(25.9)	12(44.5)	08(29.6)	27
योग	**122(40.7)**	**141(47.0)**	**37(12.3)**	**300(100.0)**

* काई-स्क्वायर = 16.71; df = 4; सार्थक < .001

** काई-स्क्वायर = 35.81; df = 6; सार्थक < .001

*** काई-स्क्वायर = 37.57; df = 4; सार्थक < .001

**** काई-स्क्वायर = 31.33; df = 8; सार्थक < .001

शिक्षित अधिकतम उत्तरदाताओं का मत है कि वे अपने आधिकाधिक सामान की खरीददारी प्रचार को देखकर करते हैं। काई-स्क्वायर के अनुसार अन्तर सार्थक है।

आय के आधार पर स्पष्ट होता है कि केवल 11,001-14,000 आय वर्ग के अधिकतम उत्तरदाताओं का मत है कि वे अपने अधिकाधिक सामान की खरीददारी घर के सदस्यों की राय से करते हैं, शेष सभी आय वर्ग के अधिकतम उत्तरदाताओं का मत है कि वे अपने अधिकाधिक सामान की खरीददारी प्रचार को देखकर करते हैं। काई-स्क्वायर के अनुसार अन्तर सार्थक है।

उपभोक्ता सामग्री से सम्बन्धित चित्रों का सर्वाधिक छपा होना

प्रस्तुत अध्ययन खण्ड के अन्तर्गत यह जानने का प्रयास किया गया है कि किस पत्रिका में उपभोक्ता सामग्री से सम्बन्धित चित्र छपे होते हैं। सारणी संख्या-64 के अध्ययन से स्पष्ट है कि 27.3% उत्तरदाताओं का मत है कि उपभोक्ता सामग्री से सम्बन्धित सर्वाधिक चित्र अन्य कोई पत्रिका में छपे होते हैं, 22.7% उत्तरदाताओं का मत है कि उपभोक्ता सामग्री से सम्बन्धित सर्वाधिक चित्र सरिता में छपे होते हैं, जबकि 20.3% उत्तरदाताओं का मत है कि उपभोक्ता सामग्री से सम्बन्धित सर्वाधिक चित्र सरस सलील पत्रिका में छपे होते हैं एवं 21.3% उत्तरदाताओं का मत है कि उपभोक्ता सामग्री से सम्बन्धित सर्वाधिक चित्र कादम्बनी पत्रिका में छपे होते हैं।

जाति के आधार पर स्पष्ट होता है कि उच्च जाति एवं पिछड़ी जाति के अधिकतम उत्तरदाताओं का मत है कि उपभोक्ता सामग्री से सम्बन्धित सर्वाधिक चित्र अन्य पत्रिकाओं में छपे होते हैं जबकि अनुसूचित जाति के अधिकतम उत्तरदाताओं के मतानुसार कादम्पिनी पत्रिका में उपभोक्ता सामग्री से सम्बन्धित चित्र छपे होते हैं।

आयु के आधार पर परिलक्षित होता है कि 45 वर्ष तक अधिकतम उत्तरदाताओं के मतानुसार उपभोक्ता सामग्री से सम्बन्धित सर्वाधिक चित्र अन्य पत्रिकाओं में छपे होते हैं जबकि 46 वर्ष से अधिक आयु के अधिकतम उत्तरदाताओं के मतानुसार उपभोक्ता सामग्री से सम्बन्धित सर्वाधिक चित्र सरस सलील पत्रिका में छपे होते हैं।

शिक्षा के आधार पर ज्ञात होता है कि स्नातक स्तर एवं अन्य स्तर के शिक्षित अधिकतम उत्तरदाताओं के मतानुसार उपभोक्ता सामग्री से सम्बन्धित सर्वाधिक चित्र अन्य पत्रिकाओं में छप होते हैं जबकि स्नातकोत्तर स्तर के अधिकतम उत्तरदाताओं का मत है कि उपभोक्ता सामग्री से सम्बन्धित सर्वाधिक चित्र सरिता में छपे होते हैं।

सारणी संख्या-64
सामाजिक परिवर्त्य एवं उपभोक्ता सामग्री से सम्बन्धित चित्रों का छपा होना

सामाजिक परिवर्त्य	सरिता	कादम्बिनी	सरस सलील	आउटलुक	अन्य कोई	योग
जाति–						
उच्च जाति	34(23.3)	36(24.7)	28(19.2)	11(7.5)	37(25.3)	146
पिछड़ी जाति	23(22.6)	15(14.7)	24(23.5)	06(5.9)	34(33.3)	102
अनुसूचित जाति	11(21.2)	13(25.0)	09(17.3)	08(15.4)	11(21.1)	52
आयु–						
0–35	30(25.8)	28(24.1)	13(11.2)	09(7.8)	36(31.1)	116
36–45	14(16.5)	17(20.0)	16(18.8)	07(8.3)	31(36.4)	85
46–55	15(24.6)	13(21.3)	20(32.8)	06(9.8)	07(11.5)	61
55 से अधिक	09(23.7)	06(15.8)	12(31.6)	03(7.9)	08(21.0)	38
शिक्षा–						
स्नातक	28(19.5)	34(23.6)	30(20.8)	11(7.6)	41(28.5)	144
स्नातकोत्तर	27(28.1)	20(20.9)	19(19.8)	09(9.4)	21(21.9)	96
अन्य	13(21.7)	10(16.6)	12(20.0)	05(8.4)	20(33.3)	60
आय–						
8000 तक	14(18.5)	15(19.7)	13(17.1)	09(11.8)	25(32.9)	76
8001–11000	31(30.4)	22(21.6)	31(30.4)	11(10.8)	07(6.8)	102
11001–14000	09(18.0)	11(22.0)	06(12.0)	02(4.0)	22(44.0)	50
14001–17000	07(15.6)	12(26.7)	05(11.1)	01(2.2)	20(14.4)	45
17000 से अधिक	07(25.9)	04(14.2)	06(22.3)	02(7.4)	08(29.6)	27
योग	**68(22.7)**	**64(21.3)**	**61 (20.3)**	**25(8.4)**	**82(27.3)**	**300 (100.0)**

आय के आधार पर स्पष्ट होता है कि केवल 8001-11000 आय वर्ग के बीच अधिकतम उत्तरदाताओं का मत है कि उपभोक्ता सामग्री से सम्बन्धित सर्वाधिक चित्र सरिता और सरस सलील में छपे होते हैं जबकि शेष अन्य आय वर्ग के अधिकतम उत्तरदाताओं के मतानुसार उपभोक्ता सामग्री से सम्बन्धित सर्वाधिक चित्र अन्य कोई पत्रिकाओं में छपे होते हैं।

गाड़ियों का प्रचार

प्रस्तुत अध्ययन खण्ड के अन्तर्गत यह जानने का प्रयास किया गया है कि गाड़ियों का प्रचार सर्वाधिक किसके द्वारा किया जाता है। सारणी संख्या-65 के अध्ययन से स्पष्ट है कि 46.6% उत्तरदाताओं का मत है कि गाड़ियों का प्रचार सर्वाधिक खिलाड़ियों द्वारा किया जाता है, 42.0% उत्तरदाताओं का मत है कि गाड़ियों का प्रचार सर्वाधिक अभिनेताओं द्वारा किया जाता है जबकि 11.4% उत्तरदाताओं का मत है कि गाड़ियों का प्रचार सर्वाधिक सामान्य व्यक्तियों द्वारा किया जाता है।

सारणी संख्या-65

सूचना प्रौद्योगिकी एवं गाड़ियों का प्रचार

सामाजिक परिवर्त्य	खिलाड़ियों द्वारा	अभिनेताओं द्वारा	सामान्य व्यक्ति द्वारा	योग
जाति–				
उच्च जाति	78(53.4)	62(42.5)	06(4.1)	146
पिछड़ी जाति	37(36.3)	44(43.1)	21(20.6)	102
अनुसूचित जाति	25(48.1)	20(38.5)	07(13.4)	52
आयु–				
0–35	61(52.6)	52(44.9)	03(2.6)	116
36–45	42(49.4)	35(41.2)	08(9.4)	85
46–55	33(54.1)	20(32.8)	08(13.1)	61
55 से अधिक	04(10.5)	19(50.0)	15(39.5)	38
शिक्षा–				
स्नातक	61(42.4)	72(50.0)	11(7.6)	144
स्नातकोत्तर	70(72.9)	20(20.8)	06(6.3)	96
अन्य	09(15.0)	34(56.7)	17(28.3)	60
आय–				
8000 तक	26(34.2)	40(52.7)	10(13.1)	76
8001–11000	41(40.2)	51(50.0)	10(9.8)	102
11001–14000	33(66.0)	13(26.0)	04(8.0)	50
14001–17000	21(46.7)	15(33.3)	09(20.0)	45
17000 से अधिक	19(70.4)	07(25.9)	01(3.7)	27
योग	**140(46.6)**	**126(42.0)**	**34(11.4)**	**300(100.0)**

जाति के आधार पर ज्ञात होता है कि उच्च जाति एवं अनुसूचित जाति के अधिकतम उत्तरदाताओं का मत है कि गाड़ियों का प्रचार खिलाड़ियों द्वारा किया जाता है जबकि पिछड़ी जाति के अधिकतम उत्तरदाताओं का मत है कि गाड़ियों का प्रचार अभिनेताओं द्वारा किया जाता है।

आयु के आधार पर स्पष्ट होता है कि केवल 55 वर्ष से अधिक आयु के उत्तरदाताओं का मत है कि गाड़ियों का प्रचार अभिनेताओं द्वारा किया जाता है शेष सभी आयु वर्ग के अधिकतम उत्तरदाताओं का मत है कि गाड़ियों का प्रचार सर्वाधिक खिलाड़ियों द्वारा किया जाता है।

शिक्षा के आधार पर परिलक्षित होता है कि स्नातक एवं अन्य स्तर के शिक्षित अधिकतम उत्तरदाताओं का मत है कि गाड़ियों का प्रचार सर्वाधिक अभिनेताओं द्वारा किया जाता है जबकि स्नातकोत्तर स्तर के शिक्षित अधिकतम उत्तरदाताओं का मत है कि गाड़ियों का प्रचार सर्वाधिक खिलाड़ियों द्वारा किया जाता है।

आय के आधार पर स्पष्ट होता है कि 11,000 तक के आय वर्ग के अधिकतम उत्तरदाताओं का मत है कि गाड़ियों का प्रचार सर्वाधिक अभिनेताओं द्वारा किया जाता है जबकि शेष अन्य आय वर्ग के अधिकतम उत्तरदाताओं का मत है कि गाड़ियों का प्रचार सर्वाधिक खिलाड़ियों द्वारा किया जाता है।

सबसे महँगा उपभोक्ता उत्पाद

प्रस्तुत अध्ययन खण्ड के अन्तर्गत यह जानने का प्रयास किया गया है कि सबसे महँगा उपभोक्ता उत्पाद कौन है। सारणी संख्या-66 के अध्ययन से स्पष्ट है कि 34.6% उत्तरदाताओं का मत है कि अन्य उपभोक्ता उत्पाद सबसे मंहगा है, 32.7% उत्तरदाताओं का मत है कि सेन्ट सबसे महँगा उपभोक्ता उत्पाद है, 13.7% उत्तरदाताओं का मत है कि क्रीम सबसे महँगा उपभोक्ता उत्पाद है, 10.0% उत्तरदाताओं का मत है कि पाउडर सबसे महँगा उपभोक्ता उत्पाद है, जबकि 9.0% उत्तरदाताओं का मत है कि साबुन सबसे महँगा उपभोक्ता उत्पाद है।

जाति के आधार पर स्पष्ट होता है कि उच्च जाति के अधिकतम उत्तरदाता अन्य कोई उपभोक्ता उत्पाद को, पिछड़ी जाति के अधिकतम उत्तरदाता सेन्ट को एवं अनुसूचित जाति के अधिकतम उत्तरदाता पाउडर एवं अन्य कोई उत्पादों को सबसे महँगा उपभोक्ता उत्पाद मानते हैं।

आयु के आधार पर ज्ञात होता है कि 55 वर्ष से अधिक आयु के अधिकतम उत्तरदाता सेन्ट को सबसे महँगा उपभोक्ता उत्पाद मानते हैं जबकि शेष अन्य आयु वर्ग के अधिकतम उत्तरदाता अन्य कोई उपभोक्ता

उत्पादों को सबसे महँगा मानते हैं।

शिक्षा के आधार पर स्पष्ट होता है कि स्नातक स्तर के शिक्षित अधिकतम उत्तरदाता अन्य कोई उत्पाद को सबसे महँगा उपभोक्ता उत्पाद मानते हैं जबकि शेष वर्ग के शिक्षित अधिकतम उत्तरदाता सेन्ट को सबसे महँगा उपभोक्ता उत्पाद मानते हैं।

आय के आधार पर ज्ञात होता है कि 11,000 तक के आय वाले अधिकतम उत्तरदाता सेन्ट को सबसे महँगा उपभोक्ता उत्पाद मानते हैं जबकि अन्य आय वर्ग के अधिकतम उत्तरदाता अन्य कोई उत्पाद को सबसे महँगा उपभोक्ता उत्पाद मानते हैं।

सारणी संख्या-66

सामाजिक परिवर्त्य एवं सबसे महँगा उपभोक्ता उत्पाद

सामाजिक परिवर्त्य	क्रीम	पाउडर	सेन्ट	साबुन	अन्य कोई	योग
जाति–						
उच्च जाति	21(14.4)	11(7.5)	52(35.6)	08(5.5)	54(36.9)	146
पिछड़ी जाति	08(7.8)	06(5.9)	38(37.2)	13(12.8)	37(36.3)	102
अनुसूचित जाति	12(23.1)	13(25.0)	08(15.4)	06(11.5)	13(25.0)	52
आयु–						
0–35	09(7.8)	08(6.9)	40(34.5)	13(11.2)	46(39.6)	116
36–45	12(14.1)	13(15.3)	20(23.5)	06(7.1)	34(40.0)	85
46–55	11(18.0)	03(4.9)	21(34.4)	05(8.3)	21(34.4)	61
55 से अधिक	09(23.7)	06(15.8)	17(44.7)	03(7.9)	03(7.9)	38
शिक्षा–						
स्नातक	11(7.6)	12(8.4)	40(27.8)	15(10.4)	66(45.8)	144
स्नातकोत्तर	16(16.7)	11(11.5)	31(37.2)	08(8.4)	30(31.2)	96
अन्य	14(23.4)	07(11.7)	27(45.0)	04(6.6)	08(13.3)	60
आय–						
8000 तक	07(9.2)	11(14.5)	34(44.7)	06(7.9)	18(23.7)	76
8001–11000	13(12.7)	12(11.8)	40(39.2)	05(4.9)	32(31.4)	102
11001–14000	06(12.0)	05(10.0)	11(22.0)	08(16.0)	20(40.0)	50
14001–17000	07(15.5)	01(2.3)	10(22.3)	03(6.6)	24(53.3)	45
17000 से अधिक	08(29.6)	01(3.7)	03(11.2)	05(18.5)	10(37.0)	27
योग	**41(13.7)**	**30(10.0)**	**98(32.7)**	**27(9.0)**	**104(34.6)**	**300(100.0)**

व्यक्ति विशेष से प्रभावित होने के कारण उपभोक्ता सामग्री की बिक्री

प्रस्तुत अध्ययन खण्ड के अन्तर्गत यह जानने का प्रयास किया गया है कि क्या ऐसा भी होता है कि उपभोक्ता सामग्री अच्छा न होने के बावजूद लोग व्यक्ति विशेष से प्रभावित होने के कारण उसका प्रयोग करते हैं। सारणी संख्या-67 के अध्ययन से स्पष्ट है कि 60.0% उत्तरदाता इस मत से सहमत है कि उपभोक्ता सामग्री अच्छा न होने के बावजूद लोग व्यक्ति विशेष से प्रभावित होने के कारण उसका प्रयोग करते हैं जबकि 40.0% उत्तरदाता इस मत से सहमत नहीं हैं।

जाति के आधार पर स्पष्ट होता है कि प्रत्येक जाति के अधिकतम उत्तरदाता इस मत से सहमत है कि उपभोक्ता सामग्री अच्छा न होने के बावजूद लोग व्यक्ति विशेष से प्रभावित होने के कारण उसका प्रयोग करते हैं। काई-स्क्वायर के अनुसार अन्तर सार्थक है।

आयु के आधार पर स्पष्ट होता है कि 46-55 वर्ष के आयु के अधिकतम उत्तरदाता इस मत से सहमत नहीं हैं कि उपभोक्ता सामग्री अच्छी न होने के बावजूद लोग व्यक्ति विशेष से प्रभावित होने के कारण उसका प्रयोग करते हैं। शेष सभी आयु वर्ग के अधिकतम उत्तरदाता इस मत से सहमत हैं। काई-स्क्वायर के अनुसार अन्तर सार्थक है।

शिक्षा के आधार पर ज्ञात होता है कि स्नातक एवं स्नातकोत्तर स्तर के शिक्षित अधिकतम उत्तरदाता इस मत से सहमत हैं कि उपभोक्ता सामग्री अच्छी न होने के बावजूद लोग व्यक्ति विशेष से प्रभावित होने के कारण उसका प्रयोग करते हैं जबकि अन्य वर्ग के शिक्षित अधिकतम 88.3% उत्तरदाता इस मत से सहमत नहीं हैं। काई-स्क्वायर के अनुसार अन्तर सार्थक है।

आय के आधार पर स्पष्ट होता है कि 14,000 तक के आय वर्ग के अधिकतम उत्तरदाता इस मत से सहमत हैं कि उपभोक्ता सामग्री के अच्छा न होने के बावजूद लोग व्यक्ति विशेष से प्रभावित होने के कारण उसका प्रयोग करते हैं जबकि 14,000 से ऊपर आय वर्ग के अधिकतम उत्तरदाता इस मत से सहमत नहीं हैं। काई-स्क्वायर के अनुसार अन्तर सार्थक है।

सारणी संख्या-67
सामाजिक परिवर्त्य एवं व्यक्ति विशेष से प्रभावित होने के कारण उपभोक्ता सामग्री की बिक्री

सामाजिक परिवर्त्य	हाँ	नहीं	योग
जाति*-			
उच्च जाति	78 (53.4)	68(46.6)	146
पिछड़ी जाति	75(73.5)	27(26.5)	102
अनुसूचित जाति	27(51.9)	25(48.1)	52
आयु-**			
0-35	71(61.2)	45(38.8)	116
36-45	60(70.6)	25(29.4)	85
46-55	27(44.3)	34(55.7)	61
55 से अधिक	22(57.9)	16(42.1)	38
शिक्षा*-**			
स्नातक	92(63.9)	52(36.1)	144
स्नातकोत्तर	81(84.4)	15(15.6)	96
अन्य	07(11.7)	53(88.3)	60
आय **-**			
8000 तक	53(69.7)	23(30.3)	76
8001-11000	60(58.8)	42(41.2)	102
11001-14000	44(88.0)	06(12.0)	50
14001-17000	11(24.5)	34(75.5)	45
17000 से अधिक	12(44.5)	15(55.5)	27
योग	**180(60.0)**	**120(40.0)**	**300(100.0)**

* काई-स्क्वायर = 11.82; df = 2; सार्थक < .001

** काई-स्क्वायर = 11.30; df = 3; सार्थक < .05

*** काई-स्क्वायर = 12.90; df = 2; सार्थक < .001

**** काई-स्क्वायर = 44.82; df = 4; सार्थक < .001

सूचना प्रौद्योगिकी के साधनों के साथ उपभोक्ता सामग्री की खपत

प्रस्तुत अध्ययन खण्ड के अन्तर्गत यह जानने का प्रयास किया गया है कि क्या जिसके पास सूचना प्रौद्योगिकी के साधन जितने अधिक हैं उनके पास उपभोक्ता सामग्री की खपत भी उतनी ही अधिक है। सारणी संख्या-68 के अध्ययन से स्पष्ट है कि 69.0% उत्तरदाता इस मत से सहमत हैं कि जिसके पास सूचना प्रौद्योगिकी के साधन जितने अधिक हैं उनके पास उपभोक्ता सामग्री की खपत भी उतनी ही अधिक होती है जबकि 31.0% उत्तरदाता इस मत से सहमत नहीं हैं।

जाति के आधार पर स्पष्ट होता है कि प्रत्येक जाति के अधिकतम उत्तरदाता इस मत से सहमत हैं कि जिनके पास सूचना प्रौद्योगिकी के साधन जितने अधिक हैं उनके पास उपभोक्ता सामग्री की खपत भी उतनी ही अधिक होती है। काई-स्क्वायर के अनुसार अन्तर सार्थक नहीं है।

आयु के आधार पर स्पष्ट होता है कि 36-45 वर्ष के बीच के अधिकतम उत्तरदाताओं को छोड़कर शेष सभी आयु वर्ग के अधिकतम उत्तरदाताओं का मत है कि जिसके पास सूचना प्रौद्योगिकी के साधन जितने अधिक हैं उनके पास उपभोक्ता सामग्री की खपत भी उतनी ही अधिक होती है। काई-स्क्वायर के अनुसार अन्तर सार्थक है।

शिक्षा के आधार पर परिलक्षित होता है कि स्नातकोत्तर स्तर के शिक्षित अधिकतम 77.1% उत्तरदाता इस मत से सहमत हैं कि जिसके पास सूचना प्रौद्योगिकी के साधन जितने अधिक हैं उनके पास उपभोक्ता सामग्री की खपत भी उतनी ही अधिक होती है, शेष सभी वर्ग के शिक्षित अधिकतम उत्तरदाता इस मत से सहमत नहीं हैं। काई-स्क्वायर के अनुसार अन्तर सार्थक है।

आय के आधार पर परिलक्षित होता है कि 8,000 तक के आय वाले अधिकतम उत्तरदाता इस मत से सहमत नहीं हैं कि जिनके पास सूचना प्रौद्योगिकी के साधन जितने अधिक है उनके पास उपभोक्ता सामग्री की खपत भी उतनी ही अधिक होती है, लेकिन शेष सभी आय वर्ग के अधिकतम उत्तरदाता इस मत से सहमत हैं कि जिनके पास सूचना प्रौद्योगिकी के साधन जितने अधिक हैं उनके पास उपभोक्ता सामग्री की खपत भी उतनी ही अधिक होती है। काई-स्क्वायर के अनुसार अन्तर सार्थक है।

सारणी संख्या–68

सामाजिक परिवर्त्य एवं सूचना प्रौद्योगिकी के साधनों के साथ उपभोक्ता सामग्री की खपत

सामाजिक परिवर्त्य	हाँ	नहीं	योग
जाति*-			
उच्च जाति	106(72.6)	40(27.4)	146
पिछड़ी जाति	62(60.8)	40(39.2)	102
अनुसूचित जाति	39(75.0)	13(25.0)	52
आयु-**			
0-35	90(77.6)	26(22.4)	116
36-45	24(28.2)	61(71.8)	85
46-55	57(93.5)	04(6.5)	61
55 से अधिक	36(94.7)	02(5.3)	38
शिक्षा*-**			
स्नातक	119(13.2)	25(86.8)	144
स्नातकोत्तर	74(77.1)	22(22.9)	96
अन्य	14(23.4)	46(76.6)	60
आय **-**			
8000 तक	33(43.4)	43(56.6)	76
8001-11000	88(86.3)	14(13.7)	102
11001-14000	37(74.0)	13(26.0)	50
14001-17000	30(66.7)	15(33.3)	45
17000 से अधिक	19(70.4)	08(29.6)	27
योग	**207(69.0)**	**93(31.0)**	**300(100.0)**

* काई-स्क्वायर = 4.98; df = 2; सार्थक नहीं

** काई-स्क्वायर = 98.84; df = 3 ; सार्थक < .001

*** काई-स्क्वायर = 73.95; df = 2 ; सार्थक < .001

**** काई-स्क्वायर = 38.20; df = 4 ; सार्थक < .001

उपभोक्ता सामग्री का प्रचार समय विशेष में

इस अध्ययन खण्ड के अन्तर्गत यह जानने का प्रयास किया गया है कि टेलीविजन पर उपभोक्ता सामग्री का प्रचार किस समय सबसे अधिक होता है। सारणी संख्या-69 के अध्ययन से स्पष्ट है कि 32.3% उत्तरदाताओं का मत है कि उपभोक्ता सामग्री का प्रचार सुबह को होता है, 30.0% उत्तरदाताओं

का मत है कि उपभोक्ता सामग्री का प्रचार रात में होता है, 21.0% उत्तरदाताओं का मत है कि उपभोक्ता सामग्री का प्रचार दोपहर को होता है जबकि 16.7% उत्तरदाताओं का मत है कि उपभोक्ता सामग्री का प्रचार सबसे अधिक शाम को होता है। जाति के आधार पर स्पष्ट होता है कि उच्च जाति

सारणी संख्या-69

सामाजिक परिवर्त्य एवं उपभोक्ता सामग्री का प्रचार समय विशेष में

सामाजिक परिवर्त्य	सुबह	दोपहर	शाम	रात	योग
जाति*–					
उच्च जाति	30(20.5)	34(23.3)	20(13.7)	62(42.5)	146
पिछड़ी जाति	37(36.3)	20(19.6)	24(23.5)	21(20.6)	102
अनुसूचित जाति	30(57.7)	09(17.3)	09(17.3)	07(13.5)	52
आयु–**					
0–35	30(25.9)	11(9.5)	18(15.5)	57(49.1)	116
36–45	24(28.3)	20(23.4)	17(20.0)	24(28.3)	85
46–55	25(40.9)	19(31.2)	09(14.7)	08(13.2)	61
55 से अधिक	18(47.4)	13(34.2)	06(15.8)	01(2.6)	38
शिक्षा*–**					
स्नातक	40(27.8)	30(20.8)	16(11.2)	58(40.2)	144
स्नातकोत्तर	42(43.7)	11(11.5)	27(28.1)	16(16.6)	96
अन्य	15(25.0)	22(36.7)	07(11.7)	16(26.6)	60
आय**–**					
8000 तक	24(31.6)	27(35.5)	16(21.0)	09(11.9)	76
8001–11000	25(24.5)	30(29.4)	24(23.5)	23(22.6)	102
11001–14000	13(26.0)	01(2.0)	06(12.0)	30(60.0)	50
14001–17000	14(31.2)	02(4.5)	03(6.6)	26(57.7)	45
17000 से अधिक	21(77.7)	03(11.2)	01(3.7)	02(7.4)	27
योग	**97(32.3)**	**63(21.0)**	**50(16.7)**	**90(30.0)**	**300(100.0)**

* काई-स्क्वायर = 35.88; df = 6; सार्थक < .001
** काई-स्क्वायर = 50.93; df = 9; सार्थक < .001
*** काई-स्क्वायर = 39.08; df = 6; सार्थक < .001
**** काई-स्क्वायर = 97.87; df = 12; सार्थक < .001

के अधिकतम उत्तरदाताओं का मत है कि टेलीविजन पर सबसे अधिक उपभोक्ता सामग्री का प्रचार सबसे अधिक रात में होता है, जबकि पिछड़ी जाति और अनुसूचित जाति के अधिकतम उत्तरदाताओं का मत है कि उपभोक्ता सामग्री का सबसे अधिक प्रचार सुबह होता है। काई-स्क्वायर के अनुसार अन्तर सार्थक है।

आयु के आधार पर ज्ञात होता है कि 45 वर्ष से नीचे के आयु वाले अधिकतम उत्तरदाताओं का मत है कि टेलीविजन पर सबसे अधिक उपभोक्ता सामग्री का प्रचार रात को होता है जबकि 46 वर्ष से अधिक आयु वाले अधिकतम उत्तरदाताओं का मत है कि सबसे अधिक प्रचार सुबह होता है। काई-स्क्वायर के अनुसार अन्तर सार्थक है।

शिक्षा के आधार पर स्पष्ट होता है कि उत्तरदाताओं में मत भिन्नता देखने को मिलती है। स्नातक स्तर के शिक्षित अधिकतम उत्तरदाताओं के मतानुसार टेलीविजन पर रात में प्रचार अधिक होता है, स्नातकोत्तर स्तर के शिक्षित अधिकतम उत्तरदाताओं के मतानुसार सुबह में प्रचार अधिक होता है जबकि अन्य स्तर के शिक्षित अधिकतम उत्तरदाताओं के मतानुसार दोपहर में प्रचार अधिक होता है। काई-स्क्वायर के अनुसार अन्तर सार्थक है।

आय के आधार पर ज्ञात होता है कि 11,000 तक के आय वाले अधिकतम उत्तरदाताओं के मतानुसार टेलीविजन पर दोपहर में प्रचार अधिक होता है, 11,001 से 17,000 तक के आय वाले अधिकतम उत्तरदाताओं के मतानुसार टेलीविजन पर रात में प्रचार अधिक होता है जबकि 17,000 से अधिक आय वाले अधिकतम उत्तरदाताओं के अनुसार सुबह में प्रचार अधिक होता है। काई-स्क्वायर के अनुसार अन्तर सार्थक है।

उपभोक्ता सामग्री की अच्छाई पर विश्वास

प्रस्तुत अध्ययन खण्ड के अन्तर्गत यह जानने का प्रयास किया गया है कि उपभोक्ता सामग्री अच्छा है या नहीं इसके लिए उपभोक्ता किसके ऊपर विश्वास सबसे अधिक करते हैं। सारणी संख्या-70 के अध्ययन से स्पष्ट है कि 45.0% उत्तरदाताओं का मत है कि उपभोक्ता सामग्री अच्छी है या नहीं इसके लिए उपभोक्ता सबसे अधिक अपने आप पर विश्वास करते हैं, 28.0% उत्तरदाताओं का मत है कि वे दूसरे व्यक्ति द्वारा दी गई सलाह पर विश्वास करते हैं जबकि 27.0% उत्तरदाताओं का मत है कि वे सूचना प्रौद्योगिकी के माध्यम से दी गई सूचना पर अधिक विश्वास करते हैं।

जाति के आधार पर स्पष्ट होता है कि उच्च जाति और पिछ़डी जाति के अधिकतम उत्तरदाता सामग्री अच्छी है या नहीं इसके लिए उपभोक्ता

सबसे अधिक अपने आप पर विश्वास करते हैं जबकि अनुसूचित जाति के अधिकतम उत्तरदाताओं का मत है कि वे उपभोक्ता सामग्री के विषय में सबसे अधिक सूचना प्रौद्योगिकी द्वारा दी गई सूचना पर सबसे अधिक विश्वास करते हैं। काई-स्क्वायर के अनुसार अन्तर सार्थक है।

सारणी संख्या-70

सामाजिक परिवर्त्य एवं उपभोक्ता सामग्री की अच्छाई पर विश्वास

सामाजिक परिवर्त्य	अपने आप पर	दूसरे व्यक्ति के सलाह पर	सूचना प्रौद्योगिकी के माध्यम से दिए गए सूचना पर	योग
जाति*–				
उच्च जाति	68(46.6)	38(26.0)	40(27.4)	146
पिछड़ी जाति	51(50.0)	33(32.4)	18(17.6)	102
अनुसूचित जाति	16(30.8)	13(25.0)	23(44.2)	52
आयु–**				
0–35	70(60.3)	20(17.2)	26(24.5)	116
36–45	26(30.5)	34(40.0)	20(23.5)	85
46–55	19(31.1)	19(31.1)	23(37.8)	61
55 से अधिक	20(52.6)	11(28.9)	07(18.5)	38
शिक्षा*–**				
स्नातक	62(43.1)	51(35.4)	31(21.5)	144
स्नातकोत्तर	50(52.0)	23(24.0)	23(24.0)	96
अन्य	23(38.4)	10(16.6)	27(45.0)	60
आय**–**				
8000 तक	35(46.0)	30(39.5)	11(14.5)	76
8001–11000	44(43.1)	40(39.2)	18(17.7)	102
11001–14000	13(26.0)	03(6.0)	34(68.0)	50
14001–17000	20(44.5)	09(20.0)	16(35.5)	45
17000 से अधिक	23(85.2)	02(7.4)	02(7.4)	27
योग	**135 (45.0)**	**84(28.0)**	**81(27.0)**	**300(100.0)**

* काई-स्क्वायर = 13.08; df = 4; सार्थक < .05

** काई-स्क्वायर = 27.22; df = 6; सार्थक < .001

*** काई-स्क्वायर = 17.05; df = 4; सार्थक < .001

**** काई-स्क्वायर = 79.63; df = 8; सार्थक < .001

आयु के आधार पर ज्ञात होता है कि सबसे कम (35 वर्ष से कम) एवं सबसे अधिक (55 वर्ष से अधिक) आयु वर्ग के अधिकतम उत्तरदाता उपभोक्ता सामग्री के विषय में अपने आप पर विश्वास करते हैं जबकि 36-45 वर्ष के बीच के आयु के अधिकतम उत्तरदाता दूसरे व्यक्ति के सलाह पर एवं 46-55 वर्ष के आयु के बीच के अधिकतम उत्तरदाता उपभोक्ता सामग्री के विषय में सूचना प्रौद्योगिकी के माध्यम से दी गई सूचना पर अधिक विश्वास करते हैं। काई-स्क्वायर के अनुसार अन्तर सार्थक है।

शिक्षा के आधार पर ज्ञात होता है कि स्नातक एवं स्नातकोत्तर स्तर के शिक्षित अधिकतम उत्तरदाता उपभोक्ता सामग्री अच्छी है या नहीं इसके लिए उपभोक्ता सबसे अधिक अपने आप पर विश्वास करते हैं जबकि अन्य स्तर के शिक्षित अधिकतम उत्तरदाता सूचना प्रौद्योगिकी के माध्यम से दी गई सूचना पर अधिक विश्वास करते हैं। काई-स्क्वायर के अनुसार अन्तर सार्थक है।

आय के आधार पर स्पष्ट होता है कि केवल 11,001-14,000 आय वर्ग के अधिकतम उत्तरदाता इस मत से सहमत हैं कि उपभोक्ता सामग्री अच्छी है या नहीं इसके लिए सबसे अधिक सूचना प्रौद्योगिकी के माध्यम से दी गई सूचना पर अधिक विश्वास करते हैं जबकि शेष सभी आय वर्ग के अधिकतम उत्तरदाता उपभोक्ता सामग्री के विषय में सबसे अधिक अपने आप पर विश्वास करते हैं। काई-स्क्वायर के अनुसार अन्तर सार्थक है।

सूचना प्रौद्योगिकी का प्रयोग करने वाले आयु विशेष के व्यक्तियों द्वारा उपभोक्ता सामग्री का प्रयोग अधिकाधिक करना

इस अध्ययन खण्ड के अन्तर्गत यह जानने का प्रयास किया गया है कि क्या जिस आयु वर्ग के लोग सूचना प्रौद्योगिकी का प्रयोग अधिक करते हैं, वे उपभोक्ता सामग्री का भी प्रयोग अधिक करते हैं। सारणी संख्या-71 के अवलोकन से स्पष्ट है कि 74.0% उत्तरदाता इस मत से सहमत हैं कि जिस आयु वर्ग के लोग सूचना प्रौद्योगिकी का प्रयोग अधिक करते हैं वे उपभोक्ता सामग्री का प्रयोग भी अधिक करते हैं जबकि 26.0% उत्तरदाता इस मत से सहमत नहीं हैं।

जाति के आधार पर स्पष्ट होता है कि प्रत्येक जाति के अधिकतम उत्तरदाता इस मत से सहमत हैं कि जिस आयु वर्ग के लोग सूचना प्रौद्योगिकी का प्रयोग अधिक करते हैं वे उपभोक्ता सामग्री का प्रयोग भी अधिक करते हैं।

आयु के आधार पर स्पष्ट होता है कि प्रत्येक आयु वर्ग के अधिकतम उत्तरदाता इस मत से सहमत हैं कि जिस आयु वर्ग के लोग सूचना प्रौद्योगिकी का प्रयोग अधिक करते हैं वे उपभोक्ता सामग्री का प्रयोग भी अधिक करते हैं।

शिक्षा के आधार पर ज्ञात होता है कि केवल अन्य स्तर के शिक्षित अधिकतम उत्तरदाता इस मत से सहमत नहीं हैं कि जो लोग सूचना प्रौद्योगिकी का प्रयोग अधिक करते हैं वे उपभोक्ता सामग्री का प्रयोग भी अधिक करते हैं, लेकिन शेष सभी वर्ग के शिक्षित उत्तरदाता इस मत से सहमत हैं।

आय के आधार पर स्पष्ट होता है कि सभी आय वर्ग के अधिकतम उत्तरदाता इस मत से सहमत नहीं हैं कि जिस आयु वर्ग के लोग सूचना प्रौद्योगिकी का प्रयोग अधिक करते हैं वे उपभोक्ता सामग्री का प्रयोग भी अधिक करते हैं।

सारणी संख्या–71

सामाजिक परिवर्त्य एवं सूचना प्रौद्योगिकी का प्रयोग करने वाले आयु विशेष के व्यक्तियों द्वारा उपभोक्ता सामग्री का प्रयोग अधिकाधिक करना

सामाजिक परिवर्त्य	हाँ	नहीं	योग
जाति -			
उच्च जाति	93(63.7)	53(36.3)	146
पिछड़ी जाति	83(81.4)	19(18.6)	102
अनुसूचित जाति	46(88.5)	06(11.5)	52
आयु -			
0-35	88(75.9)	28(24.1)	116
36-45	71(83.5)	14(16.5)	85
46-55	40(65.6)	21(34.4)	61
55 से अधिक	23(60.6)	15(39.4)	38
शिक्षा -			
स्नातक	113(78.5)	31(21.5)	144
स्नातकोत्तर	80(83.4)	16(16.6)	96
अन्य	29(48.4)	31(51.6)	60
आय-			
8000 तक	48(63.2)	28(36.8)	76
8001-11000	83(81.4)	19(18.6)	102
11001-14000	31(62.0)	19(38.0)	50
14001-17000	39(86.7)	06(13.3)	45
17000 से अधिक	21(77.8)	06(22.2)	27
योग	**222(74.0)**	**78(26.0)**	**300(100.0)**

संदर्भ ग्रंथ

1. महाजन (2004) विज्ञापन, हरियाणा साहित्य अकादमी पंचकुला
2. चतुर्वेदी, जगदीश्वर (1996) : जनमाध्यम और मास कल्चर, सारांश प्रकाशन, प्रां. लि., नई दिल्ली
3. Barker, C. (1997) : Global Telivision : An Introduction, Blackwell, Oxford.
4. Bayus, Jand Smith, S. (1997) : The Globlization of World Politics, Oxford University Press, Oxford.

5. वैश्विक स्तर पर पड़ने वाला प्रभाव

अमीन (1997) के मत में संचार प्रौद्योगिकी का अब तक जो विकास हुआ है, उसने निश्चय ही संचार के क्षेत्र में महत्वपूर्ण बदलाव किए हैं। उपग्रह प्रणाली और इलेक्ट्रॉनिक के कई ऐसे यंत्रों और प्रणालियों को जन्म दिया है जिसकी कल्पना मनुष्य ने पहले नहीं की थी। इसमें नवीनतम है, वह प्रणाली जिसे इंटरनेट के नाम से जाना जाता है। इस प्रणाली के जरिए अपने निजी कम्प्यूटर पर व्यक्ति टेलीफोन, टेलीविजन और फैक्स की सुविधा एक साथ हासिल कर सकता है। यहीं नहीं अपनी बेवसाइट के जरिए वह अब दुतरफा संचार करने में भी सक्षम हो सकता है। संचार के क्षेत्र में यह निश्चय ही बहुत बड़ा परिवर्तन है। अब व्यक्ति को संचार के वे सब साधन उपलब्ध हैं, जिनके लिए पहले उसे अलग-अलग एजेंसियों के पास जाना पड़ता था और जिस पर उसका कोई नियंत्रण नहीं था। लेकिन सबसे बड़ा सवाल तो यह है कि यह प्रणाली किनकी सेवा के लिए है और किनको लाभ पहुँचाएगी? क्या संचार का अब तक का इतिहास इस बात की गवाही देता है कि वह स्वतं निर्धारक होगा, न कि राजनीतिक-आर्थिक प्रणाली?

संचार के क्षेत्र में आज जो भी प्रौद्योगिकीय क्रांति घटित हुई है और उसमें लोकतंत्रीकरण की जितनी भी संभावनाएँ क्यों न निहित रही हो, यदि वह मौजूदा सामाजिक और आर्थिक शक्ति के तहत विकसित होती है, तो वह सूचना की नई इजारेदारियों को बढ़ाएगी। इजारेदारी किस हद तक बढ़ेगी, यह प्रौद्योगिकी द्वारा नहीं बल्कि जनशक्ति के निर्णय और संगठन पर निर्भर करेगा। राबर्ट मैक्चेस्ने इस नई संचार क्रांति पर टिप्पणी करते हुए यह स्वीकार करते हैं कि इसमें एक अर्थ में विश्वव्यापी ऐतिहासिक संभावनाएँ निहित हैं, लेकिन जो लोग यह समझ रहे हैं कि यह पूँजी के तर्क और ताकत पर हावी हो जाएगी तो अभी तक इसका कोई प्रमाण नहीं मिला है (मंथली रिव्यू, दिसम्बर 1999 से उद्धृत)।

रिट्जर (1996) के आकलन में वैश्विक पैमाने पर किस तरह इजारेदार

पूँजीवाद का विस्तार हो रहा है यह इस बात से स्पष्ट है कि दुनिया के 300 सबसे बड़े निगम का प्रत्यक्ष विदेशी निवेश के 70% और विश्व पूँजी परिसंपत्ति के 25% पर एकाधिकार है। संचार के क्षेत्र में कुछ ही कंपनियाँ भूमण्डलीय स्तर पर सक्रिय हैं और उनका साम्राज्य लगातार फैलता जा रहा है। जो बड़ी कम्पनियाँ हैं वे लगातार बड़ी होती जा रही हैं और जो छोटी कम्पनियाँ हैं वे लुप्त होती जा रही हैं।

माइक (1998) की मान्यता है कि पूँजीवाद के आरंम्भिक दौर में जो प्रतिद्वन्द्विता मौजूद थी, आज उसका स्वरूप बदल गया है। पहले प्रतिद्वन्द्विता सभी कम्पनियों के बीच थी, कोई एक कम्पनी बाजार को प्रभावित नहीं कर पाती थी बल्कि वे ही कम्पनियाँ जो कम दाम में बेहतर उत्पाद देने की स्थिति में थी, बाजार को प्रभावित कर पाती थी। कीमत, उत्पादन और निवेश का स्तर बाजार की स्थिति पर निर्भर करता था न कि किसी खास पूँजीपतियों से इसका सम्बन्ध था, लेकिन पूँजी के संकेन्द्रण और केन्द्रीकरण ने हालात पूरी तरह से बदल दिए हैं। मुख्य उद्योगों में प्रतिद्वन्द्विता कुछ ही कम्पनियों में सिमटकर रह गई है। अब वहाँ प्रतिद्वन्द्विता का आधार उत्पाद की कीमतों में कमी नहीं बल्कि उत्पाद में भिन्नता और उग्र किस्म की मार्केटिंग होती है और इसके जरिये बाजार के ज्यादा से ज्यादा हिस्से पर काबिज होने की कोशिश की जाती है। जब नए किस्म के उद्योगों का प्रवेश होता है तो शुरू में प्रतिद्वन्द्विता काफी तगड़ी होती है, जिसमें कीमतों में भी भारी कमी की जाती है, लेकिन यह प्रक्रिया तब तक चलती है जब तक कि बाजार पर इजारेदारों का कब्जा नहीं हो जाता और छोटे उद्योगों को वे निगल नहीं जाते। **भरुचा** (1999) के अनुसार हम अपने देश में इस प्रक्रिया को कई क्षेत्रों में घटित होता देख सकते हैं। शीतल पेय के क्षेत्र में आरम्भ में पेप्सी, कोला ने देशी कंपनियों को बाहर किया, बाद में कोका कोला ने भी यही प्रक्रिया अपनायी, लेकिन आज जब इन दोनों कंपनियों ने लगभग सारे बाजार पर कब्जा कर लिया है तो इन दोनों कंपनियों में प्रतिद्वन्द्विता अपने-अपने हिस्सों को बढ़ाने में सिमट कर रह गई है। कम्प्यूटर के क्षेत्र में अभी यह स्थिति नहीं आई है। अभी भारतीय बाजारों में कम्प्यूटर से जुड़ी कंपनियाँ अपने बाजार का विस्तार करने में लगी हुई हैं और इस वजह से एक हद तक कम्प्यूटर की कीमतों में भी गिरावट हो रही है, लेकिन यह स्थिति कल भी बनी रहेगी, कहना कठिन है।

गिड्डेन्स (1990) का मानना है कि विकसित अर्थव्यवस्थाओं के बाजार पूरी तरह से भरे पड़े हैं। इसी वजह से मार्केटिंग के जरिए कृत्रिम माँग पैदा करने की कोशिश आज व्यवसाय का अनिवार्य हिस्सा हो गया है। इस तरह

प्रभावी माँग की कमी को कुछ हद तक पूरा करने की कोशिश की जाती है। यही कारण है कि आज व्यवसाय के केन्द्र में माल का उत्पादन नहीं बल्कि उसकी बिक्री आ गई है यानि माल को किस तरह बेचा जाए।

रिट्‌जर (1996) का अवलोकन है कि अर्थव्यवस्था के बल में यह परिवर्तन विकसित पूँजीवाद के अतिसंचयन और ठहराव के लक्षणों से सम्पूर्ण परिघटना और यह एक-दो दिन में नहीं हुआ है, बल्कि दशकों से धीरे-धीरे पूँजीवाद इस ओर बढ़ता गया है। बिक्री पर इस बल ने विज्ञापन की भूमिका को काफी बढ़ा दिया है। मार्केटिंग आज पूँजीवाद का बाजार का केन्द्रीय तत्व बनता जा रहा है। अमरीका जो इस मामले में दुनिया के दूसरे देशों से आगे है, 1962 में मार्केटिंग पर 12 डॉलर व्यय करता था जो उसके कुल राष्ट्रीय उत्पाद के 2 फीसदी के बराबर थी, वही चालीस वर्ष बाद बढ़कर 2 हजार अरब हो गया है यानि 2002 में कुल राष्ट्रीय उत्पाद के छः डॉलर में से 2 डालर मार्केटिंग पर व्यय होने लगा था। मार्केटिंग का मकसद था कि उत्पादों की बिक्री किस तरह ज्यादा से ज्यादा बढ़ाई जा सकती है। इसके लिए कंपनियाँ ऐसे तरीकों का इस्तेमाल करती हैं जिनसे उनका उत्पाद दूसरों से अलग नजर आए। मसलन, भड़कीले विज्ञापन, ब्राण्ड का नाम, ट्रेडमार्क, खास तरह की पैकेजिंग, शैली और मॉडल में बदलाव आदि। ऐसे तरीके अपनाकर कंपनियाँ लोगों को उत्पाद खरीदने के लिए प्रेरित करती हैं और अपने लाभ में बढ़ोत्तरी और अपने माल की बिक्री को बढ़ाती हैं। इन तरीकों से छोटे प्रतिद्वन्द्वी धीरे-धीरे बाहर होने लगते हैं। इससे सच्ची प्रतिद्वन्द्विता सिमट कर रह जाती है। विक्रय बढ़ाने के लिए किए गए प्रयास अधिशेष का अवशोषण और माँग में उत्पाद चक्र प्रबन्ध दोनों के प्रमुख साधन के रूप में उभरते हैं और दुनिया को इजारेदार पूँजीवाद तक ही सीमित रखते हैं।

इसका अर्थ यह नहीं है कि उत्पाद का महत्व कम हो जाता है। अंततः यह उत्पाद ही है जिसको बेचा जाना है, लेकिन इस बात से इंकार नहीं किया जा सकता कि निगम के हर क्षेत्र की निर्णायक शक्ति मार्केटिंग हो गई है। जाहिर है मार्केटिंग सिर्फ विज्ञापन नहीं है, लेकिन इसका महत्व कितना बढ़ गया है इस बात का अनुमान इस तथ्य से लगाया जा सकता है कि अमेरिका में 1993 में सिर्फ विज्ञापन पर 140 अरब डालर एवं 2002 में 267 अरब डॉलर व्यय किये गये। विज्ञापन के चार तत्व हैं—लक्ष्य तय करना, प्रेरणा सम्बन्धी शोध, उत्पाद विकास और विक्रय संचार। लक्ष्य तय करने का अर्थ है, यह पता लगाना कि उत्पाद के संभावित खरीददार कौन हो सकते हैं जिन तक प्रचार द्वारा उत्पाद को ले जाया जाना है। खरीददार की खोज के इस लक्ष्य की पूर्ति में संचार प्रौद्योगिकी सहायक होती है। न सिर्फ टेलीविजन सहित परम्परागत माध्यम बल्कि कम्प्यूटर, डाटाबेस, सीडी रोम, मल्टीमीडिया आदि नई

टेक्नोलॉजी के द्वारा संभावित क्रेताओं तक पहुँचने के प्रयत्न किये जाते हैं। भारत में अभी इसके लिए इस हद तक संचार टेक्नोलॉजी का इस्तेमाल आरम्भ नहीं हुआ है, लेकिन टेलीविजन पर स्काई शॉप आदि के विज्ञापन और इस क्षेत्र में इंटरनेट के उपयोग की शुरुआत यह जरूर जाहिर करती है कि भारत भी शीघ्र इस दिशा में और आगे जाने वाला है।

लक्ष्य तय करने के बाद दूसरा तत्व आता है, प्रेरणा सम्बन्धी अनुसंधान। संभावित खरीददारों का पता लगाना ही काफी नहीं है बल्कि उन प्रेरणाओं का पता लगाना भी जरूरी है जिससे कि खरीददार उत्पाद को खरीदने को तत्पर हो सके। इसके लिए संभावित खरीददार के व्यवहार का अध्ययन किया जाता है और फिर उसी के अनुसार उत्पाद को प्रस्तुत किया जाता है।

उत्पादन प्रबंध मार्केटिंग का तीसरा तत्व है। यानि कि मार्केटिंग की जरूरत के अनुसार उत्पाद की प्रस्तुति। इनमें उत्पाद की डिजाइनिंग, पैकेजिंग आदि शामिल है। साबुन में इस रणनीति को साफ देख सकते हैं। साबुन की टिकिया का आकार, उसका रंग, उसमें मिलाई गई खुशबू और उसका भड़कीला आवरण साबुन को नहाने का साधारण साबुन नहीं बल्कि सौंदर्य का अभिजात्य प्रतीक बना देता है। मार्केटिंग की दुनिया में शायद इसी बात में विश्वास किया जाता है कि आप क्या है, यह महत्वपूर्ण नहीं है, बल्कि आप कैसे दिखते हैं यह ज्यादा महत्वपूर्ण है। यही बात उत्पाद पर लागू होती है।

विक्रय संचार मार्केटिंग का चौथा तत्व है। विज्ञापन इसी का अंग है, लेकिन अब यह सिर्फ विज्ञापन तक सीमित नहीं है, बल्कि इसमें कई और बातें जुड़ गई हैं। वस्तुतः टी.वी. कार्यक्रमों और फिल्मों को प्रायोजित करना, खेलकूद का प्रायोजन, तरह-तरह की छूट और दूसरे लाभों का लालच आदि इस संचार मार्केटिंग का हिस्सा है। इन तरीकों के द्वारा क्रेता को निजी तौर पर लुभाने की कोशिश की जाती है।

सूचना प्रौद्योगिकी के प्रति विकसित देशों की मनोवृत्ति

प्रस्तुत अध्ययन खण्ड के अन्तर्गत यह जानने का प्रयास किया गया है कि सूचना प्रौद्योगिकी का उपयोग विकसित देश किस प्रकार करते हैं। सारणी संख्या-72 के अध्ययन से स्पष्ट है कि 50.4% उत्तरदाताओं का मत है कि विकसित देश सूचना प्रौद्योगिकी का उपयोग विकासशील देशों पर अपनी सूचना प्रसारित करने के लिए करते हैं जबकि 49.6% उत्तरदाताओं का मत है कि विकसित देश सूचना प्रौद्योगिकी का उपयोग सूचना प्रौद्योगिकी को अपने अनुसार प्रचारित और प्रसारित करने हेतु करते हैं।

जाति के आधार पर ज्ञात होता है कि उच्च जाति और पिछड़ी जाति के अधिकतम उत्तरदाता इस मत से सहमत हैं कि विकसित देश सूचना

सारणी संख्या–72
सामाजिक परिवर्त्य एवं सूचना प्रौद्योगिकी के उपयोग के प्रति विकसित देशों की मनोवृत्ति

सामाजिक परिवर्त्य	विकासशील देशों पर सूचन को प्रसारित करना	सूचना प्रौद्योगिकी को अपने अनुसार प्रचारित और प्रसारित करना	योग
जाति*-			
उच्च जाति	86(58.9)	60(41.1)	146
पिछड़ी जाति	55(53.9)	47(46.1)	102
अनुसूचित जाति	10(19.3)	42(80.7)	52
आयु-**			
0-35	40(34.5)	76(65.5)	116
36-45	43(50.6)	42(49.4)	85
46-55	50(81.9)	11(18.1)	61
55 से अधिक	18(47.4)	20(52.6)	38
शिक्षा*-**			
स्नातक	82(56.9)	62(43.1)	144
स्नातकोत्तर	43(44.8)	53(55.2)	96
अन्य	26(43.4)	34(56.6)	60
आय **-**			
8000 तक	30(39.5)	46(60.5)	76
8001-11000	71(69.6)	31(30.4)	102
11001-14000	16(32.0)	34(68.0)	50
14001-17000	17(37.8)	28(62.2)	45
17000 से अधिक	17(62.9)	10(37.1)	27
योग	**151(50.4)**	**149(49.6)**	**300(100.0)**

* काई-स्क्वायर = 24.94; df = 2; सार्थक < .001

** काई-स्क्वायर = 36.21; df = 3; सार्थक < .001

*** काई-स्क्वायर = 4.87; df = 2; सार्थक नहीं

**** काई-स्क्वायर = 30.02; df = 4; सार्थक < .001

प्रौद्योगिकी का प्रयोग विकासशील देशों पर सूचना को प्रसारित करने के लिए करते हैं जबकि अनुसूचित जाति के अधिकतम 80.7% उत्तरदाताओं का मत है कि विकसित देश सूचना प्रौद्योगिकी का प्रयोग सूचना प्रौद्योगिकी को अपने अनुसार प्रचारित और प्रसारित करने के लिए करते हैं। काई-स्क्वायर के अनुसार अन्तर सार्थक है।

आयु के आधार पर परिलक्षित होता है कि सबसे कम (0-35) और सबसे अधिक आयु (55 वर्ष से अधिक) वाले अधिकतम उत्तरदाताओं का मत है कि विकसित देश सूचना प्रौद्योगिकी का प्रयोग सूचना प्रौद्योगिकी को अपने अनुसार प्रचारित और प्रसारित करने के लिए करते हैं जबकि बीच के आयु वाले (36-55) अधिकतम उत्तरदाताओं का मत है कि विकसित देश सूचना प्रौद्योगिकी का प्रयोग विकासशील देशों पर सूचना को प्रसारित करने के लिए करते हैं। काई-स्क्वायर के अनुसार अन्तर सार्थक है।

शिक्षा के आधार पर स्पष्ट होता है कि स्नातक स्तर के शिक्षित अधिकतम उत्तरदाताओं का मत है कि विकसित देश सूचना प्रौद्योगिकी का प्रयोग विकासशील देशों पर सूचना को प्रसारित करने के लिए करते हैं जबकि स्नातकोत्तर एवं अन्य स्तर के शिक्षित अधिकतम उत्तरदाताओं का मत है कि विकसित देश सूचना प्रौद्योगिकी का प्रयोग सूचना प्रौद्योगिकी को अपने अनुसार प्रचारित और प्रसारित करने के लिए करते हैं। काई-स्क्वायर के अनुसार अन्तर सार्थक नहीं है।

आय के आधार पर स्पष्ट होता है कि 8,001-11,000 तथा 17,000 से अधिक आय वाले अधिकतम उत्तरदाताओं का मत है कि विकसित देश सूचना प्रौद्योगिकी का उपयोग विकासशील देशों पर सूचना को प्रचारित करने के लिए करते हैं जबकि अन्य आय वर्ग के अधिकतम उत्तरदाताओं का मत है कि विकसित देश सूचना प्रौद्योगिकी का प्रयोग सूचना प्रौद्योगिकी को अपने अनुसार प्रचारित और प्रसारित करने के लिए करते हैं। काई-स्क्वायर के अनुसार अन्तर सार्थक है।

सूचना प्रौद्योगिकी के सम्बन्ध में निर्णय

इस अध्ययन खण्ड के अन्तर्गत यह जानने का प्रयास किया गया है कि सूचना प्रौद्योगिकी के सम्बन्ध में लोगों के निर्णय क्या है। सारणी संख्या-73 के अध्ययन से स्पष्ट होता है कि 41.3% उत्तरदाताओं का मत है कि सूचना प्रौद्योगिकी उपभोक्ता संसाधनों की बिक्री बढ़ा सकता है, 33.3% उत्तरदाताओं का मत है कि सूचना प्रौद्योगिकी की महत्वपूर्ण भूमिका उपभोक्ता संसाधनों को प्रचारित करने में है जबकि 25.4% उत्तरदाताओं का मत है कि सूचना प्रौद्योगिकी स्वयं एक उपभोक्ता संसाधन है।

सारणी संख्या–73
सामाजिक परिवर्त्य एवं सूचना प्रौद्योगिकी के सम्बन्ध में निर्णय

सामाजिक परिवर्त्य	सूचना प्रौद्योगिकी स्वयं उपभोक्ता संशोधन है	सूचना प्रौद्योगिकी की महत्वपूर्ण उपभोक्ता संशोधनों प्रचारित करने में है	सूचना प्रौद्योगिकी उपभोक्ता संशोधन की बिक्री बढ़ा सकती है	योग
जाति*–				
उच्च जाति	43(29.5)	55(37.7)	48(32.8)	146
पिछड़ी जाति	22(21.6)	29(28.4)	51(50.0)	102
अनुसूचित जाति	11(21.1)	16(30.8)	25(48.1)	52
आयु**–				
0–35	20(17.3)	39(33.6)	57(49.1)	116
36–45	23(27.0)	40(47.0)	22(26.0)	85
46–55	15(24.6)	10(16.4)	36(59.0)	61
55 से अधिक	18(47.4)	11(28.9)	09(14.7)	38
शिक्षा***–				
स्नातक	29(20.2)	60(41.7)	55(38.1)	144
स्नातकोत्तर	37(38.6)	21(21.8)	38(39.6)	96
अन्य	10(16.7)	19(31.7)	31(51.6)	60
आय****–				
8000 तक	14(18.4)	30(39.5)	32(42.1)	76
8001–11000	16(15.7)	30(29.4)	56(54.9)	102
11001–14000	13(26.0)	11(22.0)	26(52.0)	50
14001–17000	15(33.3)	24(53.3)	06(13.4)	45
17000 से अधिक	18(66.7)	05(18.5)	04(14.8)	27
योग	**76(25.4)**	**100(33.3)**	**124(41.3)**	**300(100.0)**

* काई-स्क्वायर = 8.52; df = 4; सार्थक नहीं

** काई-स्क्वायर = 34.77; df = 6; सार्थक < .001

*** काई-स्क्वायर = 10.72; df = 4; सार्थक < .001

**** काई-स्क्वायर = 54.03; df = 8; सार्थक < .001

जाति के आधार पर ज्ञात होता है कि उच्च जाति के अधिकतम उत्तरदाताओं का मत है कि सूचना प्रौद्योगिकी स्वयं एक उपभोक्ता उत्पाद है जबकि पिछड़ी जाति और अनुसूचित जाति के अधिकतम उत्तरदाताओं का मत है कि सूचना प्रौद्योगिकी उपभोक्ता संसाधनों के बिक्री को बढ़ा सकता है। काई-स्क्वायर के अनुसार अन्तर सार्थक नहीं है।

आयु के आधार पर स्पष्ट होता है कि 0-35 एवं 46-55 वर्ष के आयु वर्ग के अधिकतम उत्तरदाताओं का मत है कि सूचना प्रौद्योगिकी उपभोक्ता संसाधनों के बिक्री को बढ़ा सकता है जबकि 36-45 वर्ष के बीच के अधिकतम उत्तरदाताओं का मत है कि सूचना प्रौद्योगिकी की महत्वपूर्ण भूमिका उपभोक्ता संसाधनों को प्रचारित करने में है तथा 55 वर्ष से अधिक आयु वाले अधिकतम उत्तरदाताओं का मत है कि सूचना प्रौद्योगिकी स्वयं उपभोक्ता उत्पाद है। काई-स्क्वायर के अनुसार अन्तर सार्थक है।

शिक्षा के आधार पर परिलक्षित होता है कि स्नातकोत्तर एवं अन्य स्तर के शिक्षित अधिकतम उत्तरदाताओं का मत है कि सूचना प्रौद्योगिकी उपभोक्ता संसाधनों की बिक्री को बढ़ा सकता है जबकि स्नातक स्तर के शिक्षित अधिकतम उत्तरदाताओं का मत है कि सूचना प्रौद्योगिकी की महत्वपूर्ण भूमिका उपभोक्ता संसाधनों को प्रचारित करने में है। काई-स्क्वायर के अनुसार अन्तर सार्थक है।

आय के आधार पर स्पष्ट होता है कि 14,001-17,000 आय वर्ग के अधिकतम उत्तरदाताओं का मत है कि सूचना प्रौद्योगिकी की महत्वपूर्ण भूमिका उपभोक्ता संसाधनों को प्रचारित करने में है जबकि 17000 से अधिक आय वर्ग के अधिकतम उत्तरदाताओं का मत है कि सूचना प्रौद्योगिकी स्वयं एक उपभोक्ता संसाधन है तथा शेष सभी आय वर्ग के अधिकतम उत्तरदाताओं का मत है कि सूचना प्रौद्योगिकी उपभोक्ता संसाधनों की बिक्री को बढ़ा सकता है। काई-स्क्वायर के अनुसार अन्तर सार्थक है।

विकसित देश और सूचना प्रौद्योगिकी का प्रयोग

प्रस्तुत अध्ययन खण्ड के अन्तर्गत यह जानने का प्रयास किया गया है कि विकसित देश सूचना प्रौद्योगिकी का प्रयोग किस प्रकार करते हैं। सारणी संख्या-74 के अवलोकन से स्पष्ट है कि 39.0% उत्तरदाताओं का मत है कि विकसित देश सूचना प्रौद्योगिकी का प्रयोग विकासशील देशों को बाजार स्थल के रूप में देखते हुए करते हैं, 32.7% उत्तरदाताओं का मत है कि विकसित देश सूचना प्रौद्योगिकी का प्रयोग स्वयं के उपभोक्ता संसाधन के अधिकाधिक बिक्री हेतु करते हैं जबकि 28.3% उत्तरदाताओं का मत है कि

विकसित देश सूचना प्रौद्योगिकी का प्रयोग अपने उत्पादों के बाजार स्थल खोजने हेतु करते हैं।

जाति के आधार पर स्पष्ट होता है कि उच्च जाति एवं पिछड़ी जाति के अधिकतम उत्तरदाताओं का मत है कि विकसित देश सूचना प्रौद्योगिकी का प्रयोग विकासशील देशों को बाजार स्थल के रूप में देखते हुए करते हैं जबकि अनुसूचित जाति के अधिकतम उत्तरदाताओं का मत है कि विकसित देश सूचना प्रौद्योगिकी का प्रयोग अपने उत्पादों का बाजार स्थल खोजने हेतु करते हैं। काई-स्क्वायर के अनुसार अन्तर सार्थक है।

आयु के आधार पर ज्ञात होता है कि 36-45 एवं 46-55 वर्ष के बीच आयु के अधिकतम उत्तरदाताओं का मत है कि विकसित देश सूचना प्रौद्योगिकी का प्रयोग अपने उत्पादों का बाजार स्थल खोजने हेतु करते हैं जबकि 0-35 वर्ष के बीच आयु वर्ग के अधिकतम उत्तरदाताओं का मत है कि विकसित देश सूचना प्रौद्योगिकी का प्रयोग विकासशील देशों को अपने बाजार स्थल के रूप में देखते हुए करते हैं एवं 55 से अधिक आय के अधिकतम उत्तरदाताओं का मत है कि विकसित देश सूचना प्रौद्योगिकी का प्रयोग स्वयं के उपभोक्ता संसाधनों के बिक्री हेतु करते हैं। काई-स्क्वायर के अनुसार अन्तर सार्थक है।

शिक्षा के आधार पर ज्ञात होता है कि स्नातक स्तर के शिक्षित अधिकतम उत्तरदाताओं का मत है कि विकसित देश सूचना प्रौद्योगिकी का प्रयोग अपने उत्पादों का बाजार स्थल खोजने हेतु करते हैं जबकि स्नातकोत्तर एवं अन्य स्तर के शिक्षित अधिकतम उत्तरदाताओं का मत है कि विकसित देश सूचना प्रौद्योगिकी का प्रयोग विकासशील देशों को बाजार स्थल के रूप में देखते हुए करते हैं। काई-स्क्वायर के अनुसार अन्तर सार्थक है।

आय के आधार पर स्पष्ट होता है कि 11,000 तक के आय वर्ग वाले एवं 17,000 से अधिक आय वाले अधिकतम उत्तरदाताओं का मत है कि विकसित देश सूचना प्रौद्योगिकी का प्रयोग विकासशील देशों को बाजार स्थल के रूप में देखते हुए करते हैं जबकि 11,001-14,000 आय वर्ग के अधिकतम उत्तरदाताओं का मत है कि विकसित देश सूचना प्रौद्योगिकी का प्रयोग अपने उत्पादों का बाजार स्थल खोजने हेतु करते हैं तथा 14,001-17,000 आय वर्ग के अधिकतम उत्तरदाताओं का मत है कि विकसित देश सूचना प्रौद्योगिकी का प्रयोग स्वयं के उपभोक्ता संसाधनों के अधिकाधिक बिक्री हेतु करते हैं। काई-स्क्वायर के अनुसार अन्तर सार्थक है।

सारणी संख्या-74
सामाजिक परिवर्त्य एवं विकसित देश और सूचना प्रौद्योगिकी का प्रयोग

सामाजिक परिवर्त्य	स्वयं के उपभोक्ता संसाधनों के अधिकाधिक बिक्री हेतु	विकासशील देशों को बाजार स्थल के रूप में देखते हुए	अपने उत्पादों का बाजार स्थल खोजने हेतु	योग
जाति*–				
उच्च जाति	60(41.0)	61(41.8)	25(17.2)	146
पिछड़ी जाति	25(24.5)	40(39.2)	37(36.3)	102
अनुसूचित जाति	13(25.0)	16(30.8)	23(44.2)	52
आयु**–				
0–35	31(26.7)	60(51.7)	25(21.6)	116
36–45	25(29.4)	27(31.8)	33(38.8)	85
46–55	20(32.8)	18(29.5)	23(37.7)	61
55 से अधिक	22(57.9)	12(31.6)	04(10.5)	38
शिक्षा***–				
स्नातक	40(27.8)	50(34.7)	54(37.5)	144
स्नातकोत्तर	38(39.6)	38(39.6)	20(20.8)	96
अन्य	20(33.3)	29(48.4)	11(18.3)	60
आय****–				
8000 तक	17(22.4)	31(40.8)	28(36.8)	76
8001–11000	30(29.4)	51(50.0)	21(20.6)	102
11001–14000	20(40.0)	09(18.0)	21(42.0)	50
14001–17000	20(44.5)	12(26.7)	13(28.8)	45
17000 से अधिक	11(40.7)	14(51.8)	02(7.5)	27
योग	**98(32.7)**	**117(39.0)**	**85(28.3)**	**300(100.0)**

* काई-स्क्वायर = 20.77; df = 4; सार्थक < .001

** काई-स्क्वायर = 28.16; df = 6; सार्थक < .001

*** काई-स्क्वायर = 12.79; df = 4; सार्थक < .05

**** काई-स्क्वायर = 29.43; df = 8; सार्थक < .001

सूचना प्रौद्योगिकी के माध्यम से उपभोक्ता संसाधनों के कारण वैश्विक विध्वंस

इस अध्ययन खण्ड के अन्तर्गत यह जानने का प्रयास किया गया है कि सूचना प्रौद्योगिकी के माध्यम से उपभोक्ता संसाधनों के कारण वैश्विक विध्वंस किस प्रकार हो रहा है। सारणी संख्या-75 के अध्ययन से स्पष्ट है कि 53.0% उत्तरदाताओं का मत है कि सूचना प्रौद्योगिकी के माध्यम से विकासशील देशों के उपभोक्ता संसाधनों के ऊपर विकसित देशों का युद्ध के माध्यम से नियंत्रण हो रहा है जबकि 47.0% उत्तरदाताओं का मत है कि सूचना प्रौद्योगिकी के माध्यम से उपभोक्ता संसाधनों के कारण विकसित देश विकासशील देशों पर आक्रमण कर रहे हैं।

जाति के आधार पर परिलक्षित होता है कि उच्च जाति के अधिकतम उत्तरदाताओं का मत है कि सूचना प्रौद्योगिकी के माध्यम से विकासशील देशों के उपभोक्ता संसाधनों के ऊपर विकसित देशों का युद्ध के माध्यम से नियंत्रण होता जा रहा है जबकि पिछड़ी एवं अनुसूचित जाति के अधिकतम उत्तरदाताओं का मत है कि सूचना प्रौद्योगिकी के माध्यम से विकसित देशों का विकासशील देशों पर आक्रमण हो रहा है।

आयु के आधार पर ज्ञात होता है कि 0-35 वर्ष के आयु के अधिकतम उत्तरदाताओं का मत है कि सूचना प्रौद्योगिकी के माध्यम से विकासशील देशों के उपभोक्ता संसाधनों के ऊपर विकसित देशों का युद्ध के माध्यम से नियंत्रण हो रहा है जबकि शेष अन्य आयु वर्ग के अधिकतम उत्तरदाताओं का मत है कि सूचना प्रौद्योगिकी के माध्यम से उपभोक्ता संसाधनों के कारण विकसित देशों का विकासशील देशों पर आक्रमण हो रहा है।

शिक्षा के आधार पर स्पष्ट होता है कि केवल स्नातकोत्तर स्तर के शिक्षित अधिकतम उत्तरदाताओं का मत है कि सूचना प्रौद्योगिकी के माध्यम से उपभोक्ता संसाधनों के कारण विकसित देशों का विकासशील देशों पर आक्रमण हो रहा है जबकि शेष शिक्षित वर्ग के अधिकतम उत्तरदाताओं का मत है कि सूचना प्रौद्योगिकी के माध्यम से उपभोक्ता संसाधनों के कारण विकासशील देशों के उपभोक्ता संसाधनों के ऊपर विकसित देशों का युद्ध के माध्यम से नियंत्रण हो रहा है।

आय के आधार पर ज्ञात होता है कि केवल 8001-11,000 आय वर्ग के अधिकतम 69.6% उत्तरदाताओं का मत है कि सूचना प्रौद्योगिकी के माध्यम से उपभोक्ता संसाधनों के कारण विकसित देशों का विकासशील देशों के ऊपर आक्रमण हो रहा है जबकि शेष अन्य आय वर्ग के अधिकतम उत्तरदाताओं का मत है कि सूचना प्रौद्योगिकी के माध्यम से उपभोक्ता संसाधनों के कारण विकासशील देशों के उपभोक्ता संसाधनों के ऊपर विकसित देशों का युद्ध के माध्यम से नियंत्रण हो रहा है।

सारणी संख्या–75

सामाजिक परिवर्त्य एवं सूचना प्रौद्योगिकी के माध्यम से उपभोक्ता संसाधनों के कारण वैश्विक विध्वंस

सामाजिक परिवर्त्य	विकसित देशों का विकासशील देशों पर आक्रमण	विकासशील देशों के उपभोक्ता संसाधनों के ऊपर विकसित देशों का युद्ध के माध्यम से नियंत्रण	योग
जाति -			
उच्च जाति	57(39.0)	89(61.0)	146
पिछड़ी जाति	54(52.9)	48(47.1)	102
अनुसूचित जाति	30(57.7)	22(42.3)	52
आयु -			
0-35	40(34.5)	76(65.5)	116
36-45	43(50.6)	42(49.4)	85
46-55	32(52.5)	29(47.5)	61
55 से अधिक	26(68.4)	12(31.6)	38
शिक्षा -			
स्नातक	62(43.0)	82(57.0)	144
स्नातकोत्तर	50(52.0)	46(48.0)	96
अन्य	29(48.4)	31(51.6)	60
आय-			
8000 तक	30(39.5)	46(60.5)	76
8001-11000	71(69.6)	31(30.4)	102
11001-14000	16(32.0)	34(68.0)	50
14001-17000	14(31.1)	31(68.9)	45
17000 से अधिक	11(40.7)	16(59.3)	27
योग	**141(47.0)**	**159(53.0)**	**300(100.0)**

वैश्विक स्तर पर आय के अधिकाधिक हिस्से का खर्च

इस अध्ययन खण्ड के अन्तर्गत यह जानने का प्रयास किया गया है कि वैश्विक स्तर पर आय के अधिकाधिक हिस्से का खर्च किस तरह के सामग्री पर किया जाता है। सारणी संख्या-76 के अध्ययन से स्पष्ट है कि 72.0%

उत्तरदाताओं का मत है कि वैश्विक स्तर पर आय का अधिकाधिक हिस्सा अखाद्य सामग्री पर खर्च होता है जबकि 28.0% उत्तरदाताओं का मत है कि आय का अधिकाधिक हिस्सा खाद्य सामग्री पर खर्च होता है।

सारणी संख्या–76

सामाजिक परिवर्त्य एवं वैश्विक स्तर पर आय का अधिकाधिक हिस्से का खर्च

सामाजिक परिवर्त्य	खाद्य	अखाद्य	योग
जाति*-			
उच्च जाति	23(15.7)	123(84.3)	146
पिछड़ी जाति	31(30.4)	71(69.6)	102
अनुसूचित जाति	30(57.7)	22(42.3)	52
आयु-**			
0-35	32(27.6)	84(72.4)	116
36-45	28(32.9)	57(67.1)	85
46-55	15(24.6)	46(75.4)	61
55 से अधिक	09(23.7)	29(76.3)	38
शिक्षा*-**			
स्नातक	31(21.5)	113(78.5)	144
स्नातकोत्तर	32(33.4)	64(66.6)	96
अन्य	21(35.0)	39(65.0)	60
आय **-**			
8000 तक	13(17.1)	63(82.9)	76
8001-11000	29(28.4)	73(71.6)	102
11001-14000	13(26.0)	37(74.0)	50
14001-17000	08(17.8)	37(82.2)	45
17000 से अधिक	21(77.8)	06(22.2)	27
योग	**84(28.0)**	**216(72.0)**	**300(100.0)**

* काई-स्क्वायर = 33.89; df = 2; सार्थक <.001

** काई-स्क्वायर = 1.74; df = 3; सार्थक नहीं

*** काई-स्क्वायर = 5.81; df = 2; सार्थक नहीं

**** काई-स्क्वायर = 40.10; df = 4; सार्थक <.001

जाति के आधार पर स्पष्ट होता है कि अनुसूचित जाति के अधिकतम 57.7% उत्तरदाताओं का मत है कि वैश्विक स्तर पर आय के अधिकाधिक हिस्से का खर्च खाद्य सामग्री के ऊपर होता है जबकि शेष अन्य जातियों के अधिकतम उत्तरदाताओं का मत है कि वैश्विक स्तर पर आय के अधिकाधिक हिस्से का खर्च अखाद्य सामग्री के ऊपर होता है। काई-स्क्वायर के अनुसार अन्तर सार्थक है।

आयु के आधार पर ज्ञात होता है कि प्रत्येक आयु वर्ग के अधिकतम उत्तरदाताओं का मत है कि वैश्विक स्तर पर आय के अधिकाधिक हिस्से का खर्च अखाद्य सामग्री के ऊपर होता है। काई-स्क्वायर के अनुसार अन्तर सार्थक नहीं है।

शिक्षा के आधार पर स्पष्ट होता है कि प्रत्येक शिक्षित वर्ग के अधिकाधिक उत्तरदाताओं का मत है कि वैश्विक स्तर पर आय के अधिकाधिक हिस्से का खर्च अखाद्य सामग्री के ऊपर होता है। काई-स्क्वायर के अनुसार अन्तर सार्थक नहीं है।

आय के आधार पर ज्ञात होता है कि अधिकतम आय वर्ग (17000 से अधिक) के 77.8% उत्तरदाताओं का मत है कि वैश्विक स्तर पर आय के अधिकाधिक हिस्से का खर्च खाद्य सामग्री के ऊपर होता है जबकि शेष अन्य आय वर्ग के अधिकतम उत्तरदाताओं का मत है कि वैश्विक स्तर पर आय के अधिकाधिक हिस्से का खर्च अखाद्य सामग्री के ऊपर होता है। काई-स्क्वायर के अनुसार अन्तर सार्थक है।

संदर्भ ग्रंथ

1. Amin, Sameer (1997) : Captalism in the Age of Globlization, Madhyam Book, Delhi
2. Ritzer, G. (1996) : The McDonaldization of Society : An Investigation into the Changing Character of Contemporary Social Life, CA : Pine Forge Press, Thousand Oaks
3. Mike, B. (1998) : Disent Voices : Politics of Television and Cultural Changes, Pluto Press, London
4. Giddens, A. (1990) : The Consequences of Modernity, Polity Press, Cambridge.

6. सूचना प्रौद्योगिकी एवं आधुनिकता की तरफ उन्मेष

गुप्ता (2000) के मतानुसार भारत एक सभ्यता का समाज है। परम्पराओं ने इसे सैकड़ों वर्षों तक गढ़ा है। इसकी अपनी एक विशिष्ट पहचान है। इसका अपना इतिहास है। इसमें कई भाषाएँ, बोलियाँ और सांस्कृतिक क्षेत्र हैं। यहाँ जब आधुनिकता आई तब इसका स्वरूप यहाँ की परम्परा के अनुसार ढल

गया। कहीं ऐसा हुआ कि परम्परा आधुनिकता में बदल गई और कहीं आधुनिकता नई परम्परा में आ गई। अतः आधुनिकता के जिन लक्षणों को हम यूरोप और अमेरिका में पाते हैं, वे यहाँ नहीं हैं। परम्परा के प्रभाव में आकर यहाँ आधुनिकता का रूप ही बदल गया है। दूसरे शब्दों में, यूरोप, अमेरिका की आधुनिकता यहाँ आकर बदले हुए रूप में देखने को मिलती है।

भारतीय समाजशास्त्रियों ने भारत में विकसित हुई आधुनिकता का विश्लेषण किया है। **श्रीनिवास** (1966) ने पश्चिमीकरण और आधुनिकीकरण की व्याख्या सैद्धान्तिक स्तर पर की है। वे कहते हैं कि भारत में आधुनिकता की उपस्थिति ब्रिटिश काल समझी जा सकती है। यह सही है कि अंग्रेज इस देश में व्यापारी की तरह आये पर बाद में उन्होंने सत्ता को अपनाया तब उन्होंने यहाँ अपनी जड़ें मजबूत करने के लिए, प्रभावी प्रशासन चलाने के लिए एक विशेष प्रकार की आधुनिकता को जन्म दिया। मुद्रण के लिए प्रिटिंग प्रेस लाये, आवागमन के लिए रेलगाड़ियाँ चलाई, संचार साधन जुटाये और इस प्रकार ब्रिटेन की आधुनिकता यहाँ आरोपित किया। मैकाले द्वारा प्रस्तावित अंग्रेजी भाषा को शिक्षा का माध्यम बनाया। अंग्रेजी शिक्षा ने उदार विचारधारा को इस देश में जन्म दिया। कुछ इसी तरह श्रीनिवास भारत में आधुनिकता के प्रवेश की व्याख्या करते हैं, उपनिवेशवादी शासन के होते हुए भी इस काल में हमारे यहाँ उदारवाद का जन्म हुआ। ये सब ऐतिहासिक घटनाएँ 17वीं तथा 18वीं शताब्दी की हैं। इसके बाद आधुनिकता के प्रक्रियाओं ने तीव्रता ग्रहण की।

कुछ समाजशास्त्रियों ने आधुनिक समाज को तकनीकी तंत्र का समाज कहते है जिसकी तकनीकी तंत्र का आधार सूचना प्रौद्योगिकी है। **जेक्यूज ईल्लल** (Jacques Ellul) ने कुछ समय पहले अपनी पुस्तक 'The Technological Society' में तकनीकी तंत्र की व्याख्या की है। वे आधुनिक समाज और आधुनिकता को तकनीकी तंत्र का पर्यायवाची मानते हैं। वास्तव में तकनीकी तंत्र का समाजशास्त्र में बड़ा ढीला-ढाला प्रयोग करते हैं। सामान्यतया इसका मतलब यन्त्रीकरण और विशेष करके उत्पादन में काम में ली जाने वाली मशीनों से लिया जाता है। यह पहली बार है कि गूडी (Jack Goody) ने तकनीकी तंत्र की ऐतिहासिक और सांस्कृतिक दृष्टि से व्याख्या अपनी पुस्तक 'Production and Reproduction' में की है। वे अपने निष्कर्ष में लिखते हैं कि आधुनिक समाज की बहुत बड़ी उपलब्धि तकनीकी तंत्र की है। उनका यह भी कहना है कि यह तकनीकी तंत्र अभिजात वर्ग के भले के लिए है। वैसे देखा जाय तो यह आधुनिक समाज वस्तुतः पूँजीपतियों और अभिजात वर्ग के हितों की सबसे पहले सुरक्षा करता है। इस तकनीकी तंत्र ने एक नये प्रकार के आंदोलन को जन्म दिया है। जहाँ आधुनिक समाज है, वहीं

औद्योगिक और तकनीकी तंत्र समाज भी है।

श्रीनिवास (1966) की कृतियों में पाश्चात्यकरण एक प्रभावी प्रक्रिया रही है। इसके द्वारा अंग्रेजों ने अपने 150 वर्षों के राज में विभिन्न स्तरों पर आधुनिकता लाने का प्रयास किया। यह आधुनिकता तकनीकी तंत्र, विचारधारा और मूल्यों के क्षेत्र में थी। श्रीनिवास इस तथ्य पर बहुत जोर देते हैं कि ब्रिटिश काल में हमारे देश में जो आधुनिकता आई उसमें विवेक यानि बुद्धिसंगतता तथा मानवतावाद पर्याप्त मात्रा में थे। यह पाश्चात्यकरण के परिणामस्वरूप ही है कि यहाँ विज्ञान, तकनीकी तंत्र और शिक्षण संस्थाओं का उदय हुआ। बाद में चलकर श्रीनिवास ने सामाजिक प्रक्रिया का विश्लेषण आधुनिकीकरण के संदर्भ में किया।

आधुनिकता और योगेन्द्र सिंह

प्रो. योगेन्द्र सिंह की पुस्तक 'Modernization of Indian Tradition' (1994) आधुनिकता के क्षेत्र में एक क्लासिकल ग्रन्थ है। इसमें उन्होंने आधुनिकता का भारतीय परंपराओं पर क्या प्रभाव पड़ता है, इसका सैद्धान्तिक विश्लेषण किया है। वे यह मानकर चलते हैं कि आधुनिकीकरण एक सार्वभौमिक सांस्कृतिक प्रघटना है। यह प्रघटना केवल भारत की ही हो, ऐसा नहीं। आज सम्पूर्ण दुनिया एक आधुनिक समाज है। आधुनिकता का यह प्रतिमान एक सम्पूर्ण संसार का आदर्श प्रतिमान है। जब इसके लक्षण (Altributes) दुनिया के विभिन्न भागों में फैलते हैं तब ये विभिन्न भाग अपने इतिहास और सामाजिक संदर्भ के आधार पर इसका प्रत्युत्तर देते हैं और स्थानीय स्तर पर पहुँचकर यह आधुनिकता परम्पराओं के साथ घुल-मिल जाती है। महत्वपूर्ण बात यह है कि आधुनिकता का जो सार्वभौमिक आदर्श प्रारूप है इसका राष्ट्रीय और स्थानीय उत्तर क्या है। योगेन्द्र सिंह का कहना है कि आधुनिकता के जो लक्षण हैं, वे बुनियादी रूप से सार्वभौमिक और उद्‌विकासीय हैं। इनकी प्रकृति सम्पूर्ण मानवता को अपने अन्दर समेट लेती है। अपने मूल में आधुनिकता कोई वैचारिकी नहीं है। इस दृष्टि से आधुनिकता एक सांस्कृतिक–सार्वभौमिकता है।

योगेन्द्र सिंह (1994) का आधुनिकीकरण का थीसिस या सामान्य शब्दों में इसका अर्थ स्पष्ट है। यह वस्तुओं या समस्याओं को देखने की विवेकपूर्ण अभिवृत्ति है। इसमें किसी वर्ग, जाति, समुदाय या नातेदारी से कोई विशेष लगाव नहीं होता। यह लगाव मुक्त सार्वभौमिक सांस्कृतिक अवधारणा है। इसके लक्षण विज्ञान तथा तकनीकी तंत्र होते हैं।

योगेन्द्र सिंह (1994) द्वारा दी गई आधुनिकता की व्याख्या में मूल्य

और संस्कृति प्रधान है। मूल्यों में विवेक, तकनीक तंत्र और वैज्ञानिक संदर्भ में अपनी व्याख्या का केन्द्र बनाते हैं। ऐसा करने में वे यूरोप तथा अमेरिका में आधुनिकता का जो अर्थ लिया जाता है, उससे अलग हो जाते हैं। वहाँ इस तथ्य से सभी सहमत हैं कि आधुनिकता में प्रजातंत्र, औद्योगीकरण आर्थिक व्यवस्था यानि पूँजीवाद तथा प्रशासनिक शक्ति होते हैं। अपनी व्याख्या में योगेन्द्र सिंह इन आर्थिक तत्वों को पूरी उपेक्षा करते हैं। उनके लिये आधुनिकता एक सार्वभौमिक-सांस्कृतिक प्रघटना है। दूसरा, जहाँ यूरोप अमेरिका के आधुनिकतावादी समाजशास्त्री परम्परा का कहीं उल्लेख नहीं करते, वहाँ योगेन्द्र सिंह परम्परा और आधुनिकता के मुठभेड़ की बात बराबर उठाते हैं। ऐसा लगता है कि आधुनिकता की व्याख्या करने में योगेन्द्र सिंह का संदर्भ मुख्यतया भारतीय समाज है।

दीपांकर गुप्ता के अनुसार भारतीय संदर्भ में आधुनिकता का अर्थ

आधुनिकता की अवधारणा बहुत व्यापक और जटिल है। इसका सम्बन्ध केवल तकनीकी तंत्र, औद्योगीकरण और पूँजीवाद से नहीं है। इसका केन्द्रीय मुहावरा व्यवहारों से जुड़ा हुआ है। केवल पश्चिमी देशों की संस्कृति अपनाने से कोई आधुनिक नहीं हो सकता। आज के भारतीय समाज पर पश्चिमी रहन-सहन, खान-पान और जीवन पद्धति का ऐसा जहर चढ़ गया है कि वह परंपराओं को उपेक्षा की दृष्टि से देखता है और प्रत्येक विदेशी वस्तु को स्वीकार कर लेता है। इस प्रवृत्ति को दीपांकर गुप्ता पश्चिम का विषैलाकरण (Westoxiation) कहते हैं। दीपांकर गुप्ता के अनुसार आधुनिकता के निम्न लक्षण है—

1. व्यक्ति की मान मर्यादा
   (Dignity of the individual)
2. सार्वभौमिक मानकों का पालन
   (Adverence to universaustic norms)
3. विशेषाधिकारों या जन्म की हीनता की अपेक्षा व्यक्ति की उपलब्धि को ऊँचा मानना
   (Elevation of individual achievement over privileges)
4. सार्वजनिक जीवन में जिम्मेवारी
   (Accountability in public life)

आधुनिकता के उपरोक्त लक्षण यदि भारतीय समाज में आ जाते हैं तो समझ लीजिये आधुनिकता आ गई है–चाहे यहाँ तकनीकी तंत्र आये या न

आये। सवाल उच्च स्तर की प्रौद्योगिकी उपभोक्तावाद और उच्च संचार व्यवस्था का नहीं है। मुख्य बात तो यह है कि हमारे देश के अन्य नागरिकों के साथ व्यवहार कैसा है, सम्बन्ध कैसा है? दीपांकर गुप्ता आधुनिकता को परिभाषित करते हुए लिखते हैं—

विकसित आधुनिकता वह है जिसमें समानता का व्यवहार होता है और दूसरों के लिए आदर भाव होता है। इसका अर्थ यह नहीं है कि आधुनिक समाज में सभी लोग समान होते हैं। उनमें कई तरह की गैर-बराबरी होती है, लेकिन फिर भी एक ऐसी आधारभूत बराबरी होती है जिस कारण लोग अपनी मान मर्यादा के साथ रह सकते हैं और वास्तव में अपनी जीवित रहने की दशाओं को बढ़िया बनाने के अवसरों का लाभ ले सकते हैं।

सूचना प्रौद्योगिकी तथा कार्य विशेष की बढ़ोत्तरी

इस अध्ययन खण्ड के अन्तर्गत यह जानने का प्रयास किया गया है कि सूचना प्रौद्योगिकी से किस तरह के कार्यों की बढ़ोत्तरी हुई है। सारणी संख्या-77 के अध्ययन से स्पष्ट है कि 36.0% उत्तरदाताओं का मत है कि सूचना प्रौद्योगिकी से रचनात्मक कार्यों में बढ़ोत्तरी हुई है तथा 24.0% उत्तरदाताओं का मत है कि सूचना प्रौद्योगिकी से विध्वंसात्मक कार्यों में बढ़ोत्तरी हुई है जबकि 40.0% उत्तरदाताओं का मत है कि सूचना प्रौद्योगिकी के कारण रचनात्मक एवं विध्वंसात्मक दोनों तरह के कार्यों में बढ़ोत्तरी हुई है।

जाति के आधार पर ज्ञात होता है कि उच्च जाति और अनुसूचित जाति के अधिकतम उत्तरदाताओं का मत है कि सूचना प्रौद्योगिकी के कारण रचनात्मक कार्यों में बढ़ोत्तरी हुई है जबकि पिछड़ी जाति के अधिकतम 53.9% उत्तरदाताओं का मत है कि सूचना प्रौद्योगिकी से रचनात्मक और विध्वंसात्मक दोनों तरह के कार्यों में बढ़ोत्तरी हुई है।

आयु के आधार पर स्पष्ट होता है कि सबसे कम (अर्थात् 0-35) और सबसे अधिक (अर्थात् 55 वर्ष से ऊपर) आयु वर्ग के अधिकतम उत्तरदाताओं का मत है कि सूचना प्रौद्योगिकी से रचनात्मक और विध्वंसात्मक दोनों तरह के कार्यों में बढ़ोत्तरी हुई है जबकि बीच के आयु वर्ग के (अर्थात् 36-45 तथा 46-55) अधिकतम उत्तरदाताओं का मत है कि सूचना प्रौद्योगिकी से रचनात्मक कार्यों में बढ़ोत्तरी हुई है।

शिक्षा के आधार पर स्पष्ट होता है कि स्नातकोत्तर स्तर के शिक्षित अधिकतम उत्तरदाताओं का मत है कि सूचना प्रौद्योगिकी से रचनात्मक कार्यों में बढ़ोत्तरी हुई है जबकि स्नातक एवं अन्य स्तर के शिक्षित अधिकतम उत्तरदाताओं का मत है कि सूचना प्रौद्योगिकी से रचनात्मक एवं विध्वंसात्मक

दोनों तरह के कार्यों में बढ़ोत्तरी हुई है।

आय के आधार पर परिलक्षित होता है कि केवल 8001-11,000 आय वर्ग के अधिकतम उत्तरदाताओं का मत है कि सूचना प्रौद्योगिकी से रचनात्मक कार्यों में बढ़ोत्तरी हुई है जबकि शेष सभी आय वर्ग के अधिकतम उत्तरदाताओं का मत है कि सूचना प्रौद्योगिकी से रचनात्मक एवं विध्वंसात्मक दोनों तरह के कार्यों में बढ़ोत्तरी हुई है।

सारणी संख्या–77
सामाजिक परिवर्त्य एवं सूचना प्रौद्योगिकी तथा कार्य विशेष की बढ़ोत्तरी

सामाजिक परिवर्त्य	रचनात्मक	विध्वंसात्मक	उपर्युक्त दोनों	योग
जाति–				
उच्च जाति	64(43.8)	36(24.6)	46(31.6)	146
पिछड़ी जाति	23(22.5)	24(23.6)	55(53.9)	102
अनुसूचित जाति	21(40.4)	12(23.0)	19(36.6)	52
आयु–				
0–35	43(37.1)	29(25.0)	44(37.9)	116
36–45	30(35.3)	30(35.3)	25(29.4)	85
46–55	29(47.5)	09(14.8)	23(37.7)	61
55 से अधिक	06(16.8)	04(10.5)	28(73.7)	38
शिक्षा–				
स्नातक	60(41.7)	22(15.3)	62(43.0)	144
स्नातकोत्तर	43(44.8)	30(31.3)	23(23.9)	96
अन्य	05(8.4)	20(33.3)	35(58.3)	60
आय–				
8000 तक	28(36.8)	19(25.0)	29(38.1)	76
8001–11000	55(53.9)	30(29.4)	17(16.7)	102
11001–14000	13(26.0)	14(28.0)	23(46.0)	50
14001–17000	09(20.0)	06(13.3)	30(66.7)	45
17000 से अधिक	03(11.1)	03(11.1)	21(77.8)	27
योग	**108(36.0)**	**72(24.0)**	**120(40.0)**	**300(100.0)**

सूचना प्रौद्योगिकी का आम आदमी को तार्किक बनाने में योगदान

प्रस्तुत अध्ययन खण्ड के अन्तर्गत यह जानने का प्रयास किया गया है कि क्या सूचना प्रौद्योगिकी ने आम आदमी को तार्किक बनाने में योगदान दिया है या नहीं। सारणी संख्या-78 के अध्ययन से स्पष्ट है कि 50.3% उत्तरदाताओं का मत है कि सूचना प्रौद्योगिकी ने आम आदमी को तार्किक बनाने में योगदान दिया है जबकि 49.7% उत्तरदाताओं का मत है कि सूचना प्रौद्योगिकी ने आम आदमी को तार्किक बनाने में योगदान नहीं दिया है।

जाति के आधार पर यह निष्कर्ष निकलता है कि उच्च जाति एवं अनुसूचित जाति के अधिकतम उत्तरदाताओं का मत है कि सूचना प्रौद्योगिकी ने आम आदमी को तार्किक बनाने में योगदान नहीं दिया है जबकि पिछड़ी जाति के अधिकतम 82.9% उत्तरदाताओं का मत है कि सूचना प्रौद्योगिकी ने आम आदमी को तार्किक बनाने में योगदान दिया है। काई-स्क्वायर के अनुसार अन्तर सार्थक है।

आयु के आधार पर ज्ञात होता है कि कम आयु अर्थात् 45 वर्ष से कम आयु वाले अधिकतम उत्तरदाताओं का मत है कि सूचना प्रौद्योगिकी ने आम आदमी को तार्किक बनाने में योगदान नहीं दिया है जबकि 46 वर्ष से अधिक आयु वाले अधिकतम उत्तरदाताओं का मत है कि सूचना प्रौद्योगिकी ने आम आदमी को तार्किक बनाने में योगदान दिया है। काई-स्क्वायर के अनुसार अन्तर सार्थक है।

शिक्षा के आधार पर स्पष्ट होता है कि स्नातक एवं स्नातकोत्तर स्तर के शिक्षित अधिकतम उत्तरदाताओं का मत है कि सूचना प्रौद्योगिकी ने आम आदमी को तार्किक बनाने में योगदान नहीं दिया है जबकि अन्य स्तर के शिक्षित अधिकतम उत्तरदाताओं का मत है कि सूचना प्रौद्योगिकी ने आम आदमी को तार्किक बनाने में योगदान दिया है। काई-स्क्वायर के अनुसार अन्तर सार्थक है।

आय के आधार पर स्पष्ट होता है कि 8001-11,000 आय वर्ग के अधिकतम 71.6% उत्तरदाताओं का मत है कि सूचना प्रौद्योगिकी ने आम आदमी को तार्किक बनाने में योगदान नहीं दिया है जबकि शेष आय वर्ग के अधिकतम उत्तरदाताओं का मत है कि सूचना प्रौद्योगिकी ने आम आदमी को तार्किक बनाने में योगदान दिया है। काई-स्क्वायर के अनुसार अन्तर सार्थक है।

सारणी संख्या–78

सामाजिक परिवर्त्य एवं सूचना प्रौद्योगिकी का आम आदमी को तार्किक बनाने में योगदान

सामाजिक परिवर्त्य	खाद्य	अखाद्य	योग
जाति*-			
उच्च जाति	93(63.7)	53(36.3)	146
पिछड़ी जाति	25(17.1)	77(82.9)	102
अनुसूचित जाति	31(59.6)	21(40.4)	52
आयु-**			
0-35	64(55.2)	52(44.8)	116
36-45	49(57.6)	36(42.4)	85
46-55	22(36.0)	39(64.0)	61
55 से अधिक	14(36.8)	24(63.2)	38
शिक्षा*-**			
स्नातक	79(54.9)	65(45.1)	144
स्नातकोत्तर	60(62.5)	36(37.5)	96
अन्य	10(6.7)	50(83.3)	60
आय **-**			
8000 तक	38(50.0)	38(50.0)	76
8001-11000	73(71.6)	29(28.4)	102
11001-14000	12(24.0)	38(760)	50
14001-17000	15(33.3)	30(64.7)	45
17000 से अधिक	11(40.7)	16(59.3)	27
योग	**149(49.7)**	**151(50.3)**	**300(100.0)**

* काई-स्क्वायर = 39.38; df = 2; सार्थक < .001

** काई-स्क्वायर = 10.59; df = 3; सार्थक < .05

*** काई-स्क्वायर = 34.01; df = 2; सार्थक < .001

**** काई-स्क्वायर = 38.42; df = 4; सार्थक < .001

सूचना प्रौद्योगिकी एवं सामाजिक विकास

प्रस्तुत अध्ययन खण्ड के अन्तर्गत यह जानने का प्रयास किया गया है कि सूचना प्रौद्योगिकी ने किस तरह का विकास समाज में किया है। सारणी संख्या-79 के अध्ययन से स्पष्ट है कि 62.7% उत्तरदाताओं का मत है कि

सूचना प्रौद्योगिकी ने समाज में ऊपरी विकास किया है जबकि 37.3% उत्तरदाताओं का मत है कि सूचना प्रौद्योगिकी ने समाज में सतही विकास किया है।

जाति के आधार पर ज्ञात होता है कि प्रत्येक जाति के अधिकतम उत्तरदाताओं का मत है कि सूचना प्रौद्योगिकी ने समाज में ऊपरी विकास किया है।

आयु के आधार पर स्पष्ट होता है कि 55 वर्ष से ऊपर आयु के अधिकतम उत्तरदाताओं का मत है सूचना प्रौद्योगिकी ने समाज में सतही विकास किया है जबकि अन्य आयु वर्ग के अधिकतम उत्तरदाताओं का मत है कि सूचना प्रौद्योगिकी ने समाज में ऊपरी विकास किया है।

सारणी संख्या–79

सामाजिक परिवर्त्य एवं सामाजिक विकास

सामाजिक परिवर्त्य	खाद्य	अखाद्य	योग
जाति -			
उच्च जाति	53(36.3)	93(63.7)	146
पिछड़ी जाति	47(46.0)	55(54.0)	102
अनुसूचित जाति	12(23.0)	40(77.0)	52
आयु -			
0-35	33(28.5)	83(71.5)	116
36-45	30(35.3)	55(64.7)	85
46-55	29(47.5)	32(52.5)	61
55 से अधिक	20(52.6)	18(47.4)	38
शिक्षा -			
स्नातक	53(36.8)	91(63.2)	144
स्नातकोत्तर	51(53.1)	45(46.9)	96
अन्य	08(13.4)	52(86.6)	60
आय-			
8000 तक	24(31.6)	52(68.4)	76
8001-11000	53(51.9)	49(48.1)	102
11001-14000	19(38.0)	31(62.0)	50
14001-17000	08(17.8)	37(82.2)	45
17000 से अधिक	08(29.6)	19(70.4)	27
योग	**112(37.3)**	**188(62.7)**	**300(100.0)**

शिक्षा के आधार पर परिलक्षित होता है कि स्नातकोत्तर स्तर के शिक्षित अधिकतम उत्तरदाताओं का मत है कि सूचना प्रौद्योगिकी ने समाज में सतही विकास किया है जबकि शेष वर्ग के शिक्षित अधिकतम उत्तरदाताओं का मत है कि सूचना प्रौद्योगिकी ने समाज में ऊपरी विकास किया है।

आय के आधार पर स्पष्ट होता है कि 8001-11,000 आय वर्ग के अधिकतम उत्तरदाताओं का मत है कि सूचना प्रौद्योगिकी ने समाज में सतही विकास किया है जबकि शेष आय वर्ग के अधिकतम उत्तरदाताओं का मत है कि सूचना प्रौद्योगिकी ने समाज में ऊपरी विकास किया है।

सूचना प्रौद्योगिकी का आधुनिकीकरण के नाम पर अपव्यय

इस अध्ययन खण्ड के अन्तर्गत यह जानने का प्रयास किया गया है कि क्या सूचना प्रौद्योगिकी ने आधुनिकीकरण के नाम पर अपव्यय को बढ़ाया है। सारणी संख्या-80 के अध्ययन से स्पष्ट है कि 64.6% उत्तरदाताओं का मत है कि सूचना प्रौद्योगिकी ने आधुनिकीकरण के नाम पर अपव्यय को बढ़ाया है जबकि 35.4% उत्तरदाता इस मत से सहमत नहीं है।

जाति के आधार पर स्पष्ट होता है कि प्रत्येक जाति के अधिकतम उत्तरदाताओं का मत है कि सूचना प्रौद्योगिकी ने आधुनिकीकरण के नाम पर अपव्यय को बढ़ाया है। काई-स्क्वायर के अनुसार अन्तर सार्थक नहीं है।

आयु के आधार पर परिलक्षित होता है कि प्रत्येक आयु वर्ग के अधिकतम उत्तरदाताओं का मत है कि सूचना प्रौद्योगिकी ने आधुनिकीकरण के नाम पर अपव्यय को बढ़ाया है। काई-स्क्वायर के अनुसार अन्तर सार्थक नहीं है।

शिक्षा के आधार पर स्पष्ट होता है कि अन्य स्तर के शिक्षित अधिकतम 60.0% उत्तरदाताओं का मत है कि सूचना प्रौद्योगिकी ने आधुनिकीकरण के नाम पर अपव्यय को नहीं बढ़ाया है जबकि शेष सभी वर्ग के शिक्षित अधिकतम उत्तरदाताओं का मत है कि सूचना प्रौद्योगिकी ने आधुनिकीकरण के नाम पर अपव्यय को बढ़ाया है। काई-स्क्वायर के अनुसार अन्तर सार्थक है।

आय के आधार पर ज्ञात होता है कि प्रत्येक आय वर्ग के अधिकतम उत्तरदाताओं का मत है कि सूचना प्रौद्योगिकी ने आधुनिकीकरण के नाम पर अपव्यय को बढ़ाया है। काई-स्क्वायर के अनुसार अन्तर सार्थक नहीं है।

सारणी संख्या–80
सामाजिक परिवर्त्य एवं सूचना प्रौद्योगिकी का आधुनिकीकरण के नाम पर अपव्यय

सामाजिक परिवर्त्य	हाँ	नहीं	योग
जाति*-			
उच्च जाति	93(63.7)	53(36.3)	146
पिछड़ी जाति	64(62.7)	38(37.3)	102
अनुसूचित जाति	37(71.2)	15(28.8)	52
आयु-**			
0-35	79(68.1)	37(31.9)	116
36-45	60(70.6)	25(29.4)	85
46-55	31(50.8)	30(49.2)	61
55 से अधिक	24(63.2)	14(36.8)	38
शिक्षा*-**			
स्नातक	97(67.3)	47(32.7)	144
स्नातकोत्तर	73(76.0)	23(24.0)	96
अन्य	24(40.0)	36(60.0)	60
आय **-**			
8000 तक	57(75.0)	19(25.0)	76
8001-11000	60(58.8)	42(41.2)	102
11001-14000	34(68.0)	16(32.0)	50
14001-17000	30(66.6)	15(33.4)	45
17000 से अधिक	13(48.1)	14(51.9)	27
योग	**194 (64.6)**	**106 (35.4)**	**300 (100.0)**

* काई-स्क्वायर = 1.18; df = 2; सार्थक नहीं

** काई-स्क्वायर = 7.06; df = 3; सार्थक नहीं

*** काई-स्क्वायर = 21.87; df = 2; सार्थक <.001

**** काई-स्क्वायर = 8.62; df = 4; सार्थक नहीं

सूचना प्रौद्योगिकी का आम आदमी के मानसिक और मनोवैज्ञानिक आकांक्षा से सम्बन्ध

प्रस्तुत अध्ययन खण्ड के अन्तर्गत यह जानने का प्रयास किया गया है कि क्या सूचना प्रौद्योगिकी ने आम आदमी की मानसिक और मनोवैज्ञानिक आकांक्षाओं को बढ़ाया है या नहीं। सारणी संख्या-81 के अध्ययन से स्पष्ट है कि 61.3% उत्तरदाताओं का मत है कि सूचना प्रौद्योगिकी ने आम आदमी के मानसिक और मनोवैज्ञानिक आकांक्षाओं को बढ़ाया है जबकि 38.7% उत्तरदाताओं का मत है कि नहीं।

सारणी संख्या–81

सामाजिक परिवर्त्य एवं सूचना प्रौद्योगिकी का आम आदमी के मानसिक और मनोवैज्ञानिक आकांक्षा से सम्बन्ध

सामाजिक परिवर्त्य	हाँ	नहीं	योग
जाति -			
उच्च जाति	103(70.5)	43(29.5)	146
पिछड़ी जाति	57(55.9)	45(44.1)	102
अनुसूचित जाति	24(46.1)	28(53.9)	52
आयु -			
0-35	61(52.6)	55(47.4)	116
36-45	70(82.3)	15(17.7)	85
46-55	42(68.9)	19(31.1)	61
55 से अधिक	11(28.9)	27(71.1)	38
शिक्षा -			
स्नातक	103(71.6)	41(28.4)	144
स्नातकोत्तर	70(72.9)	26(27.1)	96
अन्य	21(35.0)	39(65.0)	60
आय-			
8000 तक	41(53.9)	35(46.1)	76
8001-11000	63(61.8)	39(38.2)	102
11001-14000	34(68.0)	16(32.0)	50
14001-17000	30(66.7)	15(33.3)	45
17000 से अधिक	16(59.3)	11(40.7)	27
योग	**184(61.3)**	**116(38.7)**	**300(100.0)**

जाति के आधार पर स्पष्ट होता है कि उच्च जाति और पिछड़ी जाति के अधिकतम उत्तरदाता इस मत से सहमत हैं कि सूचना प्रौद्योगिकी ने आम आदमी के मानसिक और मनोवैज्ञानिक आकांक्षाओं को बढ़ाया है जबकि अनुसूचित जाति के अधिकतम उत्तरदाता इस मत से सहमत नहीं हैं।

आयु के आधार पर ज्ञात होता है कि 55 वर्ष से अधिक आयु के अधिकतम उत्तरदाता इस मत से सहमत नहीं हैं कि सूचना प्रौद्योगिकी ने आम आदमी के मानसिक और मनोवैज्ञानिक आकांक्षाओं को बढ़ाया है जबकि शेष सभी आयु वर्ग के अधिकतम उत्तरदाता इस मत से सहमत हैं।

शिक्षा के आधार पर स्पष्ट होता है कि अन्य स्तर के शिक्षित अधिकतम 65.0% उत्तरदाताओं का मत है कि सूचना प्रौद्योगिकी ने आम आदमी के मानसिक और मनोवैज्ञानिक आकांक्षाओं को नहीं बढ़ाया है जबकि शेष वर्ग के शिक्षित अधिकतम उत्तरदाताओं का मत है कि सूचना प्रौद्योगिकी ने आम आदमी के मानसिक और मनोवैज्ञानिक आकांक्षाओं को बढ़ाया है।

आय के आधार पर स्पष्ट होता है कि प्रत्येक आय वर्ग के अधिकतम उत्तरदाताओं का मत है कि सूचना प्रौद्योगिकी ने आम आदमी के मानसिक और मनोवैज्ञानिक आकांक्षाओं को बढ़ाया है।

सूचना प्रौद्योगिकी के विकास के साथ सामाजिक/व्यक्तिगत नैतिकता का ह्रास

इस अध्ययन खण्ड के अन्तर्गत यह जानने का प्रयास किया गया है कि क्या सूचना प्रौद्योगिकी जितनी तीव्र गति से विकसित हो रही है, सामाजिक/व्यक्तिगत नैतिकता का ह्रास उतना ही तीव्र गति से हो रहा है। सारणी संख्या-82 के अध्ययन से स्पष्ट है कि 68.7% उत्तरदाताओं का मत है कि सूचना प्रौद्योगिकी का जितना तीव्र गति से विकास हो रहा है उतना ही सामाजिक/व्यक्तिगत नैतिकता का ह्रास हो रहा है जबकि 31.3% उत्तरदाता इस मत से सहमत नहीं हैं।

जाति के आधार पर परिलक्षित होता है कि प्रत्येक जाति के अधिकतम उत्तरदाताओं का मत है कि जैसे-जैसे सूचना प्रौद्योगिकी का विकास होता जा रहा है वैसे ही सामाजिक और व्यक्तिगत नैतिकता में ह्रास हो रहा है।

आयु के आधार पर आँकड़े स्पष्ट करते हैं कि 55 वर्ष से ऊपर आयु के अधिकतम उत्तरदाता इस मत से सहमत नहीं हैं कि सूचना प्रौद्योगिकी जितनी तीव्र गति से विकसित हो रही है, सामाजिक/व्यक्तिगत नैतिकता का उतना ही ह्रास हो रहा है, लेकिन शेष आयु वर्ग के अधिकतम उत्तरदाता इस मत से सहमत हैं।

शिक्षा के आधार पर ज्ञात होता है कि स्नातक और स्नातकोत्तर स्तर के शिक्षित अधिकतम उत्तरदाता इस मत से सहमत हैं कि सूचना प्रौद्योगिकी जितनी तीव्र गति से विकसित हो रही है, सामाजिक/व्यक्तिगत नैतिकता का उतना ही ह्रास हो रहा है जबकि अन्य स्तर के शिक्षित अधिकतम उत्तरदाता इस मत से सहमत नहीं हैं।

आय के आधार पर यद्यपि सभी वर्ग के अधिकतम उत्तरदाता इस मत से सहमत हैं लेकिन 14,001-17,000 आय वर्ग के सर्वाधिक 84.5% उत्तरदाता इस मत से सहमत हैं कि सूचना प्रौद्योगिकी जितनी तीव्र गति से विकसित हो रही है, सामाजिक/व्यक्तिगत नैतिकता का उतना ही ह्रास हो रहा है।

सारणी संख्या–82

सामाजिक परिवर्त्य एवं सूचना प्रौद्योगिकी के विकास के साथ सामाजिक/व्यक्तिगत नैतिकता का ह्रास

सामाजिक परिवर्त्य	हाँ	नहीं	योग
जाति -			
उच्च जाति	114(78.0)	32(22.0)	146
पिछड़ी जाति	56(54.9)	46(45.1)	102
अनुसूचित जाति	36(69.3)	16(30.7)	52
आयु -			
0-35	91(78.5)	25(21.5)	116
36-45	65(76.5)	20(23.5)	85
46-55	40(65.6)	21(34.4)	61
55 से अधिक	10(26.3)	28(73.7)	38
शिक्षा -			
स्नातक	126(87.5)	18(12.5)	144
स्नातकोत्तर	70(72.9)	26(27.1)	96
अन्य	10(16.6)	50(83.4)	60
आय-			
8000 तक	51(67.1)	25(32.9)	76
8001-11000	60(58.9)	42(41.1)	102
11001-14000	39(78.0)	11(22.0)	50
14001-17000	38(84.5)	07(15.5)	45
17000 से अधिक	18(66.7)	09(33.3)	27
योग	**206(68.7)**	**94(31.3)**	**300(100.0)**

सूचना प्रौद्योगिकी के द्वारा आम आदमी का विभ्रम में पड़ना

प्रस्तुत अध्ययन खण्ड के अन्तर्गत यह जानने का प्रयास किया गया है कि क्या सूचना प्रौद्योगिकी के दुष्प्रचार ने आधुनिक समय में औसत व्यक्ति को विभ्रम में डाल दिया है? सारणी संख्या-83 के अध्ययन से स्पष्ट है कि 62.3% उत्तरदाताओं का मत है कि वास्तव में सूचना प्रौद्योगिकी के दुष्प्रचार

सारणी संख्या–83

सामाजिक परिवर्त्य एवं सूचना प्रौद्योगिकी के द्वारा आम आदमी का विभ्रम में पड़ना

सामाजिक परिवर्त्य	हाँ	नहीं	योग
जाति*-			
उच्च जाति	102(69.8)	44(30.2)	146
पिछड़ी जाति	64(62.8)	38(37.2)	102
अनुसूचित जाति	21(40.4)	31(59.6)	52
आयु-**			
0-35	68(58.6)	48(41.4)	116
36-45	63(74.1)	22(25.9)	85
46-55	31(50.8)	30(49.2)	61
55 से अधिक	25(65.8)	13(34.2)	38
शिक्षा*-**			
स्नातक	102(70.8)	42(29.2)	144
स्नातकोत्तर	61(63.5)	35(36.5)	96
अन्य	24(40.0)	36(60.0)	60
आय **-**			
8000 तक	53(69.7)	23(30.3)	76
8001-11000	64(62.8)	38(37.2)	102
11001-14000	21(42.0)	29(58.0)	50
14001-17000	38(84.4)	07(15.6)	45
17000 से अधिक	11(40.7)	16(59.3)	27
योग	**187(62.3)**	**113(37.7)**	**300(100.0)**

* काई-स्क्वायर = 14.20; df = 2; सार्थक < .001

** काई-स्क्वायर = 9.35; df = 3; सार्थक < .05

*** काई-स्क्वायर = 17.24; df = 2; सार्थक < .001

**** काई-स्क्वायर = 25.33; df = 4; सार्थक < .001

ने आधुनिक समय में औसत व्यक्ति को विभ्रम में डाल दिया है जबकि 37.7% उत्तरदाता इस मत से सहमत नहीं हैं।

जाति के आधार पर ज्ञात होता है कि अनुसूचित जाति के अधिकतम 59.6% उत्तरदाता इस मत से सहमत नहीं हैं कि सूचना प्रौद्योगिकी के दुष्प्रचार ने आधुनिक समय में औसत व्यक्ति को विभ्रम में डाल दिया है जबकि उच्च जाति और पिछड़ी जाति के अधिकतम उत्तरदाता इस मत से सहमत नहीं हैं। काई-स्क्वायर के अनुसार अन्तर सार्थक है।

आयु के आधार पर आँकड़े यह स्पष्ट करते हैं कि प्रत्येक आयु वर्ग के अधिकतम उत्तरदाता इस मत से सहमत हैं कि सूचना प्रौद्योगिकी के दुष्प्रचार ने आम आदमी को विभ्रम में डाल दिया है। काई-स्क्वायर के अनुसार अन्तर सार्थक है।

शिक्षा के आधार पर ज्ञात होता है कि अन्य स्तर के शिक्षित अधिकतम उत्तरदाता इस मत से सहमत नहीं हैं कि सूचना प्रौद्योगिकी के दुष्प्रचार ने आम आदमी को विभ्रम में डाल दिया है जबकि स्नातक एवं स्नातकोत्तर स्तर के शिक्षित अधिकतम उत्तरदाता इस मत से सहमत हैं। काई-स्क्वायर के अनुसार अन्तर सार्थक है।

आय के आधार पर स्पष्ट होता है कि 11,001-14,000 तथा 17,000 से अधिक आय वर्ग के अधिकतम उत्तरदाता इस मत से असहमत हैं कि सूचना प्रौद्योगिकी के विकास ने आम आदमी को विभ्रम में डाल दिया है जबकि शेष आय वर्ग के अधिकतम उत्तरदाता इस मत से सहमत हैं। काई-स्क्वायर के अनुसार अन्तर सार्थक है।

सूचना प्रौद्योगिकी के विकास से समाज की परम्पराओं का समाप्त होना

इस अध्ययन खण्ड के अन्तर्गत यह जानने का प्रयास किया गया है कि क्या सूचना प्रौद्योगिकी के उत्तरोत्तर विकास से समाज की परम्परायें समाप्त हो जायेंगी? सारणी संख्या-84 के अध्ययन से स्पष्ट है कि 46.7% उत्तरदाताओं का मत है कि सूचना प्रौद्योगिकी के उत्तरोत्तर विकास से समाज की परम्परायें समाप्त नहीं होंगी, जबकि 38.0% उत्तरदाताओं का मत है कि परम्परायें समाप्त हो जायेंगी जबकि 15.3% उत्तरदाताओं के अनुसार कुछ कहा नहीं जा सकता। जाति के आधार पर स्पष्ट होता है कि उच्च जाति के अधिकतम उत्तरदाताओं के मतानुसार सूचना प्रौद्योगिकी के उत्तरोत्तर विकास से समाज की परम्परायें समाप्त हो जायेंगी जबकि पिछड़ी जाति एवं अनुसूचित जाति के अधिकतम उत्तरदाताओं के मतानुसार परम्परायें समाप्त नहीं होंगी।

आयु के आधार पर परिलक्षित होता है कि सबसे कम (0-35) एवं सबसे अधिक (55 वर्ष से ऊपर) आयु वर्ग के अधिकतम उत्तरदाताओं का मत है कि सूचना प्रौद्योगिकी के उत्तरोत्तर विकास से परम्परायें समाप्त नहीं होंगी जबकि बीच के आयु वर्ग (36-55) के अधिकतम उत्तरदाताओं का मत है कि सूचना प्रौद्योगिकी के उत्तरोत्तर विकास से परम्परायें समाप्त हो जायेंगी।

शिक्षा के आधार पर आँकड़े यह स्पष्ट करते हैं कि स्नातकोत्तर स्तर के शिक्षित अधिकतम 55.2% उत्तरदाताओं का मत है कि सूचना प्रौद्योगिकी के

सारणी संख्या-84

सामाजिक परिवर्त्य एवं सूचना प्रौद्योगिकी के विकास से समाज की परम्पराओं का समाप्त होना

सामाजिक परिवर्त्य	रचनात्मक	विध्वंसात्मक	उपर्युक्त दोनों	योग
जाति–				
उच्च जाति	66(45.2)	57(39.0)	23(15.8)	146
पिछड़ी जाति	28(27.5)	60(58.8)	14(13.7)	102
अनुसूचित जाति	20(38.5)	23(44.2)	09(17.3)	52
आयु–				
0–35	44(37.9)	60(51.7)	12(10.4)	116
36–45	34(40.0)	30(35.3)	21(24.7)	85
46–55	30(49.2)	25(40.9)	06(9.9)	61
55 से अधिक	06(15.8)	25(65.8)	07(18.4)	38
शिक्षा–				
स्नातक	58(40.3)	70(48.6)	16(11.1)	144
स्नातकोत्तर	53(55.2)	40(41.7)	03(3.1)	96
अन्य	03(5.0)	30(50.0)	27(45.0)	60
आय–				
8000 तक	26(34.2)	41(53.9)	09(11.9)	76
8001–11000	51(50.0)	40(39.2)	11(10.8)	102
11001–14000	17(34.0)	30(60.0)	03(6.0)	50
14001–17000	09(20.0)	20(44.4)	16(35.6)	45
17000 से अधिक	11(40.7)	09(33.4)	07(25.9)	27
योग	**114(38.0)**	**140(46.7)**	**46(15.3)**	**300(100.0)**

उत्तरोत्तर विकास से परम्परायें समाप्त हो जायेंगी जबकि स्नातक एवं अन्य स्तर के शिक्षित अधिकतम उत्तरदाताओं के मतानुसार परम्परायें समाप्त नहीं होंगी।

आय के आधार पर ज्ञात होता है कि 8001-11,000 एवं 17,000 से अधिक आय वर्ग के अधिकतम उत्तरदाताओं के मतानुसार सूचना प्रौद्योगिकी के उत्तरोत्तर विकास से परम्परायें समाप्त हो जायेंगी जबकि शेष अन्य आय वर्ग के अधिकतम उत्तरदाताओं के अनुसार सूचना प्रौद्योगिकी के विकास के साथ परम्परायें समाप्त नहीं होंगी।

सूचना प्रौद्योगिकी के साधनों के अधिक प्रयोग से व्यक्ति का मूल संस्कृति से दूर होना

इस अध्ययन खण्ड के अन्तर्गत यह जानने का प्रयास किया गया है कि क्या जो व्यक्ति सूचना से सम्बन्धित संसाधनों का जितना अधिक प्रयोग कर रहा है वह अपनी मूल संस्कृति से उतना ही दूर होता जा रहा है? सारणी संख्या-85 के अध्ययन से स्पष्ट होता है कि 61.0% उत्तरदाता इस मत से सहमत नहीं हैं कि जो व्यक्ति सूचना से सम्बन्धित संसाधनों का जितना अधिक प्रयोग कर रहा है वह अपनी मूल संस्कृति से उतना ही दूर होता जा रहा है जबकि 39.0% उत्तरदाता इस मत से सहमत हैं।

जाति के आधार पर स्पष्ट होता है कि सिर्फ उच्च जाति के 64.4% उत्तरदाता इस मत से सहमत हैं कि जो व्यक्ति सूचना से सम्बन्धित संसाधनों का जितना अधिक प्रयोग कर रहा है वह अपनी मूल संस्कृति से उतना ही दूर होता जा रहा है जबकि पिछड़ी जाति और अनुसूचित जाति के अधिकतम उत्तरदाता इस मत से सहमत नहीं है।

आयु के आधार पर परिलक्षित होता है कि 55 वर्ष से अधिक आयु के अधिकतम उत्तरदाता इस मत से सहमत है कि जो व्यक्ति सूचना से सम्बन्धित संसाधनों का जितना अधिक प्रयोग कर रहा है वह अपनी मूल संस्कृति से उतना ही दूर होता जा रहा है जबकि शेष आयु वर्ग के अधिकतम उत्तरदाता इस मत से सहमत नहीं है।

शिक्षा के आधार पर ज्ञात होता है कि प्रत्येक शिक्षित वर्ग के अधिकतम उत्तरदाता इस मत से सहमत नहीं हैं कि जो व्यक्ति सूचना से सम्बन्धित संसाधनों का जितना अधिक प्रयोग कर रहा है वह अपनी मूल संस्कृति से उतना ही दूर होता जा रहा है।

सारणी संख्या–85

सामाजिक परिवर्त्य एवं सूचना प्रौद्योगिकी के साधनों के अधिक प्रयोग से व्यक्ति का मूल संस्कृति से दूर होना

सामाजिक परिवर्त्य	हाँ	नहीं	योग
जाति -			
उच्च जाति	94(64.4)	52(35.6)	146
पिछड़ी जाति	20(19.6)	82(80.4)	102
अनुसूचित जाति	03(5.8)	49(94.2)	52
आयु -			
0-35	41(35.3)	75(64.7)	116
36-45	31(36.5)	54(63.5)	85
46-55	25(40.8)	36(59.2)	61
55 से अधिक	20(52.6)	18(47.4)	38
शिक्षा -			
स्नातक	52(36.2)	92(63.8)	144
स्नातकोत्तर	41(42.7)	55(57.3)	96
अन्य	24(40.0)	36(60.0)	60
आय-			
8000 तक	40(52.6)	36(47.4)	76
8001-11000	51(50.0)	51(50.0)	102
11001-14000	09(18.0)	41(82.0)	50
14001-17000	03(6.7)	42(93.3)	45
17000 से अधिक	14(51.8)	13(48.2)	27
योग	**117(39.0)**	**183(61.0)**	**300(100.0)**

आय के आधार पर स्पष्ट होता है कि 11001-14,000 के 82.0% एवं 14001-17,000 आय वर्ग (93.3%) के अधिकतम उत्तरदाता इस मत से सहमत नहीं हैं कि जो व्यक्ति सूचना से सम्बन्धित संसाधनों का जितना अधिक प्रयोग कर रहा है वह अपनी मूल संस्कृति से उतना ही दूर होता जा रहा है, लेकिन शेष सभी आय वर्ग के अधिकतम उत्तरदाता इस मत से सहमत हैं।

सूचना प्रौद्योगिकी के विकास के साथ आर्थिक विकास

इस अध्ययन खण्ड के अन्तर्गत यह जानने का प्रयास किया गया है कि क्या सूचना प्रौद्योगिकी जैसे-जैसे विकसित हो रही है उसी अनुपात में आर्थिक विकास भी हो रहा है। सारणी संख्या-86 के अध्ययन से स्पष्ट है कि 86.4% उत्तरदाताओं का मत है कि वास्तव में देश में जैसे-जैसे सूचना प्रौद्योगिकी विकसित हो रही है, वैसे-वैसे आर्थिक विकास भी हो रहा है लेकिन 13.6% उत्तरदाता इस मत से सहमत नहीं हैं।

सारणी संख्या–86

सामाजिक परिवर्त्य एवं सूचना प्रौद्योगिकी के विकास के साथ आर्थिक विकास

सामाजिक परिवर्त्य	हाँ	नहीं	योग
जाति -			
उच्च जाति	125(85.6)	21(14.4)	146
पिछड़ी जाति	99(97.1)	03(2.9)	102
अनुसूचित जाति	35(67.3)	17(32.7)	52
आयु -			
0-35	103(88.8)	13(11.2)	116
36-45	76(89.4)	09(10.6)	85
46-55	48(78.7)	13(21.3)	61
55 से अधिक	32(84.2)	06(15.8)	38
शिक्षा -			
स्नातक	123(85.4)	21(14.6)	144
स्नातकोत्तर	81(84.4)	15(15.6)	96
अन्य	55(91.7)	05(8.3)	60
आय-			
8000 तक	64(84.2)	12(15.8)	76
8001-11000	93(91.2)	09(8.8)	102
11001-14000	38(76.0)	12(24.0)	50
14001-17000	39(86.7)	06(13.3)	45
17000 से अधिक	25(92.6)	02(7.4)	27
योग	**259(86.4)**	**41(13.6)**	**300(100.0)**

जाति के आधार पर ज्ञात होता है कि प्रत्येक जाति के अधिकतम उत्तरदाता इस मत से सहमत हैं कि सूचना प्रौद्योगिकी जैसे-जैसे विकसित हो रही है, वैसे-वैसे आर्थिक विकास भी हो रहा है।

आयु के आधार पर स्पष्ट होता है कि प्रत्येक आयु वर्ग के अधिकतम उत्तरदाता इस मत से सहमत हैं कि सूचना प्रौद्योगिकी जैसे-जैसे विकसित हो रही है, वैसे-वैसे आर्थिक विकास भी हो रहा है।

शिक्षा के आधार पर भी स्पष्ट होता है कि प्रत्येक शिक्षित वर्ग के अधिकतम उत्तरदाता इस मत से सहमत हैं कि सूचना प्रौद्योगिकी जैसे-जैसे विकसित हो रही है, वैसे-वैसे आर्थिक विकास भी हो रहा है।

आय के आधार पर परिलक्षित होता है कि प्रत्येक आय वर्ग के अधिकतम उत्तरदाता जिसमें 17,000 से अधिक आय वाले 92.6% उत्तरदाता इस मत से सहमत हैं कि सूचना प्रौद्योगिकी जैसे-जैसे विकसित हो रही है, वैसे-वैसे आर्थिक विकास भी हो रहा है।

सूचना के संसाधनों द्वारा त्वरित, द्रुत और तत्कालिक आवश्यकता की पूर्ति

प्रस्तुत अध्ययन खण्ड के अन्तर्गत यह जानने का प्रयास किया गया है कि संचार और सूचना के संसाधनों ने क्या त्वरित, द्रुत और तात्कालिक इच्छाओं की पूर्ति आदि की दिशा में योगदान किया है? सारणी संख्या-87 के अध्ययन से स्पष्ट है कि 63.4% उत्तरदाताओं का मत है कि संचार और सूचना के संसाधनों ने त्वरित, द्रुत और तात्कालिक इच्छाओं की पूर्ति आदि की दिशा में योगदान किया है जबकि 36.6% उत्तरदाता इस मत से सहमत नहीं हैं।

जाति के आधार पर ज्ञात होता है कि अनुसूचित जाति के 59.4% उत्तरदाता इस मत से सहमत नहीं है कि संचार और सूचना के संसाधनों ने त्वरित, द्रुत और तात्कालिक इच्छाओं की पूर्ति आदि की दिशा में योगदान किया है जबकि उच्च जाति और पिछड़ी जाति के अधिकतम उत्तरदाता इस मत से सहमत हैं। काई-स्क्वायर के अनुसार अन्तर सार्थक है।

आयु के आधार पर स्पष्ट होता है कि प्रत्येक आयु वर्ग के अधिकतम उत्तरदाता इस मत से सहमत हैं कि संचार और सूचना के संसाधनों ने त्वरित, द्रुत और तात्कालिक इच्छाओं की पूर्ति आदि की दिशा में योगदान किया है। काई-स्क्वायर के अनुसार अन्तर सार्थक है।

शिक्षा के आधार पर परिलक्षित होता है कि स्नातक एवं स्नातकोत्तर स्तर के शिक्षित अधिकतम उत्तरदाता इस मत से सहमत हैं कि संचार और सूचना के संसाधनों ने त्वरित, द्रुत और तात्कालिक इच्छाओं की पूर्ति आदि की दिशा

में योगदान किया हैं जबकि अन्य स्तर के शिक्षित अधिकतम उत्तरदाता इस मत से सहमत नहीं है। काई-स्क्वायर के अनुसार अन्तर सार्थक है।

आय के आधार पर स्पष्ट होता है कि प्रत्येक आय वर्ग के अधिकतम उत्तरदाता इस मत से सहमत हैं कि संचार और सूचना के संसाधनों ने त्वरित, द्रुत और तात्कालिक इच्छाओं की पूर्ति आदि की दिशा में योगदान किया है। काई-स्क्वायर के अनुसार अन्तर सार्थक है।

सारणी संख्या–87

सामाजिक परिवर्त्य एवं सूचना के संसाधनों द्वारा त्वरित, द्रुत और तात्कालिक आवश्यकता की पूर्ति

सामाजिक परिवर्त्य	हाँ	नहीं	योग
जाति*-			
उच्च जाति	86(59.7)	60(40.3)	146
पिछड़ी जाति	83(81.4)	19(18.6)	102
अनुसूचित जाति	21(40.4)	31(59.6)	52
आयु-**			
0-35	60(51.7)	56(48.3)	116
36-45	45(52.9)	40(47.1)	85
46-55	55(90.2)	06(9.8)	61
55 से अधिक	30(78.9)	08(21.1)	38
शिक्षा*-**			
स्नातक	102(70.8)	42(29.2)	144
स्नातकोत्तर	62(64.6)	34(35.4)	96
अन्य	26(43.4)	34(56.6)	60
आय **-**			
8000 तक	38(50.0)	38(50.0)	76
8001-11000	62(60.8)	40(39.2)	102
11001-14000	40(80.0)	10(20.0)	50
14001-17000	30(66.7)	15(33.3)	45
17000 से अधिक	20(74.0)	07(26.0)	27
योग	**190(63.4)**	**110(36.6)**	**300(100.0)**

* काई-स्क्वायर = 27.32; df = 2; सार्थक < .001

** काई-स्क्वायर = 33.58; df = 3; सार्थक < .001

*** काई-स्क्वायर = 13.89; df = 2; सार्थक < .001

**** काई-स्क्वायर = 13.64; df = 4; सार्थक < .001

सूचना प्रौद्योगिकी का विगत 10 वर्षों में तुलनात्मक योगदान

इस अध्ययन खण्ड के अन्तर्गत यह जानने का प्रयास किया गया है कि सूचना प्रौद्योगिकी का विगत 10 वर्षों में विकास के क्षेत्र में कितना योगदान रहा है। सारणी संख्या-88 के अध्ययन से स्पष्ट है कि 52.6% उत्तरदाताओं का मत है कि विगत 10 वर्षों में सूचना प्रौद्योगिकी का विकास के क्षेत्र में बहुत अधिक योगदान रहा है, जबकि 38.4% उत्तरदाताओं के अनुसार अधिक रहा है एवं 9.0% उत्तरदाताओं का मत है कि सूचना प्रौद्योगिकी का विगत 10 वर्षों में विकास के क्षेत्र में योगदान न बहुत अधिक, न अधिक वरन् पूर्ववत है।

सारणी संख्या-88

सामाजिक परिवर्त्य एवं सूचना प्रौद्योगिकी का विगत 10 वर्षों में तुलनात्मक योगदान

सामाजिक परिवर्त्य	बहुत अधिक	अधिक	पूर्ववत	योग
जाति–				
उच्च जाति	58(39.7)	67(45.9)	21(14.4)	146
पिछड़ी जाति	64(62.8)	37(36.3)	01(0.9)	102
अनुसूचित जाति	36(69.2)	11(21.2)	05(9.6)	52
आयु–				
0–35	91(78.4)	21(18.1)	04(3.5)	116
36–45	36(42.4)	38(44.7)	11(12.9)	85
46–55	20(32.8)	37(60.7)	04(6.5)	61
55 से अधिक	11(28.9)	19(50.0)	08(21.1)	38
शिक्षा–				
स्नातक	83(57.6)	44(30.6)	17(11.8)	144
स्नातकोत्तर	57(59.4)	35(36.4)	04(4.2)	96
अन्य	18(30.0)	36(60.0)	06(10.0)	60
आय–				
8000 तक	36(47.4)	33(43.4)	07(9.2)	76
8001–11000	62(60.8)	35(34.3)	05(4.9)	102
11001–14000	21(42.0)	20(40.0)	09(18.0)	50
14001–17000	30(66.7)	12(26.7)	03(6.6)	45
17000 से अधिक	09(33.3)	15(55.5)	03(11.2)	27
योग	**158(52.6)**	**115(38.4)**	**27(9.0)**	**300(100.0)**

जाति के आधार पर स्पष्ट होता है कि पिछड़ी जाति एवं अनुसूचित जाति के अधिकतम उत्तरदाताओं के मतानुसार सूचना प्रौद्योगिकी का विगत 10 वर्षों में विकास के क्षेत्र में योगदान बहुत अधिक है जबकि उच्च जाति के अधिकतम उत्तरदाताओं के अनुसार अधिक है।

आयु के आधार पर ज्ञात होता है कि 0-35 वर्ष के अधिकतम उत्तरदाताओं के मतानुसार सूचना प्रौद्योगिकी का विगत 10 वर्षों में विकास के क्षेत्र में योगदान बहुत अधिक है जबकि अन्य आयु वर्ग के अधिकतम उत्तरदाताओं के मतानुसार अधिक है।

शिक्षा के आधार पर परिलक्षित होता है कि स्नातक एवं स्नातकोत्तर स्तर के शिक्षित अधिकतम उत्तरदाताओं के मतानुसार सूचना प्रौद्योगिकी का विगत 10 वर्षों में विकास के क्षेत्र में योगदान बहुत अधिक है जबकि अन्य स्तर के शिक्षित अधिकतम उत्तरदाताओं के मतानुसार अधिक है।

आय के आधार पर स्पष्ट होता है कि सबसे कम अर्थात् (8,000 से कम) एवं सबसे अधिक (17,000 से अधिक) आय वर्ग के अधिकतम उत्तरदाताओं के मतानुसार सूचना प्रौद्योगिकी का विगत 10 वर्षों में विकास के क्षेत्र में योगदान अधिक है जबकि अन्य आय वर्ग के अधिकतम सूचना प्रौद्योगिकी का योगदान विगत 10 वर्षों में विकास के क्षेत्र में बहुत अधिक रहा है।

प्रचार माध्यमों के दायरे से वंचित होने के कारण उपभोक्ताओं की कमी

प्रस्तुत अध्ययन खण्ड में यह जानने का प्रयास किया गया है कि क्या जो उपभोक्ता सामग्रियाँ सूचना और प्रचार माध्यमों के दायरे से जितना अधिक वंचित रहती हैं उतना ही अधिक उनके उपभोक्ताओं में कमी दिख पड़ती है। सारणी संख्या-89 के अध्ययन से ज्ञात होता है कि 67.0% उत्तरदाताओं का मत है कि जो उपभोक्ता सामग्री के सूचना और प्रचार माध्यमों के दायरे से वंचित होती हैं उनके उपभोक्ताओं की कमी दिख पड़ती है जबकि 33.0% उत्तरदाता इस मत से सहमत नहीं हैं।

जाति के आधार पर स्पष्ट होता है कि उच्च जाति एवं पिछड़ी जाति के अधिकतम उत्तरदाता इस मत से सहमत हैं कि उपभोक्ता सामग्रियों के सूचना और प्रचार माध्यमों के दायरे से वंचित होने के कारण उनके उपभोक्ताओं की कमी दिख पड़ती है जबकि अनुसूचित जाति के अधिकतम उत्तरदाता इस मत से सहमत नहीं हैं। काई-स्क्वायर के अनुसार अन्तर सार्थक है।

आयु के आधार पर ज्ञात होता है कि सभी आयु वर्ग के अधिकतम

उत्तरदाताओं का मत है कि जो उपभोक्ता सामग्रियाँ सूचना और प्रचार के दायरे से जितना अधिक वंचित रहती हैं उनके उपभोक्ताओं की कमी दिख पड़ती है। काई-स्क्वायर के अनुसार अन्तर सार्थक है।

शिक्षा के आधार पर स्पष्ट होता है कि सिर्फ अन्य स्तर के शिक्षित उत्तरदाता इस मत से सहमत नहीं हैं कि जो उपभोक्ता सामग्रियाँ सूचना और प्रचार माध्यमों के दायरे से जितना अधिक वंचित रहती हैं उतना ही अधिक

सारणी संख्या–89

सामाजिक परिवर्त्य एवं प्रचार माध्यमों के दायर से वंचित होने के कारण उपभोक्ताओं की कमी

सामाजिक परिवर्त्य	हाँ	नहीं	योग
जाति*-			
उच्च जाति	108(73.9)	38(26.1)	146
पिछड़ी जाति	76(74.5)	26(25.5)	102
अनुसूचित जाति	17(32.7)	35(67.3)	52
आयु-**			
0-35 तक	64(55.2)	52(44.8)	116
36-45	60 (70.6)	25(29.4)	85
46-55	53(86.9)	08(13.1)	61
55 से अधिक	24(63.2)	14(36.8)	38
शिक्षा*-**			
स्नातक	107(74.3)	37(25.7)	144
स्नातकोत्तर	82(85.4)	14(14.6)	96
अन्य	12(20.0)	48(80.0)	60
आय **-**			
8000 तक	50(65.8)	26(34.2)	76
8001-11000	80(78.5)	22(21.5)	102
11001-14000	38(76.0)	12(24.0)	50
14001-17000	30(66.7)	15(33.3)	45
17000 से अधिक	03(12.5)	24(87.5)	27
योग	**201(67.0)**	**99(33.0)**	**300(100)**

* काई-स्क्वायर = 33.49; df = 2; सार्थक <.001

** काई-स्क्वायर = 18.99; df = 3; सार्थक <.001

*** काई-स्क्वायर = 78.15; df = 2; सार्थक <.001

**** काई-स्क्वायर = 46.06; df = 4; सार्थक <.001

उनके उपभोक्ताओं की कमी दिख पड़ती है जबकि शेष शिक्षित वर्ग के अधिकतम उत्तरदाता इस मत से सहमत हैं। काई-स्क्वायर के अनुसार अन्तर सार्थक है।

आय के आधार पर परिलक्षित होता है कि केवल 17,000 से अधिक आय वर्ग वाले अधिकतम उत्तरदाता इस मत से सहमत नहीं हैं कि जो उपभोक्ता सामग्रियाँ सूचना और प्रचार माध्यमों के दायरे से जितना ही अधिक वंचित रहती हैं उतना ही अधिक उनके उपभोक्ताओं की कमी दिख पड़ती है, लेकिन शेष सभी आय वर्ग के अधिकतम उत्तरदाता इस मत से सहमत हैं। काई-स्क्वायर के अनुसार अन्तर सार्थक है।

सूचना प्रौद्योगिकी के द्वारा होने वाले प्रचार का सर्वाधिक प्रभाव

इस अध्ययन खण्ड में यह जानने का प्रयास किया गया है कि सूचना प्रौद्योगिकी के द्वारा होने वाले प्रचार का सर्वाधिक प्रभाव किस पर पड़ा है। सारणी संख्या-90 के अध्ययन से ज्ञात होता है कि सर्वाधिक 54.3% उत्तरदाताओं का मत है कि प्रचार का सर्वाधिक प्रभाव महिलाओं पर पड़ा है जबकि 45.7 % उत्तरदाताओं का मत है कि प्रचार एवं सर्वाधिक प्रभाव पुरुषों पर पड़ा है।

जाति के आधार पर ज्ञात होता है कि पिछड़ी जाति एवं अनुसूचित जाति के अधिकतम उत्तरदाताओं का मत है कि प्रचार का सर्वाधिक प्रभाव महिलाओं पर पड़ा है जबकि उच्च जाति के अधिकतम उत्तरदाताओं का मत है कि प्रचार का सर्वाधिक प्रभाव पुरुषों पर पड़ा है। काई-स्क्वायर के अनुसार अन्तर सार्थक है।

आयु के आधार पर स्पष्ट होता है कि 0-35 एवं 55 से ऊपर (अर्थात् सबसे कम आयु एवं सबसे अधिक आयु वर्ग वाले) आयु वर्ग के अधिकतम उत्तरदाताओं का मत है कि प्रचार का सबसे अधिक प्रभाव महिलाओं पर पड़ा है जबकि शेष अन्य आयु वर्ग के अधिकतम उत्तरदाताओं का मत है कि प्रचार का सर्वाधिक प्रभाव पुरुषों पर पड़ा है। काई-स्क्वायर के अनुसार अन्तर सार्थक है।

शिक्षा के आधार पर ज्ञात होता है कि स्नातकोत्तर स्तर के शिक्षित अधिकतम उत्तरदाताओं का मत है कि प्रचार का सर्वाधिक प्रभाव महिलाओं पर पड़ा है जबकि शेष अन्य शिक्षित वर्ग के अधिकतम उत्तरदाताओं का मत है कि प्रचार का सर्वाधिक प्रभाव पुरुषों पर पड़ा है। काई-स्क्वायर के अनुसार अन्तर सार्थक नहीं है।

आय के आधार पर परिलक्षित होता है कि 8001-11,000 एवं 17,000

से अधिक आय वर्ग के अधिकतम उत्तरदाता इस मत से सहमत हैं कि प्राचार का सर्वाधिक प्रभाव महिलाओं पर पड़ा है जबकि शेष अन्य आय वर्ग के अधिकतम उत्तरदाताओं का मत है कि प्रचार का सर्वाधिक प्रभाव पुरुषों के ऊपर पड़ा है। काई-स्क्वायर के अनुसार अन्तर सार्थक है।

सारणी संख्या–90

सामाजिक परिवर्त्य एवं सूचना प्रौद्योगिकी के द्वारा होने वाले प्रचार का सर्वाधिक प्रभाव

सामाजिक परिवर्त्य	पुरुष	महिला	योग
जाति*-			
उच्च जाति	96(65.7)	50(34.3)	146
पिछड़ी जाति	22(21.6)	80(78.4)	102
अनुसूचित जाति	19(36.5)	33(63.5)	52
आयु-**			
0-35	61(52.6)	55(47.4)	116
36-45	42(49.4)	43(50.6)	85
46-55	09(14.7)	52(85.3)	61
55 से अधिक	25(65.8)	13(34.2)	38
शिक्षा*-**			
स्नातक	60(41.7)	84(58.3)	144
स्नातकोत्तर	50(52.0)	46(48.0)	96
अन्य	27(49.0)	33(51.0)	60
आय **-**			
8000 तक	36(47.4)	40(52.6)	76
8001-11000	70(68.6)	32(31.4)	102
11001-14000	06(12.0)	44(88.0)	50
14001-17000	08(17.8)	37(82.2)	45
17000 से अधिक	17(62.9)	10(37.1)	27
योग	**137(45.7)**	**163(54.3)**	**300(100.0)**

* काई-स्क्वायर = 49.36; df = 2; सार्थक < .001

** काई-स्क्वायर = 32.41; df = 3; सार्थक < .001

*** काई-स्क्वायर = 2.53; df = 2; सार्थक नहीं

**** काई-स्क्वायर = 61.96; df = 4; सार्थक < .001

उपभोक्ता संसाधनों के प्रचलन से अर्थव्यवस्था का ह्रास एवं वृद्धि का सम्बन्ध

प्रस्तुत अध्ययन खण्ड में यह जानने का प्रयास किया गया है कि क्या उपभोक्ता संसाधनों का प्रचलन, वितरण एवं विपणन अर्थव्यवस्था की ह्रास एवं वृद्धि दोनों से जुड़ा होता है। सारणी संख्या-91 के अध्ययन से स्पष्ट होता है कि सर्वाधिक 60.0% उत्तरदाता इस मत से सहमत हैं कि उपभोक्ता संसाधनों का प्रचलन वितरण एवं विपणन अर्थव्यवस्था की ह्रास एवं वृद्धि दोनों से जुड़ा होता है जबकि 40.0% उत्तरदाता इसमत से सहमत नहीं हैं।

जाति के आधार पर स्पष्ट होता है कि सभी जातियों के अधिकतम उत्तरदाता इस मत से सहमत हैं कि उपभोक्ता संसाधनों का प्रचलन, वितरण एवं विपणन अर्थव्यवस्था की ह्रास एवं वृद्धि दोनों से जुड़ा होता है। काई-स्क्वायर के अनुसार अन्तर सार्थक है।

आयु के आधार पर परिलक्षित होता है कि केवल 46-55 वर्ष के बीच आयु के अधिकतम उत्तरदाता इस मत से सहमत नहीं हैं कि उपभोक्ता संसाधनों का प्रचलन, वितरण एवं विपणन अर्थव्यवस्था की ह्रास एवं वृद्धि से जुड़ा होता है शेष सभी आयु वर्ग के अधिकतम उत्तरदाता इस मत से सहमत हैं। काई-स्क्वायर के अनुसार अन्तर सार्थक है।

शिक्षा के आधार पर ज्ञात होता है कि अन्य स्तर के शिक्षित अधिकतम उत्तरदाता इस मत से सहमत नही है कि उपभोक्ता संसाधनों का प्रचलन वितरण एवं विपणन अर्थव्यवस्था की ह्रास एवं वृद्धि दोनों से जुड़ा होता है जबकि शेष शिक्षित वर्ग के अधिकतम उत्तरदाता इस मत से सहमत हैं। काई-स्क्वायर के अनुसार अन्तर सार्थक है।

आय के आधार पर स्पष्ट होता है कि 14,001 से अधिक आय वर्ग वाले अधिकतम उत्तरदाता इस मत से सहमत नहीं हैं कि उपभोक्ता संसाधनों का प्रचलन, वितरण एवं विपणन अर्थव्यवस्था की ह्रास एवं वृद्धि दोनों से जुड़ा होता है जबकि शेष अन्य आय वर्ग के अधिकतम उत्तरदाता इस मत से सहमत हैं। काई-स्क्वायर के अनुसार अन्तर सार्थक है।

सारणी संख्या–91

सामाजिक परिवर्त्य एवं उपभोक्ता संसाधनों का प्रचलन से अर्थव्यवस्था की हास एवं वृद्धि का सम्बन्ध

सामाजिक परिवर्त्य	हाँ	नहीं	योग
जाति*-			
उच्च जाति	78 (53.4)	68(46.6)	146
पिछड़ी जाति	75(73.5)	27(26.5)	102
अनुसूचित जाति	27(51.9)	25(48.1)	52
आयु-**			
0-35	71(61.2)	45(38.8)	116
36-45	60(70.6)	25(29.4)	85
46-55	27(44.3)	34(55.7)	61
55 से अधिक	22(57.9)	16(42.1)	38
शिक्षा*-**			
स्नातक	92(63.9)	52(36.1)	144
स्नातकोत्तर	81(84.4)	15(15.6)	96
अन्य	07(11.7)	53(88.3)	60
आय **-**			
8000 तक	53(69.7)	23(30.3)	76
8001-11000	60(58.8)	42(41.2)	102
11001-14000	44(88.0)	06(12.0)	50
14001-17000	11(24.5)	34(75.5)	45
17000 से अधिक	12(44.5)	15(55.5)	27
योग	**180(60.0)**	**120(40.0)**	**300(100.0)**

* काई-स्क्वायर = 11.82; df = 2; सार्थक < .001

** काई-स्क्वायर = 11.30; df = 3; सार्थक < .05

*** काई-स्क्वायर = 12.90; df = 2; सार्थक < .001

**** काई-स्क्वायर = 44.82; df = 4; सार्थक < .001

संदर्भ ग्रंथ

1. Gupta, D. (2000) : Mistaken Modernity, Harper Collins Publishers, New Delhi
2. Srinivas, M.N. (1966) : Social Change in Modern India, Berkeley and Los Angels, University of California Press
3. Singh, Y. (1994) : Modernization of Indian Traditions, Rawat Publication, Jaipur.

सारांश

1. आर्थिक प्रभाव

सूचना प्रौद्योगिकी के इस युग में प्रचार का ब्राण्ड पर क्या प्रभाव पड़ता है, इस सारणी से मिले आँकड़ों के आधार पर ज्ञात होता है कि सर्वाधिक 42.6% उत्तरदाताओं का मत है कि वस्तुएँ मंहगी हो जाती हैं, 39.4% उत्तरदाताओं का मत है कि वस्तुएँ सस्ती हो जाती हैं जबकि 18.0% उत्तरदाताओं का मत है कि प्रचार का कीमत पर कोई प्रभाव नहीं पड़ता है। किसी ब्राण्ड का अधिक प्रचार होना इसके अच्छे होने को प्रमाणित करता है। इसके विषय में 66.7% उत्तरदाता इस मत से सहमत है जबकि 33.3% उत्तरदाताओं का मत हैं कि किसी ब्राण्ड का अधिक प्रचार होना इसके अच्छे होने का प्रमाणित नहीं करता है। प्रचार के लिए सबसे कम खर्च के माध्यम के विषय में सर्वाधिक 43.76% उत्तरदाताओं का मत है कि प्रचार के सबसे कम खर्च का माध्यम रेडियो है जबकि न्यूनतम 22.0% उत्तरदाताओं का मत है कि प्रचार के लिए सबसे कम खर्च का माध्यम टेलीविजन है।

2. सामाजिक एवं सांस्कृतिक प्रभाव

प्रचार से विशेष आयु वर्ग के प्रभावित होने के सम्बन्ध में 31.4% उत्तरदाताओं का मत है कि प्रचार से सबसे अधिक 26-35 वर्ष के लोग प्रभावित होते हैं एवं न्यूनतम 6.3% उत्तरदाताओं की राय में 55 वर्ष से अधिक आयु वर्ग के लोग प्रचार से अधिक प्रभावित होते हैं। उपभोक्ता सामग्री के अच्छा होने के सम्बन्ध में सर्वाधिक 48.3% उत्तरदाताओं का मत है कि इसका सबसे पहले घर में सुझाव नौजवान देते हैं जबकि न्यूनतम 12.3% उत्तरदाताओं के मतानुसार उपभोक्ता सामग्री के अच्छा होने के सम्बन्ध में घर में सबसे पहले सुझाव प्रौढ़ देते हैं। उपभोक्ता सामग्री के प्रचार का संस्कृति के ऊपर प्रभाव के विश्लेषण के आधार पर सर्वाधिक 59.7% उत्तरदाताओं का मत है कि इससे पश्चिमी संस्कृति का प्रभाव बढ़ा है जबकि न्यूनतम 13.3% उत्तरदाताओं का मत है कि उपभोक्ता सामग्री के प्रचार से संस्कृति के संगठन में कोई कमी नहीं आयी है।

3. उपभोक्ता संसाधनों के ग्राह्यता पर पड़ने वाले प्रभाव

उपभोक्ता संसाधनों के प्रचलन को बढ़ावा देने वाले कारकों के विषय में सर्वाधिक 67.0% उत्तरदाताओं का मत है कि इसमें इलेक्ट्रॉनिक मीडिया का सबसे अधिक योगदान है जबकि 33.0% उत्तरदाताओं के मतानुसार उपभोक्ता उत्पादों के प्रचलन को बढ़ावा देने में प्रिण्ट मीडिया का योगदान अधिक है। प्रचार से सम्बन्धित वर्ग विशेष के व्यक्तियों के विषय में सर्वाधिक मत 44.6% उत्तरदाताओं के अनुसार प्रचार करने वाले फिल्मों से सम्बन्धित होते हैं जबकि न्यूनतम 13.4% उत्तरदाताओं के मतानुसार प्रचार करने वाले सर्वाधिक व्यक्ति खेल से सम्बन्धित होते हैं। प्रचारित ब्राण्ड की तुलना में बिना प्रचारित ब्राण्ड की वस्तु का अत्यधिक मात्रा में बिकने के सम्बन्ध में सर्वाधिक 81.0% उत्तरदाताओं का मत है कि कभी-कभी ऐसा भी देखने को मिलता है कि प्रचारित ब्राण्ड की तुलना में बिना प्रचारित ब्राण्ड की वस्तु अधिक मात्रा में बिक गयी जबकि 19.0% उत्तरदाताओं के मतानुसार ऐसा नहीं होता।

4. सामान्य विवेक वृद्धि पर प्रभाव

सूचना प्रौद्योगिकी से प्रचार के सम्बन्ध के विषय में ज्ञात होता है कि अधिकतम 67.0% उत्तरदाताओं का मत है कि सूचना प्रौद्योगिकी नहीं होती तो प्रचार नहीं होता जबकि 33.0% उत्तरदाता इस मत से सहमत नहीं हैं। सामानों की खरीददारी के सम्बन्ध में 47.0% उत्तरदाताओं का मत है कि वे अपने अधिकाधिक सामान की खरीददारी प्रचार को देखकर करते हैं जबकि न्यूनतम 12.3% उत्तरदाताओं का मत है कि वे अपने अधिकाधिक सामान की खरीददारी दुकानदारों की सलाह से करते हैं। व्यक्ति से प्रभावित होने के कारण उपभोक्ता सामग्री के बिक्री के सम्बन्ध में सर्वाधिक 60.0% उत्तरदाता इस मत से सहमत हैं कि उपभोक्ता सामग्री अच्छा न होने के बावजूद लोग व्यक्ति विशेष से प्रभावित होने के कारण उसका प्रयोग करते हैं जबकि 40.0% उत्तरदाता इस मत से सहमत नहीं हैं।

5. वैश्विक स्तर पर पड़ने वाले प्रभाव

सूचना प्रौद्योगिकी के उपयोग के प्रति विकसित देशों की मनोवृत्ति के सम्बन्ध में 50.4% उत्तरदाताओं की मनोवृत्ति से ज्ञात होता है कि विकसित विकासशील देशों पर अपनी सूचना को प्रसारित करना चाहते हैं जबकि 49.6% उत्तरदाताओं का मत है कि विकसित देश सूचना प्रौद्योगिकी का उपयोग सूचना को अपने अनुसार प्रचारित और प्रसारित करना चाहते हैं। सूचना प्रौद्योगिकी के सम्बन्ध में निर्णय के विषय में सर्वाधिक 41.3% उत्तरदाताओं का मत है कि सूचना प्रौद्योगिकी जब चाहे उपभोक्ता संसाधनों

की बिक्री को बढ़ा सकता है जबकि 33.3% उत्तरदाताओं का सूचना प्रौद्योगिकी के सम्बन्ध में निर्णय है कि सूचना प्रौद्योगिकी की महत्वपूर्ण भूमिका उपभोक्ता संसाधनों को प्रचारित करने में है। विकसित देश और सूचना प्रौद्योगिकी के प्रयोग के विषय में सर्वाधिक 39.0% उत्तरदाताओं का मत है कि विकसित सूचना प्रौद्योगिकी का प्रयोग विकासशील देशों को बाजार स्थल के रूप में देखते हुए करते हैं जबकि न्यूनतम 28.3% उत्तरदाताओं के मतानुसार विकसित देश सूचना प्रौद्योगिकी का प्रयोग अपने उत्पादों का बाजार स्थल खोजने हेतु करते हैं।

6. सूचना प्रौद्योगिकी एवं आधुनिकता के तरफ उन्मेश

सूचना प्रौद्योगिकी तथा कार्य विशेष की बढ़ोत्तरी के सम्बन्ध में अधिकतम 40.0% उत्तरदाताओं का मत है कि सूचना प्रौद्योगिकी के कारण रचनात्मक एवं विध्वंसात्मक दोनों तरह के कार्यों में बढ़ोत्तरी हुई है एवं 36.0% उत्तरदाताओं का मत है कि सूचना प्रौद्योगिकी से सिर्फ रचनात्मक कार्यों में बढ़ोत्तरी हुई है। सूचना प्रौद्योगिकी का आम आदमी को तार्किक बनाने में योगदान के सम्बन्ध में ज्ञात होता है कि सर्वाधिक 50.3% उत्तरदाताओं का मत है कि सूचना प्रौद्योगिकी ने आम आदमी को तार्किक बनाने में योगदान नहीं दिया है जबकि 49.7% उत्तरदाताओं का मत है कि सूचना प्रौद्योगिकी ने आम आदमी को तार्किक बनाने में योगदान दिया है। सूचना प्रौद्योगिकी का आधुनिकीकरण के नाम पर अपव्यय के सम्बन्ध में स्पष्ट होता है कि अधिकतम 64.6% उत्तरदाताओं का मत है कि सूचना प्रौद्योगिकी ने आधुनिकीकरण के नाम पर अपव्यय को बढ़ाया है जबकि 35.4% उत्तरदाता इस मत से सहमत नहीं है।

सन्दर्भ ग्रन्थ

Amin, Sameer (1996): *Captalism in the Age of Globlization,* Madhyam Book, Delhi.

Barkar, C. (1997): *Global Television: An Introduction, Blackwell,* Oxford.

Bayus, Jand Smith, S. (1997-2000): *The Globalization of World Politics,* Oxford University Press, Oxford.

Bharuch, R. (1999): I*n the Name of Secular: Contemporary Cultural Activism in India, Oxford University Press, Delhi.*

Castells, M. (1993): *'The Informational Economy and the New International Division of Labor',* In M. Camog, M. Castells, S. Cohen and H. Condoso (eds.), The New Global Economy in the Information Age, London, Macmillan.

चतुर्वेदी, जगदीश्वर (1996): 'जनमाध्यम और मास कल्चर', सारांश प्रकाशन प्रा.लि., नई दिल्ली.

Gates, B. (1995): *The Road Ahead,* New York, Viking Penguin.

Dicken, P. (1998): *Global Shift: Transferming The World Economy* (3rd Ed.), Sage, London.

Giddens, A. (1990): *The Consequences of Modernity,* Polity Press, Oxford.

Goldman, R. and Papson, S. (1998): *Nike Culture*, Sage, London.

Gupta, D. (2000): *Mistaken Modernity,* Harper Collins Publishers, New Delhi.

Heath, C. and Huff, P. (2000): *Technology in Action,* Cambridge University Press, Cambridge.

Jameson, E. (1991): *Post-modernism or Cultural Logic of Late Cuptalism,* Versa, London.

Luke, T.W. (1995): *New World Order or Neo-world Orders: Power Politics and Ideology in Informationalizing Glocalities*, In M. Featherstone, S. Lash and R. Robertson (eds.) *Global Modernities, London,* Sage.

Malcolm, W. (2000): Globalization, Routledge, London.

Mattlelart, A. and Mattlelart, M. (1992): *Rethinking Media Theory: Signposts and New Directions,* Trans., J.A. Cohen and M. Urquidi. Minnesota, University of Minnesota Press.

Mike, B. (1998): *Disent Voices: The Politics of Television and Cultural Changes,* Pluto Press, London.

महाजन (2004): *विज्ञापन, हरियाणा साहित्य अकादमी,* पंचकुला.

Pool, I.D.S. (1963): *The Role of Communication in the Process of Modernization and Technology Change,* Unesco & Mouton.

Ray, S.N. (1991): *The Third World in the Age of Globalization,* Madhyam Books, Delhi.

Ritzer, G. (1996): The *Mcdonaldization of Society: An Investigation into the Changing Character of Contemporary Social Life,* Pine Forge, Press, Thousands, Oaks.

Robert, L.S. (1988): *Communication Development and the Third World,* Longmen, New York.

Schiller, H. (1996): *Information Inequality: The Deepening Social Crisis of America,* London, Routledge.

Schiller, H.I. (1996): *Information Inequality,* Routledge, New York.

Senn, J.A. (1998): *Information Technology in Business: Principles,* Practices and Opportunities (IInd Ed.), Prentice Hal, Business Publishing, New York.

Singh, Y. (1994): *Modernisation of Indian Tradition,* Rawat Publication, Jaipur.

Srinivas, M.N. (1966): *Social Change in Modern India,* University of California Press, Berkeley.

Vachani, J. (1999): *Modern Communication and Information System,* Kanishka Publishers, New Delhi.

Vittal, N. and Mahalingam, S. (2001): *Information Technology – India's Tommorow,* Manas Publication, New Delhi.

Wellman, B. (1999): *Networks in the Global Village,* Westview Press.

8

निष्कर्ष एवं सामान्यीकरण
(Conclusion and Generalization)

समाज तथा विशेषतः संचार माध्यमों पर सूचना टेक्नोलॉजी तथा इंटरनेट का प्रभाव निःसंदेह क्रांतिकारी है। सूचना टेक्नोलॉजी और विशेषतः इंटरनेट के सुलभ हुए अभी ज्यादा समय नहीं हुआ, इसलिए अभी इसका असर सर्वत्र दिखायी नहीं देता। इस क्रांति की शुरुआत अमेरिका और कनाडा में हुई जहाँ मुक्त बाजार की धारणा प्रबल होने के कारण इसे अपनाये जाने में वैसी रुकावटें नहीं थीं जैसी उद्यमियों और कर्मियों को होड़ से बचाने के लिए यूरोप और एशिया के देशों के कानूनों के कारण इन क्षेत्रों में है।

सूचना टेक्नोलॉजी का असर अपेक्षाकृत बहुत ज्यादा व्यापक है, सच तो यह है कि सूचना टेक्नोलॉजी का हमारे पूरे जीवन और सामाजिक ताने बाने पर भी गहरा असर हुआ है। आज से दो दशक पहले तक संचार और सम्पर्क की जो सुविधाएँ बड़े से बड़े देशों के शासकों और सेनानायकों, कारोबारों के प्रमुखों और अरबपतियों को सुलभ नहीं थीं, सूचना टेक्नॉलोजी के प्रगति ने चुपके से उन्हें गाँव-गाँव, गली-गली में सुलभ कर दिया है। आज से दस-बीस वर्ष पहले तक जो सब कल्पना की उड़ान और आर्थर क्लार्क जैसे भविष्यद्रष्टा दार्शनिक लेखकों की कल्पना तक सीमित था, वह सरकते-सरकते गली के नुक्कड़ या घर की दहलीज पर नहीं, आम मध्यवर्गीय घर के कमरे में आ चुका है।

समाजवैज्ञानिक अध्ययनों का मुख्य लक्ष्य किसी सामाजिक समस्या से सम्बन्धित वैज्ञानिक व तथ्यपरक सामग्री एकत्रित कर विविध आयामों से उसकी विवेचना करते हुए साम्प्रतिक संदर्भ में अध्ययन की प्रासंगिकता के

परिदृश्य में कुछ तथ्यगत निष्कर्ष निष्क्रमित करने का प्रयत्न किया गया है। प्रस्तावित शोध के परिप्रेक्ष्य में निष्कर्ष एवं सामान्यीकरण की भूमिका इसलिए अहम हो जाती है, क्योंकि इसका सम्बन्ध एक सामाजिक अभिशाप से है, भारतीय समाज को यह अभिशाप शिक्षा एवं निरक्षरता के रूप में संग्रसित किये हुए हैं। भारत जैसे प्रजातांत्रिक एवं लोकतांत्रिक विशाल राष्ट्र के लिए यह और महत्वपूर्ण हो जाता है।

अध्ययन में प्रयुक्त अध्ययन विधियाँ, अध्ययन की गुणवत्ता को निर्धारित करती हैं तथा विषय के अनुरूप उचित शोध प्रविधि अपनाने से उचित निष्कर्ष प्राप्त होते हैं। **"उपभोक्ता संसाधनों के प्रचलन में सूचना प्रौद्योगिकी का प्रभाव (एक समाजशास्त्रीय अध्ययन)"** के अध्ययन हेतु साक्षात्कार अनुसूची द्वारा वाराणसी के पाँच क्षेत्रों से 300 उत्तरदाताओं से प्राथमिक तथ्यों का संकलन किया गया है तथा अनौपचारिक वार्तालाप का उपयोग करके तथ्यों की सत्यता सुनिश्चित करने का प्रयास किया गया है। प्रस्तुत पुस्तक में जाति, आयु, शिक्षा एवं मासिक आय को स्वतंत्र चर के रूप प्रस्तुत किया गया है। इसके अतिरिक्त द्वितीयक स्रोत के अन्तर्गत विभिन्न ग्रन्थालयों सरकारी एवं गैर-सरकारी स्रोतों से प्राप्त लेखों एवं अभिलेखों, समाचार पत्र एवं पत्रिकाएँ, शोध प्रतिवेदनों, सूचना एवं जनसम्पर्क कार्यालय आदि से प्राप्त सूचनाओं तथा अन्य स्रोतों से प्राप्त सूचनाओं को सम्मिलित किया गया है। शोध के अन्तर्गत संकलित तथ्यों का विवेचन किया गया है, जिनका सारांश निम्नलिखित रूप में प्रस्तुत किया गया है।

उपभोक्ताओं का सामाजिक-आर्थिक संदर्श

आयु से सम्बन्धित अध्ययन से ज्ञात हुआ है कि सर्वाधिक 38.7% उत्तरदाता 35 वर्ष आयु तक के है, 28.4% उत्तरदाता जिनकी आयु 36-45 वर्ष के बीच है, 20.3% उत्तरदाता जिनकी आयु 46-55 वर्ष के बीच है तथा न्यूनतम 12.6% उत्तरदाता जिनकी आयु 55 वर्ष से अधिक है।

जाति से प्राप्त अध्ययन के अवलोकन से पता चलता है कि अध्ययन के अन्तर्गत सम्मिलित उत्तरदाताओं में सर्वाधिक 48.6% उत्तरदाता उच्च जाति के हैं, 34.0% उत्तरदाता पिछड़ी जाति के हैं तथा 17.4% उत्तरदाता अनुसूचित जाति के हैं।

धर्म के आधार पर यह ज्ञात हुआ कि सर्वाधिक 67.4% उत्तरदाता हिन्दू धर्म के हैं, 20.6% उत्तरदाता मुस्लिम, 6.6% उत्तरदाता सिख तथा न्यूनतम 5.4% उत्तरदाता अन्य धर्म के है। अतः हम कह सकते हैं कि अध्ययन के अन्तर्गत सम्मिलित उत्तरदाताओं में अधिकांश हिन्दू धर्म के उत्तरदाता हैं।

शिक्षा से प्राप्त अध्ययन से स्पष्ट हुआ कि अध्ययन के अन्तर्गत सम्मिलित सूचनादाताओं में सर्वाधिक 48.0% स्नातक स्तर के शिक्षित हैं, 32.0% स्नातकोत्तर स्तर तक शिक्षित एवं न्यूनतम 20.0% अन्य स्तर के शिक्षित उत्तरदाता हैं। संक्षेप में हम कह सकते हैं कि स्नातक स्तर के शिक्षित उत्तरदाताओं की संख्या अधिक है।

व्यवसाय के आधार पर ज्ञात हुआ है कि 60.0% उत्तरदाताओं का व्यवसाय नौकरी है, 36.6% उत्तरदाता व्यापार करते हैं तथा न्यूनतम 3.3% उत्तरदाता अन्य कार्य करते हैं। अतः अध्ययन से स्पष्ट होता है कि सर्वाधिक उत्तरदाता नौकरी से जुड़े हुए हैं।

आय से सम्बन्धित अध्ययन से यह परिलक्षित हुआ कि सम्पूर्ण उत्तरदाताओं में सर्वाधिक 34.0% की मासिक आय 8,001-11,000 रू. तक, 25.4% की मासिक आय 8,000 रुपये तक, 16.6% की मासिक आय 11,001-14,000 रुपये तक, 15.0% की मासिक आय 14,001-17,000 रू. तक एवं न्यूनतम 9.0% उत्तरदाताओं की मासिक आय 17,000 रुपये से अधिक है।

विवाह से सम्बन्धित अध्ययन के तथ्यों से ज्ञात हुआ कि सम्पूर्ण उत्तरदाताओं में 84.0% विवाहित, 13.4% अविवाहित एवं न्यूनतम 2.6% उत्तरदाता विधुर हैं। अतः संक्षेप में हम कह सकते हैं कि अध्ययन के अन्तर्गत सम्मिलित उत्तरदाताओं में अधिकांश उत्तरदाता विवाहित हैं।

परिवार के स्वरूप के आधार पर हम देखते हैं कि 61.4% उत्तरदाता एकाकी परिवार के है तथा 38.6% उत्तरदाता संयुक्त परिवार में निवास करते हैं। इस प्रकार हम कह सकते हैं कि संयुक्त परिवारों की प्रासंगिकता धीरे-धीरे समाप्त हो रही है। परिवार के सदस्यों की संख्या से सम्बन्धित आँकड़ों से परिलक्षित होता है कि सर्वाधिक 25.4% उत्तरदाताओं के परिवार में सदस्यों की संख्या 6-7 है, 23.3 4-5 है, 23.3% उत्तरदाताओं के परिवार की सदस्य संख्या 4-5 है, 23.0% उत्तरदाताओं के परिवार में सदस्यों की संख्या 8-9 है, 18.7% परिवार में सदस्यों की संख्या 2-3 है एवं न्यूनतम 9.6% परिवार में सदस्यों की संख्या 9 से अधिक है। अतः हम कह सकते हैं कि सबसे कम उत्तरदाताओं के परिवार में सदस्यों की संख्या 9 से अधिक की है। परिवार में जीविकोपार्जन करने वाले सदस्यों की संख्या के आधार पर आँकड़ों से ज्ञात होता है कि सर्वाधिक 57.7% उत्तरदाताओं के परिवार में जीविकोपार्जन करने वाले सदस्यों की संख्या 01 है, 22.3% उत्तरदाताओं के परिवार में जीविकोपार्जन करने वाले सदस्यों की संख्या 02 तक है, 18.0% उत्तरदाताओं के परिवार में जीविकोपार्जन करने वाले सदस्यों की संख्या 3 तक है एवं न्यूनतम 2.0% उत्तरदाताओं के परिवार में जीविकोपार्जन करने वाले सदस्यों

की संख्या 3 से अधिक है। अतः हम कह सकते हैं कि अधिकतर उत्तरदाता ऐसे हैं जिनके परिवार में जीविकोपार्जन करने वाले सदस्यों की संख्या 01 है तथा बहुत कम ऐसे उत्तरदाता हैं जिनके परिवार में जीविकोपार्जन करने वाले सदस्यों की संख्या 3 से अधिक है।

परिवार के मासिक आय से सम्बन्धित आंकड़ों से परिलक्षित होता है कि सर्वाधिक 36.4% उत्तरदाताओं के परिवार की मासिक आय 10,000 तक है, 33.3% उत्तरदाताओं के परिवार की मासिक आय 10,001-20,000 तक है, 23.7% उत्तरदाताओं के परिवार की मासिक आय 20,001-30,000 तक है एवं न्यूनतम 6.6% उत्तरदाताओं के परिवार की मासिक आय 30,000 से ऊपर है। अतः आँकड़ों के आधार पर हम कह सकते हैं कि अधिकांश उत्तरदाताओं के परिवार की मासिक आय 10,000 तक है। नगरीय आवास के क्षेत्र से सम्बन्धित आँकड़ों के विश्लेषण से यह ज्ञात होता है कि 63.0% उत्तरदाता नगर के नवविकसित क्षेत्रों में रहते हैं एवं 37.0% उत्तरदाता नगर के परंपरागत मुहल्ले में रहते हैं। अतः हम कह सकते हैं कि नगर का दायरा परम्परागत मुहल्लों से हटकर नवविकसित क्षेत्रों की तरह हो रहा है। मकान के स्वामित्व के आधार पर प्राप्त तथ्यों से ज्ञात होता है कि 61.0% उत्तरदाताओं का निजी मकान है, 29.3% उत्तरदाता सरकारी मकानों में रहते हैं एवं न्यूनतम 9.7% उत्तरदाताओं का मकान किराये का है। अतः हम कह सकते हैं कि अधिकांश उत्तरदाताओं का निजी मकान है। आवासीय मकानों में बिजली की सुविधा के आधार पर आँकड़े स्पष्ट करते हैं कि 88.4% उत्तरदाताओं के मकान में बिजली की सुविधा उपयुक्त है, जबकि 11.6% उत्तरदाताओं के मकान में बिजली की सुविधा अनुपयुक्त है। अतः कहा जा सकता है कि अधिकांश उत्तरदाताओं के मकान में बिजली की सुविधा उपयुक्त है। वर्तमान आर्थिक स्थिति से संतुष्टि से सम्बन्धित विवरण से यह पता चलता है कि 50.0% उत्तरदाता अपनी आर्थिक स्थिति से असंतुष्ट हैं, 25.6% उत्तरदाता अनिश्चितता की स्थिति में है, 17.4% उत्तरदाता अपने आर्थिक स्थिति से संतुष्ट एवं न्यूनतम 7.4% उत्तरदाता अपने वर्तमान आर्थिक स्थिति से पूर्ण संतुष्ट हैं। अतः कहा जा सकता है कि अधिकांश उत्तरदाताओं की स्थिति ऐसी है जो अपने आप को समय के अनुसार आर्थिक रूप से असंतुष्ट महसूस करते हैं।

सूचना प्रौद्योगिकी एवं सामाजिक अन्तःक्रिया

सूचना प्रौद्योगिकी के साधनों से प्रभावित होने के आधार पर आँकड़े स्पष्ट करते हैं कि सर्वाधिक 42.0% उत्तरदाता टेलीविजन से, 29.1%

समाचार पत्र से, 19.6% रेडियो से, 6.7% कम्प्यूटर से तथा 2.3% इन सभी साधनों से प्रभावित हैं। इस आधार पर कहा जा सकता है कि कम्प्यूटर सूचना प्रौद्योगिकी का आधुनिक साधन होने के बावजूद अभी भी सम्पूर्ण जनसमाज को प्रभावित करने में काफी पीछे है और टेलीविजन का प्रभाव समाज पर बहुत व्यापक है। त्वरित सूचनाओं के संज्ञान में सर्वाधिक 42.2% उत्तरदाताओं का मानना है कि टेलीविजन की भूमिका महत्वपूर्ण है जबकि 28.4% उत्तदाताओं का मानना है कि त्वरित सूचनाओं के संज्ञान में समाचार पत्रों की महत्वपूर्ण भूमिका है, 24.4% उत्तरदाताओं का मानना है कि रेडियो की भूमिका महत्वपूर्ण है जबकि न्यूनतम 5.0% उत्तरदाताओं की मान्यता है कि त्वरित सूचनाओं के संज्ञान में कम्प्यूटर की भूमिका महत्वपूर्ण है। अतः आँकड़ों के आधार पर स्पष्ट होता है कि त्वरित सूचनाओं के संज्ञान में टेलीविजन की भूमिका सर्वाधिक महत्वपूर्ण है। जीवन में सूचना प्रौद्योगिकी से सम्बन्धित साधनों के प्रभाव के विषय में आँकड़ों के आधार पर परिलक्षित होता है कि 43.0% उत्तरदाताओं के जीवन में टेलीविजन का प्रभाव सर्वाधिक है, 26.0% उत्तरदाताओं के जीवन पर समाचार पत्र का प्रभाव सर्वाधिक है, 18.7% उत्तरदाताओं के जीवन पर रेडियो का प्रभाव सर्वाधिक है, 9.0% उत्तरदाताओं का जीवन पत्रिकाओं से सर्वाधिक प्रभावित हैं एवं न्यूनतम 3.3% उत्तरदाता कम्प्यूटर से सबसे अधिक प्रभावित है। अतः सारणी के आंकड़ों के आधार पर यह कहा जा सकता है कि सूचना प्रौद्योगिकी से सम्बन्धित समस्त साधनों में टेलीविजन समाज के अधिकांश सदस्यों को प्रभावित करने वाला सबसे सशक्त माध्यम है। अवकाश के समय सूचना प्रौद्योगिकी के साधनों के सदुपयोग करने सम्बन्धी अध्ययन के आधार पर यह ज्ञात होता है कि सर्वाधिक 51.4% उत्तरदाता अवकाश के समय टेलीविजन का सदुपयोग करते हैं, 29.6% उत्तरदाता अवकाश के समय समाचार पत्र एवं न्यूनतम 19.0% उत्तरदाता अवकाश के समय रेडियो का सदुपयोग करते हैं। अतः आँकड़े यह स्पष्ट करते हैं कि अवकाश के समय सूचना प्रौद्योगिकी के सबसे सशक्त साधन के रूप में सर्वाधिक उत्तरदाता टेलीविजन का प्रयोग करते हैं। समाचारों की जानकारी प्राप्त करने की मनोवृत्ति के आधार पर स्पष्ट होता है कि सर्वाधिक 39.4% उत्तरदाताओं की समाचारों की जानकारी प्राप्त करने के प्रति मनोवृत्ति अत्यधिक, 33.3% सामान्य, 19.7% कम एवं 7.6% ऐसे भी उत्तरदाता हैं जिनकी समाचारों की जानकारी प्राप्त करने की मनोवृत्ति बिल्कुल नहीं है। अतः यह स्पष्ट है कि अध्ययन आधारित समाज में जो उत्तरदाता समाचारों की जानकारी प्राप्त करने की मनोवृत्ति अत्यधिक रखते हैं उनका प्रतिशत अभी भी 39.4 ही है

जो कि अन्य विकसित समाजों की तुलना में काफी कम है। समाचार पत्रों के अध्ययन के आधार पर स्पष्ट होता है कि सर्वाधिक 56.7% उत्तरदाता प्रादेशिक समाचार पत्रों का अध्ययन करते हैं एवं 31.7% उत्तरदाता राष्ट्रीय समाचार पत्रों का अध्ययन करते हैं एवं न्यूनतम 11.6% उत्तरदाता दोनों तरह के समाचार पत्रों का अध्ययन करते हैं। अतः इस आधार पर कहा जा सकता है कि अधिकांश उत्तरदाता क्षेत्रीय अध्ययन एवं क्षेत्रीय जानकारी में रुचि रखते हैं। किसी विशेष समाचार पत्रों के अधिक महत्व देने के आधार पर यह ज्ञात होता है कि 43.3% उत्तरदाता दैनिक जागरण को अधिक महत्व देते हैं, 27.7% उत्तरदाता हिन्दुस्तान को महत्व देते हैं, 12.7% उत्तरदाता टाइम्स ऑफ इण्डिया, 11.0% उत्तरदाता हिन्दुस्तान टाइम्स एवं 5.3% अन्य किसी समाचार पत्र को महत्व देते हैं। अतः यह स्पष्ट है कि हिन्दी समाचार पत्र और विशेषकर क्षेत्रीय स्तर से प्रकाशित समाचार पत्रों का महत्व अभी भी समाज में अधिक है। समाचार पत्रों के पढ़ने के तरीके के आधार पर यह ज्ञात होता है कि अधिकतम 78.6% उत्तरदाता समाचार स्वयं खरीदकर पढ़ते हैं, 8.4% उत्तरदाता सार्वजनिक स्थलों पर, 6.0% उत्तरदाता पुस्तकालयों में, 5.4% पड़ोसी से माँगकर, 1.6% अन्य कोई साधनों को अपनाते हैं। अतः इस आधार पर कहा जा सकता है कि सर्वाधिक उत्तरदाता समाचार पत्रों का अध्ययन स्वयं खरीदकर करते हैं। पत्रिका की अध्ययन की प्रकृति के आधार पर स्पष्ट होता है कि 75.7% उत्तरदाता पत्रिका का अध्ययन नियमित करते हैं, 20.3% उत्तरदाता पत्रिका का अध्ययन कभी-कभी करते हैं तथा 4.0% उत्तरदाता पत्रिका का अध्ययन कभी नहीं करते हैं। अतः यह कहा जा सकता है कि अधिकतम उत्तरदाता पत्रिका का अध्ययन नियमित करते हैं। पत्रिका के अध्ययन के अधिकता के आधार पर यह परिलक्षित होता है कि सर्वाधिक 31.0% उत्तरदाता इण्डिया टुडे का अध्ययन करते हैं, 21.3% उत्तरदाता आउटलुक का अध्ययन करते हैं, 19.4% उत्तरदाता क्रॉनिकल, 11.7% सरिता, 11.0% प्रतियोगिता दर्पण, 5.6% उत्तरदाता अन्य कोई पत्रिका का अध्ययन करते हैं। अतः स्पष्ट है कि अभी भी सर्वाधिक व्यक्ति इण्डिया टुडे का अध्ययन करते हैं। उत्तरदाताओं के रुचि के टी.वी. के प्रमुख कार्यक्रमों के आधार पर आँकड़े बताते हैं कि सर्वाधिक 21.7% उत्तरदाता धार्मिक सीरियल देखते हैं, 21.0% उत्तरदाता समाचार, 20.7% उत्तरदाता चित्रहार, 21.3% उत्तरदाता खेलकूद कार्यक्रम एवं 15.3% उत्तरदाता अन्य कार्यक्रम को देखते हैं। इस प्रकार यह कहा जा सकता है कि वाराणसी को जिन आस्थाओं के प्रतीक के रूप में पुरातन काल से जाना जाता है, उसकी झलक आज भी यहाँ के निवासियों में दिखाई पड़ती है।

सूचना माध्यमों से उपभोक्ता सामग्री के ऊपर पड़ने वाले प्रभाव

आर्थिक प्रभाव

सूचना प्रौद्योगिकी के इस युग में प्रचार का ब्राण्ड पर क्या प्रभाव पड़ता है। इस सारणी में मिले आँकड़ों के आधार पर ज्ञात होता है कि 42.6% उत्तरदाताओं का मत है कि वस्तुएँ महँगी हो जाती हैं, 39.4% उत्तरदाताओं का मत है कि वस्तुएँ सस्ती हो जाती है जबकि 18.0% उत्तरदाताओं का मत है कि प्रचार से कीमत पर कोई प्रभाव नहीं पड़ता है, अतः यह कहा जा सकता है कि अधिकांश उत्तरदाताओं के मतानुसार प्रचार के कारण वस्तुएँ महँगी हो जाती हैं। किसी ब्राण्ड का अधिक प्रचार होना इसके अच्छे होने को प्रमाणित करता है इसके विषय में 66.7% उत्तरदाता इस मत से सहमत हैं जबकि 33.3% उत्तरदाताओं का मत है कि किसी ब्राण्ड का अधिक प्रचार होना इसके अच्छे होने को प्रमाणित नहीं करता है, अतः तथ्य से स्पष्ट है कि अधिकतम उत्तरदाताओं की नजर में किसी ब्राण्ड का अधिक प्रचार होना उसके अच्छे होने का प्रमाण है। **यहाँ उपकल्पना प्रमाणित होती है, जिसमें कहा गया है कि उपभोक्ता संसाधनों का सूचना प्रौद्योगिकी के माध्यम से होने वाले प्रचार उस सामग्री के अधिक अच्छे होने का मानक हो गया है।** प्रचार के लिए सबसे कम खर्च के माध्यम के विषय में सर्वाधिक 43.7% उत्तरदाताओं का मानना है कि सबसे कम खर्च प्रचार में रेडियो के माध्यम से होता है, 34.3% उत्तरदाताओं के मत में समाचार पत्र में एवं 22.0% उत्तरदाताओं का मत है कि प्रचार के लिए सबसे कम खर्च टेलीविजन के माध्यम से होता है। अतः अधिकांश उत्तरदाताओं के दृष्टिकोण से रेडियो प्रचार के लिए सबसे कम खर्च का माध्यम है। वस्तु सामग्री के प्रचार अधिक होने के कारण उस वस्तु के महँगा होने के सम्बन्ध में 79.7% उत्तरदाताओं का मत है जिन वस्तुओं का प्रचार अधिक होता है वे तुलनात्मक रूप से महँगी होती हैं जबकि 20.3% उत्तरदाताओं का मत है कि जिस सामग्री का प्रचार अधिक होता है वे वस्तुएँ तुलनात्मक रूप से महँगी नहीं होतीं। अर्थात् उत्तरदाताओं के मतानुसार जिस वस्तु का प्रचार जितना अधिक होता है वे वस्तुएँ तुलनात्मक रूप से उतनी ही महँगी होती है। कम्पनियों का उपभोक्ता सामग्री के प्रचार पर खर्च करने सम्बन्धी आँकड़ों से ज्ञात होता है कि 21.0% उत्तरदाताओं के मतानुसार टाटा उपभोक्ता सामग्री के प्रचार में अधिक खर्च करती है, 19.3% उत्तरदाताओं के अनुसार डाबर, 17.3%

उत्तरदाता अन्य कोई कम्पनी को उपभोक्ता सामग्री पर प्रचार के माध्यम से खर्च करने सम्बन्धी मत व्यक्त करते हैं, 14.7% उत्तरदाता बजाज, 14.7% उत्तरदाता हिन्दुस्तान लीवर को प्रचार पर सर्वाधिक खर्च करने सम्बन्धी मत देते हैं, जबकि 13.0% उत्तरदाताओं का मत है कि उपभोक्ता सामग्री के प्रचार पर सर्वाधिक खर्च हीरो होण्डा करती है। अतः सम्पूर्ण आँकड़ों के आधार पर कहा जा सकता है कि सर्वाधिक उत्तरदाताओं की राय में उपभोक्ता सामग्री के प्रचार में सर्वाधिक खर्च टाटा समूह द्वारा किया जाता है। सूचना प्रौद्योगिकी के साधनों के बढ़ने के साथ उपभोक्ता सामग्री के महँगा होने के सम्बन्ध में 67.0% उत्तरदाताओं का मत है कि सूचना प्रौद्योगिकी के साधन जैसे-जैसे बढ़ते जा रहे हैं। उपभोक्ता सामग्री वैसे-वैसे महँगी होती जा रही है जबकि 33.0% उत्तरदाताओं का मत इसके विपरीत है। अतः स्पष्ट है कि अधिकांश उत्तरदाताओं के मत में सूचना प्रौद्योगिकी के साधनों का जैसे-जैसे विकास हुआ है वैसे-वैसे उपभोक्ता सामग्री भी महँगी हुई है।

सामाजिक एवं सांस्कृतिक प्रभाव

प्रचार से विशेष आयु वर्ग के प्रभावित होने के सम्बन्ध में 31.4% उत्तरदाताओं का मत है कि प्रचार से सबसे अधिक 26-35 वर्ष के लोग प्रभावित होते हैं, 29.6% उत्तरदाताओं के मतानुसार 15-25 वर्ष के आयु के लोग प्रचार से अधिक प्रभावित होते हैं, 25.4% उत्तरदाताओं की राय में 36-45 वर्ष के बीच के लोग प्रचार से अधिक प्रभावित होते हैं जबकि 7.3% उत्तरदाताओं की राय में 46-55 वर्ष के बीच आयु वर्ग के लोग एवं न्यूनतम 6.3% उत्तरदाताओं की राय में 55 वर्ष से अधिक आयु वर्ग के लोग प्रचार से अधिक प्रभावित होते हैं। अतः आँकड़ों से स्पष्ट है कि सर्वाधिक उत्तरदाताओं के मतानुसार सबसे अधिक प्रचार से 26-35 वर्ष के बीच के व्यक्ति प्रभावित होते हैं। सूचना प्रौद्योगिकी के अधिकाधिक साधनों के सम्बन्ध में सर्वाधिक 45.0% उत्तरदाताओं के मतानसार सूचना प्रौद्योगिकी के अधिकाधिक साधन नौकरीपेशा वालों के पास है जबकि 31.0% उत्तरदाताओं की राय में सूचना प्रौद्योगिकी के अधिकाधिक साधन व्यापारी वर्ग के पास हैं तथा 24.0% उत्तरदाताओं के मतानुसार सूचना प्रौद्योगिकी के अधिकाधिक साधन राजनैतिक वर्ग के पास हैं, अतः आँकड़ों से परिलक्षित होता है कि सूचना प्रौद्योगिकी के अधिकाधिक साधन नौकरीपेशा वालों के पास है। उपभोक्ता सामग्री के अच्छा होने के सम्बन्ध में सर्वाधिक 48.3% उत्तरदाताओं का मत है कि इसका सबसे पहले घर में सुझाव नौजवान देते हैं, जबकि 39.4% उत्तरदाताओं का मत है कि कोई उपभोक्ता सामग्री अच्छी है या नहीं इसका सबसे पहले घर में

सुझाव बच्चे देते हैं जबकि न्यूनतम 12.3% उत्तरदाताओं के मतानुसार उपभोक्ता सामग्री के अच्छा होने के सम्बन्ध में घर में सबसे पहले सुझाव प्रौढ़ देते हैं। अतः तथ्यों से ज्ञात होता है कि सर्वाधिक उत्तरदाताओं की राय में उपभोक्ता सामग्री अच्छा है या नहीं घर में इसका सबसे पहले सुझाव नौजवान देते हैं। उपभोक्ता सामग्री के प्रचार का संस्कृति के ऊपर प्रभाव के विश्लेषण के आधार पर सर्वाधिक 59.7% उत्तरदाताओं का मत है कि इससे पश्चिमी संस्कृति का प्रभाव बढ़ा है जबकि 27.0% उत्तरदाताओं का मत है कि उपभोक्ता सामग्री के प्रचार से अपसंस्कृति को बढ़ावा मिला है जबकि न्यूनतम 13.3% उत्तरदाताओं का मत है कि उपभोक्ता सामग्री के प्रचार से संस्कृति के संगठन में कोई कमी नहीं आयी है। अतः आँकड़ों से ज्ञात होता है कि सर्वाधिक उत्तरदाताओं की राय में उपभोक्ता सामग्री के प्रचार के कारण पश्चिमी संस्कृति का प्रभाव अपने समाज पर बढ़ाना है। उपभोक्तावाद से समाज का पतन की ओर उन्मुख होना के सम्बन्ध में 51.4% उत्तरदाताओं का मत है कि सूचना प्रौद्योगिकी ने उपभोक्तावाद को बढ़ाया है और उपभोक्तावाद हमें पतन की ओर ले जा रहा है जबकि 48.6% उत्तरदाता इस मत से सहमत नहीं है लेकिन आँकड़ों के आधार पर यह स्पष्ट होता है कि अधिकांश उत्तरदाताओं की राय में उपभोक्तावाद ने हमें पतन की ओर उन्मुख किया है।

उपभोक्ता संसाधनों के ग्राह्यता पर पड़ने वाले प्रभाव

उपभोक्ता उत्पादों के प्रचलन को बढ़ावा देने वाले कारकों के विषय में सर्वाधिक 67.0% उत्तरदाताओं का मत है कि इसमें इलेक्ट्रॉनिक मीडिया का सबसे अधिक योगदान है जबकि 33.0% उत्तरदाताओं के मतानुसार उपभोक्ता उत्पादों के प्रचलन को बढ़ावा देने में प्रिन्ट मीडिया का योगदान अधिक है। अतः आँकड़ों से स्पष्ट होता है कि इलेक्ट्रॉनिक मीडिया ने उपभोक्ता उत्पादों के प्रचलन को बढ़ाया है। प्रचार के सबसे अच्छा साधन के रूप में 49.7% उत्तरदाता टेलीविजन को, 30.6% समाचार पत्र, 14.7% रेडियो एवं 5.0% उत्तरदाता अन्य कियी साधनों को मानते हैं। अतः ज्ञात होता है कि सर्वाधिक उत्तरदाताओं के मतानुसार टेलीविजन प्रचार का सबसे अच्छा माध्यम है। सबसे अधिक प्रचार से सम्बन्धित सामग्री के आधार पर यह कहा जा सकता है कि सर्वाधिक 58.0% उत्तरदाताओं का मत है कि सबसे अधिक प्रचार विलासिता सम्बन्धी वस्तुओं का होता है जबकि 34.4% उत्तरदाताओं के अनुसार खाने की वस्तुओं का प्रचार अधिक होता है तथा 7.6% उत्तरदाताओं के अनुसार पहनने की वस्तुओं का प्रचार अधिक होता है। अतः आँकड़ों से स्पष्ट है कि सबसे अधिक प्रचार विलासिता से सम्बन्धित वस्तुओं का होता

है। प्रचार से सम्बन्धित वर्ग विशेष के व्यक्तियों के विषय में सर्वाधिक 44.6% उत्तरदाताओं के अनुसार प्रचार करने वाले फिल्मों से सम्बन्धित होते हैं जबकि 42.0% उत्तरदाताओं के मतानुसार प्रचार करने वाले सर्वाधिक सामान्य व्यक्ति होते है जबकि 13.4% उत्तरदाताओं के मतानुसार प्रचार करने वाले सर्वाधिक व्यक्ति खेल से सम्बन्धित होते हैं। अतः यह स्पष्ट होता है कि सबसे अधिक फिल्मी दुनिया के लोगों द्वारा प्रचार किया जाता है। गुटखा से सम्बन्धित प्रचार में सबसे अधिक योगदान के सम्बन्ध में 87.0% उत्तरदाताओं का मत है कि गुटखा का सबसे अधिक प्रचार समाचार पत्रों द्वारा किया जाता है जबकि 7.7% उत्तरदाताओं का मत है कि पत्रिकाओं में गुटखा का प्रचार अधिक होता है जबकि 5.3% उत्तरदाताओं के अनुसार गुटखा का सबसे अधिक प्रचार टी.वी. द्वारा किया जाता है। अतः ज्ञात होता है कि गुटखा के प्रचार में सबसे अधिक योगदान समाचार पत्र का है। पेय पदार्थों में सबसे अधिक प्रचार के सम्बन्ध में ज्ञात होता है कि 49.7% उत्तरदाताओं के मतानुसार सबसे अधिक प्रचार ठंडे पेय का होता है जबकि 44.3% उत्तरदाताओं के राय में सबसे अधिक प्रचार चाय का होता है, जबकि 6.0% उत्तरदाताओं के अनुसार सबसे अधिक प्रचार कॉफी का होता है। अतः यह परिलक्षित होता है कि पेय पदार्थों में सबसे अधिक प्रचार ठंडे पेय का होता है। पूरे वर्ष में सबसे अधिक पेय पदार्थों पर किये जाने वाले खर्च के सम्बन्ध में ज्ञात होता है कि सर्वाधिक 51.0% उत्तरदाताओं का मत है कि वर्ष भर में सबसे अधिक पेय पदार्थों में चाय पर खर्च होता है जबकि 30.6% उत्तरदाताओं के अनुसार वर्ष भर में सबसे अधिक पेय पदार्थों में सबसे अधिक ठंडे पेय पर खर्च होता है, 12.0% उत्तरदाताओं की राय में पूरे वर्ष में पेय पदार्थों में अन्य किसी पेय पदार्थ पर खर्च होता है जबकि 6.4% उत्तरदाताओं के अनुसार पूरे वर्ष में पेय पदार्थों में सबसे अधिक खर्च कॉफी पर होता है। अतः यह ज्ञात होता है कि अधिकांशतः उत्तरदाताओं की राय में पेय पदार्थों में वर्ष में सबसे अधिक खर्च चाय पर होता है। प्रचार का सबसे अधिक लाभ के सम्बन्ध में ज्ञात होता है कि सर्वाधिक 38.4% उत्तरदाताओं के मत में प्रचार का सबसे अधिक लाभ प्रचार करवाने वाले को मिलता है जबकि 34.0% उत्तरदाताओं के मतानुसार प्रचार का सबसे अधिक लाभ प्रचार करने वाले को मिलता है एवं 27.6% उत्तरदाताओं के मतानुसार प्रचार का सबसे अधिक लाभ उपभोक्ता को मिलता है। अतः निष्कर्षतः कहा जा सकता है कि प्रचार का सबसे अधिक लाभ प्रचार करवाने वाले को मिलता है। प्रचार के सर्वाधिक प्रभावशाली होने के विषय में सर्वाधिक 42.0% उत्तरदाताओं का मत है कि अभिनेताओं द्वारा किये गये प्रचार सर्वाधिक प्रभावशाली होते हैं जबकि 32.0% उत्तरदाताओं

के अनुसार अभिनेत्रियों द्वारा किये गये प्रचार सर्वाधिक प्रभावशाली होते हैं एवं न्यूनतम 26.0% उत्तरदाताओं के मतानुसार खिलाड़ियों द्वारा किये गये प्रचार सबसे प्रभावशाली होते हैं। अतः स्पष्ट होता है कि अभिनेताओं द्वारा किये गये प्रचार सबसे अधिक प्रभावशाली होते हैं। किस उपभोक्ता सामग्री का प्रचार सबसे कम होता है के सम्बन्ध में 46.4% उत्तरदाताओं का मत है कि पाउडर का प्रचार सबसे कम होता है एवं 30.3% उत्तरदाताओं का मत है कि तेल का प्रचार सबसे कम होता है जबकि 18.6% उत्तरदाताओं की राय में क्रीम का प्रचार सबसे कम होता है तथा 4.7% उत्तरदाताओं की राय में साबुन का प्रचार सबसे कम होता है। अतः स्पष्ट होता है कि अधिकांश उत्तरदाताओं के मत में पाउडर का प्रचार सबसे कम होता है। प्रचारित ब्राण्ड की तुलना। में बिना प्रचारित ब्राण्ड की वस्तु का अत्यधिक मात्रा में बिकने के सम्बन्ध में सर्वाधिक 81.0% उत्तरदाताओं का मत है कि ऐसा भी देखने को मिलता है कि प्रचारित ब्राण्ड की तुलना में बिना प्रचारित ब्राण्ड की वस्तु अधिक मात्रा में बिक गयी जबकि 19.0% उत्तरदाताओं के मतानुसार ऐसा नहीं होता। अतः यह निष्कर्ष निकलता है कि अधिकांश उत्तरदाताओं के मत से परिलक्षित होता है कि प्रचारित ब्राण्ड की तुलना में बिना प्रचारित ब्राण्ड की वस्तु अधिक मात्रा में बिक जाती है। उपभोक्ता सामग्री का सप्ताह में किसी विशेष दिन को अधिक प्रचार होने के सम्बन्ध में सर्वाधिक 21.0% उत्तरदाताओं के मत से निष्कर्ष निकलता है कि सबसे अधिक प्रचार बृहस्पतिवार को होता है। महँगी वस्तुओं का प्रचार टी.वी. की तुलना में अखबार में अधिक होने के सम्बन्ध में सर्वाधिक 54.7% उत्तरदाताओं का मत है कि महँगी वस्तुओं का प्रचार टी.वी. की तुलना में अखबार में ज्यादा होता है जबकि 45.3% उत्तरदाताओं के मत में ऐसा नहीं है अतः स्पष्ट होता है कि महँगी वस्तुओं का प्रचार टी.वी. की तुलना में अखबार में ज्यादा होता है। टी.वी. एवं रेडियो की तुलना में अखबार के सशक्त माध्यम होने के सम्बन्ध में 59.0% उत्तरदाताओं का मत है कि प्रचार के लिए टी.वी. एवं रेडियो की तुलना से अखबार एक सशक्त माध्यम है जबकि 41.0% उत्तरदाताओं के मत में ऐसा नहीं है। अतः आँकड़ों से परिलक्षित होता है कि अधिकांश उत्तरदाताओं की राय में अखबार, टी.वी. एवं रेडियो की तुलना में प्रचार का एक सशक्त माध्यम है। टी.वी. पर अधिकतर प्रचार बच्चों द्वारा एवं अखबारों में प्रचार नौजवानों द्वारा के सम्बन्ध मे 54.3% उत्तरदाता इस मत से सहमत नहीं हैं कि टी.वी. में अधिकतर प्रचार बच्चों द्वारा होते हैं एवं अखबारों में प्रचार नौजवानों एवं प्रौढ़ों द्वारा। अतः यह स्पष्ट होता है कि प्रचार के सम्बन्ध में टी.वी. और अखबार का यह सामान्यीकरण अधिकांश उत्तरदाताओं के राय में सही नहीं है। वस्तु की महँगाई के कारण

अधिकतर व्यक्तियों द्वारा सस्ता सामान खरीदने के विषय में 68.0% उत्तरदाताओं का मत है कि प्रचार से प्रभावित होने के बावजूद सामान महँगा होने के कारण अधिकतर व्यक्ति सस्ता सामान खरीदना पसंद करते हैं जबकि 32.0% उत्तरदाता इस मत से सहमत नहीं हैं कहने का तात्पर्य कि वस्तु की महँगाई व्यक्ति के क्रय शक्ति को विपरीत दिशा में प्रभावित करती है चाहे वह व्यक्ति उस वस्तु के प्रचार से कितना भी प्रभावित हो। उन्हीं सामग्रियों का प्रयोग होना जिनका प्रचार होता है के विषय में 54.7% उत्तरदाताओं का मत है कि वास्तव में उपभोक्ता सिर्फ उन्हीं सामग्रियों का प्रयोग करते हैं जिनका प्रचार होता है **यहाँ पर पहली उपकल्पना यह प्रमाणित होती है अर्थात् यह कि सूचना प्रौद्योगिकी के अभिकरणों के माध्यम से जिन उपभोक्ता सामग्री का प्रचार होता है उपभोक्ताओं की जागरूकता उस तरफ ज्यादा आकृष्ट होती है।** प्रचार के साधनों के प्रभाव के सम्बन्ध में यह स्पष्ट होता है कि सर्वाधिक 55.3% उत्तरदाताओं का मत है कि प्रचार का सबसे अधिक प्रभाव अखाद्य सामग्री के ऊपर पड़ा है जबकि 44.3% उत्तरदाताओं की राय में प्रचार का सबसे अधिक प्रभाव खाद्य सामग्री के ऊपर पड़ा है। अतः तथ्यों से स्पष्ट है कि अधिकांश उत्तरदाताओं के मतानुसार प्रचार का सर्वाधिक प्रभाव अखाद्य सामग्री के ऊपर पड़ा है। सूचना प्रौद्योगिकी एवं उपभोक्ता सामग्री के प्रभाव के सम्बन्ध में स्पष्ट होता है कि सर्वाधिक 64.0% उत्तरदाताओं के अनुसार सूचना प्रौद्योगिकी उपभोक्ता सामग्री पर प्रत्यक्ष प्रभाव डालती है जबकि 36.0% उत्तरदाताओं के अनुसार सूचना प्रौद्योगिकी उपभोक्ता सामग्री पर अप्रत्यक्ष प्रभाव डालती है, अतः स्पष्ट होता है कि सूचना प्रौद्योगिकी का उपभोक्ता सामग्री के ऊपर प्रभाव प्रत्यक्ष पड़ता है। उपभोक्ता सामग्री के फायदे अचानक स्मृति में आने पर ग्राहक के ऊपर प्रभाव के सम्बन्ध में सर्वाधिक 28.7% उत्तरदाताओं का मत है कि 51-75% तक ग्राहक प्रभावित होता है जबकि 28.3% उत्तरदाताओं का मत है कि उपभोक्ता सामग्रियों के ऊपर प्रचार के माध्यम से दर्शाये जाने वाले फायदे अचानक स्मृति में आने पर ग्राहक 100% प्रभावित होते हैं जबकि 2.4% उत्तरदाताओं के मतानुसार 25-50% तक ग्राहक प्रभावित होते हैं एवं 17.6% उत्तरदाताओं के अनुसार ग्राहक बिल्कुल प्रभावित नहीं होते, अतः स्पष्ट है कि सर्वाधिक उत्तरदाताओं के मतानुसार उपभोक्ता के ऊपर प्रचार के स्मृति में आने पर 51-75% तक प्रभावित होते हैं। सूचना प्रौद्योगिकी के कारण उत्पाद पर बिक्री के प्रभाव के सम्बन्ध में स्पष्ट होता है कि 42.0% उत्तरदाताओं का मत है कि सूचना प्रौद्योगिकी ने विलासिता सम्बन्धी उत्पादों की बिक्री सबसे अधिक बढ़ायी है जबकि 36.0% उत्तरदाताओं के अनुसार सूचना प्रौद्योगिकी

ने सबसे अधिक खाद्य पदार्थों की बिक्री को बढ़ाया है, 12.7% उत्तरदाताओं के अनुसार सूचना प्रौद्योगिकी ने सबसे अधिक कपड़े की बिक्री को बढ़ाया है जबकि 9.3% उत्तरदाताओं के मत में सूचना प्रौद्योगिकी ने अन्य उत्पादों की बिक्री को बढ़ाया है। अतः स्पष्ट होता है कि सूचना प्रौद्योगिकी ने सबसे अधिक विलासिता सम्बन्धी वस्तुओं की बिक्री को सबसे अधिक बढ़ाया है। सम्पूर्ण आमदनी का उपभोक्ता सामग्री पर व्यय के सम्बन्ध में 48.4% उत्तरदाताओं का मत है कि वे सम्पूर्ण आमदनी का 40-50% खर्च उपभोक्ता संसाधनों के ऊपर व्यय करते हैं, जबकि 37.0% उत्तरदाताओं के अनुसार वे सम्पूर्ण आमदनी को 51-60% तक, 8.0% उत्तरदाता 61-70% एवं 6.7% उत्तरदाताओं के अनुसार सम्पूर्ण आदमनी का 71-80% तक व्यय करते हैं। अतः स्पष्ट है कि अधिकांश उत्तरदाताओं के अनुसार वे अपनी सम्पूर्ण आमदनी का 40-50% उपभोक्ता सामग्री के ऊपर व्यय करते हैं।

सामान्य विवेक वृद्धि पर प्रभाव

सूचना प्रौद्योगिकी से प्रचार के सम्बन्ध के विषय में ज्ञात होता है कि 67.0% उत्तरदाताओं का मत है कि सूचना प्रौद्योगिकी नहीं होती तो प्रचार नहीं होता जबकि 33.0% उत्तरदाता इस मत से सहमत नहीं हैं। अतः इससे स्पष्ट होता है कि सूचना प्रौद्योगिकी ने ही व्यापक स्तर पर प्रचार को संभव बनाया है। **यहाँ दूसरी उपकल्पना की वैधता सिद्ध होती है अर्थात् यह कि अनेकानेक उपभोक्ता संसाधन जिसे सूचना प्रौद्योगिकी का माध्यम न बनाया जाय तो वे उपभोक्ताओं के ज्ञान के बाहर ही रह जायेंगे।** उपभोक्ता संसाधन के प्रचार में सर्वाधिक प्रभाव से सम्बन्धित आँकड़ों से ज्ञात होता है कि 53.3% उत्तरदाताओं का मत है कि उपभोक्ता संसाधनों के प्रचार में सबसे अधिक प्रभाव टी.वी. का है, 26.4% उत्तरदाताओं के मतानुसार उपभोक्ता संसाधनों के प्रचार में सर्वाधिक प्रभाव रेडियो का है, जबकि 14.0% उत्तरदाताओं के अनुसार समाचार पत्र तथा 6.3% उत्तरदाताओं की राय में उपभोक्ता संसाधनों के प्रचार में सबसे अधिक प्रभाव पत्रिकाओं का है। अतः स्पष्ट होता है कि उपभोक्ता संसाधनों के प्रचार में सर्वाधिक प्रभाव टी.वी. का है। कम्प्यूटर से उपभोक्ता सामग्री के प्रचार के सफलता के विषय में 74.6% उत्तरदाताओं का मत है कि कम्प्यूटर से उपभोक्ता सामग्री का प्रचार सफल नहीं हो सकता जबकि 25.4% उत्तरदाताओं का मत है कि कम्प्यूटर से भी उपभोक्ता सामग्री का प्रचार सफल हो सकता है। अतः निष्कर्ष निकलता है कि अधिकांश उत्तरदाताओं की राय में उपभोक्ता सामग्री का प्रचार कम्प्यूटर से सफल नहीं हो सकता। सामानों की खरीददारी के

सम्बन्ध में 47.0% उत्तरदाताओं का मत है कि वे अपने आधिकाधिक सामान की खरीददारी प्रचार को देखकर करते हैं जबकि 40.7% उत्तरदाताओं का मत है कि वे अपने अधिकाधिक सामान की खरीददारी घर के सदस्यों के राय से करते हैं तथा 12.3% उत्तरदाताओं का मत है कि वे अपने अधिकाधिक सामान की खरीददारी दुकानदारों के सलाह से करते हैं, अतः ज्ञात होता है कि अधिकांश उत्तरदाता अपने सामानों की खरीददारी प्रचार को देखकर करते हैं यानि प्रचार का प्रभाव व्यक्ति को व्यापक रूप से प्रभावित करता है। उपभोक्ता सामग्री से सम्बन्धित चित्रों के छपे होने के सम्बन्ध में 27.3% उत्तरदाताओं का मत है कि अन्य किसी पत्रिका में उपभोक्ता सामग्री से सम्बन्धित चित्र सर्वाधिक छपे होते हैं जबकि 22.7% उत्तरदाताओं का मत है कि सरिता पत्रिका में उपभोक्ता सामग्री से सम्बन्धित चित्र सर्वाधिक छिप होते हैं, 21.3% उत्तरदाताओं के अनुसार कादम्बिनी में उपभोक्ता सामग्री से सम्बन्धित चित्र सर्वाधिक छपे होते हैं, 20.3% उत्तरदाताओं के अनुसार सरस सलील में जबकि न्यूनतम 8.4% उत्तरदाताओं के मतानुसार आउटलुक पत्रिका में उपभोक्ता सामग्री से सम्बन्धित सर्वाधिक चित्र छपे होते हैं। अतः स्पष्ट होता है कि अधिकांश उत्तरदाताओं की राय में उपभोक्ता सामग्री से सम्बन्धित चित्र अन्य पत्रिकाओं में ही छपे होते हैं। गोड़ियों के प्रचार के सम्बन्ध में सर्वाधिक 46.6% उत्तरदाताओं का मत है कि गाड़ियों का प्रचार अधिकतर खिलाड़ियों द्वारा किया जाता है जबकि 42.0% उत्तरदाताओं के मतानुसार गाड़ियों का प्रचार अधिकतर अभिनेताओं द्वारा किया जाता है और न्यूनतम 11.4% उत्तरदाताओं के मतानुसार गोड़ियों का प्रचार अधिकतर सामान्य व्यक्तियों द्वारा किया जाता है। अतः स्पष्ट होता है कि गाड़ियों का प्रचार अधिकतर खिलाड़ियों द्वारा किया जाता है। सबसे महँगा उपभोक्ता उत्पाद के सम्बन्ध में सर्वाधिक 34.6% उत्तरदाताओं का मत है कि सबसे महँगा उपभोक्ता उत्पाद अन्य कोई है जबकि 32.7% उत्तरदाताओं का मत है कि सबसे महँगा उपभोक्ता उत्पाद अन्य कोई है जबकि 32.7% उत्तरदाता सेन्ट को, 13.7% उत्तरदाता क्रीम को, 10.0% उत्तरदाता पाउडर को एवं 9. 0% उत्तरदाता साबुन को महँगा उपभोक्ता उत्पाद मानते हैं लेकिन निष्कर्षतः कहा जा सकता है कि अधिकतम उत्तरदाता क्रीम, पाउडर, सेन्ट, साबुन की तुलना में अन्य उपभोक्ता उत्पादों को महँगा उपभोक्ता उत्पाद मानते हैं। व्यक्ति से प्रभावित होने के कारण उपभोक्ता सामग्री के बिक्री के सम्बन्ध में 60.0% उत्तरदाता इस मत से सहमत हैं कि उपभोक्ता सामग्री अच्छा न होने के बावजूद लोग व्यक्ति विशेष से प्रभानित होने के कारण उसका प्रयोग करते हैं, लेकिन 40.0% उत्तरदाता इस मत से सहमत नहीं हैं, अतः स्पष्ट है कि

अधिकतम उत्तरदाताओं के अनुसार व्यक्ति विशेष का प्रभाव उपभोक्ता सामग्री के बिक्री को प्रभावित करता है। सूचना प्रौद्योगिकी के साधनों के साथ उपभोक्ता सामग्री के खपत के सम्बन्ध में 69.0% उत्तरदाताओं का मत है कि जिसके पास सूचना प्रौद्योगिकी के साधन जितने अधिक हैं उनके पास उपभोक्ता सामग्री की खपत भी उतनी ही अधिक है जबकि 31.0% उत्तरदाता इस मत से सहमत नहीं हैं। उपभोक्ता सामग्री का प्रचार समय विशेष के सम्बन्ध में सर्वाधिक 32.3% उत्तरदाताओं का मत है कि उपभोक्ता सामग्री का सबसे अधिक प्रचार सुबह होता है जबकि 30.0% उत्तरदाताओं के अनुसार रात में एवं 21.0% उत्तरदाताओं का मत है कि उपभोक्ता सामग्री का प्रचार सबसे अधिक दोपहर में होता है जबकि 16.7% उत्तरदाताओं के अनुसार शाम को प्रचार अधिक होता है, अतः स्पष्ट होता है कि सर्वाधिक उत्तरदाताओं के मतानुसार प्रचार सबसे अधिक सुबह में होता है। उपभोक्ता सामग्री की अच्छाई पर विश्वास के सम्बन्ध में 45.0% उत्तरदाताओं का मत है कि उपभोक्ता सामग्री अच्छा है या नहीं इसके लिए व्यक्ति सबसे अधिक विश्वास अपने-आप पर करते हैं जबकि 28.0% उत्तरदाताओं के अनुसार उपभोक्ता सामग्री के विषय में दूसरे व्यक्ति के सलाह पर विश्वास अधिक करते हैं जबकि 27.0% उत्तरदाताओं का मत है कि उपभोक्ता सामग्री अच्छा है या नहीं इसके लिए वे सूचना प्रौद्योगिकी के माध्यम से दिये गये सूचना पर विश्वास करते हैं। सूचना प्रौद्योगिकी का प्रयोग करने वाले आयु विशेष के व्यक्तियों द्वारा उपभोक्ता सामग्री का प्रयोग अधिकाधिक करने के सम्बन्ध में 74.0% उत्तरदाताओं का मत है कि जिस आयु वर्ग के लोग सूचना प्रौद्योगिकी का प्रयोग अधिक करते हैं वे उपभोक्ता सामग्री का प्रयोग भी अधिक करते हैं जबकि 26.0% उत्तरदाता इस मत से सहमत नहीं हैं। अतः ज्ञात होता है कि सूचना प्रौद्योगिकी के प्रयोग से उपभोक्ता सामग्री का प्रयोग जुड़ा हुआ है।

वैश्विक स्तर पर पड़ने वाले प्रभाव

सूचना प्रौद्योगिकी के उपयोग के प्रति विकसित देशों की मनोवृत्ति के सम्बन्ध में 50.4% उत्तरदाताओं के मनोवृत्ति से ज्ञात होता है कि विकसित देश विकासशील देशों पर अपनी सूचना को प्रसारित करना चाहते हैं जबकि 49.6% उत्तरदाताओं का मत है कि सूचना प्रौद्योगिकी का उपयोग विकसित देश सूचना को अपने अनुसार प्रचारित और प्रसारित करना चाहते हैं, अतः स्पष्ट होता है कि सूचना प्रौद्योगिकी के उपभोग के प्रति विकसित देशों का मूल उद्देश्य विकासशील देशों पर अपनी सूचना को प्रसारित करना है। सूचना

प्रौद्योगिकी के निर्णय के विषय में सर्वाधिक 41.3% उत्तरदाताओं का मत है कि सूचना प्रौद्योगिकी जब चाहे उपभोक्ता संसाधनों की बिक्री को बढ़ा सकता है जबकि 33.3% उत्तरदाताओं का सूचना प्रौद्योगिकी के सम्बन्ध में निर्णय है कि सूचना प्रौद्योगिकी की महत्वपूर्ण भूमिका उपभोक्ता संसाधनों को प्रचारित करने में है एवं न्यूनतम 25.4% उत्तरदाता यह भी स्वीकार करते हैं कि सूचना प्रौद्योगिकी स्वयं एक उपभोक्ता उत्पाद है। अतः यह निष्कर्ष निकलता है कि अधिकांश व्यक्तियों की राय में सूचना प्रौद्योगिकी की भूमिका उपभोक्ता संसाधनों की बिक्री को बढ़ाने में है। विकसित देश और सूचना प्रौद्योगिकी के प्रयोग के विषय में सर्वाधिक 39.0% उत्तरदाताओं का मत है कि विकसित देश सूचना प्रौद्योगिकी का प्रयोग विकासशील देशों को बाजार स्थल के रूप में देखते हुए करते हैं जबकि 32.7% उत्तरदाताओं का मत है कि विकसित देश सूचना प्रौद्योगिकी का प्रयोग स्वयं के उपभोक्ता संसाधनों के अधिकाधिक बिक्री हेतु करते हैं तथा न्यूनतम 28.3% उत्तरदाताओं के मतानुसार विकसित देश सूचना प्रौद्योगिकी का प्रयोग अपने उत्पादों का बाजार स्थल खोजने हेतु करते हैं, अतः स्पष्ट होता है कि विकसित देश सूचना प्रौद्योगिकी का प्रयोग मूल रूप में विकासशील देशों को बाजार स्थल के रूप में देखते हुए करते हैं। सूचना प्रौद्योगिकी के माध्यम से उपभोक्ता संसाधनों के कारण वैश्विक विध्वंस के सम्बन्ध में 53.0% उत्तरदाताओं का मत है कि सूचना प्रौद्योगिकी के माध्यम से उपभोक्ता संसाधनों के कारण वैश्विक विध्वंस विकासशील देशों के उपभोक्ता संसाधनों के ऊपर विकसित देशों का युद्ध के माध्यम से नियंत्रण करना है जबकि 47.0% उत्तरदाताओं के विचारानुसार सूचना प्रौद्योगिकी के माध्यम से उपभोक्ता संसाधनों के कारण विकसित देशों की विकासशील देशों पर आक्रमण होना है। वैश्विक स्तर पर आय का अधिकाधिक हिस्सा का उपभोक्ता साग्रियों पर खर्च के सम्बन्ध में 72.0% उत्तरदाताओं का मत है कि वैश्विक स्तर पर आय का अधिकाधिक हिस्सा अखाद्य सामग्रियों के ऊपर व्यय होता है जबकि 28.0% उत्तरदाताओं के अनुसार वैश्विक स्तर पर आय का अधिकाधिक हिस्सा खाद्य सामग्रियों के ऊपर व्यय होता है। निष्कर्षतः यह ज्ञात होता है कि वैश्विक स्तर पर आय का अधिकाधिक हिस्सा अखाद्य सामग्री के ऊपर व्यय होता है।

सूचना प्रौद्योगिकी तथा आधुनिकता के तरफ उन्मेष

सूचना प्रौद्योगिकी तथा कार्य विशेष की बढ़ोत्तरी के सम्बन्ध में अधिकतम 40.0% उत्तरदाताओं का मत है कि सूचना प्रौद्योगिकी के कारण रचनात्मक एवं विध्वंसात्मक दोनों तरह के कार्यों में बढ़ोत्तरी हुई है जबकि 36.0%

उत्तरदाताओं का मत है कि सूचना प्रौद्योगिकी से सिर्फ रचनात्मक कार्यों में बढ़ोत्तरी हुई है एवं 24.0% उत्तरदाताओं के अनुसार सूचना प्रौद्योगिकी से विध्वंसात्मक कार्यों में बढ़ोत्तरी हुई है। अतः स्पष्ट होता है कि सूचना प्रौद्योगिकी के कारण दोनों तरह के कार्यों (रचनात्मक एवं विध्वंसात्मक) में बढ़ोत्तरी हुई है। सूचना प्रौद्योगिकी का आम आदमी को तार्किक बनाने के योगदान के सम्बन्ध में ज्ञात होता है कि सर्वाधिक 50.3% उत्तरदाताओं का मत है कि सूचना प्रौद्योगिकी ने आम आदमी को तार्किक बनाने में योगदान नहीं दिया है जबकि 49.7% उत्तरदाताओं का मत है कि सूचना प्रौद्योगिकी ने आम आदमी को तार्किक बनाने में योगदान दिया है। अतः आँकड़ों से ज्ञात होता है कि अभी भी सूचना प्रौद्योगिकी ने आम आदमी को उतना प्रभावित नहीं किया है। सूचना प्रौद्योगिकी एवं सामाजिक विकास के संदर्भ में ज्ञात होता है कि सर्वाधिक 62.7% उत्तरदाताओं का मत है कि सूचना प्रौद्योगिकी ने समाज का उपरी विकास किया है जबकि 37.3% उत्तरदाताओं का मत है कि सूचना प्रौद्योगिकी ने समाज का सतही विकास किया है। अतः स्पष्ट है कि सूचना प्रौद्योगिकी का योगदान समाज के ऊपरी विकास में अधिक है। सूचना प्रौद्योगिकी का आधुनिकीकरण के नाम पर अपव्यय के सम्बन्ध में स्पष्ट होता है कि अधिकतम 64.6% उत्तरदाताओं का मत है कि सूचना प्रौद्योगिकी ने आधुनिकीकरण के नाम पर अपव्यय को बढ़ाया है जबकि 35.4% उत्तरदाता इस मत से सहमत नहीं है। निष्कर्षतः कहा जा सकता है कि सूचना प्रौद्योगिकी ने आधुनिकीकरण के नाम पर अपव्यय को बढ़ाया है। सूचना प्रौद्योगिकी का आम आदमी के मानसिक और मनोवैज्ञानिक आकांक्षा के सम्बन्ध में परिलक्षित होता है कि सर्वाधिक 61.3% उत्तरदाताओं का मत है कि सूचना प्रौद्योगिकी ने आम व्यक्ति के मानसिक और मनोवैज्ञानिक आकांक्षाओं को बढ़ाया है जबकि 38.7% उत्तरदाता इस मत से सहमत नहीं है। सूचना प्रौद्योगिकी के विकास के साथ सामाजिक/व्यक्तिगत नैतिकता के ह्रास के सम्बन्ध में स्पष्ट होता है कि अधिकतम 68.7% उत्तरदाता इस मत से सहमत है कि सूचना प्रौद्योगिकी जितनी तीव्र गति से विकसित हो रही है, सामाजिक/व्यक्तिगत नैतिकता का उतना ही ह्रास हो रहा है लेकिन 31.3% उत्तरदाता इस मत से सहमत नहीं हैं अर्थात् यह स्पष्ट होता है कि सूचना प्रौद्योगिकी के विकास के कारण सामाजिक एवं व्यक्तिगत नैतिकता में ह्रास हुआ है। सूचना प्रौद्योगिकी के कारण आम आदमी के विभ्रम में पड़ने के सम्बन्ध में ज्ञात होता है कि अधिकतम 62.3% उत्तरदाता इस मत से सहमत हैं कि सूचना प्रौद्योगिकी के दुष्प्रचार ने आधुनिक समय में औसत व्यक्ति को विभ्रम में डाल दिया है जबकि 37.7% उत्तरदाता इस मत से सहमत नहीं है,

अतः स्पष्ट होता है कि सूचना प्रौद्योगिकी के कारण औसत व्यक्ति विभ्रम में पड़ गया है। सूचना प्रौद्योगिकी के विकास से समाज की परंपराओं के समाप्त होने के सम्बन्ध में सर्वाधिक 46.7% उत्तरदाताओं का मत है कि सूचना प्रौद्योगिकी के उत्तरोत्तर विकास से भी समाज की परम्परायें समाप्त नहीं होंगी जबकि 38.0% उत्तरदाताओं के मतानुसार सूचना प्रौद्योगिकी के उत्तरोत्तर विकास से समाज की परम्परायें समाप्त हो जायेंगी जबकि 15.3% उत्तरदाताओं का मत है कि इसके सम्बन्ध में कुछ कहा नहीं जा सकता। अतः स्पष्ट होता है कि सूचना प्रौद्योगिकी के विकास के फलस्वरूप भी समाज से परम्परायें समाप्त नहीं होंगी। सूचना प्रौद्योगिकी के साधनों के अधिक प्रयोग से व्यक्ति के मूल संस्कृति से दूर होने के सम्बन्ध में ज्ञात होता है कि सर्वाधिक 61.0% उत्तरदाता इस मत से सहमत नहीं हैं कि जो व्यक्ति सूचना के सम्बन्धित संसाधनों का जितना अधिक प्रयोग कर रहा है वह अपनी मूल संस्कृति से उतना ही दूर होता जा रहा है जबकि 39.0% उत्तरदाता इस मत से सहमत है कि सूचना प्रौद्योगिकी से सम्बन्धित संसाधनों ने व्यक्ति को अपनी मूल संस्कृति से दूर किया है। अतः स्पष्ट होता है कि सूचना प्रौद्योगिकी के विकास से व्यक्ति की मूल संस्कृति प्रभावित नहीं हुई है। सूचना प्रौद्योगिकी के विकास के साथ आर्थिक विकास के संदर्भ सर्वाधिक 86.4% उत्तरदाताओं का यह मत है कि सूचना प्रौद्योगिकी जैसे-जैसे विकसित हो रही है उसी अनुपात में आर्थिक विकास भी हो रहा है। सूचना के संसाधनों द्वारा त्वरित, द्रुत और तात्कालिक आवश्यकताओं की पूर्ति के सम्बन्ध में ज्ञात होता है कि अधिकतम 63.4% उत्तरदाताओं का मत है कि संचार एवं सूचना के संसाधनों ने व्यक्ति की त्वरित, द्रुत एवं तात्कालिक इच्छाओं की पूर्ति को सम्भव बनाया है जबकि 36.6% उत्तरदाता इसको स्वीकार नहीं करते। अतः यह स्पष्ट होता है कि सूचना के संसाधनों के कारण व्यक्ति की तात्कालिक इच्छा पूर्ति संभव हो पायी है। सूचना प्रौद्योगिकी का विगत 10 वर्षों में तुलनात्मक योगदान के संदर्भ में अधिकतम 52.6% उत्तरदाताओं का मत है कि सूचना के संसाधनों में विगत 10 वर्षों की तुलना में व्यक्ति की तत्कालिक इच्छाओं की पूर्ति बहुत अधिक है जबकि 38.4% उत्तरदाताओं के मतानुसार व्यक्ति की तत्कालिक इच्छाओं की पूर्ति बहुत अधिक न होकर 10 वर्षों की तुलना में अधिक हुई है तथा 9.0% उत्तरदाताओं के अनुसार व्यक्ति की तात्कालिक इच्छाओं की पूर्ति सूचना संसाधनों के विकसित होने के बावजूद 10 वर्ष पूर्व की तुलना में पूर्ववत है। अतः स्पष्ट होता है कि सूचना के संसाधनों ने व्यक्ति की त्वरित, द्रुत एवं तत्कालिक इच्छाओं की पूर्ति विगत 10 वर्षों की तुलना में बहुत अधिक संभव बनाया। प्रचार माध्यमों के दायरे से वंचित होने के कारण उपभोक्ताओं की

कमी के सम्बन्ध में 67.0% उत्तरदाता इस मत से सहमत हैं कि जो उपभोक्ता सामग्रियाँ सूचना और प्रचार माध्यमों के दायरे से जितना ही अधिक वंचित रहती हैं उतना ही अधिक उनके उपभोक्ताओं की कमी दिख पड़ती है जबकि 33.0% उत्तरदाता इस मत से सहमत नहीं हैं। **अब तीसरी उपकल्पना सत्यापित होती है अर्थात् यह कि जो उपभोक्ता सामग्रियाँ सूचना और प्रचार माध्यमों के दायरे से जितना ही अधिक वंचित रहती हैं उतनी ही अधिक उनके उपभोक्ताओं की कमी दिख पड़ती है अर्थात् उनका विपणन अर्थव्यवस्था के लिए ऋणात्मक होता है।** सूचना प्रौद्योगिकी के द्वारा होने वाले प्रचार के सर्वाधिक प्रभाव के सम्बन्ध में सर्वाधिक 54.3% उत्तरदाताओं का मत है कि प्रचार का सर्वाधिक प्रभात महिलाओं पर पड़ा है जबकि 45.7% उत्तरदाताओं का मत है कि प्रचार का सर्वाधिक प्रभाव पुरुषों पर पड़ा है। अतः स्पष्ट होता है कि आधुनिक समाज में प्रचार से सर्वाधिक प्रभावित महिलायें हुई हैं। उपभोक्ता संसाधनों के प्रचलन से अर्थव्यवस्था की ह्रास एवं वृद्धि के सम्बन्ध में सर्वाधिक 60.0% उत्तरदाताओं का मत है कि उपभोक्ता संसाधनों का प्रचलन वितरण एवं विपणन अर्थव्यवस्था की ह्रास एवं वृद्धि दोनों से जुड़ा होता है जबकि 48.0% उत्तरदाता इस मत से सहमत नहीं हैं। अतः स्पष्ट होता है कि उपभोक्ता संसाधनों का प्रचलन, वितरण एव विपणन अर्थव्यवस्था की ह्रास एवं वृद्धि दोनों से जुड़ा होता है। **एक उपकल्पना प्रमाणित होती है अर्थात् कि उपभोक्ता संसाधनों के प्रचलन, वितरण, विपणन अर्थव्यवस्था की ह्रास एवं वृद्धि दोनों से जुड़ा होता है।**

सामान्यीकरण

1. सूचना प्रौद्योगिकी माध्यमों से होने वाले प्रचार से किसी भी ब्राण्ड की वस्तुएँ महँगी हो जाती हैं।
2. किसी भी ब्राण्ड का अधिक प्रचार होना इसके अर्थात् वस्तुओं के अच्छे होने को प्रमाणित करता है।
3. जिस उपभोक्ता सामग्री का प्रचार अधिक होता है वह तुलनात्मक रूप से महँगी होती हैं।
4. प्रचार से सर्वाधिक 26-35 आयु वर्ग के लोग प्रभावित होते हैं।
5. सूचना प्रौद्योगिकी ने उपभोक्तावाद को बढ़ाया है और उपभोक्तावाद हमें पतन की ओर ले जा रहा है।
6. उपभोक्ता उत्पादों के प्रचलन को बढ़ावा देने में इलेक्ट्रॉनिक मीडिया का सबसे अधिक योगदान है।

7. प्रचार का सबसे अच्छा साधन आधुनिक समाज में टेलीविजन है।
8. उपभोक्ता सामग्रियों के प्रचार सर्वाधिक प्रभावशाली तरीके से अभिनेताओं द्वारा किये जाते हैं।
9. प्रचार का सर्वाधिक प्रभाव अखाद्य सामग्री के ऊपर पड़ा है।
10. प्रचार का फायदा अचानक स्मृति में आने पर ग्राहक 51-75% तक प्रभावित होते हैं।
11. जिसके पास सूचना प्रौद्योगिकी के साधन जितने अधिक हैं उनके पास उपभोक्ता सामग्री की खपत भी उतनी ही अधिक है।
12. विकसित देश सूचना प्रौद्योगिकी का प्रयोग विकासशील देशों को बाजार स्थल के रूप में देखते हुए करते हैं।
13. जो उपभोक्ता सामग्री प्रचार माध्यमों के दायरे से जितना वंचित होती है उसके उपभोक्ताओं की उतनी ही कमी होती है।
14. प्रचार का प्रभाव पुरुषों की तुलना में महिलाओं पर अधिक पड़ा है।
15. उपभोक्ता संसाधनों का प्रचलन वितरण एवं विपणन अर्थव्यवस्था की ह्रास एवं वृद्धि दोनों से जुड़ा हुआ है।

सन्दर्भ ग्रन्थ

(Bibliography)

Agee, W.K. (1969), Mass Media in a Free Society, Oxford and IBH Publishing Co.

Alexander, C. (1998): Digital Democracy, Oxford University Press, Oxford.

All India Kashiraj Trust (1981) : Varanasi (An Introduction to the Greatness of the City), Varanasi, All India Kashiraj Trust.

Amin, Sameer (1997): Captalism in the Age of Globlization, Madhyam Book, Delhi.

Amor, Leila, B. (1993) : Television Modernization and Modernity, Maxico, Hispanic Community in the U.S. Version, Estudies de Communication Poltica, 3, Apr. pp. 35-54.

Anderson, Halsey, A.H. (1961) : Education Economics and Society, The Free Press of Glencoe, Inc..

Anthony, K. (1963): Action, Emotion and Will, Routledge and Kegan Paul, London.

Aries, P. (1962): Centuries of Childhood, Translated by Robert Baldic, Jonashan Cape Ltd.

Arnold, P.C.B.H. (1997): The Information Society, Vol. 13, Issue 1, March, pp. 107-123.

Arocho, V. and Sylvia, E. (1989) : Multinational Companies and The Latin American Communication Media; Brazil, Puerto Rico and Venezuela, Homines, Vol. 13, No. 1, Feb-July, pp. 22-31.

Aversa Maria, L. (1989) : The Audience and Television, Grande Bouffe. An Analysis of Auditel Data : Socialogia Ricerce Sociale, Vol. 10, No.-30, Dec. pp. 129-133 (ITA) (Trans.).

Barkar, C. (1997): Global Television: An Introduction, Blackwell, Oxford.

Barnet, H.G. (1953), Innovation: The Basic Concept of Cultural Change, Mc-Grew Hill Book Co. Inc. New York.

Basirudin, S. (1987), Development of Mass Media for Social Change.

Bayus, Jand Smith, S. (1997-2000): The Globalization of World Politics, Oxford University Press, Oxford.

Beek, U. (2000): What is Globalization? Cambridge Polity Press.

Bell Doniel (1973): The Coming of Post Industrial Society, Basic Books, New York.

Ben, A.P.G.K. (1998): The InformationSociety, Vol. 14, Issue 1, Feb., pp. 3-18.

Bennit T., Kuran J. and J. Wolcatt (1985) : Culture Society and Media, Maithun, London.

Benit T. and Martin G. (1986) : Popular Culture : Past and Present, Open University Press, London.

Berry, C. (1990) : Channel Images and Mental Models : Perceived on British Television, Media Culture and Society, Vol.12, No. 2, April, pp. 231-245.

Beteille, A. (1966): Caste, Class and Power: Changing Pattern of Stratification in a Tanjore Village, Oxford University Press, Bombay.

Bharuch, R. (1999): In the Nam of Secular: Contemporary Cultural Activism in India, Oxford University Press, Delhi.

Bird, S. and Dardenne Robert, W. (1990) : News and Story Telling in American Culture : Revaluating the Sensational Dimension, Journal of American culture, Vol. 13, No. 2, Summer, pp. 33-37.

Blum, E. (1963), A Reference Book in Mass Media, Urbana University, Illinois.

Blum, M.L. and Naylor, J.C. (1984): Industrial Psychology: Its Theoretical and Social Foundation, CBS Publishers, Delhi.

Bolly, L. (1989) : Semantic Strategies and New Technologies, Communication Information, Vol. 11, No. 2, Autumn, pp. 185-203 (FRE).

Bourdrillard, J. (1983): Simulation, Semiotext(e), New York.

Braudy, E.W. (1990): Communication Tommorow, Prayzar Publication, New York.

Calenda, D. (2007): Information, Communication and Society, Vol. 10, Issue 1, February, pp. 29-47.

Campbell, S.C. (2006): Communication Eudcation, Vol. 55, Issue 3, July, pp. 280-294.

Castells M. (1989): The Information City, Oxford Basil Blackwell.

Castells, M. (1993): 'The Informational Economy and the New International Division of Labor', In M. Camog, M. Castells, S. Cohen and H. Condoso (eds.), The New Global Economy in the Information Age, London, Macmillan.

Charles, T. (1964): The Exploration of Behaviour, Humanities Press, new York.

Chayko, M. (1993) : How You "Act Your Age", When You Watch T.V., Sociological Forum, Vol.8, No.4, Dec. pp. 573-593.

Choubey, S.P. (2000): Fundamentals of Industrial Pshychology, Himalya Publishing House, Mumbai.

Cleveland, H. (1990) : The Age of Spreading Knowledge, The Futurist, Vol.24, No. 2, March-April, pp. 35-39.

Cottle, S. (1993) : 'Race' and Regional Television News : Multiculturalism and The Production of Popular T.V., New Community, Vol. 19, No. 4, July, pp. 581-592.

चतुर्वेदी, जगदीश्वर (1996): जनमाध्यम और मास कल्चर, सारांश प्रकाशन प्रा. लि, नई दिल्ली।

Craig, O. And Charters (1972): Personnel Leadership in Industry, M.E. Sharp, Inc. White Place, New York.

Curren, G. and Vollacott, E.A. (1977), Mass Communication and Society, Open University Press.

Dar, S.L., Somaskandan, S.(1966): History of the Banaras, Banaras Hindu University, Varanasi, B.H.U. Press.

Dube, S.C. (1964), "Communication, Innovation and Planned Change in India", International Development Institute, Honolulu, East & West Centre Press.

Dicken, P. (1998): Global Shift: Transferming The World Economy (3rd Ed.), Sage, London.

Donna, L. Thomas, H. and Novak, P. (1997): The Information Society, Vol. 13, Issue 1, March, pp. 43-54.

Downing, J. (1990) : The Political Economy of U.S. Television, Monthly Review, Vol.42, No. 1, May, pp. 30-41.

Drever, J. (1981): The Psychology of Industry, Basic Books, New York.

Ducheneaut, N.B. (2002): Information, Communication and Society, Vol. 5, Issue 2, June, pp. 153-188.

Duff, A.S. (2004): Information, Communication and Society, Vol. 7, Issue 3, Sep., pp. 430-412.

Durkheim, E. (1956): Education and Sociology, Thre Free Press of Glencoe, Illinois.

Emanuel, S. (1995): 'A Community of Culture, The European Television Channel, History of European Ideas, Vol. 21, No. 2, Mar, pp. 169-176.

Emery, F.F. and Oscar, O.A. (1958), Information Decision and Action, Malbourne University Press, Carleton, Victoria.

Equiza, E. (1991) : Mass Consumption or Mass Communication in the Television Medium. Cuadernos de Relidades Sociales, 37-38, Jan. pp. 67-80.

Erikson, E. (1964): Psychological Reality and Historical Actualityin insight and Responsibility, Norton, New York.

Everett, M. Rozers, M. (1986): Communiction Technology, The Free Press, New York.

Favino, G. (1989) : TV Market Tendencies, Sociologio Ricerca Sociale, Vol. 110, No. 30, pp. 39-46, (Trans.).

Ferguson, M. (1992) : The Mythology about Globalization, European Journal of Communication. 7 (1) pp. 69-83.

Fisher, A. (1978), Prospective on Human Communication, Macmillan Co., New York.

Fitzpatrick, T. (2002): Information, Communication and Society, Vol. 5, Issue 3, September, pp. 357-378.

Fred Fedler (1978): An Introduction of Mass Media, Hacourt Brace, Jounanovich Inc. New York.

Gagllard, C. (1988) : Whats the Meaning of This ? Viewer's Plural seqse Making of T.V. News, Media Culture and Society, Vol. 10, No.-3, pp. 285-301.

Gane, N. (2003): Information, Communication and Society, Vol. 6, Issue 3, September, pp. 430-450.

Gates, B. (1995): The Road Ahead, New York, Viking Penguin.

Ghosh, P.K. and Ghorpade, M.B. (1999): Industiral Psychology, Himalya Publishing Housem Mumbai.

Ghurye, G.S. (1969): Caste and Race in India, Popular Prakashan, Bombay.

Giddans, A. (1999): Runaway World: How Globalization is Resnaping Our Lives, Profile Book, London.

Giddens, A. (1990): The Consequences of Modernity Polity Press, Cambridge.

Golding, P., (1974) : Media Role in National Development : A Critique of a Theoritical Orthodoxy; Journal of Communication, 24 (Summer) pp. 39-53.

Golding, P., (1994) : Telling Stories : Sociology, Journalism and the Informed Citizen, European Journal of Communication 9 (4) pp. 461-484.

Goldman, R. and Papson, S. (1998): Nike Culture, Sage, London.

Goldner, M. (2006): Information, Communication and Society, Vol. 9, Issue 6, December, pp. 693-713.

Gore, M.S.; Desai, I.P. and Suma Chitnis (1972): Field Studies in the Sociology of Education, All India Report, National Council of Educational Research and Training.

Gorz, A. (1982): Farewell to the Working Class: An Essay on Post-Industrial Socialism, Pluto Press, London.

Gosling, J.C. (1969): Pleasure and Desire, Oxford University Press.

Gountlett, D. (2000): Web. Studies, (ed.), Arnold, London.

Green, O.H. (1972): Emotion and Belief, American Philosophical Quarterly, Monograph, No. 6.

Greenberg, B.S. (2005): Communication Reports, Vol. 18, Issue 1&2, April, pp. 1-8.

Gupta, D. (1955): "Can Post Modernism be Universalised? Derrda and Baudrillard in the Tropics, Contribution to Indian Socilogy, Sage Publication, New Delhi.

Gupta, D. (2000): Mistaken Modernity, Harper Collins Publishers, New Delhi.

गुप्त, बृजमोहन (1997), जनसंचार माध्यम : विविध आयाम, राधाकृष्ण प्रकाशन, दिल्ली.

Hall, S. and Others (1993), Modernity and its Future, Polity Press Cambridge.

Hampshire, S. (1965): Freedom of the Individual, Harper and Row, New York.

Harrey, D. (1989): The Condition of Post Modernity: An Enquiry into the Origins of Cultural Change, Oxford University Press.

Hartmann, P. Patil, B.R. and Dighe, A. (1989): The Mass Media and Village Life: An Indian Study, Sage Publication, New Delhi.

Harvey, D. (1989), The Condition of Post Modernity: An Enquiry Into the Origins of Cultural Change, Oxford University Press, Oxford.

Hassan, R. (1999): Information, Communication and Society, Vol. 2, Issue 3, September, pp. 300-317.

Heath, C. and Huff, P. (2000): Technology in Action, Cambridge University Press, Cambridge.

Hepwarth, Mark, E. and Waterson, M. (1988) : Information Technology and the Spatial Dynamics of Capital, Information Economics and Policy, Vol.3, pp. 43-63.

Herbert, Shillar, I. (1976) : Communications and Culture Dominations, M.E. Sharp Inc, New York.

हरिमोहन (1999), रेडियो, दूरदर्शन और पत्रकारिता, तक्षशिला प्रकाशन, दरियागंज, दिल्ली।

Hidl, W.F. (1952), "On the Role of Gain of Information", Quarterly Journal of Experimental Psychology.

Hine, C. (1998): The Information Society, Vol. 14, Issue 4, No., pp. 253-262.

Hirsohaman, Elizabeth, C. (1988) : The Ideology of Consumption : A Structural Syntactical Analysis of 'Dallas' and 'Dynasty'. The Journal of Consumer research, Vol.15, No.-3, Dec. pp. 344-359.

Hougland James G, James.R. (1990) : The Instability of the support for television evangelists : Public Reactions During a period of Embarrassment, Review of Religion Research, Vol. 32, No. 1, sep., pp. 56-64.

Howcroft, D. (1999): Information Communication and Society, Vol. 2, Issue 3, September, pp. 277-299.

Huls (1990) : Erica, Communication Patterns in Turkish Families; A Case Study, Sociologische Guides, Vol. 37, No. 56, Sep.-Oct., pp. 351-371.

Hurd, G.E. and Johnson, T.J. (1967): Education and Development, Sociological Review, Vol, . 15, No. 1, March, 1967.

इस्सर देवेन्द्र (1995), जनमाध्यमः संप्रेषण और विकास, इंद्रप्रस्थ प्रकाशन, दिल्ली.

Jameson, F. (1991): Post Modernism or the Cultural Logic of Late Capitalism, London, Versa.

Kalekar, J.T. (1960), The Effect of Mass Communication, Free Press, Glencoe.

Kapadia, K.M. (1966): Marriage and Family in India, Oxford University Press, London.

Kappuswamy, B. (1972): Social Change in India, Vikas Publication, Dehli.

Kuppuswami, B. (1976), Communication and Social Development in India, Sterling Publication Pvt. Ltd., New Delhi.

काश्लेव यूरी (1984), सूचना साम्राज्यवाद, शब्दकार, दिल्ली।

Kellner, D. (1994): Boudrillard: A Critical Reader, Oxford and Combridge, Basil Backwell.

Kellner, D. (Ed.) (1994), A Critical Reader, Oxford and Combridge, Basil Bacwell.

Kellner, D. (Ed.), Baudrillard, J. (1989), From Marxism to Post-modernism and Beyond, Cambridge Polity Press.

Kepplinger, Hans. M. (1991) : Opinion Formation in Mediated Conflicts and Crises : A Theory of Cognitive-Affective Media effects, International Journal of Public Opinion Research, Vol. 3, No.2, Summer, pp. 132-156.

Krishnamachari, V.T. (1958): Community Development in India, Government of India, Publication Division, New Delhi.

Kubey, Robert, W. and Peluso, (1990) : The Emotional Response as a Cause of Interpersonal News diffusion : The Case of the Space Shuttle, Tragedy, Journal of Broadcasting and Electronic Media, Vol. 34, No. 1, Winter, pp. 69-76.

Laswell, H. (1948) : The Structure and Function of Communicating Society, Free Press, New York

Lax, S. (2003): Information, Communication and Society, Vol. 6, Issue 3, September, pp. 326-349.

Learner, R. and Rothmas, S. (1990) : Rhetorical Conflict and the Adversarial Media, Part-I, International Journal of Group Tensions, Vol. 20, No.3, Fall, pp., 203-229.

Lemieux, V. and Picard (1989) : An Evaluation of the Efficiency and Equality of Communication – Quebec, Communication Information, Vol.10, No.2-3, pp. 49-66.

Lerner, D. (1957), "Communication System and Social System", Behaviour Science, Vol. I, II, No. 4, Oct. 04.

Lerner, D. (1958): The Passing of Traditional Society, Fre Press, New York.

Lerner, D. (1963), Towards A Communication Theory of Modernization, The Free Press, New York.

Lipset, S.M. and Bendix, R. (1959): Social Mobility in Industrial Society, California University Press, California.

Lohisse, J. (1990) : The Pyramid and the Stars, Social Structure and Communication in the societies of Tommorow, Researches Sociologiques, Vol. 21, no. 3, pp. 373-387.

Luke, T.W. (1995): 'New World Order or Neo-world Orders: Power Politics and Ideology in Informationalizing Glocalities', In M. Featherstone, S. Lash and R. Robertson (eds.) Global Modernities, London, Sage.

Lyon, D. (2001): Surveillance Society: Monitoring Every Day Life, Open University Press, Buckingham.

Macivar and Page(1962) : Society : An Introductory Analysis, London.

Madon, S. (1997): the Information Society, Vol. 13, Issue 3, September, pp. 227-224.

Malcolm, W. (2000), Globalization, Routledge, London.

Manaer (1990) : Alteration of Mass Media Effectiveness Criteria in Accordance with the Democratization of Society, Socialogicheskle Issledovania, Vol. 17, No. 6, pp. 26-37.

Massey, D. (1991) : A Global Sense of Place, Marxism Today, June, pp. 24-29.

Mattlelart, A. and Mattlelart, M. (1992): Rethinking Media Theory: Signposts and New Directions, Trans., J.A. Cohen and M. Urquidi. Minnesota, University of Minnesota Press.

MacWell D. (1984) : Mass Communication Theory : An Introducation, Sage Publication, London.

McGuigan, J. (1999): Modernity and Post Modern Culture, Open University Press, Philadelphia.

मलिक, अशोक (2000), सूचना प्रौद्योगिकी एवं पत्रकारिता, हरियाणा साहित्य अकादमी, पंचकूला।

महाजन (2004): विज्ञापन, हरियाणा साहित्य अकादमी, पंचकुला।

Mike, B. (1998): Disent Voices: The Politics of Television and Cultural Changes, Pluto Press, London.

Milavsky, J. (1992) : How Good is the A.C. Nielsen People Meter System? A Review of the Report by the Committee on Nationwide Television Audience Measurement (CONTAM), The Public Opinion quarterly, Vol. 56, No. 1, Spring, pp. 102-115.

Milgram, S. (1963): Behavioural Study of Obediense, Journal of Abnormal and Social Psychology.

Moores, S. (1995): Media, Modernity and Lived Experience, Journal of Communication Inquiry, Vol. 19, No. 1, Spring, pp. 5-19.

Murphie, Andrew (2002), Culture and Technology.

Muthia, K.S. and Co. (1911), Smiling Benares, Containing a Sketch from the Vedic Days to the Modern Times, Madras, Printed by Raithby and Co..

Murti, N.V.K. (1988), Media of Publicity ofter Independence, Kurukshetra.

Nass, C. and Byron, R. (1996) : Technology and Roles : A Jail of Two TV's. Journal of Communication, Vol. 46, No.2, pp. 121-128.

Ojha, R.K. (1997): Industrial Psychology, Vinod Pustak Mandir, Agra.

Ortega, A. (1988) : En Tiempo Do Bolero : Colonialismo Ypatriarcado enlos melodramas y Anuncias Televisados, Revista de ciencias sociales, Vol. 27, No.-1-2, March-June, pp. 91-99, (Trans.).

Pandey, P.N. (1994): Abstracts of the Proceedings of 15th U.P. Sociological Society, Organized by the Departement of Sociology, B.H.U., Oct. 28-30, 1994.

Pavi, L.W. (1973): Commnication and Political Development, Raj Kamal Publication, New Delhi.

Penman, R. (1988) : Communication Reconstructed, Journal for the Theory of Social Behaviour, Vol. 18, No.-4, Dec. pp. 391-410.

पाठक, विजया (1999), मीडिया–समग्र आयाम, पत्रकारिता संस्थान, भोपाल।

पारख, जवरीमल्ल (1996), जनसंचार माध्यमों का सामाजिक चरित्र, अनामिका पब्लिशर्स, दिल्ली।

पारख, जवरीमल्ल (2000), जनसंचार माध्यमों का वैचारिक परिप्रेक्ष्य, नाइस प्रिंटिंग प्रेस, दिल्ली।

पचौरी, सुधीश (1994), उत्तर-आधुनिकता और उत्तर संरचनावाद, हिमालय पुस्तक भण्डार, दिल्ली.

Pool Ithel D. S. (1963): The Role of Communication in the Process of Modernization and Technological Change", UNESCO & Mouton.

Poster, M. (Ed.) Jean Baudrillard (1988), Selected Writings, Cambridge Pollty Press.

Pye, Lucian, W. (1963), Communication and Political Development, Princeton University Press, New Jersey.

Rao, M.S. (1970): Urbanization and Social Change, Orient Lognmans Ltd.

Ray, S.N. (1991): The Third World in the Age of Globalization, Madhyam Books, Delhi.

Redovan, M. (2001): Information, Communication and Society, Vol. 4, Issue 2, June, pp. 230-246.

Richard Michel, P. (1989) : Cynicism Egoism and Altruism : A Media Tests of Sorokins Paradigm, International Social Science Review, Vol. 64, No. 4, Autumn, pp. 165-171.

Ritzer George: Sociology and Cociological Theory.

Ritzer, G. (1996): the McDonaldization of Society: An Investigation into the Changing Character of Contemporary Social Life, CA: Pine Forge Press, Thousand Oaks.

Robert, L.S. (1988): Communication Development and the Third World, Longmen, New York.

Roberts, D. (1974), The Mass Media Play: A Role in Political Socialization, Australian and Newzealand Journal of Sociology.

Rogers E.M. Floyd S. (1971): Communication of Innovation, Across Cultural Approach The Free Press, New York.

Rogers, E.M. & Shoemaker Floyd (1971), Communication of Innovations (Across Cultural Approach), The Free Press, New York.

Rothman, S. and Learner, R. (1988) : Television and The Communication Revolution, Society, Vol. 26, No. 117, Nov.-Dec., pp. 64-70.

Rusbridger, A. (1994) : The New Moghul Invasion, The Guardian, Ist April (Weekend Supplement) pp. 7-10 and 43.

Sapalsky, Barry, B. and Tabarlet, Joseph, O. (1991) : Sex in Prime time Television : 1979 Versus 1989, Journal of Broadcasting and Electronic Media, Vol. 35, No. 4,5, Fall, pp. 505-516.

Schiller, H. (1969) : Mass communication and American Empire, Kelley, New York.

Schiller, H. (1996): Information Inequality: The Deepening Social Crisis of America, London, Routledge.

Schiller, H.I. (1996): Information Inequality, Routledge, New York.

Schultz, D.P. (1969): The Human Subject in Psychological Research, Psychological Bulletin, 214-218.

Sen, J.A. (1998): Information Technology in Business: Principles, Practices and Opportunities (IInd Ed.), Prentice Hal, Business Publishing, New York.

Sen, Rajani Ranjan (1912): The Holy City (Benares), Chittagong: Minto Press.

Sherring, M.A.(1975) : The Sacred City of the Hindus: An Account of Banaras in Ancient and Modern Times, Delhi, B.R. Publishing Corporation.

Singh, S. P. (1987): History of Benaras State, Thesis, B.H.U., Varanasi.

Sukul, K. N. (1974): Varanasi Down the Ages, Varanasi, Bhargava Bhusan Press.

Sexby, S. (1990): The Age of Information, Macmillan, London, p. 41.

Sharma, S.C. (1990), Sociological Approach to Communication in Communication in Society, Classical, New Delhi.

Silverstein, H. (1973): The Sociology of Youth: Evolution and Revolution, The Macmillan Company, New York.

Simpson, S. (2004): Information, Communication and Society, Vol. 7, Issue 1, March, pp. 50-68.

Singh G. (1987), The Story of Commnication, an Indian Perspective Harman Publication, New Delhi.

Singh, Y. (1977): Social Stratification and Change in India, Manohar Publications, New Delhi.

Singh, Y. (1994), Modernisation of Idian Tradition, Rawat Publication, Jaipur.

Singh Y. (2000), Culture Change in India, Rawat Publication, Jaipur.

Singhal, A. and Rozers, A.M. (1989): India's Information Revolution, Sage Publication, New Delhi.

शर्मा, राधेश्याम (1993), जनसंचार, साहित्य अकादमी, पंचकूला, हरियाणा।

Smith, A., (1980) : The Geopolitics of Information, Oxford University Press, New York.

Sorokin, P.A. (1927) : Social Cultural Mobility, The Free Press of Glencoe.

Srinivas, M.N. (1962): Caste in Modern India and other Essays, Asia Publishing House, Bombay.

Srinivas, M.N. (1966): Social Change in Modern India, Berkeley and Los Angels University of California Press.

Stevenson, N. (2000): Information, Communication and Society, Vol. 3, Issue 2, June, pp. 192-214.

Swenson, J.D. (1995): Cultural Construction of Reacism, Journal of Communication Inquiry, Vol. 19, No. 1, Spring, pp. 75-88.

Tourine, A. (1971): The Post Industrial Society, Random House, New York.

Tunstall, J. & Palmer, M. (1991) : Media Moguls, Routledge (London).

Tunstall, J., (1977) : The Media are American Constable, London.

Vachani, J. (1999): Modern Communication and Information System, Kanishka Publishers, New Delhi.

Vengerfeldt, P.P. (2006): The Information Society, Vol. 22, Issue 5, December, pp. 303-310.

Vittal, N. and Mahalingam, S. (2001), Information Technology – India's Tommorow, Manas Publication, New Delhi.

Vromen, A. (2007): Information, Communication and Society, Vol. 10, Issue 1, Feb, pp. 48-68.

Waren, K. Eggi, Filip, H. and Advin, E. (1982): Perspective and Mass Communication, Harper and Row Publishers, New York.

Waxer, P.H., (1992) : Alcohol Consumption in Television Programming in Three English Speaking Cultures, Alcohol and Alcoholism, Vol. 27, No.2, March, pp. 195-200.

Webster, F. (2005): Information, Communication and Society, Vol. 8, Issue 4, Dec., pp. 439-458.

Wellman, B. (1999): Networks in The Global Village, Westview Press.

Willar, S. (1994), Mass Media and National Development, Stanford University Press, California.

Winston, B. (2001-02): Media, Technology and Society – A History – From the Telegraph to Internet, University of Westminister Press, U.K.

Winston, B. (2001-2002), Media, Technology and Scociety – A History – From the Telegraph to Internet, University of Westminister Press, U.K.

Wittnar, John, R. (1996): Mass Communication, Ellln and Baken, Boston.

Wollheim, R. (1969): The Mind and The Minds Image of Itself, International Journal of Psychoanalysis.

Wyllie (1991) : The Response of young men to increased Television Advertising of Alcohol in New Zealand, Health Promotion International, Vol.6, No.3, pp. 191-197.

Yadav, J.S. and Mathur, P. (1998), Issues in Mass-Communication – The Basic Concept, Indian Institute of Mass Communication, New Delhi, Kanishka Publishers, New Delhi.

पत्र-पत्रिकाएँ

- योजना, मासिक, सूचना और प्रसारण मंत्रालय, भारत सरकार, जुलाई 2000।
- विज्ञान प्रगति, मासिक, प्रकाशन एवं सूचना निदेशालय (सी.एस.आइ.आर.), जनवरी 1999।
- कुरुक्षेत्र, मासिक, ग्रामीण विकास मंत्रालय, भारत सरकार, नई दिल्ली। मई 2000।

- आर्थिक जगत, 17 दिसम्बर, 2001।
- भारत, सूचना और प्रसारण मंत्रालय, भारत सरकार, 2002।
- योगक्षेम, 11 नवम्बर, 2001।
- हिन्दुस्तान
- संचार माध्यम, अर्द्धवार्षिक, भारतीय जनसंचार संस्थान, नई दिल्ली.
- समसामयिक घटनाचक्र, नवम्बर-दिसम्बर, 2003.
- Times of India.
- Hindustan Times.
- Ecnomics Times.
- Management Account, Monthly, The Institute of Cost and Works Accountants of India (ICWAI) Kolkata.
- Universals News, Banaras Hindu University, Varanasi.

साक्षात्कार अनुसूची

उपभोक्ता संसाधनों के प्रचलन में सूचना प्रौद्योगिकी का प्रभाव

(एक समाजशास्त्रीय अध्ययन)

---

1. नाम
2. आयु
3. जाति
4. उपजाति
5. धर्म
6. शैक्षणिक स्तर
7. व्यवसाय
8. मासिक आय
9. मूल निवास का राज्य
10. वैवाहिक स्थिति

1. सामाजिक-आर्थिक पृष्ठभूमि

1. परिवार का स्वरूप–संयुक्त/एकाकी
2. परिवार में सदस्यों की संख्या
3. परिवार में जीविकोपार्जन करने वाले सदस्यों की संख्या
4. परिवार की मासिक आय
5. नगरीय आवास का क्षेत्र-
   परम्परागत मुहल्ला/नव विकसित क्षेत्र
6. मकान के स्वामित्व का प्रकार–
   निजी मकान/किराये का मकान/सरकारी आवास
7. आवासीय मकानों में बिजली की सुविधा–उपयुक्त/अनुपयुक्त
8. वर्तमान आर्थिक स्थिति से आप कितने संतुष्ट हैं–पूर्ण संतुष्ट/सामान्य संतुष्ट/असंतुष्ट/अनिश्चित

2. सूचना प्रौद्योगिकी और सामाजिक अन्तःक्रिया

1. आप सूचना प्रौद्योगिकी के किन-किन साधनों से प्रभावित हैं—
   रेडियो/टेलीविजन/समाचार पत्र/कम्प्यूटर/सभी
2. आपके क्षेत्र में त्वरित सूचनाओं के संज्ञान में किसकी भूमिका महत्वपूर्ण है—रेडियो/समाचार पत्र/टेलीविजन/कम्प्यूटर
3. आपके जीवन में सूचना प्रौद्योगिकी से सम्बन्धित किन साधनों का प्रभाव सर्वाधिक है—
   रेडियो/टेलीविजन/पत्रिका/समाचार पत्र/कम्प्यूटर
4. अवकाश या खाली समय का सदुपयोग आप सूचना प्रौद्योगिकी के किन साधनों द्वारा करते हैं/करती हैं—
   1. रेडियो 2. टी.वी. 3. समाचार पत्र
5. समाचारों की जानकारी प्राप्त करने के प्रति आपकी मनोवृत्ति - अत्यधिक/सामान्य/कम/बिल्कुल नहीं
6. आप किस तरह के समाचार पत्रों का अध्ययन करते हैं—
   राष्ट्रीय/प्रादेशिक/दोनों
7. आप किस समाचार पत्र को अधिक महत्व देते हैं—टाइम्स ऑफ इण्डिया/हिन्दुस्तान/हिन्दुस्तान टाइम्स/दैनिक जागरण/अन्य कोई
8. आप समाचार पत्र पढ़ने के लिए कौन सा तरीका अपनाते हैं—स्वयं खरीद कर/पुस्तकालय में/सार्वजनिक स्थलों पर/पड़ोसी से माँगकर/अन्य कोई
9. आपकी पत्रिका अध्ययन की प्रकृति कैसा है— नियमित/कभी-कभी/कभी नहीं
10. आप किस पत्रिका का अध्ययन अधिक करते हैं/करती हैं - आउटलुक/इण्डिया टुडे/मनोरमा/सरिता/प्रतियोगिता दर्पण/अन्य कोई
11. आपकी रुचि का प्रमुख टी.वी. कार्यक्रम कौन-सा है—
    समाचार/चित्रहार/धार्मिक सीरियल/खेलकूद सम्बन्धित कार्यक्रम/अन्य कार्यक्रम

3. सूचना माध्यमों से उपभोक्ता सामग्री के ऊपर पड़ने वाले प्रभाव

1. आर्थिक प्रभाव

1.1 प्रचार का ब्राण्ड पर क्या प्रभाव पड़ता है—
वस्तुएँ सस्ती हो जाती हैं/ महँगी हो जाती है/कीमत पर कोई प्रभाव नहीं पड़ता।

1.2 किसी ब्राण्ड का अधिक प्रचार होना इसके अच्छे होने को भी प्रमाणित करता है– हाँ/नहीं

1.3 सबसे कम खर्च किस माध्यम से प्रचार करने पर होता है— रेडियो/टी.वी./समाचार पत्र

1.4 जिस सामग्री का प्रचार अधिक होता है वह सामग्री तुलनात्मक रूप से महँगी होती है, इस कथन से आप सहमत हैं? हाँ/नहीं

1.5 इनमें से कौन सी कम्पनी उपभोक्ता सामग्री के प्रचार पर अधिक खर्च करती है–
टाटा/डाबर/हीरो होण्डा/बजाज/हिन्दुस्तान लीवर/अन्य कोई

1.6 सूचना प्रौद्योगिकी के साधन जैसे-जैसे बढ़ते जा रहे हैं। उपभोक्ता सामग्री भी उतनी ही महँगी होती जा रही है, इस कथन से आप सहमत हैं– हाँ/नहीं

2. सामाजिक एवं सांस्कृतिक प्रभाव

2.1 प्रचार से किस आयु वर्ग के लोग सर्वाधिक प्रभावित होते हैं— 15-25/26-35/36-45/46-55/55 से अधिक

2.2 सूचना प्रौद्योगिकी के अधिकाधिक साधन किस वर्ग के पास है— नौकरीपेशा वालों के पास/व्यापारी वर्ग के पास/राजनैतिक वर्ग के पास

2.3 कौन सी उपभोक्ता सामग्री अच्छी है, इसका सबसे पहले घर में सुझाव कौन देता है–बच्चे/नौजवान/प्रौढ़

2.4 उपभोक्ता सामग्री के प्रचार का संस्कृति के ऊपर किस तरह का प्रभाव पड़ा है -
1. अपसंस्कृति को बढ़ावा मिला है।
2. पश्चिमी संस्कृति का प्रभाव बढ़ा है।
3. संस्कृति के संगठन में कोई कमी नहीं आयी है।

2.2 सूचना प्रौद्योगिकी ने उपभोक्तावाद को बढ़ाया है और उपभोक्तावाद हमें पतन की ओर ले जा रहा है इस कथन से आप सहमत हैं– हाँ/नहीं

3. उपभोक्ता संसाधनों के ग्रह्यता के ऊपर पड़ने वाले प्रभाव

3.0 उपभोक्ता उत्पादों के प्रचलन को बढ़ावा देने वाले कारकों में आप सबसे अधिक किसे पसन्द करते हैं—
1. प्रिन्ट मीडिया (अखबार)
2. इलेक्ट्रॉनिक मीडिया (रेडियो, टी.वी.)

3.1 प्रचार का सबसे अच्छा साधन आप किसे मानते हैं/मानती हैं— टेलीविजन/रेडियो/समाचार पत्र/अन्य कोई

2.2. सबसे अधिक प्रचार किस तरह की सामग्री का होता है—
खाने की/पहनने की/विलासिता सम्बन्धी वस्तुओं का

2.3. प्रचार करने वाले किस वर्ग के व्यक्ति अधिक होते हैं—
सामान्य व्यक्ति/खेलों से सम्बन्धित/फिल्मों से सम्बन्धित

2.4. गुटखा के प्रचार में सबसे अधिक योगदान इनमें से किसका है—
पत्रिका/समाचार पत्र/टी.वी.

2.5. पेय पदार्थों में सबसे अधिक प्रचार किसका होता है—
1. चाय 2. कॉफी 3. ठंडा पेय

2.6. पूरे वर्ष में सबसे अधिक खर्च किस पेय पदार्थ पर करते हैं—
1. चाय 2. कॉफी
3. ठंडा पेय 4. अन्य कोई

2.7. प्रचार का अधिकाधिक लाभ किसको मिलता है—
प्रचार करने वाले को/प्रचार करवाने वाले को/उपभोक्ता को

2.8. उपभोक्ता सामग्रियों के प्रचार सर्वाधिक प्रभावशाली किसके द्वारा किये हुए होते हैं—अभिनेताओं द्वारा/अभिनेत्रियों द्वारा/खिलाड़ियों द्वारा

2.9. इनमें से कौन सी उपभोक्ता सामग्री का प्रचार सबसे कम किया जाता है—
क्रीम/पाउडर/साबुन/तेल

2.10. क्या ऐसा भी देखने को मिलता है कि प्रचारित ब्राण्ड की तुलना में बिना प्रचारित ब्राण्ड की वस्तु अत्यधिक मात्रा में बिक गयी—
हाँ/नहीं

2.11. सप्ताह में किस दिन उपभोक्ता सामग्री का प्रचार अधिक होता है?

2.12. अधिकतर ऐसा देखने को मिलता है कि महँगी वस्तुएँ, जैसे (वाहन केल्विनेटर, फ्रिज, मोबाइल, जीप, ट्रक इत्यादि) आदि का प्रचार टी.वी. एवं रेडियो की तुलना में अखबारों में अधिक होता है? इस कथन से आप सहमत है— हाँ/नहीं

2.13. यदि हाँ तो यह मान लिया जाय कि प्रचार के लिए टी.वी. और रेडियो की तुलना में अखबार एक सशक्त माध्यम है— हाँ/नहीं

2.14. टी.वी. पर जो प्रचार कराये जाते हैं वे अधिकतर बच्चों द्वारा होते हैं जबकि अखबारों में नवजवानों और प्रौढ़ द्वारा, इस कथन से आप सहमत हैं— हाँ/नहीं

2.15. प्रचार से प्रभावित होने के बावजूद सामान महँगा होने के कारण अधिकतर व्यक्ति सस्ता सामान ही खरीदना पसंद करते हैं, इस कथन से आप सहमत हैं— हाँ/नहीं

2.16. क्या वास्तव में उपभोक्ता सिर्फ उन्हीं सामग्रियों का प्रयोग करते हैं जिनका प्रचार होता है— हाँ / नहीं

2.17. इनमें से किनके ऊपर प्रचार के साधनों का प्रभाव अधिक है– खाद्य सामग्री के ऊपर / अखाद्य सामग्री के ऊपर

2.18. सूचना प्रौद्योगिकी किस प्रकार उपभोक्ता सामग्री पर अपना प्रभाव डालती है—प्रत्यक्ष / अप्रत्यक्ष

2.19. उपभोक्ता सामग्रियों के ऊपर प्रचार के माध्यम से दर्शाये जाने वाले फायदे (कोलगेट सुरक्षा चक्र) अचानक स्मृति में आने पर ग्राहक पर कितना प्रभावकारी हो सकता है—

1. 100% 2. 51-75%

3. 25-50% 4. बिल्कुल नहीं

2.20. सूचना प्रौद्योगिकी के कारण किस उत्पाद की बिक्री सबसे अधिक बढ़ी है—

1. कपड़े की 2. खाद्य पदार्थों की

3. विलासिता सम्बन्धी वस्तुओं की

4. अन्य कोई

2.2. आप अपने सम्पूर्ण आमदनी का कितने प्रतिशत उपभोक्ता संसाधनों के ऊपर व्यय करते हैं–

1. 40-50% 2. 51-60%

3. 61-70% 4. 71-80%

4. सामान्य विवेक वृद्धि पर प्रभाव

4.1 क्या सूचना प्रौद्योगिकी नहीं होती तो प्रचार नहीं होता -हाँ / नहीं

4.2 उपभोक्ता संसाधनों के प्रचार में सर्वाधिक प्रभाव किसका पड़ता है- टी.वी. / रेडियो / समाचार पत्र / पत्रिकाएँ

4.3 क्या कम्प्यूटर से भी उपभोक्ता सामग्री का प्रचार सफल हो सकता है—हाँ / नहीं

4.4 आप अपने अधिकाधिक सामान की खरीददारी किसके सलाह से करते हैं—

घर के सदस्यों की राय से / प्रचार को देखकर / दुकानदारों के सलाह से

4.5 कौन सी पत्रिका ऐसी है जिसमें उपभोक्ता सामग्री से सम्बन्धित चित्र सर्वाधिक छपे होते हैं—

सरिता / कादम्बिनी / सरस सलील / आउटलुक / अन्य कोई

6.6 गाड़ियों का प्रचार किसके द्वारा अधिक किया जाता है—

खिलाड़ियों द्वारा/अभिनेताओं द्वारा/सामान्य व्यक्ति द्वारा

6.7 इनमें महँगा उपभोक्ता उत्पाद कौन सा है—
क्रीम/पाउडर/सेन्ट/साबुन/अन्य कोई

6.8 उपभोक्ता सामग्री अच्छा न होने के बावजूद लोग व्यक्ति विशेष से प्रभावित होने के कारण उसका प्रयोग करते हैं, इस कथन से आप सहमत हैं— हाँ/नहीं

6.9 जिसके पास सूचना प्रौद्योगिकी के साधन जितने अधिक हैं, उनके पास उपभोक्ता सामग्री की खपत भी उतनी ही अधिक है, आप इस कथन से सहमत हैं— हाँ/नहीं

6.10 टेलीविजन पर उपभोक्ता सामग्री का प्रचार किस समय अधिक होता है—
सुबह/दोपहर/शाम/रात

6.11 उपभोक्ता सामग्री अच्छा है या नहीं इसके लिये लोग किस पर विश्वास अधिक करते हैं—अपने आप पर/दूसरे व्यक्ति के सलाह पर/सूचना प्रौद्योगिकी के माध्यम से दिये गये सूचना पर

6.12 जिस आयु वर्ग के लोग सूचना प्रौद्योगिकी का प्रयोग अधिक करते हैं वे उपभोक्ता सामग्री का प्रयोग अधिक करते हैं, इस कथन से आप सहमत हैं— हाँ/नहीं

5. वैश्विक स्तर पर पड़ने वाले प्रभाव

5.1 सूचना प्रौद्योगिकी का उपयोग विकसित देश किस प्रकार करते हैं—

1. विकासशील देशों पर अपनी सूचना को प्रसारित करना
2. सूचना प्रौद्योगिकी को अपने अनुसार प्रचारित और प्रसारित करना

5.2 सूचना प्रौद्योगिकी के सम्बन्ध में आपका निर्णय क्या है?

1. सूचना प्रौद्योगिकी स्वयं उपभोक्ता संसाधन है
2. सूचना प्रौद्योगिकी की महत्वपूर्ण भूमिका उपभोक्ता संसाधनों को प्रचारित करने में है
3. सूचना प्रौद्योगिकी जब चाहे उपभोक्ता संसाधनों की बिक्री के बढ़ा सकती है

5.3 विकसित देश सूचना प्रौद्योगिकी का प्रयोग किस प्रकार करते हैं?

1. स्वयं के उपभोक्ता संसाधनों के अधिकाधिक बिक्री हेतु
2. निकासशील देशों को बाजार स्थल के रूप में देखते हुए
3. अपने उत्पादों का बाजार स्थल खोजते हेतु

5.4 सूचना प्रौद्योगिकी के माध्यम से उपभोक्ता संसाधनों के कारण वैश्विक विध्वंस किस प्रकार हो रहा है—

1. विकसित देशों का विकासशील देशों पर आक्रमण
2. विकासशील देशों के उपभोक्ता संसाधनों के ऊपर विकसित देशों का युद्ध के माध्यम से नियंत्रण

5.5 वैश्विक स्तर पर लोगों की आय का अधिकाधिक हिस्सा किस तरह के सामग्रियों पर व्यय होता है—

1. खाद्य 2. अखाद्य

6. सूचना प्रौद्योगिकी तथा आधुनिकता के तरफ उन्मेष

6.1 आपकी राय में सूचना प्रौद्योगिकी से निम्न में से किस तरह के कार्यों की बढ़ोत्तरी हुई है—

1. रचनात्मक 2. विध्वंसात्मक
3. उपर्युक्त दोनों

6.2 क्या सूचना प्रौद्योगिकी ने आम आदमी को भी तार्किक बनाने में योगदान दिया है—

1. हाँ 2. नहीं

6.3 सूचना प्रौद्योगिकी ने किस तरह का विकास समाज में किया है—

1. सतही 2. ऊपरी

6.4 सूचना प्रौद्योगिकी ने आधुनिकीकरण के नाम पर अपव्यय को बढ़ाया है—

1. हाँ 2. नहीं

6.5 क्या सूचना प्रौद्योगिकी ने आम व्यक्ति के मानसिक और मनोवैज्ञानिक आकांक्षाओं को बढ़ाया है—

1. हाँ 2. नहीं

6.6 क्या सूचना प्रौद्योगिकी जितनी तीव्र गति से विकसित हो रही है सामाजिक/व्यक्तिगत नैतिकता का उतना ही ह्रास हो रहा है, इस कथन से आप सहमत हैं—

1. हाँ 2. नहीं

6.7 सूचना प्रौद्योगिकी के दुष्प्रचार ने आधुनिक समय में औसत व्यक्ति के विभ्रम में डाल दिया है, इस कथन से आप सहमत हैं—

1. हाँ 2. नहीं

6.8 सूचना प्रौद्योगिकी के उत्तरोत्तर विकास से क्या समाज से परम्परायें बिल्कुल समाप्त हो जायेगी?

1. हाँ 2. नहीं

3. कुछ कहा नहीं जा सकता

6.9 जो व्यक्ति सूचना सम्बन्धित संसाधनों का जितना अधिक प्रयोग कर रहा है वह अपनी मूल संस्कृति से उतना ही दूर होता जा रहा है–

1. हाँ 2. नहीं

6.10 क्या सूचना प्रौद्योगिकी जैसे-जैसे विकसित हो रही है उसी अनुपात में आर्थिक विकास भी हो रहा है—

1. हाँ 2. नहीं

6.11 संचार एवं सूचना के संशोधनों ने क्या त्वरित, द्रुत, तत्कालिक इच्छा पूर्ति आदि की दिशा में अग्रसर किया है–हाँ/नहीं

6.12 यदि हाँ तो विगत 10 वर्ष पूर्व की तुलना में कितना—

1. बहुत अधिक 2. अधिक 3. पूर्ववत

6.13. जो उपभोक्ता सामग्रियाँ सूचना और प्रचार माध्यमों के दायरे से जितना ही अधिक वंचित रहती है उतना ही अधिक उनके उपभोक्ताओं की कमी दिख पड़ती है—

1. हाँ 2. नहीं

6.14 सूचना प्रौद्योगिकी के द्वारा होने वाले प्रचार का सर्वाधिक प्रभाव किस पर पड़ा है—

1. पुरुषों पर 2. महिलाओं पर

6.15. उपभोक्ता संसाधनों का प्रचलन, वितरण एवं विपणन अर्थव्यवस्था की ह्रास एवं वृद्धि दोनों से जुड़ा होता है—

1. हाँ 2. नहीं